INFLUENCIADORES DIGITAIS CATÓLICOS

EFEITOS E PERSPECTIVAS

INFLUENCIADORES DIGITAIS CATÓLICOS

EFEITOS E PERSPECTIVAS

Fernanda de Faria Medeiros
Aline Amaro da Silva
Alzirinha Rocha de Souza
Moisés Sbardelotto
Vinícius Borges Gomes

EDITORA IDEIAS & LETRAS
PAULUS

Preparação e Revisão
Daniel de Vasconcelos Andrade

Diagramação
Airton Felix Silva Souza

Capa
Danielly de Jesus Teles

2ª impressão

Rua Oliveira Alves, 164
Ipiranga – São Paulo/SP
Cep: 04210-060
Televendas: 0800 777 6004
Editorial: (11) 3862-4831
vendas@ideiaseletras.com.br
www.ideiaseletras.com.br

Dados Internacionais de Catalogação na Publicação (CIP) de acordo com o ISBD

I43 Influenciadores digitais católicos: efeitos e perspectivas / Fernanda de Faria Medeiros [et al]. – São Paulo : Ideias & Letras ; Paulus Editora, 2024.

416 p. ; 16cm x 23cm.

Inclui bibliografia.

ISBN: 978-65-87295-63-3

1. Comunicação. 2. Redes sociais. 3. Influenciadores digitais. 4. Catolicismo. I. Medeiros, Fernanda de Faria. II. Souza, Alzirinha Rocha de. III. Silva, Aline Amaro da. IV. Sbardelotto, Moisés. V. Gomes, Vinícius Borges. VI. Título.

2023-3530 CDD 302.23
CDU 316.774

Elaborado por Vagner Rodolfo da Silva - CRB-8/9410

Índices para catálogo sistemático:

1. Comunicação: Redes Sociais 302.23
2. Comunicação: Redes Sociais 316.774

Sumário

Autoras e autores **09**

Apoios institucionais **13**

Apresentação **15**

Introdução **21**

1 Influência digital: um pouco de teoria **31**

1.1 Fama e celebridade 32

1.2 Influência digital 35

1.3 Influência digital religiosa 38

2 Autorreferência, humor e fama: quando o entretenimento atravessa a evangelização **43**

2.1 Biografia: a construção midiática da liderança católica 43

2.2 *Persona* 53

2.3 Influências teológicas eclesiais e sociopolíticas 62

2.4 Performance 66

2.5 Conteúdo: entretenimento em primeiro lugar 70

2.6 Considerações 89

Referências bibliográficas 91

3 A comunicação de uma "fé leve", entre a irreverência religiosa e a autocelebrização clerical **93**

3.1 Introdução 93

3.2 Entre a história e o *story*: construção do *corpus* e método 95

3.3 Pessoa/*persona*: "Eu sou um padre acessível" 99

3.4 Performance: "Eu me esforço para apresentar uma fé leve" 111

3.5 Conteúdo: "Tô brincando, gente" 125

3.6 Interação: "A inspiração são as próprias pessoas" 152

3.7 Reflexões transversais 162

Referências bibliográficas 184

4 A dimensão social do Evangelho nas redes sociais digitais **191**
4.1 Origens 191
4.2 Influências teológico-eclesiais e sociopolíticas 192
4.3 O "Povo da Rua" 196
4.4 Presença nas redes digitais 198
4.5 Análise de performance, conteúdo e interação 202
4.6 Análise da amostra (eixo comunicacional-cultural) 212
4.7 Análise teológico-eclesial (eixo teológico-eclesial) 239
4.8 Influência social e política (eixo sociopolítico) 249
4.9 Conclusão 251
Referências bibliográficas 254

5 Influência católica conservadora: aspectos políticos e religiosos **259**
5.1 Premissas teóricas: direita católica e conjuntura socioeclesial 259
5.2 A trajetória de um influenciador recém-convertido 263
5.3 Performance questionadora como estruturação da mensagem de mobilização 268
5.4 Conteúdo: o audiovisual como estratégia prioritária 271
5.5 Interação 296
5.6 Documentário *Eles Estão no Meio de Nós* 296
5.7 Apontamentos analíticos sobre o documentário 300
5.8 Elementos e pistas para compreender o fenômeno da influência digital e as especificidades do campo conservador 307
Referências bibliográficas 309

6 Arautos e párocos digitais: desafios da influência presbiteral na internet **313**
6.1 Introdução 313
6.2 Biografia: a construção do ícone presbiteral 314
6.3 Características do conteúdo multiplataformas 331
6.4 Análise de conteúdo 336
6.5 Interação 372
6.6 Conclusão 373
Referências bibliográficas 376

7 Conclusões **381**
7.1 Eixo comunicacional-cultural 383
7.2 Eixo sociopolítico 386
7.3 Eixo teológico-eclesial 390
7.4 Perspectivas pastorais 395
Referências bibliográficas 409

Autoras e autores

Fernanda de Faria Medeiros é doutora em Comunicação pela Universidade Federal de Minas Gerais, na linha de pesquisa "Processos Comunicativos e Práticas Sociais" (2020). Mestre em Comunicação Social pela Pontifícia Universidade Católica de Minas Gerais (2014). Graduada em Jornalismo pela Faculdade Pitágoras de Administração Superior (2011), e em Comunicação Social, com habilitação em Publicidade e Propaganda, pela Universidade FUMEC (2008). Atua na área de Comunicação, com ênfase na publicidade, na cultura das mídias e nos estudos de celebridades e influenciadores digitais. No mercado, atuou em empresas e agências de publicidade, ocupando cargos de redatora publicitária, planejamento estratégico e assessora de relações institucionais.

Aline Amaro da Silva é mestra e doutora em Teologia Sistemática pela Pontifícia Universidade Católica do Rio Grande do Sul (PUC-RS), com estágio doutoral (bolsa PDSE/Capes) na Ruhr Universität Bochum (RUB), na Alemanha, e estágio pós-doutoral (*Coimbra Group Scholarship Programme*) na Universidade de Graz (Unigraz), na Áustria. Bacharel em Comunicação Social-Jornalismo pela Pontifícia Universidade Católica do Rio Grande do Sul (PUC-RS). É professora universitária e membro do "Grupo de Reflexão sobre Comunicação" da Conferência Nacional dos Bispos do Brasil (Grecom/CNBB) e da diretoria da Sociedade Brasileira de Teologia Sistemática (SBTS).

Alzirinha Rocha de Souza é pós-doutora em Ciências da Religião pela Universidade Católica de Pernambuco (UNICAP), 2019. É doutora em Teologia pela Université catholique de Louvain (UCL), Bélgica, 2014, sob a orientação do Prof. Dr. Henri Derroitte, pelo Departamento de Teologia Prática. Mestrado realizado na Universidad San Dámaso, Madri, 2009, sob a orientação do Prof. Dr. Gerardo Del Pozo Abejón, pelo Departamento de Teologia Sistemática. Possui graduação em Teologia pela Universidade Católica de São Paulo (PUC-SP), 2007. Membro da Sociedade Internacional de Teologia Prática (SITP). Professora convidada da Universidade Católica Portuguesa (UCP), Lisboa, onde é membro da Comissão de Qualidade da Faculdade de Teologia (2022-2025). Grupos de Pesquisa: líder do Grupo de Pesquisa José Comblin, PUC-SP; participante do grupo de pesquisa "Teologia Pública em contexto latino-americano", PUC-PR; e fundadora e colaboradora do Centro de Pesquisa e Documentação José Comblin, UNICAP. Atualmente é professora no Instituto São Paulo de Estudos Superiores (ITESP/SP) e em outras instituições, além de coordenadora do Observatório Eclesial Brasil.

Moisés Sbardelotto é mestre e doutor (bolsa CNPq) em Ciências da Comunicação pela Universidade do Vale do Rio dos Sinos (Unisinos), com estágio doutoral (bolsa PDSE/Capes) na Università di Roma "La Sapienza", na Itália, e com estágio pós-doutoral (bolsa FAPERGS/Capes) na Unisinos. Bacharel em Comunicação Social-Jornalismo pela Universidade Federal do Rio Grande do Sul (UFRGS). Coordenador do "Grupo de Reflexão sobre Comunicação" da Conferência Nacional dos Bispos do Brasil (Grecom/CNBB) e colaborador do Instituto Humanitas Unisinos (IHU). Escritor, tradutor e consultor em Comunicação para diversas instituições e órgãos civis e religiosos. Autor de *Comunicar a fé: Por quê? Para quê? Com quem?* (Vozes, 2020); *E o Verbo se fez rede: religiosidades em reconstrução no ambiente digital* (Paulinas, 2017); e *E o Verbo se fez bit: A comunicação e a experiência religiosas na internet* (Santuário, 2012). Foi membro da Comissão Especial de elaboração do *Diretório de Comunicação da Igreja no Brasil*, aprovado pela CNBB em 2014, além de ter coordenado os trabalhos de atualização do documento, cuja nova edição foi publicada em 2023. De 2008 a 2012, coordenou o escritório brasileiro da Fundação Ética Mundial (*Stiftung Weltethos*), fundada pelo teólogo suíço Hans Küng.

Vinícius Borges Gomes é doutor em Comunicação pela Universidade Paulista (UNIP). Mestre em Comunicação na linha "Comunicação e Poder" pela Universidade Federal de Juiz de Fora (2018). Possui graduação em Comunicação Social-Jornalismo pela Universidade Federal de São João del-Rei

(2014), atuando principalmente no debate e na pesquisa da interface entre comunicação e política. É professor universitário, tendo atuado anteriormente como professor substituto na Universidade Federal de São João del-Rei (2021/2022). Suas pesquisas desenvolvidas têm como objetos: a ambiência de desinformação, o populismo digital e os impactos socioculturais no campo político a partir de difusos processos comunicacionais contemporâneos. Atua na área de Direitos Humanos como militante em palestras, conferências, atividades e encontros. Atuou como conselheiro no Conselho Estadual da Juventude de Minas Gerais pela Pastoral da Juventude/CNBB entre 2018 e 2022.

Apoios institucionais

Por um testemunho autêntico do amor de Deus na internet

Em um mundo cada vez mais conectado, é crucial explorar as oportunidades e os desafios que a cultura digital apresenta para a evangelização e a vivência da fé católica. Por isso, nós apresentamos com alegria o livro *Influenciadores digitais católicos: efeitos e perspectivas*, que aborda de forma abrangente e profunda o relevante e ao mesmo tempo preocupante universo da influência digital católica.

Este livro é o resultado de um esforço de pesquisa que durou mais de dois anos, interligando, de modo fecundo e instigante, os campos da Comunicação e da Teologia. Elaborada por iniciativa e incentivo de Dom Joaquim Giovani Mol Guimarães, bispo auxiliar de Belo Horizonte e ex-presidente da Comissão Episcopal Pastoral para a Comunicação da CNBB, esta obra é um valioso recurso para todas as pessoas que desejam compreender as principais nuances do fenômeno dos influenciadores digitais católicos.

As pesquisadoras e os pesquisadores envolvidos tiveram a coragem de abordar cientificamente o fenômeno, oferecendo um exame profundo e atualizado sobre seu papel e impacto na Igreja e na sociedade. Com base em análises e entrevistas sobre tais presenças nas redes sociais, a pesquisa oferece uma visão abrangente e equilibrada sobre o assunto, com uma abordagem acessível e de fácil leitura. Ao enfatizar os riscos e as possibilidades da influência digital católica para a Igreja em geral, o livro encoraja uma reflexão profunda sobre como a mensagem do Evangelho pode ser comunicada de modo autêntico nas plataformas digitais, ressaltando a importância da vivência pessoal e comunitária da fé, de uma formação sólida, do discernimento, do compromisso ético, e do testemunho cristão.

Nós, como organizações cristãs e inter-religiosas preocupadas com essa temática e igualmente afetadas – positiva ou negativamente, direta ou indiretamente – por esse fenômeno, saudamos esta obra como uma contribuição significativa para a compreensão dos efeitos eclesiais e sociais dos influenciadores digitais católicos. Nós encorajamos a leitura atenta deste livro por parte das lideranças religiosas, dos agentes de pastoral em geral, e também de todas as pessoas interessadas em fazer frutificar plenamente as oportunidades dos ambientes digitais e em enfrentar seus desafios para a vivência e a prática de uma fé coerente.

Expressamos o nosso reconhecimento às autoras e aos autores pela dedicação e pelo rigor na elaboração deste livro tão relevante para o contexto eclesial e social de hoje. Com esta obra, nós temos a esperança de que se inicie um debate mais aprofundado no âmbito eclesial sobre o fenômeno da influência digital católica e sobre suas consequências teológicas e pastorais. A partir disso, esperamos que sejam desenvolvidas respostas eficazes para que nos ambientes digitais as cristãs e os cristãos católicos também sejam reconhecidos principalmente pela prática do amor (cf. Jo 13,35).

Que esta obra inspire e motive todos os membros da Igreja a se tornarem testemunhas autênticas do amor de Deus na internet, não apenas como influenciadores, mas também – e principalmente – como *evangelizadores digitais*, motivados a "anunciar a Boa Notícia aos pobres; proclamar a libertação aos presos, aos cegos a recuperação da vista, libertar os oprimidos e proclamar um ano de graça do Senhor" (Lc 4,18-19).

Associação SIGNIS Brasil
Cáritas Brasileira
Coletivo Bereia
Comissão Brasileira de Justiça e Paz (CBJP)
Conselho Nacional do Laicato do Brasil (CNLB)
Grupo de Pesquisa Comunicação e Religiões / INTERCOM
Observatório da Comunicação Religiosa (OCR)
Observatório Eclesial Brasil

Apresentação

Dom Joaquim Giovani Mol Guimarães[1]

Influenciadores digitais católicos ou evangelizadores digitais católicos?

Na sociedade contemporânea, diversas pessoas usam as redes sociais e digitais, assim como outras plataformas online, para compartilhar mensagens religiosas e espirituais com seus seguidores, mediante linguagens inovadoras. Trata-se de influenciadores digitais da fé. Especificamente no âmbito brasileiro, há uma grande quantidade e diversidade de pessoas que atuam nas redes sociais em nome da fé católica, constituindo um fenômeno que só pode ser mais bem compreendido de forma inter e transdisciplinar.

É a partir deste cenário complexo e difuso que nasceu a pesquisa de *Influenciadores digitais católicos: efeitos e perspectivas*. A Comissão Episcopal Pastoral para a Comunicação da CNBB, presidida por mim no quadriênio 2019-2023, assumiu a empreitada de aprofundar esse assunto, que afeta direta e seriamente o desenvolvimento da pastoral, da evangelização, da teologia e da comunicação eclesial. Esse assunto aparece também, ao menos quatro vezes, no I Plano Estratégico de Comunicação da Conferência. Com a ajuda de especialistas, aos poucos, em reuniões do Conselho Permanente e do Conselho Episcopal Pastoral (Consep), nós fomos apresentando alguns aspectos para a reflexão dos integrantes e assessores dos referidos Conselhos.

---

1 Bispo auxiliar para servir a Igreja local de Belo Horizonte (MG). Integra o Observatório da Comunicação Religiosa do Brasil, o Observatório Eclesial Brasil, bem como o Grupo de Reflexão sobre Juventudes.

Constituímos um grupo de cinco pesquisadores, doutores e pós-doutores, altamente qualificados no campo comunicacional, pastoral e teológico – campo que recebeu a identificação de Núcleo de Estudos em Comunicação e Teologia (NECT). O estudo foi realizado ao longo de três anos (2021-2023). A pesquisa busca compreender como se manifesta o fenômeno dos influenciadores digitais católicos (IDCs) e quais são as suas possíveis consequências socioeclesiais. O Observatório da Comunicação Religiosa no Brasil (OCR) também estuda esse fenômeno e, como parceiro de qualidade, compartilha suas reflexões.

Terminada esta pesquisa científica e acadêmica, eu tive a grata satisfação de apresentar uma síntese dela ao episcopado brasileiro e aos assessores da CNBB, reunidos em sua Assembleia Geral do dia 19 a 28 de abril de 2023, em Aparecida. O que se segue abre as portas à comunidade eclesial e à sociedade para o conhecimento de como este estudo foi feito, de seus resultados, e do que ele alcançou ao longo do tempo por meio de análises e conclusões.

A construção da pesquisa

O estudo busca entender o impacto do fenômeno dos IDCs a partir de três horizontes de pesquisa. Primeiro, o eixo *comunicacional-cultural* busca compreender quais são os processos comunicacionais em análise e como se constituem as "redes de influência" (perspectiva relacional) que caracterizam a atuação de tais influenciadores, a recepção socioeclesial e o fenômeno em geral. O segundo eixo, *sociopolítico*, examina de que forma os IDCs articulam suas narrativas em função de suas diferentes perspectivas sociopolíticas. E, finalmente, o eixo *teológico-eclesial* busca refletir sobre os desdobramentos que esse fenômeno vem catalisando na práxis católica brasileira quanto ao modo de "ser Igreja" hoje e ao *sensus fidei*.

Para tanto, o *corpus* da pesquisa foi observado a partir de quatro ângulos específicos de análise: 1. pessoa/*persona* (o histórico pessoal e a construção da personalidade midiática do IDC); 2. performance (as estratégias de atuação do IDC nas redes); 3. conteúdo (os principais temas tratados pelo

IDC em sua presença digital); e 4. interação (a forma como o IDC interage com seus seguidores).

Algumas conclusões gerais

A partir dos eixos analisados, a pesquisa chega a algumas conclusões, das quais destacamos os seguintes aspectos.

Do ponto de vista *comunicacional-cultural*, a existência de um grande número de IDCs e de seguidores indica que há um amplo e diversificado público interessado em exercer sua fé em ambientes digitais. Apesar dos riscos, a influência digital já se tornou uma tendência irreversível no campo católico, com a exaltação de algumas figuras públicas e a aceitação de estratégias de influência que, entretanto, muitas vezes não seguem as boas práticas da Igreja. Muitos desses perfis seguem a lógica das mídias digitais, privilegiando nichos de público e de consumo individualizados. Isso leva a um acúmulo de discursos e de estilos que muitas vezes não se complementam e que podem até se contradizer. A valorização da autoridade clerical e a autorreferencialidade dos IDCs analisados podem evidenciar um tom altamente narcísico, promovendo um distanciamento do sentido do Evangelho e da comunidade. Ao monetizarem suas imagens, os IDCs também se afirmam mercadologicamente, correndo o risco de comprometerem seu discurso. Destaca-se, por outro lado, a importância dos IDCs minoritários, que manifestam práticas digitais não alinhadas com as dinâmicas profissionais de influência digital. Tais IDCs podem promover um diálogo mais autêntico e verdadeiro com seus públicos, evitando a superficialidade e o comprometimento com os interesses do mercado.

Do ponto de vista *sociopolítico*, a pesquisa revela que as ações dos IDCs estão ligadas, de modo geral, à radicalização de movimentos de extrema direita; à disputa política pela moralização ideológica das arenas de debate no Brasil; e ao crescimento de ativismos digitais a favor de causas sociais. Há pelo menos três modos amplos de atuação política entre os IDCs analisados. O primeiro é o ultraconservadorismo, que apresenta uma defesa das desigualdades como algo natural e fruto de escolhas individuais, além de um combate aberto aos movimentos progressistas. Em tais casos, o engajamento digital está a serviço de um projeto de Igreja mais conservador. O segundo modo é o ativismo progressista, no qual o IDC promove causas sociais específicas que funcionam como pautas de luta para exercer pressão sobre governos e outros atores sociais. Neste caso, a influência digital também permite ações de propulsão ativista. Por fim, como terceiro modo, há uma isenção programada, por meio da qual os IDCs se concentram em assuntos religiosos, espirituais e, sobretudo, devocionais, evitando polêmicas e posicionamentos abertos, sem uma preocupação com a transformação social. Essa neutralização discursiva atende aos objetivos mercadológicos e de visibilidade. O resultado é um processo de alienação do público e de fortalecimento do *status quo*, além de uma percepção individualista da dinâmica social e da própria vivência cristã.

Do ponto de vista *teológico-eclesial*, a pesquisa aponta que a presença em mídias digitais para comunicar em nome da Igreja requer um alinhamento com os elementos básicos da práxis dela: Bíblia, Tradição e Magistério. Essa tríade, contudo, deve ser interpretada em comunhão com a comunidade eclesial hodierna e com o atual Pontífice, Francisco, a partir do reconhecimento das transformações da sociedade e de suas demandas presentes, realizando a articulação entre doutrina e pastoralidade. Em alguns IDCs, o discurso e a práxis denotam efetivamente um sentido do Evangelho e comungam com a Igreja proposta pelo Papa Francisco, encarnando uma influência digital marcada pelo testemunho cristão e pela confessada intenção de evangelizar na "Igreja em saída". Em sentido oposto, porém, há uma influência digital apologético-moralista que, embora apresente elementos vinculados à devoção e à fé populares, é marcada por uma pretensão formativa e moralista, a partir de leituras pessoais e particulares acerca da verdade, mediante uma autoridade de ensino manipuladora. Promove-se uma formatação da vivência cristã baseada em fórmulas de fé sem conexão com a realidade, centrada fortemente em moralismos permeados por elementos ideológicos e políticos. Soma-se a isso a crítica desmedida e infundada à estrutura institucional da Igreja e à sua hierarquia eclesial. E por fim, manifesta-se uma influência digital marcada pela neutralidade da mensagem ou pela proposição *light* do Evangelho, em perspectiva psicologista-humorística. Ao centrar e reforçar a individualização da solução das questões humanas, tal influência descarta o elemento comunitário, o vínculo eclesial e a práxis cristã.

Desafios e perspectivas pastorais

A influência digital configura-se como uma profissão. Suas práticas envolvem aspectos, sobretudo, mercadológicos e econômicos. Para obter visibilidade ampla e engajamento, os influenciadores devem obedecer a estratégias algorítmicas das próprias plataformas. Estas, em sua estruturação, privilegiam elementos personalistas, de conflitividade, de valor sensacionalista e de dissonância do diálogo, uma vez que operam para criar bolhas de opinião entre pessoas de pensamento similar. Um IDC profissional, que busque atuar dentro das lógicas digitais, possivelmente terá grandes dificuldades para estruturar suas ações a partir dos valores evangélicos da escuta e do amor, pelo menos em seu aspecto mais profundo e integral. É possível vivenciar os valores evangélicos nas redes, e a presença digital é ampla e possível para todos, mas a especificidade da atuação dos IDCs entra em conflito, muitas vezes, com várias das premissas orgânicas da evangelização e da pastoralidade.

Ainda que haja exceções, a expressão de conteúdos dos IDCs analisados se detém na construção de estereótipos baseados em premissas moralistas, fundamentalistas, dogmáticas, psicologistas e doutrinais. Emerge um cristianismo apenas de fórmulas e não de sentido, que leva à caracterização de grupos conservadores, com discursos excludentes e destrutivamente críticos em relação à linha institucional da Igreja, seja em nível mundial ou no Brasil (representada pela CNBB). Há também muitos influenciadores que são ministros ordenados, o que é diferente de entender que existam ministros ordenados que são influenciadores. Muitas das práticas desses presbíteros, por exemplo, estão baseadas em vieses narcísicos, usando a própria vida eclesial como elemento peculiar e de ativação da curiosidade do público, e acionando o humor como um instrumento de engajamento, uma simplificação dos conteúdos religiosos e uma visão reducionista de catequese. Aqui, o papel de seus superiores diretos no episcopado adquire relevância, no sentido de orientar a atuação de tais IDCs, em comunhão com a Igreja e no respeito às diversas sensibilidades e vivências sociais, e no sentido de corrigir eventuais desvios.

Ainda que seja possível e necessário acompanhar os que atuam hoje como IDCs, a Igreja institucional e aqueles que falam em nome dela terão dificuldade se quiserem instrumentalizar o fomento ou a criação de novos IDCs. Um comunicador se constitui influenciador digital na medida em que se articula a uma rede de seguidores, os quais legitimam, retroativamente, os mecanismos de sua comunicação digital. Os públicos que compõem as plataformas digitais (os chamados "seguidores") são, na verdade, os principais responsáveis pela entrega do status de fama e de influência a alguém. Essa interdependência entre influenciadores e públicos, embora seja um aspecto complexificador, também é importante, porque revela valores, padrões, angústias e expectativas da sociedade, mesmo que de forma subjetiva. Ao elegerem os próprios interlocutores da Igreja Católica com quem querem dialogar, os públicos evidenciam aspectos de distanciamento e de aproximação em relação aos objetivos e perspectivas da instituição religiosa. Aqui abre-se um enorme horizonte para futuras investigações científicas e acadêmicas.

Em suma, esta pesquisa aponta que é possível promover a formação de líderes católicos e católicas para a atuação nas redes digitais, mas desde que a intencionalidade não passe pelo desejo de fama, visibilidade e engajamento, segundo as lógicas midiático-digitais. Um dos limites entre um IDC e um evangelizador digital é a cooptação do primeiro pelos mecanismos mercadológicos das mídias digitais, deixando em segundo plano o propósito da evangelização, que inspira e impulsiona o último. Portanto, uma presença significativa e qualificada nas redes sociais, por parte de cristãs e cristãos, move-se a partir do desejo de "tornar o Reino de Deus presente no mundo" (*Evangelii gaudium* [= EG], n. 176), mediante a sabedoria do trabalho coletivo, da solidariedade e da confiança na possibilidade multiplicadora e de impacto da Palavra e do Reino de Deus, que age como um grão de mostarda e fermento na massa (Lc 13,18-21).

Introdução

Quando saiu da barca,
Jesus viu uma grande multidão e teve compaixão,
porque estavam como ovelhas sem pastor.
Então começou a lhes ensinar muitas coisas.
(Marcos 6,34)

Quantas pessoas cabem em uma "grande multidão"?

Segundo o evangelista Marcos, o número de pessoas que estavam na presença de Jesus no momento narrado pelo relato acima era de "cinco mil homens", dado confirmado também pelo evangelista Lucas (9,14). Já o evangelista Mateus afirma que eram "quatro mil homens, sem contar mulheres e crianças" (Mateus 15,38).

Embora tais números sejam principalmente simbólicos, de acordo com o estilo literário da época em que foram escritos, passados mais de dois mil anos alguns seguidores de Jesus também reúnem "grandes multidões" – mas não mais apenas de milhares de pessoas, e sim contadas até a casa dos *milhões*. Às vezes, até das *dezenas* ou *centenas de milhões* de pessoas. Essas multidões digitais contemporâneas não se reúnem mais sentadas na "grama verde" (conforme o relato do evangelista Marcos 6,39), mas sim conectadas nas mais diversas redes sociais digitais e plataformas online.

Para além da quantidade numérica dessas multidões contemporâneas ou do local onde se reúnem hoje, o mais significativo é que tais lideranças religiosas, individualmente, conquistam nos ambientes digitais um nível de influência social e eclesial extremamente relevante e, em alguns aspectos, também preocupante.

São os chamados "influenciadores digitais da fé".

Trata-se de pessoas que usam as redes sociais digitais e outras plataformas online para compartilhar mensagens religiosas com seus seguidores. Essas lideranças espirituais da cultura digital recorrem às linguagens inovadoras dos ambientes online, alcançando pessoas potencialmente em todo o mundo. Desse modo, assim como Jesus ao sair da barca e ver aquela multidão, tais influenciadores também "ensinam muitas coisas" em suas redes, mas o leque de conteúdos pode ser – e em geral é – muito mais amplo e diversificado do que os ensinamentos de Jesus, para o bem e para o mal.

Os influenciadores digitais católicos podem ser mulheres e homens das mais variadas expressões e comunidades de fé – incluindo também o chamado "fiel comum", que passa a compartilhar informações, reflexões e ensinamentos sobre espiritualidade, teologia e religião com seus seguidores nas redes digitais, buscando ser uma fonte de inspiração e de orientação espiritual para seus amigos e contatos. Mediante a construção de uma base de seguidores, esses "gurus digitais" buscam não apenas manter como também aumentar cada vez mais seu nível de influência sobre a vida de seus seguidores. Para isso, eles recorrem a estratégias como a criação de conteúdos que gerem engajamento, colaborações com outros influenciadores e marcas, promoção de produtos e eventos relacionados ao mercado religioso etc.

Entretanto, há também alguns aspectos negativos associados a esse fenômeno. Muitos desses influenciadores, antes desconhecidos do ponto de vista sociorreligioso, convertem-se em verdadeiras *autoridades religiosas midiáticas*, mediante suas práticas digitais. Nesses casos, sua influência pode se transformar até em fonte de dependência emocional-espiritual por parte de seus seguidores, que deixam de buscar orientação em outras fontes religiosas confiáveis.

Pode ocorrer ainda a *exploração financeira* das pessoas por parte de tais influenciadores. Nesses casos, eles podem usar suas plataformas online para promover produtos ou serviços que não são autênticos à luz de suas religiões, ou que prometem resultados não comprovados, ou ainda que visam principalmente o lucro em vez da orientação espiritual de seus seguidores.

Há também o risco da propagação de *informações e conteúdos superficiais, equivocados ou até mesmo falsos* sobre crenças religiosas, práticas espirituais e interpretações de textos sagrados. No extremo, alguns desses influenciadores podem até promover a propagação da *intolerância e do ódio (intra)religioso*, proferindo discursos agressivos e violentos contra pessoas ou grupos específicos, o que pode levar a conflitos, hostilidades e divisões no interior das comunidades religiosas ou entre elas.

É a partir desse cenário, complexo e difuso, que nasce este livro, fruto de uma pesquisa científica elaborada por iniciativa e incentivo de Dom Joaquim Giovani Mol Guimarães, bispo auxiliar de Belo Horizonte e ex-presidente da Comissão Episcopal Pastoral para a Comunicação da CNBB. O estudo foi realizado ao longo de três anos (2021-2023), interligando, de modo fecundo e instigante, os campos da Comunicação e da Teologia. Mantendo o rigor teórico-metodológico, mas com uma linguagem acessível para um público mais amplo, os resultados desta pesquisa chegam agora às suas mãos no formato deste livro.

* * *

A importância do tema central deste estudo advém do crescimento do fenômeno da midiatização das práticas religiosas nas últimas décadas, em consonância com o desenvolvimento tecnológico digital recente. Desde a década de 1950, com a utilização das rádios; das décadas de 1960 a 1980, com a atuação da televisão; chegamos aos anos 2000 com uma forte expansão das práticas sociais nas mídias digitais (particularmente, a internet), e com as possibilidades oferecidas por diferentes plataformas (Facebook, Instagram, Twitter/X, TikTok etc.).

Esta pesquisa se centra nesse último período, o da cultura digital, focando nos elementos comunicacionais e teológicos que compõem o fenômeno em expansão dos influenciadores digitais católicos, seus efeitos e perspectivas no processo de evangelização por parte da Igreja, no contexto brasileiro e na vida social como um todo.

Entendemos, no início, que seria importante observar influenciadores de religiões variadas, dada a diversidade de perfis "famosos" focados na pauta religiosa e de nichos de interesse e de crença. No entanto, diante da complexidade do fenômeno, percebemos que, por envolver um aspecto discursivo altamente relevante, o conteúdo católico em si é um fator importante que diferencia a *performance* desses influenciadores. Justamente por isso, decidimos restringir a análise apenas aos influenciadores digitais *católicos*, uma vez que o catolicismo é historicamente uma força sociocultural relevante no contexto religioso brasileiro, ainda sendo a religião mais praticada no país.[1]

Uma das primeiras evidências constatadas no caminho da pesquisa é a influência potencialmente importante que a *figura clerical* exerce por si só, dado o capital simbólico histórica e culturalmente investido nos presbíteros católicos. Reconhecidos como líderes importantes e distintos do grande público pelo seu serviço, os padres acionam um lugar relevante de visibilidade que, associado a outros fatores, favorecem a construção de performances e trajetórias de fama.

Outra evidência é o impacto que a ação dos influenciadores e influenciadoras digitais católicos tem sobre a *instituição eclesiástica*. Ao solidificarem grupos de influência e estabelecerem uma relacionalidade próxima junto de seus seguidores, alguns influenciadores conseguem impactar a Igreja institucional em suas estruturas, sejam as (arqui)dioceses ou outros espaços de comunhão e diálogo em escala nacional, como a Conferência Nacional dos Bispos do Brasil (CNBB).

Nesse contexto, constata-se uma *divergência* às vezes velada, outras vezes escancarada, em relação ao caminho eclesial e pastoral da Igreja contemporânea sob o papado de Francisco, que em 2023 completou uma década. Certos influenciadores atuam como censores ou até mesmo como inquisidores papais, episcopais ou eclesiais em geral, apontando e denunciando supostas "heresias" e "hereges", promovendo violência verbal em rede, e disseminando discursos de ódio contra outros católicos e católicas.

Em outros casos, por sua vez, há um "silêncio gritante" em relação ao magistério de Francisco e da CNBB. Desse modo, as grandes questões eclesiais são simplesmente ignoradas em favor de uma fé mais individualista e devocional, desconectada das problemáticas socioculturais e eclesiais contemporâneas.

1 Cf. G1. "50% dos brasileiros são católicos, 31%, evangélicos e 10% não têm religião, diz Datafolha". *G1*, 13 jan. 2020. Disponível em: https://is.gd/ZZTQBE.

* * *

A partir desse panorama amplo e complexo, nós buscamos neste livro compreender como se manifesta o fenômeno dos influenciadores e influenciadoras digitais católicos e quais suas possíveis consequências socioeclesiais.

A fim de complexificar ainda mais esse problema de pesquisa, indo muito além da mera busca por respostas fechadas e estanques, estabelecemos algumas questões de horizonte que nos guiaram ao longo do caminho de pesquisa. Por ser um fenômeno complexo, optamos por observá-lo a partir destes três "horizontes" principais – *comunicacional-cultural*; *sociopolítico*; e *teológico-eclesial* – a fim de analisarmos o fenômeno por ângulos diferenciados e, ao mesmo tempo, articulados:

- do ponto de vista *comunicacional-cultural*, a pesquisa buscou compreender quais são os processos comunicacionais em jogo e como se constituem as "redes de influência" que caracterizam a atuação de tais influenciadores, a recepção socioeclesial e o fenômeno em geral;
- do ponto de vista *sociopolítico*, examinamos de que forma os influenciadores digitais católicos articulam suas narrativas em função de suas diferentes perspectivas sociopolíticas;
- já do ponto de vista *teológico-eclesial*, a nossa preocupação foi perceber quais desdobramentos esse fenômeno vem catalisando na práxis católica brasileira quanto ao modo de "ser Igreja" hoje e ao senso comum da fé.

Com isso, podemos explicitar, embora de modo lacunar, como são constituídas as redes de influência que caracterizam a atuação dos influenciadores digitais católicos e o modo como eles operacionalizam práticas e estratégias comunicativas ligadas à economia da atenção e à formação de públicos, identificando assim as motivações e os valores em jogo nas interações em rede. Ao analisarmos a atuação de tais influenciadores, nós evidenciamos a relação estabelecida com instituições e grupos diversos, observando as bases políticas, históricas e sociais que os influenciam, por sua vez.

De modo mais específico, vinculando-nos também às preocupações da Igreja Católica no Brasil diante desse fenômeno, examinamos criticamente alguns pressupostos teológico-eclesiais contidos nas narrativas dos IDCs, a fim de revelar de que forma o fenômeno interfere na práxis católica brasileira.

E com isso, por fim, demonstramos em que medida a visibilidade e o alcance dos influenciadores digitais católicos prejudicam ou colaboram com a comunicação oficial e com a ação evangelizadora da Igreja Católica no Brasil.

O caminho da pesquisa

Dada a complexidade do fenômeno dos influenciadores digitais e, particularmente, dos que são católicos, o processo de construção e de organização deste estudo envolveu diversos movimentos.

Um primeiro passo foi o estudo e o aprofundamento de pesquisas já publicadas sobre influência digital (genericamente e, de modo específico, no campo religioso). Além de análises sobre o fenômeno dos influenciadores digitais em geral e em outros campos sociais, já há também uma certa bibliografia – embora incipiente e ainda em construção – quanto ao âmbito religioso, particularmente o cristão (MOREIRA e MEDRADO, 2018; ORTUNES, 2018; SOUZA e PEREIRA, 2019; CAVALCANTE, 2020; BRETONES e SILVA, 2022; ABREU, 2023). A partir disso, nós pudemos, então, aprofundar alguns conceitos e identificar abordagens teóricas e estratégias metodológicas de pesquisa diferenciadas, a fim de construir as especificidades do nosso estudo.

Em seguida, realizamos uma varredura inicial de influenciadores e influenciadoras digitais católicos, particularmente aquelas pessoas com mais seguidores nas várias plataformas. Identificamos uma grande presença de presbíteros católicos, muitos deles com seguidores na casa dos milhões. Diante desses dados, refinamos nossas buscas, a fim de resguardar também a abrangência e a diversidade do *corpus*. Tentamos detectar presenças igualmente significativas de religiosas e religiosos, leigas e leigos, chegando a quase uma centena de influenciadores e influenciadoras digitais católicos brasileiros.

Dada a pluralidade de presenças, com significativas disparidades em relação ao número de seguidores (com alguns influenciadores com dezenas de milhões e outros com poucos milhares), elaboramos uma listagem dos dez influenciadores e influenciadoras digitais católicos mais seguidos nas três principais plataformas com maior circulação no Brasil: Facebook, Instagram e YouTube. Novamente, a presença clerical e, portanto, masculina se destacou de modo expressivo.

Diante desse impasse e da avaliação da necessidade de aprofundamento do fenômeno, levando em conta ainda as possibilidades e os limites práticos de investigação, nós optamos por fazer os devidos recortes e constituir um *corpus* de pesquisa com cinco IDCs. Para isso, assumimos como primeiro critério de escolha o maior número de seguidores de cada um, mas também levando em consideração outros elementos para manter uma certa diversidade entre os escolhidos, principalmente: *diversidade de plataformas*; *situação eclesial* (não apenas padres); *origem midiática* (não apenas celebridades-influenciadoras, mas também influenciadores em processo de celebrização); e *tipo de influência* (não apenas de uma vertente teológica católica e/ou sociopolítica).

Fizemos um grande esforço para resguardar uma pluralidade do ponto de vista de gênero, buscando incluir mais influenciadoras mulheres com impacto significativo nas questões teológico-eclesiais. Entretanto, consideramos que isso seria "forçar" a empiria a evidenciar algo que, na prática, encontra-se velado ou enfraquecido por razões estruturais do próprio catolicismo. Essa questão da autoridade feminina – central para o catolicismo contemporâneo – será aprofundada e debatida em nosso estudo a partir de tais evidências empíricas.

Outro critério levado em consideração para o recorte do *corpus* foi o papel dos influenciadores *minoritários* católicos. Ou seja, também buscamos voltar o nosso olhar para alguns influenciadores que exercem sua influência "na busca por justiça social, na circulação de diferentes pautas civis, e no compartilhamento de pensamentos e vivências de quem, de fato, faz parte de minorias sociais" (ABIDIN, 2021, p. 295).

Assim, os cinco influenciadores escolhidos para compor o *corpus* desta pesquisa foram (em ordem alfabética):

- Bernardo Küster;
- Padre Fábio de Melo;
- Padre Júlio Lancellotti;
- Padre Patrick Fernandes;
- Padre Paulo Ricardo.

As plataformas selecionadas foram Facebook, Instagram e YouTube, de acordo com as presenças mais significativas de cada influenciador.

A partir desse processo de escolha e de decisão, fizemos um estudo de *casos múltiplos*, nos quais cada pesquisador e pesquisadora realizou uma descrição e uma análise profundas e detalhadas de um influenciador específico. Um estudo de caso "investiga um fenômeno contemporâneo [como os influenciadores digitais católicos] dentro do seu contexto da vida real, especialmente quando os limites entre o fenômeno e o contexto não estão claramente definidos" (YIN, 2001, p. 32), e lidando com muitas variáveis provenientes de diversas fontes de evidências. Nos textos individuais, cada pesquisador e pesquisadora também apresenta inferências específicas sobre o caso particular analisado, a partir das marcas e dos indícios descritos, levando em conta os três eixos principais da pesquisa: comunicacional-cultural, sociopolítico, e teológico-eclesial.

Por se tratar de um estudo de *casos múltiplos*, para a pesquisa empírica, estabelecemos alguns ângulos de análise, a fim de manter uma certa unidade na diversidade de observações. Trata-se de quatro parâmetros gerais de investigação que permitem aprofundamentos do ponto de vista tanto da Comunicação quanto da Teologia. Tais perspectivas apreendem a prática dos influenciadores digitais católicos sob o viés dos seguintes eixos: pessoa/*persona*; performance; conteúdo; e interação. Cada um dos ângulos levanta suas respectivas indagações (questões norteadoras) que serviram para conduzir o olhar de cada pesquisadora e pesquisador em sua análise específica (ver Quadro 1):

Pessoa/ *persona*	Performance	Conteúdo	Interação
Quem é o sujeito? Qual é a sua origem, história e situação pessoal, religiosa e sociopolítica? Como se tornou influenciador? Como se constitui a sua presença digital (redes e *persona*)? Quais influências sociopolíticas ou teológico-eclesiais o caracterizam?	Como sua influência se manifesta/emerge nos aspectos verbais e não verbais do discurso (ética x estética)? Qual é o seu estilo próprio e os seus diferenciais específicos? Quais são os capitais social, simbólico e econômico (monetização) identificados? Quais são as referências do influenciador em relação à sua performance (ideias ou pessoas)?	Sobre quais âmbitos, questões, pautas ou temáticas sua influência se constrói e se baseia? Quais são os valores comunicados e os posicionamentos sociopolíticos e teológico-eclesiais do influenciador? Qual é o seu alinhamento em relação às crenças e valores cristãos, ao Evangelho, e ao magistério do Papa Francisco e da CNBB? Quais influências sociopolíticas ou teológico-eclesiais atravessam os seus conteúdos (ideias ou pessoas)? Quais alinhamentos políticos e ideológicos emergem das publicações feitas?	Quem são seus “influenciados”? Qual é o perfil do público que o acompanha? Qual tipo de interação se estabelece entre influenciador e influenciados, e entre os próprios influenciados (algoritmização)? Qual é o impacto intra e extra socioeclesial do influenciador? Quais são as principais críticas e/ou elogios recebidos? Quais tipos de grupos são engajados ao perfil do influenciador em função de referências políticas, seja no apoio ou na crítica? A quais redes de comunicação eclesial ou política o influenciador está conectado e como se refere a elas?

A partir desses quatro ângulos, cada pesquisadora e pesquisador analisa e descreve aqui, em profundidade, um influenciador digital católico específico, em um capítulo particular, levando em conta o problema de pesquisa e as questões de horizonte abordadas anteriormente.

Como fruto desse processo, foi possível produzir algumas *inferências transversais* sobre o fenômeno em geral, a partir dos elementos comuns ou não, detectados em cada estudo singular. Tal perspectiva possibilita "equilibrar a observação de especificidades [dos casos] com a busca de [...] tratamento comum" (BRAGA, 2006, p. 83). Com isso, após cada caso ser analisado, mediante a descrição de seus processos singulares e a construção de inferências igualmente específicas, nós percebemos, coletivamente e na multiplicidade dos casos, as "linhas de continuidade, diversidade e tensão que os *relacionam enquanto partes de um conjunto maior*" (BRAGA, 2006, p. 83; grifo nosso) – ou seja, o fenômeno da influência digital católica.

Nesse processo, cada pesquisadora e pesquisador leu os estudos de caso dos demais pesquisadores, retornando ao problema central e às questões específicas da pesquisa, referentes aos três eixos de análise (comunicacional-cultural, sociopolítico, e teológico-eclesial). Desse modo, nós buscamos oferecer respostas ou explicações mais densas, tensionadas e articuladas a partir do olhar pessoal e da linha acadêmica de cada pesquisador e pesquisadora, seja da Comunicação, seja da Teologia.

Em um último capítulo, por fim, nós apresentamos algumas conclusões coletivas sobre o fenômeno dos influenciadores digitais católicos, abordando o modo como tal fenômeno se manifesta no âmbito católico brasileiro e suas possíveis consequências socioeclesiais.

1. Influência digital: um pouco de teoria

Uma matéria publicada no portal do jornal *Folha de S.Paulo*, ainda no início de 2021, chamava a atenção para o alcance midiático de lideranças religiosas e de suas performances em redes sociais digitais. Seu título dizia: "Influenciadores digitais da fé superam famosos ao usar canais digitais para atingir milhões de fiéis".[1] A linha de apoio continuava: "Padres, pastores e monges expandem suas mensagens de forma global".

No decorrer do texto, a comparação entre famosos e influenciadores digitais é pontuada pelos exemplos de lideranças religiosas e artistas da TV aberta. Em uma análise comparativa, a matéria aponta que os perfis de religiosos muitas vezes ultrapassam o número de seguidores dos perfis daqueles considerados "famosos", e ainda aborda a questão da multiplicidade no que diz respeito à atuação dessas lideranças em diversas plataformas digitais.

Em termos teóricos, a noção de "pessoa famosa" compartilhada no texto jornalístico parece se aproximar da concepção de "celebridade", que pode ser entendida atualmente como um *status*, um lugar social que é cultural e midiaticamente construído, e ocupado por uma pessoa que conquista o reconhecimento público por meio de práticas vinculadas à mídia e ao contexto específico dos grupos sociais com os quais ela se relaciona (MEDEIROS, 2020). Essas práticas tornam-se mais acessíveis à medida que a própria mídia expande sua capacidade de penetração e de participação social.

Nesse sentido, a interlocução e o alcance midiáticos conquistados por lideranças religiosas também atravessam a noção de "fama" – uma vez que elas

1 ALVES, Martha. "Influenciadores da fé superam famosos ao usar canais digitais para atingir milhões de fiéis". *Folha de S.Paulo*, 21 fev. 2021. Disponível em: https://bit.ly/3OT7gea.

se apresentam como figuras públicas reconhecidas por diversos grupos sociais, com um padrão de modelo célebre que pode influenciar determinados comportamentos. Apesar disso, normalmente essas pessoas religiosas não são enquadradas, em termos populares, como "celebridades"; em vez disso, a classificação de "influenciadores digitais" parece ser mais aceitável quando se trata de visibilidade e de performance na mídia, especialmente a digital.

Neste capítulo, portanto, apresentamos uma reflexão básica sobre o conceito de *influenciadores digitais*, considerando as perspectivas dos estudos de fama e celebridade, a fim de distinguir e esclarecer tais conceitos.

1.1 Fama e celebridade

Toda celebridade é uma pessoa famosa? Toda pessoa famosa é uma celebridade? No que diz respeito à fama, é importante distinguir a celebridade como uma perspectiva personalizada e como um fenômeno social. A noção carrega naturalmente uma dualidade, porque, como formação cultural, a trajetória da fama que coincide com o status célebre, mesmo que seja analisada de forma individual, reflete importantes aspectos da cultura que impactam a nossa sociabilidade de maneira geral.

É a partir dessa ideia que Driessens (2013) diferencia as noções de celebrização ("celebritization") e celebrificação ("celebrification"), a fim de problematizar conceitos que normalmente são usados sem muito rigor nos estudos da área. *Celebrização* se refere ao processo ubíquo e em transformação da lógica da celebridade nos âmbitos sociais e culturais. *Celebrificação* se refere ao processo de transformação de indivíduos em celebridades, ressaltando-se o valor da individualidade em nossa sociedade, na combinação entre o ordinário e o extraordinário, e aspectos de comodificação dos sujeitos – isto é, as celebridades são elas mesmas manufaturadas como um produto e ajudam a vender outros produtos.

Nessa perspectiva, os influenciadores digitais, observados pelos aspectos da visibilidade, da fama, do alcance e do poder de impacto, podem ser contemplados como um tipo de desdobramento do processo de *celebrificação* – que é fundamentado e reforçado pelo fenômeno da *celebrização*.

Entretanto, a categoria de "influenciadores digitais", apesar de fazer parte do atual espectro da fama, reúne características e comportamentos específicos, desenvolvidos majoritariamente nas mídias sociais. Além disso, os influenciadores digitais que performam suas imagens públicas a partir de crenças religiosas parecem apresentar nuances ainda mais particulares, uma vez que eles são (ou pelo menos dizem ser) orientados por uma missão "maior": a de usar as tecnologias e as linguagens digitais para praticar sua fé e "evangelizar" (como afirmam os entrevistados pela reportagem citada anteriormente).[2]

Embora muitas vezes colocados como sinônimos, fama e celebridade não se equivalem em termos de sentidos. A noção de celebridade parece acomodar um conjunto mais abrangente de situações, que engloba inclusive a própria fama. Nesse sentido, um famoso não é considerado, necessariamente, uma celebridade. Porém, uma celebridade com certeza é uma pessoa famosa. A concepção de celebridade admite uma tipologia, por exemplo, porque é mais nuançada e parece comportar um conteúdo denso de aspectos diversificados entre pessoas, tecnologias, padrões de consumo e valores sociais de um determinado tempo.

> O conceito de celebridade se aproxima e se soma a outros, congregando sentidos como amplo conhecimento, reconhecimento, culto; está ligado à dinâmica de veiculação e circulação midiática; tem uma natureza conjuntural e circunstancial. As celebridades se constroem em determinados contextos e condições, mas, sobretudo, estão estreitamente relacionadas ao quadro de valores de uma sociedade [...] elas são possibilitadas pela existência de modo de funcionamento da mídia, mas também e sobretudo decorrentes da sintonia que elas ostentam com a cultura de sua época e de seu grupo (FRANÇA *et al.*, 2014, p. 33).

Assim, por ser uma marca do nosso tempo, nós acreditamos que a noção de celebridade é um conceito fluido e moldável, e que, por isso mesmo, precisa ser revisitado de tempos em tempos e atualizado conforme novas

---

2 *Idem*. Na matéria citada, um dos entrevistados afirma: "Sou mais um evangelista, mas, como uso a ferramenta digital, a gente acaba sendo chamado de influenciador. Mas me sinto mais um evangelizador".

práticas vão surgindo na esfera social. Nesse sentido, a possibilidade de uma atualização da concepção do termo deve se atentar para a particularidade dos conteúdos que circulam na internet (especialmente nas plataformas de mídias sociais), um território que mistura com certa naturalidade os âmbitos público, privado e íntimo – oferecendo ao público momentos aparentemente mais "autênticos" de privacidade e intimidade, em gestos autobiográficos e espontâneos (pelo menos em teoria).

Hearn e Schoenhoff (2016) examinam as maneiras como as celebridades têm sido condicionadas pelas métricas da influência contemporânea. A partir desse condicionamento, as autoras avaliam como o "valor celebridade" pode ter mudado ao longo dos anos, e quem, de fato, é beneficiado com a dispersão das lógicas de produção das celebridades na era das conexões sociais e digitais. Elas apontam que as celebridades são produzidas (não "nascidas" espontaneamente) a partir de um trabalho voltado para gerar uma forma de capital, ou "valor celebridade", que cria uma autêntica marca pessoal monetizável – ou seja, uma imagem pública que é gradualmente habilitada para a performance do consumo, expressa por aspectos e por produtos que compõem um determinado cotidiano e estilo de vida. A prática, o esforço e a dedicação à conquista de visibilidade na internet são pontos que viabilizam a chance de o indivíduo comum criar um capital de imagem pública (e de fama), ainda que esteja à margem da mídia de massa.

O que as autoras chamam de "valor celebridade", portanto, diz respeito a um status apreciado financeiramente. O valor celebridade se refere às formas como as celebridades rendem dinheiro, e como as pessoas e, principalmente, o mercado tratam profissionalmente a produção de figuras famosas. Por meio de técnicas específicas, a publicização do cotidiano tornou-se uma estratégia profissionalizada, voltada para a monetização das imagens pessoais como *commodities*.

Apesar de as estratégias de visibilidade serem cada vez mais conhecidas pelo público (uma vez que são técnicas profissionais), a imagem construída a partir das atividades de autopromoção deve ser (ou parecer ser) autêntica – a fim de mostrar-se como uma "pessoa legítima", e não um personagem ou uma simples construção midiática. Nos casos em que se detecta a falta de autenticidade por parte do público (que se resume em juízo de valor), as figuras famosas são subjugadas socialmente: é o que ocorre com as subcelebridades,[3] que são identificadas por uma construção "forçada" do status de fama, ou pela falta de autenticidade e de substrato. Portanto, esta seria a forma mais radical (até agora) de forjar um rosto público com o objetivo nítido de lucrar com ele – ou seja, de construir um valor celebridade.

No contexto das mídias digitais, a impressão, tal como a construção, do valor celebridade pode ser apreendida como um conjunto de práticas de autopromoção. A busca por autenticidade desponta como um aspecto cada vez mais importante para a percepção do lastro da fama. Ao mesmo tempo, as conversas e as postagens em tons mais íntimos que circulam nesses ambientes digitais dão ao público a sensação de que é possível acessar a pessoa autêntica que carrega o status da fama, ou, ao menos, verificar se aquele rosto público que se autoapresenta é mesmo legítimo.

Aparentemente, se esse rosto público conta com as mídias digitais para sua construção básica, ele é classificado como um influenciador digital. Assim, vale pontuar que o que nós estamos chamando de "valor celebridade" também parece ser um componente primordial para o arranjo dessa classificação.

1.2 Influência digital

De modo geral, a noção do que é um influenciador ou influenciadora digital ainda é difusa e pode ser diferente a depender do olhar empregado. Uma das principais questões do debate sobre esse conceito reside em sua origem, já que outras formas performáticas na mídia já se faziam presentes

3 O termo "subcelebridade", por si só, sugere uma qualificação negativa relacionada ao conceito de celebridade, sendo permeado de leituras pejorativas. O prefixo "sub" implica uma posição inferior e carregada de julgamento de valor, que enquadra o status em uma comparação sempre desigual. É como se as subcelebridades pertencessem a uma segunda categoria de famosos que, na verdade, não possuem lastro de fama. Como dissemos, o lastro é uma qualidade que sustenta a fama, e, quando não é evidente (ou simplesmente não existe), o "valor celebridade" aparece para o público como um atributo artificial, construído sob a imagem de alguém que se esforça para ser célebre; mas é como se essa figura não merecesse o reconhecimento, justamente pela ausência do lastro.

em espaços midiáticos analógicos. Karhawi (2017) traz uma contribuição importante nesse sentido, ao propor uma espécie de linha do tempo para o surgimento dos influenciadores digitais.

A partir do fim dos anos 1990, a popularização dos blogs fez emergir autores que passaram a produzir conteúdos a partir de uma ótica personalista e direcionada a públicos cada vez mais segmentados. O desenvolvimento tecnológico das redes fez com que a prática fosse transposta ao audiovisual: surgiram, assim, os *vloggers*, ou seja, "blogueiros em vídeo", sobretudo no fim dos anos 2010. Essas novas celebridades, a partir de seu impacto em cada nicho específico, começaram a ser chamadas de "influenciadoras", na medida em que passam a coordenar seu comportamento tendo como objetivo afetar o público que as segue.

Para Abidin e Karhawi (2021), o conceito que define um influenciador digital deve distinguir-se da compreensão mais ampla sobre o que é ser uma "celebridade de internet". No segundo caso, há uma grande visibilidade online que pode estar relacionada tanto a uma imagem bem construída quanto a escândalos, críticas ou má fama (ou seja, tem a ver com o lastro da fama). Quanto aos influenciadores, a fama digital tende a estar conectada a uma imagem baseada em valores positivos. Tornam-se, assim, um tipo de celebridade de internet bastante específico: operacionalizam seu reconhecimento e boa reputação para cultivar uma imagem que gere engajamento, mais fama e monetização. Essa carreira estabelecida e gerida de forma estratégica dá aos influenciadores digitais uma distinção importante em relação a outras celebridades midiáticas, já que a origem organicamente digital confere certo grau de autenticidade e de proximidade com o público consumidor de conteúdo.

Embora muitos autores compreendam os influenciadores como celebridades, outros estudos apresentam algumas distinções. Antunes e Azevedo (2019) consideram que os influenciadores digitais têm mais engajamento e proximidade com seu público, sobretudo porque se comunicam a partir de temáticas de nicho. As celebridades têm maior alcance, geralmente estando associadas às mídias massivas, além de uma distância maior do público. Contudo, mesmo as celebridades tradicionais buscam espaço nos ambientes digitais, e o inverso também ocorre. Já para Primo (2009), essas novas celebridades nem sempre são pessoas talentosas, mas exprimem o reflexo de uma sociedade narcisista. O culto à personalidade mantém determinada aura de separação entre a pessoa admirada e seus fãs, ainda que existam dispositivos de interação ampliados.

Se a construção da imagem da celebridade corresponde à produção da intimidade como um valor, os chamados influenciadores digitais também passam a conferir credibilidade a outros produtos e constroem nichos de mercado a partir da ideia de impacto e de influência. Segundo Medeiros (2020), três conceitos principais operam na construção da imagem e na prática de um influenciador: *performance*; *autenticidade*; e *celebridade*. A *performance* tem a ver com a cena, a atuação e as relações construídas a partir da ótica da visibilidade. No campo da *autenticidade*, valores como proximidade, intimidade e interação são manejados, a fim de produzir efeitos de reconhecimento por parte do público, sobretudo a partir da enorme exposição da vida privada. A *celebridade* funciona como uma base conceitual de partida, relacionada à observação do lastro da fama: a forma como o status de fama é atrelado à determinada figura.

Segundo Karhawi (2017), há dois tipos principais de influenciadores: (1) o *estimulador de debates* – propõe ideias, análises, discussões e influências sociais no campo do pensamento; e (2) o influenciador de *compra e consumo* – aquele que confere seu prestígio a outras marcas e produtos. Há, ainda, outras possibilidades e tentativas de categorização. Camargo *et al.* (2017) indicam dez tipos: a *celebridade*; a *autoridade*; o *conector*; aquele cujo nome é uma espécie de *marca*; o *analista*; o *ativista*; o *expert*; o *insider*; o *disruptivo*; e o *jornalista*. O que articula essas tipologias é o pano de fundo comum da cultura participativa e de nicho: as possibilidades de "nucleação" a partir de interesses e a ampliação da gama interativa.

Outro olhar específico sobre os diferentes tipos de influenciadores digitais é trazido por Abidin e Karhawi (2021), que argumentam sobre a ocorrência da categoria dos *influenciadores minoritários*. Estes, também atuando em nichos, são notabilizados pela luta por justiça social e/ou pelo próprio pertencimento a grupos minoritários em busca de reconhecimento e promoção de suas pautas. Não são tão famosos quanto os grandes influenciadores, que focam suas ações na monetização da marca de suas próprias vidas. Mas atuam sob outras pautas que julgam importantes e geram diferentes graus de engajamento a partir das causas que representam.

A ideia de "nichos de influência" faz com que estejam presentes nas redes digitais temas e questões dos mais variados tipos, incluindo questões religiosas. No Brasil, são inúmeros os perfis de lideranças que se autodenominam como influenciadoras digitais. Ademais, é comum o crescimento digital de padres, seja aqueles que se forjaram como celebridades nas mídias massivas (rádio e TV), seja aqueles que construíram sua fama a partir das redes sociais digitais.

Para Karhawi (2017), uma das principais características dos influenciadores digitais é justamente a presença em mais de uma plataforma. A ambiência digital, cada vez mais diversa em suas linguagens e possibilidades, oferece uma ampla gama de atuação também do ponto de vista religioso. O fenômeno, cada vez mais evidente, faz emergir uma série de questões.

1.3 Influência digital religiosa

O eixo comunicativo é intrínseco ao âmbito religioso. O cristianismo, de modo particular, nasce de um processo comunicativo no qual Deus vem ao ser humano e se revela, estabelecendo um vínculo e um diálogo com a humanidade – aquilo que é chamado de "Revelação".

A Igreja Católica, mais especificamente, também tem uma relação muito antiga e íntima com a comunicação, pois ela *nasce de* um processo comunicativo entre Deus e a humanidade (a Revelação), e *nasce para* comunicar a boa notícia do Evangelho. Desde a sua origem, a Igreja passou por diversas mudanças de culturas e espaços comunicativos, como da tradição oral para a escrita, da pregação da Palavra nas casas aos púlpitos das Igrejas, até chegar aos "púlpitos" midiáticos e digitais. Assim, os cristãos assumem a missão de comunicar a Palavra de Deus recebida e de testemunhá-la (cf. Mc 16,15). A cada novo meio de comunicação que surgia e era incorporado à vivência cristã, a prática, o ambiente e a própria identidade religiosa iam se modificando (SILVA, 2021b; ZANON, 2021).

A virada tecnológica digital das últimas décadas resultou também em uma virada antropológica. Com isso, as gerações contemporâneas marcadas pela cultura digital desenvolveram uma nova visão de mundo, de comportamento e de forma de se comunicar, de se relacionar, de pensar e de viver suas crenças, propósitos e valores, fazendo emergir, como consequência, novas religiosidades (SBARDELOTTO, 2012, 2017; SILVA, 2021a). A pandemia do coronavírus intensificou ainda mais o processo, já acelerado, de digitalização da sociedade, fazendo com que a cultura digital penetrasse em todos os âmbitos da vida humana em dimensão global.[4] Hoje, a experiência cotidiana é caracterizada por uma dimensão *OnLIFE* (FLORIDI, 2015), isto é, por uma presença constante em espaços híbridos, no interstício entre a realidade física e digital – biológica e tecnológica –, não sendo mais possível separar claramente o que é *offline* do que é *online*.

A cultura digital, portanto, nos fez perceber que nós vivemos em um complexo ecossistema comunicativo, constituído por símbolos, algoritmos, máquinas e pessoas, evidenciando que a comunicação não se reduz à emissão de dados, mas sim tece e cultiva relações. Trata-se de uma verdadeira *ecologia midiática*, na qual é possível observar justamente "a interação entre as mídias e os seres humanos [que] dá caráter a uma cultura e, pode-se dizer, ajuda uma cultura a manter o equilíbrio simbólico" (POSTMAN, 2000, p. 11; tradução nossa). A ideia básica da ecologia das mídias é que "as tecnologias – neste caso, as tecnologias da comunicação, desde a escrita até os

---

4 A transformação social decorrente das tecnologias digitais evolui em um ritmo nunca alcançado por outras formas tecnológicas anteriores. Um fator atual que contribuiu para a mudança do cenário do dia a dia foi a pandemia da COVID-19 que assolou o mundo a partir de 2020. O impacto do coronavírus exigiu globalmente medidas urgentes de prevenção, notadamente as medidas de restrição de contato, que impuseram uma transformação nas formas de viver e comunicar-se, ampliando massivamente o uso das tecnologias digitais (FRANÇA *et al.*, 2021; LEMOS, 2021; SOUZA, 2020; WESCHENFELDER *et al.*, 2021). Assim, diversas práticas de relação social, do trabalho ao ensino, migraram e se adaptaram à modalidade online, o que acelerou ainda mais a imersão dos hábitos cotidianos na dinâmica e nas características da cultura digital. Isso também afetou as religiões em geral e, particularmente, as Igrejas cristãs (CAMPBELL, 2020; SBARDELOTTO, 2020, 2021a; SILVA, 2021b; ULRICH e OLIVEIRA, 2020).

meios digitais – geram ambientes que afetam os sujeitos que as utilizam" (SCOLARI, 2015, p. 29; tradução nossa). Com isso, é possível observar as consequências *ecológicas* (no sentido de globalidade e de complexidade) dos processos midiáticos e, particularmente, digitais sobre a pessoa, a cultura, a sociedade, as religiões e a realidade em geral.

É nesse ambiente que surge a prática e a cultura dos influenciadores e influenciadoras digitais. E, nesse sentido, a prática deles também está trazendo consequências "ecológicas" para o entendimento e exercício das religiões e religiosidades contemporâneas. Esse fenômeno evidencia ainda mais que as Igrejas e suas autoridades passam a não ter mais o controle sobre o Sagrado como antes (SBARDELOTTO, 2017). Certamente por isso, é possível perceber que algumas lideranças se empenham também na construção de um rosto digital, capaz de fortalecer sua imagem pública (que se torna mais nuançada, apreendida por múltiplas plataformas) e, consequentemente, seu poder de impacto. Com isso, as lideranças religiosas também passam a operar um certo nível de influência no campo da política e no comportamento social, "oferecendo princípios para a conduta moral e fortalecendo o imaginário de um destino superior. Em algumas situações, torna-se complicado distinguir religião, vida pública e convicções morais, pois se atravessam na vida em sociedade" (SOUZA e PEREIRA, 2019, p. 2).

No âmbito cristão, o esforço de evangelização, em princípio, confronta-se com algumas práticas já estabelecidas na dinâmica da influência digital, como, por exemplo, a monetização (que será aprofundada mais adiante). A exposição da privacidade e o excesso de informalidade, que são outras práticas comuns da categoria, também podem afrontar determinadas estruturas religiosas, ou simplesmente fugir de orientações e critérios instituídos e consolidados do ponto de vista eclesiástico. Ademais, algumas dessas práticas também interpelam diretamente a questão da autoridade que é exercida por meio da figura de padres, pastores e bispos, especialmente em situações relacionadas à exibição de rotinas, que carregam uma linguagem baseada no humor e na publicidade.

No âmbito católico, embora as mensagens dos últimos três pontífices incentivem os fiéis a desenvolverem iniciativas de evangelização nas mídias, e embora haja casos de pessoas que buscam dar um testemunho de vida cristã na rede, há influenciadores que se denominam "católicos", mas que prestam um desserviço à comunidade cristã, disseminando dúvidas e divisão na Igreja por meio de notícias falsas, intolerância e discursos de ódio. Alguns desses influenciadores instrumentalizam ideias, ideais e valores cristãos para fins políticos, enquanto outros mercantilizam e barateiam conteúdos e símbolos da doutrina católica. Um exemplo internacional é o de Alessandro Maria Minutella, presbítero italiano excomungado em 2018 por disseminar heresias e calúnias contra o Papa Francisco, fomentando o cisma da Igreja Católica por meio de seu canal no YouTube.[5]

No Brasil, não apenas os ataques diretos a bispos católicos são motivos de preocupação, mas também o modo como orientar os fiéis, especialmente o clero, a realizarem boas práticas comunicativas nas redes sociais, pois ser influenciador digital é um ofício cada vez mais frequente entre padres e seminaristas. Atitudes discrepantes e incoerentes nas redes por parte de presbíteros geram alerta e demonstram que a Igreja Católica no Brasil e no mundo precisa refletir sobre como lidar e se posicionar em meio a essa cultura comunicativa que tende a se expandir. Algumas ações em igrejas locais já foram tomadas, como o caso da medida disciplinar direcionada aos clérigos da Arquidiocese de Fortaleza, lançada em outubro de 2021 pelo então arcebispo local, Dom José Antonio Aparecido Tosi Marques, que admoesta os presbíteros a utilizarem os meios digitais com prudência e moderação.[6]

A prática dos influenciadores e influenciadoras digitais católicos levanta ainda outras questões importantes que nos fazem pensar sobre os papéis dos sujeitos dentro da tradição eclesial. Para muitos fiéis hoje, tais influenciadores constituem "bolhas eclesiais" que alimentam um "magistério paralelo" às

---

5 Para ver a notificação do decreto de sua excomunhão pela Arquidiocese de Palermo, na Itália, conferir: "Notifica del Decreto di scomunica a Don Alessandro M. Minutella". Arcidiocesi di Palermo, 13 nov. 2018. Disponível em: https://bit.ly/3uwOJwe.

6 Para ver a medida disciplinar, intitulada "Prudência e moderação", conferir: "Prudência e moderação: medida disciplinar da Arquidiocese de Fortaleza orienta sobre a presença dos clérigos, sacerdotes e diáconos no universo digital". Arquidiocese de Fortaleza, 29 out. 2021. Disponível em: https://is.gd/If14sh.

autoridades eclesiais. Seja padre ou leigo, são tais influenciadores que, até certo ponto, moldam a mentalidade e a fé cristã de seus milhares ou milhões de seguidores. Seus perfis públicos muitas vezes constroem uma imagem pública da Igreja de traços predominantemente masculinos, clericais e brancos, não expressando a diversidade do Povo de Deus.[7] Para muitos fiéis, a palavra de um influenciador ou influenciadora da fé tem mais peso do que a do bispo de sua diocese e até do que a do Papa. O engajamento, a fé e a confiança em certos influenciadores podem gerar um clima de extremização e discórdia entre os membros da Igreja, promovendo ações de "excomunicação" recíproca, que caracterizam uma verdadeira anti-evangelização (SBARDELOTTO, 2021b).

Nota-se, portanto, que são muitos os pontos que particularizam a atuação e a conceituação dos influenciadores digitais que atuam no âmbito religioso. Ademais, a performance e o alcance crescente dessas figuras também apontam para valores socialmente compartilhados, os quais merecem ser observados com mais atenção. Entram em jogo, desse modo: o conteúdo comunicado por essas pessoas em torno de um determinado elemento religioso; a mistura promovida tanto com pautas humorísticas e políticas, por vezes preconceituosas, quanto com outras pautas que beiram um "psicologismo" superficial, que simplifica a complexidade da existência humana; e ainda as motivações que levam as pessoas em geral a seguirem influenciadores digitais da fé.

* * *

Com estes elementos teóricos fundamentais em mãos, nós podemos, agora, avançar na análise do fenômeno da influência digital católica a partir da descrição e do exame crítico, detalhado e criterioso dos casos de pesquisa específicos.

---

7 "Povo de Deus" é uma expressão teológica que designa um modo de ser e agir da Igreja Católica. Este modelo aparece com relevância na eclesiologia do Concílio Vaticano II, especialmente na Constituição Dogmática *Lumen Gentium*, que discorre sobre a identidade e a missão da Igreja (LG, n. 9-13).

2. Autorreferência, humor e fama: quando o entretenimento atravessa a evangelização

Fernanda de Faria Medeiros

2.1 Biografia: a construção midiática da liderança católica

Fábio José de Melo Silva, conhecido como Padre Fábio de Melo, é considerado um "fenômeno midiático e religioso" (MENDONÇA, 2013; ALVAREZ, 2016). Tanto que a construção de sua imagem pública é objeto de estudo em diversos campos,[1] os quais observam sua atuação como líder religioso e seus discursos como um evangelizador moderno atrelado a algumas emissoras, além de também como uma figura famosa que recorrentemente aparece no contexto *mainstream*. De fato, o padre carrega o status de celebridade, mas sua atuação como multiprofissional gerou uma imagem pública repleta de nuances, que acabam sendo reforçadas (ou rechaçadas) à medida que ele se projeta também como um dos influenciadores digitais mais seguidos do Brasil. De acordo com Mendonça (2013), sua trajetória de fama começa, de fato, em meados de 2008, depois do contrato assinado com a gravadora *Som Livre*. Mas, analisando o percurso do artista, é possível perceber que desde 2006 ele mobiliza multidões através da própria imagem. Sua história de vida, já bastante publicizada e cheia de acontecimentos marcantes, tem início muitos anos antes, em Minas Gerais.

1 No Google Acadêmico, são mais de oito páginas de pesquisa geradas apenas a partir do nome do padre.

Nascido em 3 de abril de 1971, em Formiga (MG), Fábio de Melo é o caçula de oito filhos de uma família simples, constituída por Dorinato Bias Silva, pedreiro, e Ana Maria de Melo Silva, dona de casa. Juntos, eles passaram por diversas dificuldades financeiras e problemas emocionais, como, por exemplo, o envolvimento de um dos irmãos com drogas (que chegou a ser preso) e a falta de trabalho em algumas ocasiões, o que levou a família a se mudar de cidade. Apesar do contexto difícil, os relatos do (e sobre o) padre mostram que, desde pequeno, Fábio cantava, escrevia trechos de poemas e brincava de ser sacerdote. Nos inúmeros textos que abordam a vida do padre cantor antes da fama, a infância geralmente é uma fase que ganha destaque, insuflando um forte aspecto vocacional que ajuda a construir a percepção de legitimidade na escolha profissional de Fábio. Nesse ponto, sua mãe, Ana Maria (que concedeu várias entrevistas sobre o filho para sites e programas de TV), fazia questão de afirmar que acreditava ter influenciado a formação religiosa e moral de seus filhos através da educação católica. Fica claro que a Igreja, como base de um núcleo familiar devoto, subscreve e pontua os textos biográficos do padre. Esses relatos também colaboram com a ideia de que ser um sacerdote católico foi quase uma consequência natural na vida de Fábio de Melo, como se ele estivesse predestinado a exercer esse "dom".

No livro *Humano demais* (2016), o jornalista Rodrigo Alvarez apresenta uma biografia romantizada do padre, e destaca, através de relatos dramáticos ilustrados por fotos e desenhos de "Fabinho", a infância dura, marcada por episódios como o alcoolismo do pai e os problemas da família com a falta de dinheiro. Para ajudar, Fábio começou a trabalhar bem cedo: foi vendedor de doces, entregador de pão e ajudante de pedreiro, e chegou a lidar com colheita de café. Mas Alvarez (2016) também busca retratar os traços de ternura e carinho que fizeram parte da vida de Fábio de Melo, mesmo com todas as dificuldades, fazendo questão de dar ênfase ao lado humano do padre (bem como força o título do livro).[2] Nesse sentido, nota-se que há, na narração

2 "Humano Demais" também é título de uma canção e de um dos discos mais famosos do Padre Fábio de Melo, lançado em 2005. Alvarez conta que, quando sugeriu o título do livro, o padre aprovou, "pois 'Humano Demais' havia sido um divisor de águas em sua vida de pregador" (ALVAREZ, 2016, p. 237).

da história, uma intenção de apresentar a figura de Fábio de Melo ora como uma "pessoa comum", com virtudes e defeitos cotidianos, ora como um verdadeiro beato, predestinado ao exercício de seus saberes especiais. A proposta da narrativa se aproxima da perspectiva de Morin (1989), que traz a ideia dos deuses olimpianos para tratar da construção das imagens célebres no espectro social, como veremos no tópico seguinte. Por enquanto, vale destacar um pequeno trecho que caracteriza a explanação de Alvarez:

> Ainda que se vestisse de padre e promovesse batismos fictícios na infância, ainda que continuasse sendo visto como a grande esperança de dona Ana ter um filho religioso, Fábio chegara à adolescência com os olhos abertos para as coisas comuns deste mundo pagão. Gostava de meninas. Adorava Carnaval. E passava horas conversando sobre a vida com a vizinha Valéria (ALVAREZ, 2016, p. 100).

Além de contar algumas histórias da adolescência de "Fabinho", o jornalista realça a importância de "Tia Ló", que foi a responsável por conduzir o padre ao seminário, em 1986. Católica fervorosa e autointitulada coordenadora da comunidade, ela levou o garoto para o Encontro de Adolescentes com Cristo, na Igreja do Sagrado Coração de Jesus, com a intenção de colocá-lo no caminho dos padres. No entanto, o Encontro gerou mesmo foi um grupo musical formado por Fábio e mais seis integrantes, que não apenas tocavam músicas religiosas, mas também animavam casamentos e bailes daquela época com MPB, rock e até sertanejo. A banda fazia sucesso na região do Quinzinho (em Formiga) e foi um espaço importante para "Fabinho" explorar sua veia artística. Alvarez (2016, p. 109) conta que ele se tornou uma espécie de apresentador do Encontro de Adolescentes com Cristo (EAC), depois de fazer alguns discursos sobre Jesus "usando de seu bom humor para provocar risos e gerando nos colegas um ciúme que seria, a partir de então, um problema para toda a vida". Apesar de não ser um destaque na narrativa, é possível perceber que o jornalista sinaliza, com certa recorrência, um certo antagonismo de Fábio com os outros jovens – ele sempre aparece como o mais bonito, simpático e inteligente, e, por isso, chama muita atenção (das moças, especialmente) e provoca uma rivalidade entre os colegas.

Foi nessa época que Fábio, então com 15 anos, se tornou cantor e uma liderança entre os jovens. Mas ele ainda não havia decidido que se dedicaria à vida religiosa. Tanto que, no ano seguinte, decidiu abandonar a escola, se juntou com os adolescentes mais bagunceiros da cidade, teve namoros rápidos e vontade de trabalhar em uma rádio. No entanto, foi "resgatado" por Tia Ló no fim de 1987 e entrou para o seminário no ano posterior, com a ajuda do Padre Maurício (amigo de Tia Ló e diretor do seminário do Sagrado Coração de Jesus), que o levou para Lavras.

Em uma entrevista concedida a Marília Gabriela, em 2010, Fábio contou que decidiu estudar no seminário após visitar o local e ter se encantado com a piscina, quando tinha 16 anos de idade. Ele ainda acrescentou que fez a escolha definitiva do sacerdócio aos 23 anos, e que esta decisão foi fruto da convivência no seminário e de um desejo de seguir a carreira.

Mas foi aos 19 anos, de férias das aulas, que Fábio precisou se recuperar do luto do falecimento do pai, antes de se tornar um noviço em Jaguará do Sul, no interior de Santa Catarina. Logo depois, em meados de 1992, com o falecimento de Tia Ló, ele se comprometeu ainda mais com a missão religiosa, e, no início do ano seguinte, fez seus primeiros votos de pobreza, obediência e castidade. Em um estágio na Paróquia do Puríssimo Coração de Maria, em São Bento do Sul, conheceu o trabalho realizado pelo padre Nelson Taquini numa rádio e se identificou: "[...] achava que seria feliz fazendo aquele trabalho" (ALVAREZ, 2016, p. 170) na paróquia e como comunicador.

No mesmo ano (1993), nos primeiros meses da faculdade de Filosofia em Brusque, Fábio se apaixonou por uma mulher, descumpriu os votos temporários de castidade e viveu um romance que quase abalou sua carreira como padre. Essa história foi relatada diversas vezes pelo próprio Fábio (em entrevistas e programas) e por apresentadores e jornalistas, incluindo Alvarez. Na versão dele, essa paixão é uma das partes que mais afirma o título do livro:

> Apenas alguns meses antes, Fábio José da Silva tinha jurado que nunca se relacionaria intimamente com mulheres e se dedicaria integralmente a seu compromisso com a Igreja. Não aguentou. Mais uma vez, foi humano. Humano demais (ALVAREZ, 2016, p. 178).

Nessa época, Fábio escolheu como confidente seu professor de Teologia e Filosofia das Religiões, o padre Léo (Tarcísio Gonçalves Pereira), que, além de cantor, escritor e palestrante, era um dos expoentes do movimento Renovação Carismática. Ele participava do único programa religioso de relevância na TV daquele tempo, o *Anunciando Jesus*, da Canção Nova. Por admiração e identificação, padre e fráter logo ficaram amigos e o conselho de Léo foi para que Fábio não terminasse a relação, justamente para ele ter certeza sobre o que seria melhor, de fato, para a sua vida. Só que o namoro durou pouco e a moça se mudou para Blumenau, com a certeza de que Fábio tinha nascido mesmo para ser padre. Segundo os relatos, ela mesma teria dito essa frase como um estímulo ao jovem.

Em 1994, já entusiasmado com o exercício do sacerdócio, Fábio, então com 23 anos, participou pela primeira vez de um encontro estadual do movimento Renovação Carismática e decidiu abraçar esse estilo de catolicismo que, até então, ele questionava. No segundo semestre do mesmo ano, o estudante de filosofia conheceu o padre Joãozinho, o primeiro religioso com carreira de artista com quem ele tinha um contato mais próximo, e logo aproveitou a oportunidade para se apresentar como aspirante a padre compositor. Ele tinha letras de música escritas à mão e uma fita cassete com as canções que tinha conseguido gravar. Joãozinho já havia gravado seu primeiro disco, produziu alguns outros e começava a ganhar fama como caçador de talentos. Viu potencial no fráter Fábio e prometeu para ele uma gravação profissional.

Em janeiro de 1995, usando ainda simplesmente o nome Fábio, o jovem cantor começou sua carreira no estúdio das Paulinas, na Vila Mariana, em São Paulo. Seis meses depois, resolveu incluir o sobrenome da família da mãe e passou a se chamar legalmente Fábio José de Melo Silva, o que permitiu a adoção de seu nome artístico Fábio de Melo.

No último ano como seminarista na faculdade de Filosofia de Brusque, o estudante já aproveitava um relativo sucesso proveniente das primeiras gravações. Além das músicas, cada vez mais ele participava das “Louvações” – como eram chamados os shows da crescente Canção Nova, que na época ainda era um incipiente acampamento improvisado em Cachoeira Paulista.

Com a carreira decolando, o religioso, que ainda não era padre, mudou-se para o Paraná, para fazer um estágio no seminário Terra Boa. Foi lá que ele recebeu a notícia do falecimento de sua irmã, Heloísa, e também onde iniciou sua atuação como pregador, a convite de uma das coordenadoras do movimento Renovação Carismática, do sudoeste do Paraná. As pregações incluíam trechos de músicas inéditas e, às vezes, até ele mesmo tocando violão, o que rendeu amplitude para a construção de sua imagem pública.

Em agosto de 1997, terminando o estágio em Terra Boa, Fábio voltou ao estúdio levando doze canções que foram transformadas em seu primeiro álbum de sucesso. Mas, mesmo com a carreira artística promissora, ele decidiu investir na sua qualificação para o exercício do sacerdócio e foi cursar um mestrado na Faculdade de Teologia de Taubaté, onde o padre Joãozinho também era professor. Com ele, além de aprender, Fábio aumentava progressivamente suas idas à Cachoeira Paulista, e, no mesmo sentido, aumentava o alcance de sua imagem como cantor. No segundo ano da faculdade, em 1999, ele lançou seu segundo disco solo em um galpão lotado da comunidade Canção Nova, onde já cabiam cinco mil pessoas.

No ano 2000, Fábio voltou ao estúdio das Paulinas para gravar um novo disco solo, enquanto também se preparava para uma parceria musical com seu primeiro ídolo católico, o padre Zezinho, e mais outros colegas. Eles saíram juntos em uma turnê pelo Brasil que fez Fábio se tornar ainda mais conhecido e atrair cada vez mais fãs para a beira do palco. No fim dessa jornada, acumulando três discos solo e uma fama respeitável de seis anos de carreira (já chamada de profissional), Fábio José de Melo Silva também alcançou um novo degrau em sua vida como religioso.

Em dezembro de 2001 ele foi ordenado padre, acumulando 14 anos de conventos, estúdios de gravação, palcos e estradas. Saiu de Taubaté, foi atuar em Belo Horizonte (era diretor da casa de estudos da Congregação dos Padres do Sagrado Coração de Jesus) e decidiu fazer um outro mestrado: dessa vez em Teologia Dogmática na Faculdade Jesuíta de Belo Horizonte (entre 2002 e meados de 2004). Nos fins de semana, ele continuava percorrendo o Brasil e participando de eventos católicos, onde pregava e fazia shows, divulgando suas músicas.

Alvarez (2016) ressalta que, apesar dos convites cada vez mais frequentes, Fábio ainda não tinha empresária, assessoria nem assistentes nessa época. Mas, mesmo assim, ele foi capaz de fazer parcerias com músicos e expandir sua atuação artística para fora da Igreja. Em 2004, lançou o disco *Tom de Minas*, junto de outros artistas reconhecidos na cena musical mineira, e que, embora não tenha vendido muito, é considerado um sucesso pessoal na opinião do próprio padre. Esse disco também ajudou a formalizar a atuação midiática de Fábio, que, devido ao fracasso comercial, viu a necessidade de ter uma empresária ao seu lado. A amiga Leozinha[3] então foi contratada para botar ordem na carreira do artista, cada vez mais reconhecido como "padre cantor". A biografia retrata essa fase como uma das mais prazerosas:

> O padre se sente livre como nunca em sua vida. Em todos os sentidos, está cada vez mais forte. Depois de cantar Tom Jobim numa missa, comprará uma briga que vai lhe render um brinco na orelha [...] Eram palavras de um brasileiro genial, nada religioso [falando sobre a canção de Tom Jobim], que agora traziam aos católicos algo que o Padre Fábio entendia como uma lição importante sobre a vida (ALVAREZ, 2016, p. 253).

O brinco na orelha diz respeito a uma retaliação que o padre resolveu fazer por um fiel que foi rejeitado em um grupo de oração pelo coordenador, justamente por causa de um brinco. Fábio conta que, antes de conhecer o tal grupo pessoalmente, passou na farmácia e também furou a orelha. "Foi uma rebeldia boba, né? Sem necessidade" (ALVAREZ, 2016, p. 256), refletiu ele durante uma das entrevistas de pré-produção do livro biográfico. No entanto, a narrativa do jornalista claramente contradiz a afirmação do padre,

---

3 Nas páginas dedicadas a explicar a origem da rede Canção Nova, em 1989, Alvarez (2016, p. 205) conta que, "depois de ter sido vendedora de farmácia, administradora de fábrica de baterias de carro e importadora de bijuterias orientais, e depois também de perder tudo o que tinha poupado por causa do plano econômico absurdo do presidente Fernando Collor, Leozinha virou produtora, secretária, assessora de imprensa, cinegrafista, agente, empresária... tudo o que se pudesse imaginar. Nascia ali a *Talentos*, uma empresa familiar de gerenciamento de carreiras que muito em breve passaria a se dedicar exclusivamente a artistas católicos, com uma enorme atenção à carreira do Padre Fábio de Melo".

no sentido de tentar fortalecer a figura humanista e transgressora como um aspecto diferencial de Fábio de Melo.

Nessa época (2004), apesar de jovem, Fábio já agia como um carismático experiente, o que abriu ainda mais espaço dentro da comunidade Canção Nova. Ele gravou um novo disco (lançado no ano seguinte), *Humano Demais*, o primeiro sucesso realmente estrondoso de sua carreira, e se mudou para a Faculdade Dehoniana em Taubaté, onde começou a lecionar Teologia. Em 2005, em função de seu carisma já identificado, substituiu o padre Joãozinho no programa de televisão *Direção Espiritual*, que era feito ao vivo na TV Canção Nova, àquela altura uma das maiores redes católicas do mundo. Nesse período, os telefonemas recebidos durante a exibição do programa davam uma ideia do tamanho de seu êxito em termos de audiência. Quando Fábio de Melo começou, o número de ligações por episódio saltou de trezentos para quase dois mil. "Tornava-se comum que um almoço se transformasse numa incômoda peregrinação para ver 'aquele padre famoso que faz o programa na Canção Nova'" (ALVAREZ, 2016, p. 268).

A fama como padre, cantor e comunicador abriu muitos horizontes para a figura do artista, que já era perseguido pelos fãs desde o fim de 2006. Houve uma disputa com as atuações como sacerdote no processo de transformação do padre em uma personalidade católica brasileira, e, por isso, em novembro daquele ano, Fábio de Melo resolveu sair da congregação para se tornar um padre diocesano. "Já não era possível seguir sendo 'um transgressor que fingia que obedecia', como ele próprio se descrevia. O mundo havia abraçado o homem, e o homem estava com braços e pernas ao redor do mundo" (ALVAREZ, 2016, p. 273). Na sequência do texto, o autor indica (com outras palavras) que a congregação tinha ficado pequena demais para Fábio de Melo. Afinal, suas músicas eram cantadas em outras igrejas e ele carregava o mérito de trazer cada vez mais fiéis para perto do catolicismo, em função do programa semanal na televisão. Além disso, houve um questionamento em relação às tarefas que ele estava fazendo fora do convento e, conforme afirma Alvarez, foi em função desse conjunto de coisas (envolvendo o cansaço, as viagens, as tarefas na faculdade e os afazeres na congregação de Taubaté) que ele mesmo preferiu sair.

Em entrevista para Marília Gabriela, Fábio afirmou (sem constrangimentos) que deixou a Congregação do Sagrado Coração de Jesus por sentir necessidade de liberdade para utilizar (e investir) o dinheiro proveniente dos direitos autorais de seus produtos midiáticos. Na ocasião, ele explicou como se desligou da congregação:

> Eu não vivo de dízimo, eu não vivo de doações. Eu tenho produtos que são vendáveis, então procurar administrar isso de maneira que eu possa tirar o meu sustento disso, né? De maneira que eu possa viver com o fruto do meu trabalho e, ao mesmo tempo, olhar para aquelas realidades do que eu gostaria de fazer. Por exemplo, no tempo que eu estava na congregação, eu não teria a liberdade de falar 'olha, eu quero pegar um pouco do dinheiro desse direito autoral e comprar uma casa para o meu irmão'. Eu não teria essa liberdade. Eu queria pegar um pouco desse dinheiro e direcionar para uma obra que eu acredite. Então, um pouco do meu desligamento da congregação foi justamente o momento que eu me senti desconfortável com isso! (Programa *Marília Gabriela* – entrevista, 2009; *apud* MENDONÇA, 2013)

No entanto, apenas um ano depois, Fábio de Melo fez uma nova declaração para a mesma entrevistadora, afirmando que o motivo de ter deixado a congregação era que ele queria se dedicar mais à família. O foco do discurso passou a ser o núcleo familiar ao invés do lucro financeiro gerado por meio de sua visibilidade midiática: "Em determinado momento de minha vida eu tenho que cuidar de minha mãe, eu fiz essa opção, é até um dos motivos pelos quais eu deixei a Congregação e estou na Diocese, porque eu tenho mais liberdade para esse vínculo familiar" (*apud* MENDONÇA, 2013).

Depois de se desvincular da congregação, Fábio voltou para Formiga, em Minas Gerais, e seguiu com sua agenda artística em plena ascensão. Em 2008, a imagem do padre como cantor foi redimensionada através da parceria com a gravadora *Som Livre*, responsável pela distribuição do seu novo disco, *Vida*, focado especialmente no público de brasileiros não católicos, muitos deles ateus e evangélicos. O disco era anunciado diariamente na TV Globo, na programação aberta da emissora (porque a gravadora faz parte da mesma organização).

Fábio passou a frequentar programas de auditório, dar entrevistas e aparecer com outras celebridades em revistas e sites de fofoca. Os cachês aumentaram com a fama e com o tamanho das produções dos shows. Tanto que, em 2009, o padre virou polêmica nacional depois de ter o valor de seu show especial de Natal divulgado (221 mil reais, realmente muito dinheiro para a época). Ele passou três semanas dando explicações à imprensa, dizendo que "o valor se justificava pelos cachês dos músicos, que eram dobrados em feriados, e pela necessidade de fretar um avião para chegarem a tempo" – fatos que Alvarez (2016, p. 300) fez questão de destacar em seu livro.

Em julho desse mesmo ano (2009), o perfil @pefabiodemelo no Twitter foi inaugurado com um anúncio modesto de seu novo livro. A conta foi criada pelo escritório de Leozinha, mas ele mesmo passou a fazer os posts, contando amenidades sobre sua vida (exemplo: "Estou indo almoçar com o padre Joãzinho") e respondendo às poucas perguntas que eventualmente apareciam por lá. O perfil não teve nenhuma expressividade de destaque até 2013, quando Fábio resolveu criticar a plateia do Prêmio Multishow, revelando ironia, deboche e humor. O conjunto agradou o público da plataforma, e, de repente, ele já tinha 300 mil seguidores; 10% do público total que ele conquistou apenas três anos depois. Em 2015, passou a publicar fotos acompanhadas do mesmo tipo de comentário ácido no Instagram e rapidamente mobilizou também milhares de usuários que, na época, estavam migrando "em massa" do Facebook para a plataforma.

Nesses anos, atuando fortemente de maneira multimídia, Padre Fábio de Melo lançou mais seis álbuns pela *Sony Music* e fez muitas participações em discos e em apresentações de outros artistas, religiosos e não religiosos. Além da música, Fábio investiu em produções literárias e conseguiu publicar quinze livros entre 2006 e 2019. Recebeu três prêmios nacionais (entre eles o de "Melhor cantor" no troféu "Melhores do Ano do *Domingão do Faustão*", em 2009) e foi indicado duas vezes (2016 e 2017) ao Grammy Latino de "Melhor Álbum de Música Cristã".

Atualmente, Fábio de Melo está à disposição na Diocese de Taubaté, mas é muito mais atuante nas mídias. Ele participa de um quadro fixo no programa

Domingão com Huck, exibido nas tardes de domingo pela TV Globo, e movimenta milhares de pessoas por meio de seus perfis nas plataformas digitais. Considerado um fenômeno da internet, seu perfil no Instagram é um dos mais seguidos do Brasil.

2.2 *Persona*

2.2.1. Imagem pública – o padre é pop

Certamente não é exagero afirmar que Padre Fábio de Melo é uma das pessoas mais conhecidas do Brasil. São mais de vinte anos de vida pública, mais de cinco fã-clubes oficiais, e uma visibilidade digital que faz inveja em muitos aspirantes a fama. O canal do YouTube do padre, existente desde novembro de 2011, tem mais de 1,8 milhões de inscritos, e o vídeo de capa acumula cerca de um milhão de visualizações. Sua conta no Instagram tem 25,5 milhões de seguidores. Seu perfil no Facebook possui mais de 8 milhões de seguidores, assim como sua conta no Twitter/X, que atualmente conta com quase 8,6 milhões de seguidores. Na plataforma de streaming Spotify, o padre possui cerca de 612 mil ouvintes mensais.[4]

Aparentemente, sua atuação como cantor e comunicador supera a visibilidade de seu exercício enquanto padre, mas é impossível desassociar as atividades na construção de sua imagem pública, consolidada na mídia. Trazendo detalhes da história e diálogos do passado e da privacidade de Fábio de Melo, a biografia escrita por Alvarez (2016) trata o episódio da piscina do seminário (publicizado na entrevista com Marília Gabriela) como "o famoso caso da piscina", ou "a famosa piscina", deixando claro que a história do padre já foi contada diversas vezes, em várias mídias diferentes. Nesse sentido, é importante pontuar como o livro reforça o status de celebridade do padre, apresentando-o como um ser humano diferenciado – muitas vezes, em tom de devoção – não apenas pela sua vocação religiosa, mas também pela fama conquistada por meio de um "dom" especial.

4 Dados coletados em 13 de outubro de 2022.

Conforme já apontado no início do tópico anterior, a narrativa do jornalista é mais um texto sobre o padre que confirma a perspectiva de Morin. O autor destaca como as celebridades do chamado *star system* impactaram o jornalismo e a publicidade a partir de 1930, "quando as estrelas passam a cobrir um espectro mais amplo de gerações" (MORIN, 1989, p. 14) através de um movimento de popularização do cinema – que passou a oferecer maior diversidade de personagens (heróis adolescentes, heróis e heroínas mais maduros) com a intenção de abranger todos os tipos de público. De forma generalizada, a figura do "herói simpático" – amado, amável e amante – foi fundamental para a inserção do *happy end* no estilo do cinema melodramático, assim como para a consolidação da expectativa pela felicidade eternizada por um instante supremo, promovido pelo meio. Morin (1990) afirma que a ideia do "final feliz" está na base da cultura de massa, e que, por ela, o "herói simpático" é reconhecido pelo otimismo da felicidade, da recompensa e da superação de obstáculos.

De acordo com o autor, a essência desse personagem acabou escapando do cinema para a grande imprensa, e o "herói simpático" se transformou em um tipo de "herói modelo", personificado também pelas vedetes da mídia. Referindo-se às celebridades como "olimpianos modernos", Morin (1990) aponta que a cultura de massa criou um verdadeiro Olimpo com vedetes endeusadas de dupla natureza: sobre-humana no papel que elas encarnam (de divindade), e humana na existência privada que elas levam e apresentam ao público. O papel desses olimpianos seria efetuar a circulação permanente entre o mundo da projeção e o mundo da identificação.

> A imprensa de massa, ao mesmo tempo que investe os olimpianos de um papel mitológico, mergulha em suas vidas privadas a fim de extrair delas a substância humana que permita a identificação [...] Conjugando a vida quotidiana e a vida olimpiana, os olimpianos se tornam modelos de cultura no sentido etnográfico do termo, isto é, modelos de vida (MORIN, 1990, p. 107).

Consideramos que *Humano Demais* traz uma biografia romantizada justamente porque carrega a intenção de apresentar ao público uma versão de Fábio de Melo muito próxima ao olimpiano de Morin. O intuito de enaltecer o padre é perceptível na obra, mas a imagem de olimpiano atrelada à persona de

Fábio obviamente não se deve apenas ao livro. Decerto, a autoridade enquanto sacerdote reforça a percepção acerca da natureza sobre-humana do padre celebridade, enquanto, ao mesmo tempo, a atuação de Fábio de Melo nas plataformas digitais convoca a concepção da natureza humana contida no conceito de Morin. Esta é apenas uma das nuances que a persona do padre apresenta.

Dyer (1998) acredita que a imagem de uma estrela é construída pela percepção coletiva através de um conjunto de textos midiáticos. O arranjo entre os diferentes discursos promovidos pela mídia resulta em uma intertextualidade midiática capaz de edificar a imagem de uma determinada celebridade diante do público para além do tipo social. Essa imagem pode ser compreendida, segundo o autor, a partir de textos agrupados como *promoção, publicidade, filmes*, e, por último, *críticas e comentários*. Juntos, esses textos produzem um certo tipo de interação com a opinião pública que, por sua vez, constrói uma imagem das celebridades, nuançada, conflituosa, flutuante e firmada de acordo com o saldo das informações disponibilizadas pela mídia – informações que, de forma conjunta, constroem as particularidades de cada figura pública no imaginário coletivo (MEDEIROS, 2020).

Nesse sentido, o livro de Alvarez (2016), por exemplo, pode ser analisado como um texto midiático da categoria *críticas e comentários*, que se refere aos textos que fazem apreciações e interpretações profissionais acerca das estrelas e do papel que elas desempenham na mídia. A forma nítida como o jornalista usa elementos do melodrama em sua narrativa, assim como faz com os aspectos do "herói modelo", catalisa a percepção de uma figura especial, merecedora de todo reconhecimento público.

A noção mais superficial de carisma, ligada simplesmente à ideia de um dom pessoal, fica implícita em toda a trajetória de Fábio de Melo narrada por Alvarez (2016). Contudo, é importante aprofundarmos esse conceito sob o ponto de vista dos estudos de celebridades, na tentativa de analisarmos melhor a relevância e a relação dos (e entre os) diversos produtos midiáticos criados em torno da imagem do padre famoso.

Geertz (2001), apoiado na perspectiva de Shils (1965), analisa as dimensões do carisma a partir da "conexão entre o valor simbólico de indivíduos e a relação que estes mantêm com os centros ativos da ordem social" (p.

209). O autor acredita que o carisma, ou as lideranças carismáticas, também é um fenômeno cultural produzido pela soma de ideias e de instituições dominantes, que se juntam para gerar eventos influenciadores. Os centros ativos da ordem social – ou centros de poder; ou, ainda, "espaços potentes" – seriam locais onde as principais ideias do senso comum se fundem com as instituições dominantes, compondo, assim, uma conexão entre os pontos vitais de uma sociedade. Dessa forma, a origem do carisma sempre se daria na confluência entre os atributos individuais e as demandas simbólicas desses centros ativos da sociedade; e as imagens de celebridades, nesse sentido, carregariam, de forma personificada, a fusão de qualidades e talentos pessoais com os desejos do público e os interesses dos centros de poder, apresentando alto potencial para serem utilizadas como modelos de vida e de identidade para o sujeito contemporâneo (MEDEIROS, 2014).

Em resumo, Geertz (2001) desloca o olhar para a dimensão social do carisma, observando-o como um fenômeno cultural e não apenas psicológico. Simões (2014) também adota essa perspectiva para pensar no poder de impacto das celebridades e nos valores que são encarnados por elas e disseminados pela mídia, com o objetivo de refletir sobre a potência social e midiática do carisma na atualidade – um carisma que transforma determinados célebres em exemplos de vida; orienta comportamentos; e influencia, por vezes, o regime de valores sociais e até de crenças religiosas (como é o caso dos objetos empíricos tratados nesta pesquisa). Dessa forma, a autora (SIMÕES, 2014, p. 213) defende que, "na análise das celebridades, o carisma não deve ser visto apenas como um dom singular que elas apresentam, mas sim como construído em sintonia com as esferas de poder com as quais elas dialogam". A mídia, observada como nova e ativa instituição social, certamente representa um dos mais poderosos centros ativos de poder, no que se refere à influência sob a construção de valores de senso comum e ao seu importante papel de formar e orientar comportamentos e tradições.

No caso do Padre Fábio de Melo, é evidente como esse mesmo centro de poder, especialmente as emissoras de televisão (religiosas e privadas), foi crucial para disseminar a imagem do jovem cantor (no início dos anos 2000) como uma figura carismática que serve tais emissoras, porque ele vai ao encontro dos anseios do público, que representa a audiência. Dentro dessa dinâmica, outro centro ativo de poder – talvez o mais importante deste contexto – que dialoga com o carisma do Padre Fábio de Melo é a Igreja. Afinal, direta ou indiretamente, a visibilidade afirmada em torno do carisma e da aprovação dele por parte do público acaba incrementando também o alcance midiático da instituição católica.

A noção de carisma presente em Alvarez (2016) pode ser igualmente ponderada conforme a perspectiva de Geertz: a publicação foi realizada pela editora Globo Livros, que possui um vasto alcance midiático e comercial por pertencer às Organizações Globo; e o autor, além de ser um ex-funcionário (também) da Globo, já era experiente em publicações de sucesso no segmento católico, em função dos livros *Maria* (2015) e *Aparecida* (2014). Juntos, esses aspectos ritualizam a função midiática da celebridade e enaltecem ainda mais a figura célebre do padre.

Muitas outras produções midiáticas contam sobre a trajetória que transformou Fábio José de Melo Silva em Padre Fábio de Melo. Mas, de longe, a biografia autorizada é o material que mais detalha o percurso traçado pelo padre.

No geral, os textos (que também se encaixariam na categoria *publicidade*)[5] repercutem muito sobre a paixão que fez Fábio de Melo quebrar os votos de castidade e sobre a morte trágica da irmã Heloísa. Um dado curioso que se relaciona com essa categoria é sobre as pesquisas no Google contendo o termo "Padre Fábio de Melo": uma das buscas mais realizadas é "Padre Fábio de Melo é casado", que aparece em diversos períodos diferentes, sem uma causa identificável.[6] Nota-se que os aspectos mais buscados e reverberados são os

---

5 O termo "publicidade" – traduzido no contexto de Dyer (1998), que usa "publicity" – tem relação com as raízes francesas da palavra, que conotam um sentido de "tornar público". No Brasil, esse termo é vinculado às noções de propaganda, agências, e anúncios comerciais. Portanto, é importante ressaltar que essa segunda categoria, embora carregue o nome de *publicidade* (por uma dificuldade de tradução), envolve as mídias noticiosas, e não aquilo que é assumidamente "anúncio" (em inglês, "advertisement").

6 Como demonstra o gráfico gerado pela plataforma *Google Trends*, disponível em: https://trends.google.com.br/trends/explore?geo=BR&q=padre%20fabio%20de%20melo%20é%20casado.

que tratam justamente da vida pessoal do padre – aqueles que mais dariam a ver a pessoa comum por trás do rosto público.

2.2.2 Padrão estético e fama de galã

Outro ponto que se destaca na persona de Fábio de Melo é o valor estético atrelado à sua imagem, muitas vezes sexualizada pela mídia.[7] O perfil de "galã", de "padre jovem e bonito", foi muito explorado durante os seus anos de maior sucesso como apresentador da TV Canção Nova e na grande mídia em geral. Ao longo de toda a sua obra, Alvarez (2016) afirma que o fato de Fábio ser quase sempre o mais bonito e simpático entre os grupos que ele costumou frequentar durante seus longos anos de convento gerou, além de louros, muito ciúme, competição e inveja. Inclusive, Fábio já foi questionado algumas vezes em relação à sua própria beleza em seu exercício como sacerdote.[8] A vaidade também aparece como um valor estético atrelado ao esforço de manter a beleza considerada padrão: afirmada por meio da exibição de um corpo magro e permanentemente atlético, uma pele bem tratada e saudável, dentes perfeitamente alinhados e cabelos sempre viçosos.

Apesar de ser um aspecto geralmente vinculado à construção da fama,[9] é perceptível como a vaidade tem sido evidenciada como um valor cada vez mais presente na persona do padre e tem gerado alguns estranhamentos na percepção do senso comum. No início do processo de construção de sua imagem pública, ainda focado nas mídias *offline*, havia uma compreensão

7 O ESTADO DE S. PAULO. "Elisa Lucinda se explica após polêmica com padre Fábio de Melo: 'Já me desculpei com ele'". *O Estado de S. Paulo*, 28 out. 2021. Disponível em: https://www.estadao.com.br/emais/gente/elisa-lucinda-se-explica-apos-polemica-com-padre-fabio-de-melo-ja-me-desculpei-com-ele/

8 UOL. "Padre Fábio de Melo fala sobre fama de galã: 'Meu público é o feminino'". *UOL*, 23 mai. 2018. Disponível em: https://www.bol.uol.com.br/entretenimento/2018/05/23/padre-fabio-de-melo-fala-sobre-fama-de-gala-meu-publico-e-o-feminino.htm.

9 Em 2009, logo depois de ter assinado o contrato com a *Som Livre*, Padre Fábio de Melo foi convidado para o programa *Domingão do Faustão*, e foi surpreendido por uma série de depoimentos do público que o apresentador havia preparado. A fala de uma das mulheres dizia: "Acho que o padre é muito vaidoso e não sai da frente do espelho" (ALVAREZ, 2016, p. 308).

de beleza natural e espontânea que se somava à ideia de carisma e juventude, presentes no rosto público do jovem padre cantor. Com o amadurecimento natural e o avançar dos anos, nota-se que a preocupação exacerbada com a própria imagem acaba enfraquecendo alguns pontos de admiração que ajudam a nutrir seu status célebre. Tanto que, atualmente, outro dos termos mais buscados no Google em associação ao nome "Padre Fábio de Melo" especula a realização de uma harmonização facial.[10] No entanto, a fama de galã ainda permanece, e ele mesmo explora esse valor em suas redes sociais (conforme mostraremos adiante), como quem também reconhece (e até cultua) essa virtude em sua própria imagem.[11]

2.2.3 Bom rapaz, com uma pitada de rebeldia

Desde a época de seminarista, Padre Fábio de Melo é visto como um "bom rapaz" e apresentado pelos seus antecessores – os padres Léo, Joãozinho e Zezinho – como um homem vocacionado, de bom coração, inteligente e promissor, tanto para ser um bom pároco quanto para ter fama como cantor e comunicador.

Esses atributos, somados à ideia da transgressão, que aparece como um "toque de rebeldia", parecem funcionar como um ponto de equilíbrio para

---

10 Em junho de 2022, depois de aparecer no programa *Altas Horas* com o rosto desfigurado, diversos usuários do Twitter/X comentaram sobre a possibilidade de ele ter realizado um procedimento estético: "Padre Fábio de Melo fazendo harmonização... isso não é pecado não?"; "Carlinhos Maia e padre Fábio de Melo fizeram harmonização na mesma clínica? Alguém sabe me dizer?"; "Com todo respeito, o padre Fábio de Melo colocou preenchimento labial". Ele negou o procedimento e disse que o inchaço no rosto foi consequência de remédios muito fortes que usou por causa de uma crise de sinusite. No entanto, posts e matérias divulgaram fotos mostrando o antes e depois do possível procedimento, e a comparação é realmente intrigante (STRAMASSO, Carolina. "Padre Fábio de Melo rebate acusação sobre harmonização facial: veja o antes e depois pra comparar!". *POPline*, 06 jun. 2022. Disponível em: https://portalpopline.com.br/padre-fabio-de-melo-harmonizacao-facial/).

11 ALTO ASTRAL. "9 fotos que mostram que Fábio de Melo é padre, mas também é lindo". *Alto Astral*, 10 out. 2016. Disponível em: https://www.altoastral.com.br/entretenimento/padre-fabio-de-melo-lindo/.

que a imagem de bom rapaz não fique restrita a uma percepção de pura ingenuidade. Além de ser afirmado por meio de alguns comportamentos desobedientes e atípicos enquanto padre (cantar Tom Jobim na missa; furar a orelha; ser muito próximo de celebridades), o viés da transgressão também pode ser capturado através do estilo de vida: ele arcou com a decisão de ter se tornado um padre diocesano; ele assume que ganha dinheiro; veste-se com roupas modernas; usa uma linguagem mais coloquial. A forma de se expressar por meio de seu estilo de vida foge do estereótipo que geralmente é associado a um padre convencional.[12]

Um aspecto que aproxima Fábio de Melo do estereótipo tradicional de um padre é o conhecimento conquistado durante os anos de estudo e dedicação. Os valores da educação e da cultura legitimam a autoridade de sua atuação enquanto sacerdote e potencializam a fama como produtor de conteúdos digitais diretamente vinculados à religião, ou indiretamente baseados em conhecimentos religiosos. São pontos importantes atribuídos à sua imagem, pois permitem que ele extrapole seu lugar de fala como padre, a ponto de poder brincar e desempenhar personagens cômicos em um de seus perfis digitais sem que sua autoridade seja questionada com isso, uma vez que ele já é reconhecido como detentor de conhecimentos fundamentais. A autoridade do sacerdote é o que alicerça o lastro de fama de Fábio de Melo.

Como ele também ficou famoso em função desses conhecimentos (o sucesso das "Louvações", ainda no início do movimento Canção Nova, confirma a presença desse atributo desde a construção de seu rosto público), ao longo dos anos ele passou a ser procurado por outras celebridades para realizar casamentos, palestras, sermões e outros tipos de eventos que reverberaram midiaticamente. Essas reverberações também reforçam o valor do conhecimento agregado à sua imagem, pois mostram a figura culta como autoridade, agora atestada por outras pessoas famosas.

---

12 Em 2009, como convidado do *Domingão do Faustão*, Fábio de Melo foi apresentado da seguinte forma: "O padre, com essa pinta de cantor pop, com roupas normais, jovens, embora culto, tudo... assim mesmo desperta polêmica, curiosidade, e ele sabe disso!" (ALVAREZ, 2016, p. 307).

Nos textos midiáticos que apresentam as amizades célebres do padre, outros aspectos também podem ser apreendidos: ternura e afetuosidade. Famosos como, por exemplo, Xuxa, Angélica, Luciano Huck, Sabrina Sato e Ivete Sangalo já teceram em seus perfis digitais diversos elogios a Fábio de Melo, sempre ressaltando o jeito calmo e carinhoso que ele tem para lidar com as pessoas.

2.2.4 A veia artística, o humor e o sarcasmo

O perfil extrovertido e autêntico vem sendo afirmado desde os tempos de liderança entre seminaristas, como relatam os textos que abordam o passado de Fábio de Melo. Nos programas que ele apresentou na TV Canção Nova, um dos diferenciais comentados pelo público era sobre sua forma leve e descontraída de falar – adjetivos que apontam que os espectadores parecem reconhecer uma naturalidade no agir midiático do padre. De fato, é possível notar destreza no comportamento dele diante das câmeras, quando aparece em entrevistas, conteúdos de entretenimento, *lives* e shows, imprimindo um ar relativamente sereno e confiante.

A afinidade com a música e a habilidade com as palavras certamente ajudam na elaboração, por parte do público, desse sentimento em relação à persona: Fábio de Melo, ao que tudo indica, é reconhecido como um artista talentoso até mesmo por quem não é católico, ou por quem frequenta outras igrejas (no geral, ele parece ser considerado bom cantor e apresentador). O fato de ele estar atuando na mídia há muitos anos e, mais recentemente, de ter se tornado uma das principais referências do país no âmbito digital provavelmente contam para tonificar a veia artística (ou o talento para as artes) como um valor atribuído à sua fama.

Mas o humor é o atributo que mais se destaca atualmente entre os valores que aparecem agregados ao rosto público de Fábio de Melo. Em função de seu desempenho nas plataformas digitais, em especial o Instagram e o Twitter/X, que são marcados por conteúdos com um tom sarcástico, o padre já foi até rotulado como humorista. Ele faz questão de explorar sua veia cômica, usando inclusive personagens caricatos, criados por ele mesmo (os personagens serão apresentados mais adiante, no tópico de análise do perfil do Instagram).

Na tentativa de dimensionar a relevância dos perfis digitais para a formação e a consolidação da imagem pública de Fábio de Melo, vale retomar a perspectiva de Dyer novamente, mas desta vez repensando as categorias de textos midiáticos que o autor criou. No momento presente, é importante considerarmos que o ambiente virtual abre uma possibilidade de interação até então inédita entre o público e o artista, com potencial para transformar ou reafirmar a imagem de estrelas a partir de um discurso produzido e promovido em primeira pessoa, em nome do próprio artista, que certamente interfere na formação da imagem pública na concepção coletiva. É por isso que sugerimos incluir uma quinta categoria entre as demais: a dos textos publicados nos perfis próprios das mídias sociais – que compreendem um espaço importante no arranjo intermidiático que contribui para a formação da imagem de uma celebridade. Nessa categoria, a atuação do Padre Fábio de Melo dá margens para compreendê-lo também como um autêntico influenciador digital, como será explicado no tópico 2.4 (Performance). Além disso, esses textos midiáticos produzidos em primeira pessoa (pelo menos, em teoria) são os textos que mais dão a ver o valor do humor como um importante atributo de imagem.

2.3 Influências teológicas eclesiais e sociopolíticas

Embora o percurso profissional de Fábio de Melo tenha sido detalhado no tópico que apresenta a sua biografia, consideramos importante retomar alguns pontos da história na intenção de captar as influências que, direta ou indiretamente, podem ajudar a compor os discursos do padre influenciador digital.

Primeiramente, nos 16 anos de formação e estudos nos seminários da Congregação dos Sacerdotes do Sagrado Coração de Jesus, Fábio integrou a Família Dehoniana, fundada pelo padre Leão Dehon, cuja perspectiva é baseada no espírito missionário da Igreja:

> Em outras palavras, nos unimos a Cristo em sua missão de restaurar a humanidade, ferida pelo pecado e pela injustiça. O coração representa o amor, o afeto, a entrega incondicional.

> Somos homens do coração, porque somos antes do Coração. Bebemos com alegria da fonte do Coração de Jesus, e o amor que experimentamos dele, e que partilhamos na vida fraterna, estendemos à humanidade. Hoje ofertamos nossa vida em mais de quarenta países e somos mais de 2.400 religiosos. Estamos onde o "hoje de Deus" nos pede para estar, trabalhando com o apostolado paroquial, com a comunicação, educação, missão ad gentes... Onde há algo a reparar, aí estamos e estaremos nós, reparadores! (disponível em: sejaumdehoniano.com).

De acordo com o site oficial da congregação (SCJ), a expressão *oblação reparadora* sintetiza o carisma dehoniano, que implica na entrega como definição do ser e na reparação como eixo central do exercício do apostolado.[13] Ou seja: a primeira influência teológica eclesial de Fábio de Melo parte da base do pensamento dehoniano, que compreende a Igreja "na sua dimensão social, profética e política, uma Igreja 'com' os pobres e 'a partir' dos pobres".[14] Além disso, a congregação é reconhecida também por ser voltada para as artes, o que, desde cedo, ia ao encontro dos anseios de Fábio e abria possibilidades para que ele pudesse aperfeiçoar seus talentos musicais.

Quando ele realizou o mestrado em Teologia Dogmática em Belo Horizonte, foi supervisionado pelo padre Ulpiano Vásquez e teve a oportunidade de conhecer os ensinamentos do teólogo espanhol André Torres Queiruga, que participou da banca examinadora da sua dissertação. De acordo com Fábio de Melo, um dos principais pensamentos que ele realmente aprendeu com o teólogo espanhol foi de que "o papel do religioso não é levar Deus aonde ele não está, mas sim trazê-lo à vida em pessoas ou comunidades onde ele anda adormecido" (ALVAREZ, 2016, p. 238).

---

13 No site, é possível entender melhor a noção aplicada de carisma: "Todo carisma tem duas dimensões: o que somos e o que fazemos. Ou seja, a espiritualidade (ser) e o apostolado (fazer). A expressão oblação reparadora sintetiza o nosso carisma nestas duas dimensões: a mística que nos anima e a nossa ação evangelizadora" (disponível em: https://www.scj.org.br/carisma).

14 BARBOSA, Pe. Manuel Joaquim Gomes. "Padre Dehon – Homem de Igreja" [*s. l.*; *s. n.*]. Disponível em: https://www.dehonianos.org/public/file/estudos/Padre%20Dehon%20-%20Homem%20de%20Igreja.pdf.

Além da vinculação primordial com a congregação SCJ, onde recebeu a influência decisiva de padre Zezinho, outra interferência teológica eclesial de Fábio de Melo é associada com o movimento da Renovação Carismática Católica, que orientou, desde sempre, a formação e a consolidação da TV Canção Nova, responsável por grande parte da fama do padre cantor. Por meio dos relatos trazidos por Alvarez (2016), é possível inferir que Fábio nutre admiração pelo padre Jonas Abib, responsável por transformar a comunidade Canção Nova em um gigante mundial das telecomunicações católicas:

> Em 1980, dois anos depois de começar sua comunidade com apenas 12 pessoas em Cachoeira Paulista, Abib fundou uma rádio que mais tarde se tornou referência entre os católicos que tinham suas mentes mais abertas àquela renovação e, por que não dizer, àquela proposta de cristianismo mais alegre, trazidas pelos carismáticos e suas músicas modernas, que usavam de rock e samba para fazer suas louvações a Deus (ALVAREZ, 2016, p. 204).

É importante pontuar que, embora este trecho (e o próprio livro) tenha exaltado o lado da disseminação da fé através dos meios de comunicação, não é possível afirmar com garantia que a deferência de Fábio de Melo em relação a essa liderança tenha sido causada pelas conquistas em termos religiosos, de evangelização. Afinal, é nítido como o desejo de explorar a sua veia artística (e, talvez, a possibilidade de alcançar a fama) interferiu em algumas decisões ao longo de sua vida, e, portanto, também pode ter estimulado a aproximação do padre com a Renovação Carismática Católica (RCC), uma vez que a promissora Canção Nova crescia exponencialmente com o intuito claro de alcançar audiências.

Antes de se conectar com a RCC, Padre Fábio de Melo já era incitado pelas Irmãs Paulinas, uma congregação de religiosas que aposta nas mídias desde 1915 para colaborar com a ação profética da Igreja. Baseadas em uma perspectiva estratégica para divulgar a mensagem de Cristo, as Paulinas foram uma das primeiras a usar a tecnologia dos meios de comunicação social a serviço do Evangelho. Elas construíram um verdadeiro complexo multimídia, composto por editora de livros e revistas, produtora musical, teatro, webrádio e livraria on-line, além de uma série de ações sociais promovidas digitalmente por meio do portal da comunidade.

Não por acaso, sete dos 26 discos lançados por Fábio de Melo foram gravados na *Paulinas-COMEP* (Comunicação Musical Editora e Produtora), onde também foram produzidas algumas obras do padre Zezinho. A relação estabelecida com a congregação da Vila Mariana, em São Paulo, foi (e continua sendo) um suporte importante para a carreira de muitos padres que se identificam com a forma de trabalho das religiosas – em especial, para a carreira de Fábio de Melo, que também proporcionou visibilidade à congregação à medida que sua fama começou a crescer. Havia uma convergência de interesses que também pode ser compreendida pela concepção de carisma exposta no tópico anterior.

As vinculações sociopolíticas de Fábio de Melo, a princípio, parecem um pouco etéreas, mas podem ser resgatadas a partir de alguns pontos que fazem parte de sua trajetória pública. Na própria Rede Canção Nova – que se fortaleceu midiaticamente a ponto de conseguir lançar candidatos políticos –, Fábio estabeleceu elos com alguns nomes que vieram a ocupar cargos públicos posteriormente (como, por exemplo, o deputado Eros Biondini, que defendeu a reeleição de Jair Bolsonaro). No geral, as lideranças mais reconhecidas que dão rosto à RCC têm se alinhado aos partidos e candidatos que pregam uma política mais conservadora e, contraditoriamente, menos inquieta com as questões sociais mais urgentes no Brasil.

Além disso, Padre Fábio de Melo tem uma relação pessoal com Aécio Neves, ex-governador de Minas Gerais pelo PSDB, que costumava ser bastante publicizada quando o político ainda mantinha um certo protagonismo na cena midiática. Em 2014, a uma semana das eleições presidenciais (em que Aécio pleiteava o cargo), o padre batizou os filhos do tucano na Igreja de São João Del Rei e afirmou ao amigo: "Você, meu querido, cuja caminhada acompanho há muito tempo, espero que saiba que precisamos de bons seres humanos".[15] Na internet ainda há registros de um encontro realizado em 2013,

---

15 NOGUEIRA, Kiko. "Padre Fábio de Melo, amigo e cabo eleitoral de Aécio, diz que 'não há espaço para corrupção no Brasil'". *DCM*, 14 set. 2018. Disponível em:

antes da Missa da Misericórdia na Canção Nova, reunindo Aécio, Fábio de Melo e o então deputado federal Bruno Araújo.[16]

Entretanto, a política em termos partidários não é um tema que o padre costuma debater atualmente. Inclusive, é mais pelo contrário: a impressão é que ele se esquiva do assunto.

Em 2020, quando tentou se posicionar a respeito dos atos mundiais de protesto contra o racismo, acabou assumindo um posicionamento considerado elitista e recebeu críticas de muitos usuários nas plataformas digitais.[17]

Analisando o conjunto dos fatos, é passível de inferência que o afastamento do trabalho paroquial e a convivência crescente com celebridades em espaços midiáticos e privados também podem ter interferido no pensamento sociopolítico do padre cantor, assim como em suas bases teológico eclesiais. À medida que ele vai alterando o próprio contexto social, impactado pelo sucesso paulatino, as escolhas de vida de Fábio de Melo apontam um comportamento um tanto quanto individualista e, em certa medida, calculista – uma vez que quase todas as decisões cruciais que tomou na carreira como padre, não por coincidência, acabaram elevando sua imagem no espectro da fama.

2.4 Performance

No campo das ciências sociais, como pontua Souza (2018, p. 104), "os estudos de performance se preocupam principalmente com o caráter cultural da performance, ou seja, com a função que ela desempenha dentro de

---

https://www.diariodocentrodomundo.com.br/essencial/padre-fabio-de-melo-amigo-e-cabo-eleitoral-de-aecio-diz-que-nao-ha-espaco-para-a-corrupcao-no-brasil/.

16 Disponível em: https://ps-af.facebook.com/AecioNevesOficial/photos/aécio-neves-ao-lado-do-padre-fábio-de-melo-luzia-santiago-filipe-jardim-e-o-depu/556367987741420/.

17 VOGUE. "Padre Fábio de Melo gera debate ao se posicionar contra atos de 'vandalismo' em protestos sobre o racismo". *Vogue*, 02 jun. 2020. Disponível em: https://vogue.globo.com/celebridade/noticia/2020/06/padre-fabio-de-melo-gera-debate-ao-se-posicionar-contra-atos-de-vandalismo-em-protestos.html.

uma cultura e como ela opera dentro de uma sociedade". Seguindo Goffman (2010) como uma referência fundadora, é possível perceber que os estudos que abordam a noção de performance a partir de um pensamento relacional admitem que o conceito está conectado a valores e padrões de comportamentos que caracterizam a nossa sociedade atualmente.

O sentido de representação, a performance como uma conduta planejada, nos auxilia fundamentalmente na maneira de observar os comportamentos das celebridades e influenciadores digitais, relacionando-os a contextos mais amplos que podem interferir em determinada situação social. Operacionalizando o conceito de acordo com a perspectiva de Goffman, buscaremos examinar os modos da performance de nosso objeto empírico, a fim de compreender as práticas de um influenciador digital católico nas plataformas digitais, assim como os valores compartilhados socialmente a partir das interações desempenhadas nas redes. Para tanto, o Instagram foi selecionado para ser a plataforma investigada, pois é a que reúne o maior número de seguidores do padre e, ainda, uma das redes que concentram a maior parte dos usuários brasileiros.

Primeiramente, coletamos todos os posts do *feed* realizados ao longo do ano de 2021 para ter algum entendimento sobre a dinâmica do perfil @pefabiodemelo, antes de estabelecermos o recorte definitivo do *corpus* da análise. Durante o processo de coleta, foi possível observar a performance do padre, em termos gerais, no que se refere ao comportamento dele dentro da plataforma: a periodicidade das postagens; os temas e as formas de convocação dos discursos; os cenários expostos e os tipos de interações propostas e registradas. Entretanto, antes de apresentarmos o desempenho do perfil dele do Instagram, é importante trazermos algumas perspectivas anteriores, que já observaram os traços distintivos do comportamento de Fábio de Melo.

A pesquisa de Mendonça (2013), por exemplo, identificou que algumas atitudes do padre reforçam valores de uma ética individual presente no catolicismo midiático:

> Fábio de Melo empenha-se em reforçar um estilo de sacerdote católico que, em tempos de redes sociais virtuais, utiliza todos os recursos para comunicar-se com a sociedade. Esta capacidade de estabelecer uma comunicação com a sociedade foi aperfeiçoada por meio de um processo educacional amplo, que foi além da assimilação dos conhecimentos teológicos específicos para o desempenho das atividades do sacerdócio católico. Houve na sua formação a incorporação de conteúdos voltados para as técnicas de comunicação social (MENDONÇA, 2013, p. 45).

Santos e Cortes (2019), através de análises dos comentários de um post de Fábio de Melo no Facebook, observam a disputa de sentidos em torno da atuação do padre nas redes:

> [...] a de rejeição a Fábio de Melo, enquanto padre, devido a sua conduta de "cidadão comum" nas redes sociais, sendo tal posição afetada pelo imaginário do padrão já legitimado para o sacerdócio católico. Ademais, funciona a posição sujeito de aceitação ao Padre Fábio de Melo, justamente pela suposta "transgressão" deste à figura do padre já legitimada historicamente, instaurando um jogo de forças conflituoso, uma perturbação nos implícitos da memória" (SANTOS e CORTES, 2019, p. 1578).

Assim como observado na persona do padre famoso (no tópico 2.2 [*Persona*]), é notório como, a princípio, a performance de Fábio de Melo nas plataformas digitais evoca valores tradicionais e semelhantes aos que ele transmite nas mídias *offline*, quando aparece falando sobre o amor, o cristianismo e a solidariedade humana. Ao mesmo tempo, nas redes, ele tenta convocar valores mais contemporâneos, como a tolerância e o respeito à diversidade, ancorados na supremacia do amor. Amor sem preconceito, sem distinção de raça, gênero e orientação sexual. Na TV, é mais raro vê-lo abordando essas pautas.

Com relação ao valor da beleza e aos questionamentos sobre sua preocupação com a própria aparência, depois do sucesso como influenciador digital, o padre se diz mais cuidadoso consigo mesmo e assume que "vaidade bem dosada é benéfica ao ser humano".[18] No Instagram, ele costuma postar fotos

18 BASÍLIO, Paulo. "Pe. Fábio de Melo". *grisLAB*, 18 mai. 2018. Disponível em: https://grislab.com.br/celebridades/pe-fabio-de-melo/.

dele mesmo, normalmente bem produzidas, usando o humor nas legendas com a tentativa de contradizer os pontos estéticos evidenciados nas imagens, o que acaba gerando ainda mais atenção para esse valor (estético).

No entanto, a principal marca da performance de Fábio de Melo no Instagram é mesmo o humor, presente em grande parte das postagens e sendo o principal motivo de engajamento de seus seguidores. Curiosamente, apesar de o humor ser a força central da performance digital, o tipo de postagem mais recorrente no perfil são frases próprias do padre que aparecem como imagens assinadas. Apesar de não serem destaques em engajamento, esses posts alimentam a manutenção do perfil digital e, ainda, do perfil de Fábio de Melo enquanto padre, uma vez que é por meio dessas frases que ele mais se coloca como um tipo de conselheiro ou "guia" espiritual e psicológico.

Embora não tenha uma periodicidade rígida, normalmente o padre faz de um a três posts todos os dias, além de diversos *stories*, que não entraram no *corpus* de análise desta pesquisa.[19] É bastante perceptível que é o próprio Fábio de Melo quem faz a gestão de sua conta (ainda que alguns eventos, como *lives* e anúncios, sejam realizados em parcerias com agências e outros perfis comerciais). O perfil também é muito utilizado para a divulgação da carreira e da agenda do padre como cantor, apresentador e palestrante, e é importante pontuar que, para esse fim, ele usa a plataforma com estratégia. Para suavizar a carga comercial dos posts relacionados à autopromoção, Fábio de Melo utiliza seus personagens cômicos, que fazem muito sucesso entre os seguidores, como será detalhado no tópico seguinte. Surpreendentemente,

---

19 *Stories* são postagens que ficam disponíveis para a visualização durante apenas 24 horas. Além disso, a plataforma não permite que os seguidores salvem os conteúdos postados nesse formato, o que dificulta muito a coleta para fins analíticos. No entanto, é importante pontuar que esse tipo de postagem normalmente é usado pelos usuários para mostrar momentos mais privados e corriqueiros, uma vez que eles somem mais rápido do aplicativo. Durante os meses de coleta de posts no *feed*, visualizamos diversos *stories* de Fábio de Melo e foi possível perceber que ele segue o modelo de uso da rede. Além disso, ele também aproveita esse espaço mais volúvel para fazer publicidades diversas, que vão desde pílulas para crescimento capilar até indicações de serviços e profissionais. Mas ele não comercializa nenhum produto diretamente, nem mesmo os dele (livros, DVDs), pelo seu perfil no Instagram.

os posts estritamente católicos não costumam gerar tanto engajamento e, talvez por isso, sejam menos recorrentes do que o esperado. Ainda assim, a transmissão da mensagem do Evangelho não deixa de ser um tema perceptível na performance do influenciador digital.

Outro motivo que pode explicar o baixo volume de posts religiosos é relacionado aos tipos de seguidores presentes no perfil. Fábio de Melo atinge um público extremamente abrangente, composto não apenas por fiéis católicos e pessoas religiosas. Ainda que suas músicas conquistem mais os católicos fiéis, não são apenas estas que sustentam seu status célebre, mas sim o conjunto de valores que ele evoca. No próximo tópico, a questão da performance será aprofundada a partir da análise dos conteúdos postados no perfil @pefabiodemelo.

2.5 Conteúdo: entretenimento em primeiro lugar

Marwick e Boyd (2011) observaram alguns perfis famosos no Twitter/X com o objetivo de definir celebridades e influenciadores a partir de um novo conjunto de práticas sociais. Para tanto, primeiro elas criaram uma série de categorias que buscavam averiguar se as contas selecionadas eram autênticas e como elas "funcionavam": uso da voz em primeira pessoa; erros ortográficos; conteúdo (íntimo e/ou polêmico); proporção de publicidade x informações pessoais; e nível de interação com os seguidores (se respondiam, como respondiam etc.). Tudo isso foi averiguado por meio do que elas chamam de "determinadas práticas comuns", capazes de afirmar os influenciadores como um conjunto de estratégias que vinculam o público à atuação do célebre. São elas: performance na rede social; reconhecimento público e gestão de fãs; afiliação; intimidade e autenticidade.

Seguindo tal raciocínio, Serelle (2015) também observou o Instagram de acordo com categorias, associando o modo de operação do aplicativo às lógicas interacionais que se disseminam na plataforma. O autor analisou os posts a partir das seguintes categorias:

1. *mise-en-scène*: a composição da cena fotografada ou filmada.
2. legenda: o modo como o texto ancora a imagem; as possíveis relações entre o texto e a imagem; e a maneira como o famoso se dirige ao seguidor.
3. número de "curtidas".
4. número de comentários: esse levantamento pretendia identificar os posts que mais suscitaram a manifestação por escrito dos seguidores, e se havia equivalência entre o número de comentários e de curtidas.
5. comentários: os conteúdos; os modos como os seguidores se dirigem ao influenciador; as interações entre os próprios seguidores; e as interações entre celebridades e seguidores.

Inspirados nos métodos criados por esses autores, nós também elaboramos algumas categorias que, incialmente, serviram para separar os tipos de postagem durante a fase de coleta de dados:

a) **Oração/sermão** – vídeos de longa duração em que Padre Fábio de Melo aparece falando sobre o Evangelho, direta ou indiretamente. Também incluímos nesta categoria as missas que ele transmitiu como *live* e que depois salvou no *feed* do perfil.
b) **Culto de si:** fotos e vídeos em que Fábio de Melo protagoniza a cena e em que a legenda aponta para os atributos dele mesmo.
c) **Trabalho:** todos os tipos de conteúdos relacionados à aparição de sua imagem midiática, seja como cantor, padre, apresentador ou palestrante. Portanto, fazem parte desta categoria posts de divulgação de shows e de lançamentos de livro, assim como também entram as fotos e os vídeos de Fábio de Melo participando de algum programa na televisão, por exemplo.
d) **Frases próprias:** imagens estáticas, geralmente com fundo escuro e letras brancas, que trazem dizeres curtos assinados pelo padre.
e) **Fanfics:** geralmente são vídeos retirados de seu contexto original e reembalados por uma locução cômica feita por Fábio de Melo.
f) **#tbt:** esta é uma *hashtag* usada em várias plataformas e funciona como um acrônimo para *Throwback Thursday*, que pode ser traduzido livremente como "Quinta-feira das Lembranças". As fotos e os vídeos

antigos que foram postados com significado de lembrança foram incluídos nesta categoria.

g) Viagens: posts relacionados a viagens antigas ou atuais.

h) Social: fotos e vídeos em que Fábio de Melo aparece com outras pessoas, sejam elas celebridades ou não. Também incluímos nesta categoria as homenagens de aniversário que ele faz aos seus amigos e parentes, mesmo que ele não apareça em cena.

i) Privacidade: posts que dão a ver algum aspecto de seu ambiente privado.

j) Humor: todas as postagens que carregam qualquer traço de humor na cena e/ou na legenda.

k) Personagens: o padre desenvolveu dois personagens cômicos que sempre aparecem, em vídeo, entre as postagens – a Irmã Inês Isaura e Cleverson Carlos. Eles são performados através de um filtro específico da plataforma que distorce o rosto dos usuários, diminuindo os olhos e aumentando caricaturalmente nariz e boca. Fábio usa acessórios como boné e toalha de banho enrolada na cabeça para diferenciar as duas atuações. Na ficção, a Irmã é ácida, mal-humorada e ranzinza, enquanto Cleverson é ingênuo e meio atrapalhado. Eles seriam os assessores de imprensa de Fábio de Melo, a quem a Irmã só se refere como "padre cantor". Os seguidores do perfil, inclusive famosos como Xuxa e Angélica, se divertem bastante com as brigas entre os dois personagens e sempre deixam comentários nos posts. Mas é importante pontuar que eles, na verdade, representam uma forma maquiada (e simpática) de Fábio de Melo fazer a autopromoção de sua imagem.

A proposta dessas categorias não é enquadrar as postagens em determinadas posições, mas sim identificá-las a partir de temas, práticas e valores, simultaneamente. Nesse sentido, elas não são excludentes nem fixas, ou seja, um mesmo post pode pertencer a mais de uma categoria. A princípio, pode não parecer eficaz, mas essa forma de segmentação nos permitiu perceber nitidamente que o valor do humor, por exemplo, está muito mais presente nas postagens, de uma maneira geral, do que a palavra do Evangelho. No entanto, o tipo de post mais publicado é o da categoria *Frases próprias*, que também pode conter humor (não foi usual, mas aconteceu em alguns momentos). Ainda como justificativa dessa categorização, percebemos que, apesar de ser o tipo de postagem mais frequente, as *Frases próprias* não são as publicações que geram mais engajamento; são os vídeos com humor da Irmã Inês Isaura e as *Fanfics* (sendo que estas caracterizam o segundo tipo de post menos frequente no perfil).

A relevância da categoria *Frases próprias* vale uma reflexão: como pesquisadores, nós estamos considerando o engajamento do post a partir dos números de curtidas e de comentários, pois estes são os dados que conseguimos acessar. No entanto, o gestor do perfil também conta com o número de vezes em que o post é compartilhado por outros usuários, e este dado pode explicar o uso tão frequente desse tipo de publicação. As frases caracterizam um conteúdo extremamente replicável na plataforma, pois expressam uma opinião carregada da autoridade de uma figura reconhecida. Se para o usuário (que também performa na rede) pode ser interessante se associar ao ponto de vista de um padre famoso, para Fábio de Melo é ainda mais, já que ele ganha alcance direto no perfil (porque quanto mais engajamento, mais a plataforma dissemina os seus conteúdos) e alcance indireto na sua imagem (uma vez que todas as frases são assinadas).

2.5.1 Dinâmica do perfil

No total, categorizamos 567 publicações feitas em 2021. Com relação aos tipos de posts, as cinco categorias que mais apareceram foram, nesta ordem: *Frases próprias* (cerca de 45%); *Trabalho* (15%); *Personagens* (12%); *Culto de si* (10%); e *Oração/sermão* (6%).

Inicialmente, um fato nos surpreendeu: o baixo volume de posts visivelmente religiosos e vinculados à categoria *Culto de si*. Diante das leituras para a produção da biografia e para a construção da persona de Fábio de Melo, a partir dos eixos metodológicos estabelecidos, a primeira hipótese foi que encontraríamos um conteúdo mais estetizado no Instagram, que enfatizasse ainda mais os valores da beleza e da vaidade, já que a plataforma representa um espaço propício para a exibição desses tipos de atributos. No entanto, o conteúdo do perfil é menos autocentrado na imagem do padre[20] e mais voltado para o público dele dentro da plataforma.

É verdade que o teor das interações que ele mais oferece aos seus seguidores não é religioso e não fala diretamente sobre a Igreja, Jesus e o Evangelho. No entanto, usando sua autoridade como religioso, Fábio de Melo leva mensagens e reflexões para seu público que são entendidas como palavras de conforto, ponderação, maturidade e discernimento. Parece realmente fazer sentido para muitas pessoas. Aqui estamos nos referindo especificamente às mensagens transmitidas nos posts da categoria *Frases próprias*. Elas tratam de temas abrangentes – como perdão, depressão, inveja, solidão, tolerância e amor – que tocam o coletivo, mas que geralmente são trabalhados no indivíduo. Eventualmente essas frases podem conter alguma ironia ou deboche, mas elas parecem ter uma função curativa para um determinado perfil de seguidor. Apesar de a religião não ser evidente na maioria dessas mensagens, é perceptível que as palavras de Fábio de Melo comungam com a ideia do Evangelho.

Também é importante assinalar que todos os meses apresentam postagens referentes à categoria *Oração/sermão* (no geral, um post desse tipo por semana), mas que elas geram números muito baixos de interação com o público. Ou seja: não é só o padre que não investe tanto na produção desse tipo de conteúdo; o público também parece se interessar mais pelas postagens que se distanciam da esfera religiosa. Portanto, é fundamental nos questionarmos em relação à religião enquanto um valor não compartilhado, ou como um atributo menos valorizado entre o público de Fábio de Melo.

Os conteúdos mais valorizados pelos seguidores – ou os que geram mais interações no perfil – são os que fazem parte das categorias *Personagens* e *Fanfics*; ou seja, aqueles que oferecem humor escancaradamente. Por isso, a estratégia de divulgar trabalhos próprios usando os personagens e o engajamento gerado por eles é muito assertiva; porque Fábio de Melo sabe que esse valor convoca o público e ele trabalha usando-o a seu favor.

---

20 Importa ressaltar que o perfil é menos autocentrado diante das hipóteses criadas. Para um padre, o conteúdo de Fábio de Melo é extremamente autorreferencial.

Outra coisa que ele usa como estratégia é o agendamento de algumas pautas na produção de conteúdo. Diversos posts (inclusive das frases) discutem acontecimentos factuais ou reverberam polêmicas e *trends* das redes (por exemplo, ele usar uma discussão sobre relação abusiva que surgiu no *Big Brother Brasil* para criar uma mensagem encaixada em *Frases próprias*; ou até mesmo aproveitar a visibilidade estourada de alguma celebridade para se associar a ela de alguma forma, dentro da categoria *Social*).

Um aspecto peculiar do perfil do padre é o engajamento, que conta com números exorbitantes no espaço de comentários. Em algumas postagens, esse volume ultrapassa 50 mil interações. No entanto, não há muitos diálogos registrados. Embora a análise não tenha abordado com profundidade as interações com os seguidores, observamos que muitas celebridades comentam e poucas vezes têm retorno. O padre não costuma interagir com seu público no espaço para comentários abertos.

2.5.2 Posts analisados

Depois de compreendermos a dinâmica do perfil de Fábio de Melo, nós concebemos que não seria profícuo usar apenas o critério de engajamento para selecionarmos os posts mensalmente – os quais serão investigados com mais riqueza de detalhes –, uma vez que constatamos que são as postagens cômicas aquelas que geram mais números. Por isso, a fim de alcançar a diversidade de valores, temas e comportamentos praticados no perfil, elegemos para o *corpus* os 12 posts que ficaram entre os mais curtidos e comentados de cada mês, mas que também corresponderam, pelo menos, às principais categorias identificadas. Além disso, antes da análise de cada postagem selecionada, oferecemos uma brevíssima síntese sobre as publicações que mais se destacaram mensalmente.

2.5.2.1 Janeiro

O Brasil inteiro ainda estava isolado, cada um em sua casa, por causa da pandemia da COVID-19. O contexto era de ansiedade pela vacina e pela volta dos encontros presenciais. Muitas pessoas estavam doentes em função do vírus; várias outras adoeceram mentalmente. As consequências da pandemia e os problemas que cercam a saúde mental foram os temas mais recorrentes nas postagens da categoria *Frases próprias*, que foi a que mais incluiu posts. Os destaques também foram: a montagem de um vídeo que mostra o rosto de Fábio de Melo no corpo do personagem Homem de Ferro (*Humor/Culto de si*); o post em comemoração da vacina com a foto de Mônica Calazans, a primeira pessoa a receber a vacina desenvolvida pelo Instituto Butantã (*Social*) ; e um vídeo em que a Irmã Inês Isaura manda um recado desaforado para Boninho, um dos diretores da Rede Globo (*Humor/Personagens/Social*).

No total, foram 48 posts no primeiro mês de 2021.

A postagem selecionada ilustra uma das principais categorias identificadas na análise, também apresentando o formato do modelo compartilhável que foi abordado anteriormente. Não recebeu um número tão expressivo de interações, se comparada com os vídeos de humor, mas apresenta um bom engajamento para esse tipo de post. Além disso, a mensagem também expressa a forma como o padre usa uma pauta em evidência, mas não se posiciona claramente diante dela – apenas lamenta.

Janeiro

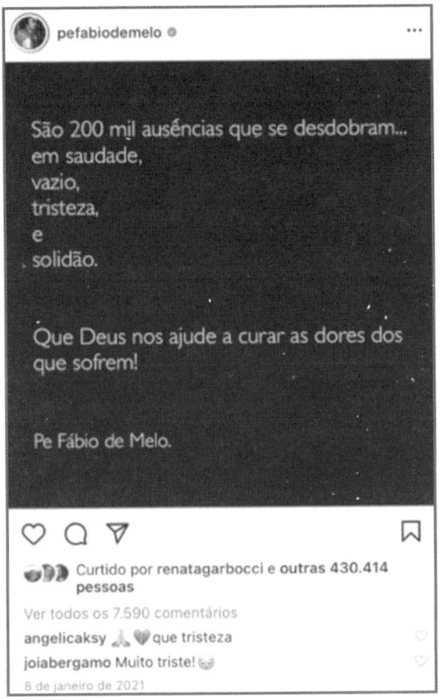

Fevereiro

2.5.2.2 Fevereiro

Neste mês, houve mais posts de humor e a Irmã Inês Isaura apareceu mais que o normal; foram 14 publicações na categoria *Personagens*, sendo que apenas dois vídeos eram com Cleverson Carlos. Foi possível perceber com mais nitidez alguns traços da performance da personagem, como, por exemplo, seu comportamento de celebridade. Inês Isaura se coloca como uma figura famosa que alcançou visibilidade graças ao, ainda mais famoso, padre cantor. Essa prática de colocar os personagens como assessores e com personalidades peculiares também parece ser uma forma de reforçar o próprio status de fama.

Em contrapartida à exploração da ficção, Fábio de Melo trabalhou durante duas semanas seguidas (a primeira dedicada à divulgação e a segunda voltada à reverberação) em uma *live*[21] que realizou com a Dra. Ana Beatriz

21 Disponível em: https://www.instagram.com/tv/CLF7ZtvhmSe/?igshid=MzRlODBiNWFlZA%3D%3D.

Barbosa, psicóloga, para discutir sobre a diferença entre tristeza e depressão (o vídeo completo da conversa tem mais de uma hora e cerca de 1.130.000 visualizações). Também identificamos nesse mês de fevereiro a presença do fotógrafo Kleber Pereira, que teve seu perfil marcado nas postagens de fotos (profissionais) com Fábio de Melo no palco (cantando e/ou rezando). Aparentemente, são imagens produzidas para as plataformas digitais.

Foram 51 posts no total, e, como o valor do humor ficou mais identificável nas publicações desse mês, selecionamos a postagem de maior engajamento (*Fanfic/Humor*), que teve mais de 2.300.000 visualizações e quase nove mil comentários.

O vídeo por si só não é engraçado, pois mostra apenas duas vacas brigando. A graça fica por conta da locução do Padre Fábio de Melo, que simula uma briga entre "comadres", fazendo uma voz mais fina e com sotaque carregado do interior de Minas. É curioso notar que, quando o padre quer caçoar de alguma situação, geralmente usa representações femininas – talvez em função de seu público majoritário.

2.5.2.3 Março

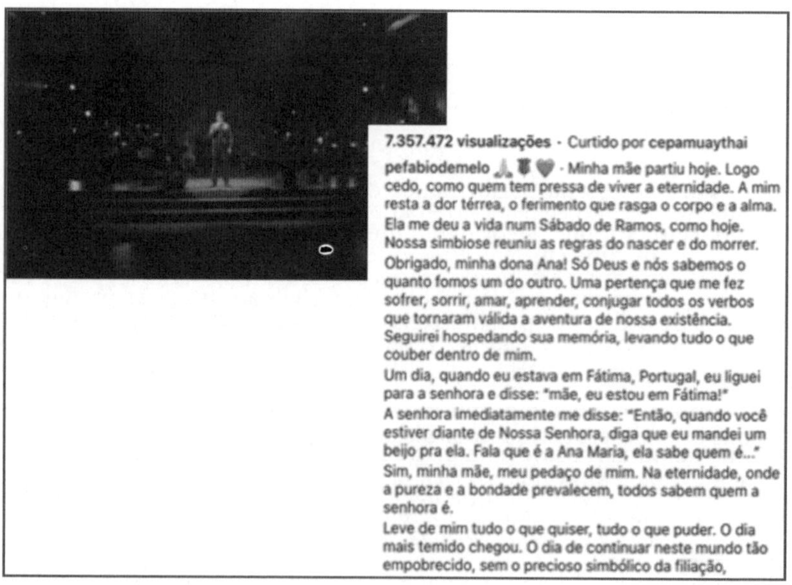

O mês começou com uma postagem crítica em relação a algumas posturas religiosas (*Frases próprias*): "Olho para algumas posturas religiosas e naturalmente me coloco diante delas como um ateu. Sim, porque nesse 'Deus' corrupto que pregam, capaz de atrocidades bem piores que as minhas, não, definitivamente, eu não acredito".[22] Não fica claro o que exatamente estava sendo criticado, mas é possível inferir que tem a ver com algumas posturas reacionárias que nos últimos anos se difundiram entre religiosos e políticos no Brasil. Porém, como Fábio de Melo não tem o costume de afirmar sua posição política, não há como atestar que o post tenha, de fato, esse sentido.

Pela primeira vez, uma marca apareceu claramente em uma postagem: a empresa *3 Corações*, que patrocinou uma *live* no dia 8 de março sobre "síndrome da impostora",[23] com a apresentadora Rafa Brites. O vídeo recebeu quase 700 mil visualizações.

Em meados de março, o padre postou uma foto da mãe vacinando (*Privacidade/Social*), que recebeu muitas interações (quase 1,5 milhão de *likes* e mais de 120 mil comentários). Mas, apesar da imagem feliz, a legenda contava que ela tinha sido diagnosticada com COVID e que precisou ser hospitalizada. Depois dessa postagem, o tom de humor desapareceu do perfil e as publicações passaram a ser com frases tristes sobre a pandemia e atualizações pontuais sobre o estado de saúde da mãe, que estava na UTI. Até que, em 27 de março, ele comunicou o falecimento dela por meio de uma postagem intrigante: um clipe dele mesmo cantando uma música no palco, com mais de três minutos. A legenda (imagem acima) apresenta um texto bonito e comovente, que expressa os sentimentos de luto e tristeza do padre. Entretanto, nós achamos curioso a postagem ser um clipe em que, apesar de a letra da música ser uma homenagem à mãe, a imagem é o próprio Fábio de Melo em lugar de protagonismo (*Privacidade/Culto de si/Social*). O vídeo tem cerca de 7.300.000 visualizações,

---

22 Disponível em:https://twitter.com/pefabiodemelo/status/1367103954090401801.

23 Disponível em: https://www.facebook.com/reflexaopadrefabiodemelo/videos/trecho-live-no-dia-internacional-da-mulher-tema-s%C3%ADndrome-da-impostora-padre-f%C3%A1bi/1070066680140055/.

1,8 milhões de *likes* e quase 280 mil comentários que, em maioria, são condolências. Ele fica três dias sem postar e volta com mais três publicações até o fim do mês, todas sobre a mãe.

Essa experiência de viver um tipo de "luto celebrativo" tem sido debatida nas redes sociais atualmente. Muitas pessoas parecem se sentir um pouco confortadas pelos seguidores ao compartilharem com eles motivos para celebrar a vida de alguém que morreu. Os picos de engajamento nas postagens que mostram a mãe de Fábio de Melo demonstram que a morte é um tema que gera interesse no público.

2.5.2.4 Abril

O primeiro post do mês foi em comemoração do dia do padre, e, na foto profissional (assinada por Alice Venturi), Fábio de Melo aparece em um altar com vestes tradicionais de sacerdote (*Trabalho/Culto de si*). No seu aniversário, dois dias depois, ele fez três publicações: duas para convidar seus seguidores (*Trabalho*) para a missa de preparação das intenções para a celebração do domingo de Páscoa (transmitida pelo seu canal no YouTube), e uma *selfie*, bem no estilo galã, em comemoração da própria data de nascimento (*Culto de si*), que recebeu 1.369.386 *likes* e 65.386 comentários.

Apesar dos primeiros posts celebrativos, o clima do perfil não parecia exatamente feliz (sem humor). A maioria das postagens foram incluídas nas categorias *Trabalho* e *Frases Próprias* (sem piadas, sem sarcasmo; e cinco tratando diretamente sobre o tema da morte). Mas o grande destaque do mês foi para o grupo *Oração/sermão*, que atipicamente recebeu sete vídeos longos. No fim do mês, a Irmã Inês Isaura voltou a aparecer, retornando com o tom bem-humorado e mais alegre para o perfil. A "reestreia" foi com um vídeo para apresentar os "recebidos da Inêzinha" – uma sátira explícita da prática de diversos influenciadores digitais que recebem produtos, chamados "mimos", para serem divulgados como se não fosse uma publicidade. No total, foram 42 posts.

Abril

Maio

2.5.2.5 Maio

Apesar do esforço feito no fim de abril para levantar o clima de humor no perfil, o tema da morte voltou a figurar entre as postagens não apenas como pano de fundo para as reflexões (*Frases próprias*), mas também em termos concretos. O post selecionado foi feito no dia do falecimento do ator Paulo Gustavo e escolhido não apenas em função dos números elevadíssimos de engajamento (quase 70 mil comentários e mais de 2 milhões de curtidas), mas especialmente porque a postagem ganhou relevância e foi replicada em outros sites e perfis de fofoca. Na verdade, o falecimento do comediante em função de complicações com a COVID-19 comoveu o país e causou revolta contra as autoridades, que tiveram um comportamento pífio diante do controle da pandemia. Nesse sentido, o post de Fábio de

Melo (*Social*) "surfou na onda" do algoritmo e, mais uma vez, não expressou nenhum posicionamento do padre quanto à delicada situação do Brasil. No dia seguinte, ele deu continuidade ao tema e postou mais uma foto de Paulo Gustavo, dessa vez com a mãe, e dedicou para ela o texto da legenda. A mensagem mais uma vez ganhou visibilidade nacional e foi repostada em diversos canais.

No decorrer do mês, Fábio de Melo manteve o comportamento usual do perfil, publicando suas frases e alguns posts de trabalho, como um *trailer* de música própria e *lives* com parceiros. Os demais destaques de engajamento ficaram por conta de um vídeo curto com a memória de sua mãe quando ela foi visitá-lo no camarim (*Privacidade*/ *#tbt*), e um outro vídeo de humor (*Fanfics*) que mostrava alguns cachorros fora do contexto original da cena (4.212.394 de visualizações e 26.472 comentários). A categoria *Privacidade* apareceu 8 vezes na segmentação dos 41 posts feitos no mês de maio.

Junho

Julho

2.5.2.6 Junho

As postagens do mês de junho seguiram um certo padrão, identificado na metade do ano: cerca de 70% das publicações são *Frases próprias*; Inês Isaura aparece de duas a cinco vezes para divulgar alguns trabalhos e participações do padre cantor na mídia de massa (*Trabalho/Personagens*); dois ou três vídeos curtos de humor; pelo menos um vídeo de *Oração/sermão*; e variações que circulam entre as demais categorias restantes. *Social* e *Viagens* foram os grupos que apareceram um pouco mais nesse mês, com destaque para um vídeo de dois minutos com as cantoras Simone e Simaria gravando em estúdio (postado em comemoração do aniversário de Simone) e duas fotos (publicadas em dias diferentes) de uma viagem de lazer em um local com neve. Uma delas foi o post selecionado do mês porque, além dos números altos de interação (734.480 curtidas e 13 mil comentários), essa postagem representa alguns atributos importantes agregados à imagem do padre: o *culto de si* (vaidade e beleza) apresentado com a "maquiagem" do *humor* na legenda; a autenticidade afirmada pelo estilo moderno das roupas e acessórios; e a rebeldia, que aparece de forma subjetiva no fato de o padre viajar a lazer para fora do Brasil (ganha seu dinheiro e gasta como quer). Nos comentários, o valor da beleza também é reforçado por meio de inúmeros elogios de seguidores.

2.5.2.7 Julho

No sétimo mês do ano, a categoria *#tbt* obteve certo destaque entre as 63 publicações feitas (mês com mais postagens) por Fábio de Melo, que postou 13 fotos antigas, incluindo imagens da mãe e do período antes da fama, na infância e na juventude. Ele também publicou um vídeo curto de quando ainda estava na TV Canção Nova (*#tbt*; *Trabalho*; *Culto de si*), revelando atipicamente uma de suas influências (que, no caso, pode ser interpretada dentro dos três eixos metodológicos). Dias depois, ele postou uma imagem com informações da missa que celebraria para a emissora (*Trabalho*). Outro destaque foi um trecho de sua participação no programa *Saia Justa*, do canal GNT, em que ele aparece conversando sobre a morte da mãe com as apresentadoras (*Trabalho*; *#tbt*).

A dinâmica padrão do perfil se manteve entre as demais postagens e, por isso, optamos por um post que figura em categorias menos representadas (*Culto de si*; *Humor*; *#tbt*). A publicação é uma montagem de duas fotos, uma antiga e outra mais atual, que ressalta (na imagem e no texto de legenda) o quanto o padre mudou para melhor em termos estéticos. A ideia de que a imagem do padre melhorou ao longo dos anos dá a ver a noção de belo que é compartilhada com e pelos seguidores. Certamente essa noção não se restringe apenas ao corpo da pessoa em questão, e, nesse sentido, é preciso observar os detalhes da situação, como as roupas e o ambiente. Por exemplo, a segunda foto da montagem, a mais atual, também retrata um ambiente mais sofisticado e roupas mais elegantes.

Agosto

Setembro

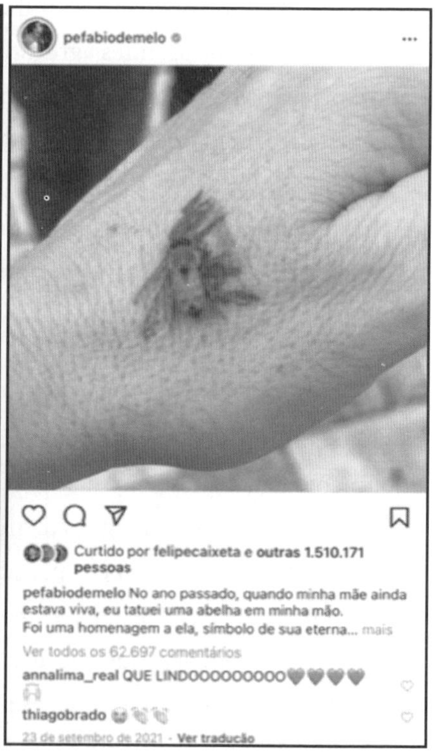

2.5.2.8 Agosto

Foram feitas 59 publicações nesse mês, o que manteve o padrão de funcionamento da conta, com a diferença de não ter apresentado nenhum destaque atípico relacionado às categorias que menos recebem postagens.

O post selecionado traz uma foto da mãe de Fábio de Melo, que já havia sido postada antes, mas que, mesmo assim, gerou bastante engajamento em função do texto da legenda, que trata sobre os sentimentos do padre em relação à ausência da mãe.

2.5.2.9 Setembro

O post selecionado de setembro se relaciona com o escolhido do mês anterior porque também trata sobre a mãe e debate sentimentos individuais. E é curioso pensar que, mesmo com uma foto sem qualidade, a postagem tenha alcançado e agradado tanta gente (1,5 milhão de curtidas e quase 63 mil comentários). A imagem mostra uma abelha em cima da mão de Fábio, onde ele possui uma abelha tatuada exatamente no mesmo lugar, em homenagem à mãe.

Na legenda, o padre conta que a abelha pousou em sua mão imediatamente depois de ele ter se lembrado da mãe de forma emocionada.

Muitos seguidores deixaram recados de carinho nos comentários, assim como também se sentiram à vontade para contar sobre experiências parecidas que tiveram ao longo da vida. Esse movimento demonstra o quanto que o funcionamento da conta é orgânico: a foto não tem edição (e nem sempre qualidade), aparentemente o perfil não tem um planejamento rígido, e não segue uma identidade estética própria, mas, mesmo assim, é capaz de convocar e afetar milhares de pessoas.

Outro ponto é que a mãe e a morte, como temas associados, continuam com poder de mobilizar os seguidores de Fábio de Melo mesmo seis meses depois do falecimento de sua mãe.

Outubro

Novembro

2.5.2.10 Outubro

No mês de outubro, a palavra "Evangelho" apareceu de forma destacada, associada aos posts da categoria *Frases próprias*. O volume das publicações da categoria *Trabalho* também foi um pouco maior.

No entanto, selecionamos uma postagem que foi segmentada nas categorias *Humor*, *Social* e *#tbt* porque ela também confirma atributos importantes da figura pública de Fábio de Melo. Primeiramente, vale explicar que o post, na verdade, é um print de tela de celular referente a uma interação antiga entre Fábio de Melo e o jornalista famoso, Evaristo Costa, realizada em outra plataforma, o Twitter/X. É uma brincadeira entre os dois – um chama o outro de "comediante" e "palhaço" –, porém uma brincadeira que consolida o valor do humor não apenas como um atributo de imagem, mas também como uma pauta estratégica de conteúdo (assim como no caso de os *personagens* serem utilizados para divulgação de trabalhos) que o público parece aprovar.

O segundo ponto observado é a estética amadora do post, que confirma a impressão de que é mesmo o próprio padre quem faz a gestão de seu perfil, e isso aumenta a sensação de autenticidade em relação ao conteúdo compartilhado. A forma de usar a plataforma, embora seja muitas vezes estratégica no que se refere à autopromoção, muitas vezes também parece ser despretensiosa, para fins recreativos. Esse tipo de comportamento acaba aproximando os seguidores, uma vez que eles buscam formas de ver a pessoa comum por trás do ídolo.

O último ponto acerca desse post é em relação à atuação multiplataformas do influenciador digital. Mesmo que o foco do post seja o viés social da brincadeira com o amigo famoso, Fábio de Melo não deixa de divulgar o seu perfil na outra plataforma, mostrando que lá também são oferecidos conteúdos interessantes, com o atributo que o público anseia: o humor.

2.5.2.11 Novembro

No penúltimo mês do ano o tema da morte volta a ganhar força no conteúdo do perfil. Além de publicar uma recordação da mãe novamente, Fábio de Melo fez duas postagens em homenagem à cantora Marília Mendonça, que faleceu em um acidente trágico naquele mês. Seguindo a ideia do agendamento das pautas, os dois posts tiveram um excelente engajamento.

Os posts da categoria *Privacidade* foram os que chamaram mais atenção entre as 42 publicações realizadas no mês de novembro, não porque foram os mais curtidos ou comentados, mas sim porque exibiram um nível de intimidade com os seguidores que extrapolou o padrão praticado no perfil. Tanto que a postagem selecionada chega a ser um pouco impactante, uma vez que foge do costume de expor o padre galã para apresentá-lo enfermo, recuperando-se em cima de uma cama de hospital. Trata-se de três fotos publicadas em formato carrossel (a segunda foto apresenta os médicos operando, e a terceira é uma selfie com Fábio de Melo e mais duas mulheres), além de uma legenda que explica o contexto: uma cirurgia para resolver um problema nos tendões que estava causando muitas dores nas articulações dele.

A forma intrigante com que o padre expôs esse momento de intimidade não se restringe à publicação das imagens, porque ele também marcou o perfil de médicos e vários outros profissionais da saúde no texto da legenda, como se estivesse fazendo uma publicidade, ou uma recomendação dos serviços. Há uma questão ética séria a ser refletida sobre esse ponto.

No entanto, a questão da ética sequer foi lembrada pelos seguidores, que usaram o espaço de comentários apenas para, no geral, desejar uma recuperação rápida para Fábio de Melo.

2.5.2.12 Dezembro

A movimentação da conta no mês de dezembro foi bem tranquila e seguiu o padrão das práticas descritas nos meses anteriores. Apenas um post destoou do usual: um vídeo promocional de três minutos e meio feito para divulgar o lançamento de uma série documental sobre o Papa Francisco, produzida pelo canal Discovery Plus. Não apresentou números relevantes de interação, mas chamou a atenção o fato de Fábio de Melo ter sido convidado para atuar como um tipo de garoto propaganda da série. Essa ação publicitária mostra o quanto a imagem pública do padre é versátil e, ao mesmo tempo, instrumentalizada por ele e pelos centros ativos de poder que o cercam.

Também houve mais fotos profissionais publicadas, apresentando Padre Fábio de Melo em ação, caracterizado com vestes tradicionais e celebrando missas.

O post selecionado é um vídeo com duração média, alocado nas categorias *Social* e *Culto de si*, em que Fábio de Melo aparece com a influenciadora Priscila Oliveira e os dois cantam juntos um louvor, bastante emocionados. A postagem foi escolhida em função do alto número de visualizações e porque celebra os 20 anos de sacerdócio do padre através da legenda.

Não há explicações sobre o contexto do vídeo e não é possível fazer inferências a respeito. No entanto, é perceptível a admiração da influenciadora pelo padre e sua alegria em poder viver aquele momento. Há reciprocidade da parte de Fábio de Melo, mas não na mesma proporção, já que ele é o ídolo e ela é a fã. Esses papéis ficam bem marcados na postagem e mais uma vez acabam reforçando o status de fama do padre. Se nas outras postagens a ritualização é contornada pelo valor do humor, nesta a sensibilidade e a empatia são os pontos mais fortes de convocação.

2.6 Considerações

Com base na análise feita, é possível segmentar algumas considerações que relacionam a atuação de Fábio de Melo ao fenômeno dos influenciadores digitais católicos e, ainda, às questões mais amplas que atravessam a imagem institucional da Igreja Católica. Além disso, a investigação também revela algumas características interessantes quanto ao uso das plataformas digitais (neste caso, o Instagram) e quanto a alguns posicionamentos do público – que, ao interagir com determinado perfil, acaba sinalizando aspectos de expectativas e comportamentos relacionados à religião e aos valores (sociais) que compartilha.

Nesse sentido, observamos que a valorização do humor e os motivos que provocam o engajamento do público mostram que, enquanto plataforma, o Instagram se afirma como uma alternativa de entretenimento cotidiano, independente do conteúdo consumido. Mesmo que estejam consumindo, por exemplo, conteúdos religiosos ou, no mínimo, espiritualizados, os usuários buscam um viés "bem-humorado" e, consequentemente, esse aspecto pode "pautar" os produtores de conteúdo dessa plataforma, muitas vezes esvaziando os discursos prioritários.

No que se refere à atuação e à persona de Fábio de Melo, a análise do perfil no Instagram demonstra que sua performance é guiada por uma lógica individualista e neoliberal. Apesar de afirmar recorrentemente a sua autoridade como padre, Fábio de Melo parece apresentar um tipo de "cristianismo individual", sem senso de comunidade e sem muita subordinação à hierarquia da Igreja. Poucas são as vezes em que ele se refere à instituição ou toca em temas sociais e políticos que possam remeter a um sentido mais amplo de coletividade; o discurso geralmente parte de sua própria perspectiva e se dirige ao usuário individualmente, como um psicólogo se dirige aos pacientes. Por esse prisma, a atuação do padre é nitidamente autorreferente; os aspectos neoliberais se colocam na medida em que essa performance, como é sempre centrada em si mesma, também se afirma como neutra em relação aos temas que contrariam o individualismo (como a política e a própria religião). Ademais, Fábio de Melo carrega e usa (sem constrangimentos) o "valor celebridade", traduzido por atributos monetizáveis de sua imagem pública, que são revertidos em lucro para a própria celebridade e para o sistema capitalista movimentado atualmente pela economia da atenção.

Nota-se que a persona do Padre Fábio de Melo, embora seja uma figura contraditória, age e é compreendida (pelo público) como um representante da Igreja Católica. Essa representação decorre do valor de autoridade que é reiterado na atuação e, obviamente, da trajetória profissional do padre que deu origem à sua fama. No entanto, como um representante famoso, a performance de Fábio de Melo também atravessa a imagem da Igreja de maneira ambígua.

Primeiramente, pode-se pensar que ele atrai fiéis para a Igreja (ou, ainda, que fideliza católicos), considerando que sua visibilidade pode ser transferida, de alguma forma, para a própria instituição. Entretanto, na prática, ele não parece se vincular muito à Igreja e o seu discurso não é mobilizador, no sentido de reforçar a imagem institucional com suas regras e funções sociais.

Dessa perspectiva, a atuação do padre se contrapõe à imagem da instituição católica na medida em que ele não comunica (e não se esforça em comunicar) uma experiência eclesial.

Por outro lado, a atuação "descomprometida" com as bases mais sólidas da instituição, além de não ser questionada, é amplamente aprovada pelo público. Essa incompatibilidade gera um questionamento curioso: em que medida o público e os próprios influenciadores digitais católicos usam a plataforma para se relacionar realmente com a religião? A relação que os usuários estabelecem com o perfil do Padre Fábio de Melo no Instagram gera dúvidas quanto às possibilidades de resposta para esta pergunta e desperta outras questões importantes relacionadas aos interesses do público na plataforma digital. A princípio, é possível inferir que o público se atrela mais a conteúdos superficiais, com menos carga crítica e questionadora. Mas esta é uma inferência também superficial. Por ora, não há como afirmar os motivos que despertam o interesse do público em relação a determinados influenciadores digitais. Para tanto, seria necessária uma investigação do processo de recepção.

Referências bibliográficas

ALVAREZ, Rodrigo. *Humano Demais: a biografia do Padre Fábio de Melo – o homem que desafia regras, canta, filosofa, faz humor, tem milhões de seguidores na internet e atravessa os muros da Igreja para falar a todos os brasileiros.* 1. ed. São Paulo: Globo, 2016.

DYER, Richard. *Stars.* Londres: British Film Institute, 1998.

GEERTZ, Clifford. "Centros, reis e carisma: reflexões sobre o simbolismo do poder". *In*: *O Saber Local.* Petrópolis: Vozes, 2001, p. 182-219.

GOFFMAN, Erving. *Comportamento em lugares públicos.* Petrópolis: Vozes, 2010.

______. "Footing". *In*: RIBEIRO, B.; GRACEZ, P. (orgs.). *Sociolinguística interacional.* São Paulo: Loyola, 2002.

MARWICK, A.; BOYD, D. "To see and be seen: celebrity practice on Twitter". *Convergence: the international journal of research into new media technologies,* 17 (2): 139-158, 2011.

MEDEIROS, Fernanda de Faria. "O jornalismo de celebridades em *Caras* e *Quem*. Cultura tabloide e comunicação com o leitor". Tese (Mestrado em Comunicação Social) – Pontifícia Universidade Católica de Minas Gerais, Belo Horizonte, 2014.

MENDONÇA, Henriete Cabral. "O Catolicismo midiático: a evangelização do Padre Fábio de Melo". Tese (Mestrado em Sociologia) – Universidade Federal de Sergipe, Aracaju, 2013.

MORIN, Edgar. *Estrelas: mito e sedução no cinema*. Rio de Janeiro: José Olympio, 1989.

______. *Cultura de massa no século XX: o espírito do tempo*. Rio de Janeiro: Forense Universitária, v. 1, 1990.

SANTOS, Leilian; CORTES, Gerenice. "A subjetivação dos leitores em posts e comentários do Facebook na discursivização do Padre Fábio de Melo". *Seminário Gepráxis*, 7 (7): 1564-1580, 2019.

SHILS, Edward. "Charisma, Order, and Status". *American Sociological Review*, 30 (2): 199-213, 1965.

SIMÕES, Paula. "O poder de afetação das celebridades". *In*: FRANÇA, Vera *et al. Celebridades do século XXI*. Porto Alegre: Sulina, 2014.

SOUZA, F. "Marcelo Rezende, um apresentador performático: telejornalismo policial e celebrização". Tese (Doutorado em Comunicação Social) – Universidade Federal de Minas Gerais, Belo Horizonte, 2018.

3. A comunicação de uma "fé leve", entre a irreverência religiosa e a autocelebrização clerical

Moisés Sbardelotto

3.1 Introdução

Durante a pandemia de COVID-19, a busca por sentido e por explicações para o que estava acontecendo foi algo que marcou a vida de grande parte das pessoas. Muitas vezes, esse sentido e essas explicações custavam a ser encontrados, devido principalmente ao isolamento que impedia uma partilha mais forte e sensível de vínculos e afetos. Essa realidade também afetou grande parte do clero, especialmente no Brasil.

É nesse contexto que emerge a experiência digital do padre Patrick Fernandes. Em um misto de questões pessoais e religiosas que pediam uma ressignificação em uma conjuntura pandêmica muito desafiadora, o presbítero encontrou nos ambientes digitais uma "válvula de escape" para desopilar as pressões internas. Mas, além disso, ele encontrou também e principalmente uma "fonte de inspiração" na busca por uma nova fase de vida pessoal e presbiteral, e talvez até uma "tábua de salvação" diante desse cenário conturbado. Em uma ascensão meteórica nas métricas das plataformas digitais,[1] Padre

1 "Métrica digital" é uma medida quantificável que serve para analisar os resultados das ações em plataformas digitais, como, por exemplo: número de publicações,

Patrick passou de mero "pároco de aldeia" a "macroinfluenciador digital", alcançando milhões de seguidores em poucas semanas. Não por acaso, em 2022, ele foi eleito por voto popular um dos dez melhores e mais relevantes "influenciadores de religião" do Brasil, segundo o prêmio iBest.[2]

Neste texto, analisaremos esse fenômeno e seus desdobramentos, buscando apontar suas principais consequências socioeclesiais. Faremos isso a partir da noção de influência digital católica, entendida aqui como as tensões e negociações de poder simbólico, em redes digitais, sobre a tomada de decisão acerca de opiniões e atitudes pessoais ou comunitárias relacionadas à fé católica (cf. KARHAWI, 2017; PRIMO, MATOS e MONTEIRO, 2021).[3]

Primeiramente, apresentaremos de modo sintético o caminho percorrido nesta análise, do ponto de vista da construção do *corpus*. Em seguida, conforme o método construído conjuntamente para esta macropesquisa, analisaremos o fenômeno em questão a partir de quatro ângulos principais – a saber, pessoa/*persona*, performance, conteúdo, e interação. Esses quatro ângulos nos permitirão compreender como emergiu e se manifesta a atuação digital do Padre Patrick, e entender como se constituem as redes de influência que caracterizam suas práticas e estratégias comunicativas. É importante frisar que tais ângulos são indissociáveis. Temos uma *pessoa*, com sua origem e história, que constrói uma identidade em rede (*persona*) por meio de um estilo próprio de práticas comunicacionais (*performance*) voltadas para a produção de *conteúdo* religioso nos ambientes digitais, promovendo uma *interação* com outros usuários.

---

seguidores, curtidas, comentários, compartilhamentos, alcance, cliques, tráfego ou acessos, vendas etc.

2 Disponível em: https://app.premioibest.com/resultados/2022/influenciador-de-religiao.

3 Ao falarmos de influência digital "católica", não estamos afirmando que tais manifestações religiosas em rede necessariamente se enquadram no dispositivo teológico-doutrinal reconhecido pela institucionalidade católica. Avaliar tal "canonicidade" não compete a nós. Interessa-nos, antes, o fato de tais sujeitos se apresentarem publicamente como membros e representantes do catolicismo e assim emergirem e agirem midiaticamente.

A partir disso, em conclusão, refletiremos sobre algumas tensões que emergem de modo mais geral a partir deste estudo de caso específico, com base em três eixos principais – comunicacional-cultural, sociopolítico e teológico-eclesial. Refletiremos acerca dos limites e das possibilidades, das luzes e das sombras do fenômeno da influência digital católica.

3.2 Entre a história e o *story*: construção do *corpus* e método

Padre Patrick Fernandes construiu sua história e trajetória de influência digital principalmente no Instagram, em sua conta pessoal criada em 2017.[4] Ele também está presente no YouTube[5] desde fevereiro de 2018, somando até a finalização deste texto[6] mais de 250 mil inscritos no canal e mais de 4,9 milhões de visualizações no total. No TikTok,[7] o padre atua desde 2021, somando 2,6 milhões de seguidores e mais de 29 milhões de curtidas no total. Fernandes também tem uma conta no Facebook,[8] com uma atualização muito menos frequente e voltada mais para a vida de sua paróquia em Parauapebas. A página tem 29 mil curtidas e 39 mil seguidores, números bem inferiores aos das demais plataformas.

Sua atuação no Instagram é a mais reconhecida socialmente, com mais de 6 milhões de seguidores. É no Instagram que o padre abre semanalmente a chamada "caixinha de perguntas", pela qual ele convida seus seguidores a enviarem questionamentos, aos quais ele responde por meio de vídeos gravados em primeira pessoa e publicados nos *stories* – um tipo de postagem no Instagram que desaparece 24 horas após sua publicação e que não fica automaticamente gravada em seu perfil público.

4 Disponível em: https://www.instagram.com/padre_patrick/.

5 Disponível em: https://www.youtube.com/c/PadrePatrickFernandes.

6 Todos os dados indicados nesta seção foram compilados em janeiro de 2024.

7 Disponível em: https://www.tiktok.com/@padre_patrick.

8 Disponível em: https://www.facebook.com/padrepatrick.

Em meio a uma cultura do entretenimento e do consumo de imagens, o objetivo da publicação de fotografias e vídeos no Instagram é ser um vetor de comunicação e de compartilhamento da vida do dia a dia. Por um lado, a "Galeria" (*feed*) – local na plataforma onde se encontram em ordem cronológica as postagens que o usuário deseja que permaneçam sempre disponíveis aos seus seguidores – é uma espécie de reserva temporal, conservando os momentos considerados mais especiais e importantes pelo usuário, inclusive do ponto de vista da qualidade imagética. Já os *stories* se caracterizam como "narrativas efêmeras, capturando imagens para o puro entretenimento, 'feitas para sumir'" (LEMOS e DE SENA, 2018, p. 8). Em outras palavras, dado o desaparecimento programado dessas imagens, os *stories* funcionam como um espaço para a exposição de "qualquer coisa":

> Se a galeria é a história que se quer guardar, o *Stories* é o burburinho do dia a dia que deve desaparecer para dar origem aos burburinhos do dia seguinte. [...] Com o *Stories*, os usuários estão menos preocupados com a "aprovação" dos outros, e isso tende a minimizar o rigor nos critérios de seleção dos conteúdos publicados. O compartilhamento caracteriza-se por imagens "mais espontâneas" (LEMOS e DE SENA, 2018, p. 24).

De acordo com essa *lógica do apagamento*, o tempo máximo definido pela plataforma digital para a duração de um vídeo publicado como *story* é de 15 segundos, e a "vida útil" de cada um deles para visualização é de 24 horas; depois disso, o conteúdo desaparece do acesso público. Muitos dos *stories* antigos do Padre Patrick efetivamente "sumiram", dada a efemeridade das publicações. Entretanto, ao longo de 2021, a conta passou a postar na Galeria diversas *compilações de stories*, que, assim, permanecem disponíveis até hoje, convertendo-se em "momentos especiais" da presença do padre no Instagram, segundo os critérios do presbítero e dos administradores de sua conta.

Com base nisso, uma parte do nosso *corpus* principal é formada pelas compilações publicadas na Galeria da conta do Padre Patrick no Instagram ao longo de 2021 – ano em que ele alcançou o patamar de macroinfluenciador. Trata-se de 17 postagens de compilações de *stories*, cujos principais dados, extraídos em agosto de 2022, são apresentados na tabela abaixo:

Tabela 1 - Postagens do Padre Patrick no Instagram que compõem o *corpus* de pesquisa

Data de publicação	nº de *stories*	Curtidas	Comen-tários	Link de acesso
19/05/2021	5	+150 mil	4.557	https://www.instagram.com/p/CPEyniNJTsu/
11/06/2021	7	+136 mil	1.755	https://www.instagram.com/p/CQADkjOB6xJ/
15/06/2021	6	+157 mil	2.002	https://www.instagram.com/p/CQKYnQ8JY9U/
23/06/2021	5	+216 mil	3.881	https://www.instagram.com/p/CQfA65ohfVw/
30/06/2021	7	+293 mil	6.459	https://www.instagram.com/p/CQw_T-5Jr1V/
08/07/2021	5	+356 mil	6.797	https://www.instagram.com/p/CRFa3VvJajY/
15/07/2021	7	+442 mil	11.400	https://www.instagram.com/p/CRXdMh3J0gR/
05/08/2021	6	+618 mil	21.100	https://www.instagram.com/p/CSNcI-YJ-61/
06/08/2021	6	+395 mil	6.821	https://www.instagram.com/p/CSQPQHqFuL_/
14/08/2021	6	+285 mil	5.248	https://www.instagram.com/p/CSkn7rbpaoJ/
18/08/2021	5	+352 mil	9.632	https://www.instagram.com/p/CSvFOBblOKo/
04/09/2021	5	+384 mil	11.300	https://www.instagram.com/p/CTat1saJSjh/
07/10/2021	6	+258 mil	5.748	https://www.instagram.com/p/CUvsDcHhMm7/
20/10/2021	4	+164 mil	5.009	https://www.instagram.com/p/CVQ_vYzJIQ8/
27/10/2021	6	+112 mil	2.372	https://www.instagram.com/p/CVjC1NfJzSq/
10/11/2021	5	+128 mil	3.147	https://www.instagram.com/p/CWG-GqspLh0/
17/11/2021	4	+237 mil	5.816	https://www.instagram.com/p/CWZKnMGheSm/

No total, foram coletados 95 *stories*, dos quais 93 foram analisados, pois dois deles, presentes na compilação publicada em 17 de novembro de 2021, já haviam sido postados em compilações anteriores. Para contextualizar a ascensão do Padre Patrick no Instagram, recorremos também a reportagens e entrevistas jornalísticas com o presbítero.

Analisaremos ainda quatro vídeos do canal do YouTube do Padre Patrick, que nos permitem compreender, de modo mais abrangente, a influência digital do presbítero. Nesse ambiente, o padre posta conteúdos mais longos, mais densos e de maior produção audiovisual. A conta foi criada em fevereiro de 2018 e, até março de 2021, servia apenas como repositório das gravações das homilias e/ou missas celebradas pelo Padre Patrick em sua paróquia. Depois disso, a conta passou a ser utilizada para a produção de conteúdos especificamente pensados para essa plataforma. Durante o processo de emergência de sua macroinfluência digital, portanto, percebemos quatro "fases" principais na conta do Padre Patrick no YouTube:

1. uma primeira fase (de abril a outubro de 2021) ainda de nível *amador*, na ascensão da curva de sua influência digital, contando com apenas dois vídeos, em que o padre responde mais longamente a perguntas de seus seguidores;
2. uma segunda fase (de outubro a dezembro de 2021), em que emerge seu processo de *profissionalização* como influenciador digital, logo após sua contratação pela agência Non Stop, a partir da postagem de uma série especial de oito episódios para o YouTube, intitulada "Quem é você";
3. uma terceira fase (de dezembro de 2021 a março de 2022), de aprofundamento de sua profissionalização, foca-se em práticas de *coaching* espiritual[9] e motivacional, a partir da publicação de uma nova

9 Em termos formais, o *coaching* – ou tutoria, mentoria – é uma espécie de treinamento com foco no autodesenvolvimento pessoal, conduzido por um *coach* ("treinador") que auxilia a pessoa a alcançar suas metas emocionais, comportamentais e profissionais, aprimorando suas competências e habilidades. Neste caso, Padre Patrick conduz seus seguidores em um processo de autodesenvolvimento também de nível espiritual-religioso.

série para a plataforma, também com oito episódios, intitulada *Toque de Deus – Nunca alguém me amou assim*;

4. uma quarta fase (de março de 2022 a fevereiro de 2023), em que o padre, assumindo abertamente seu processo de *celebrização*, recorre ao YouTube para apresentar a si mesmo de uma forma "mais humanizada", como ele mesmo afirma, e igualmente mais romantizada, com foco em sua personalidade e estilo de vida.[10]

Dentro desse panorama, os vídeos escolhidos para a análise foram o mais visualizado de cada uma dessas fases, com exceção da última, da qual optamos por analisar o primeiro vídeo. É nele que o padre explica em detalhes a sua nova proposta, mais informal e autocentrada, que foge do estilo assumido por sua própria presença nessa plataforma, até então mais (auto)reflexiva e motivacional.

Com base em tais materiais, analisaremos agora os quatro ângulos principais que nos permitirão compreender a atuação do Padre Patrick como um dos maiores influenciadores digitais católicos no Brasil.

3.3 Pessoa / *persona*: "Eu sou um padre acessível"

Quem é Patrick Fernandes? Uma possibilidade para responder a essa pergunta é realizar uma busca em sistemas de pesquisa da internet. A primeira coisa que chama a atenção ao se fazer isso é como os próprios sistemas apresentam as buscas semelhantes feitas pelos demais usuários. Ao buscar o nome do padre no Google, o sistema apresenta o que "as pessoas também perguntam", por exemplo: "Quem é o padre que responde perguntas no Instagram?"; "Qual o nome do padre que responde perguntas?"; "Qual o Instagram do padre engraçado?"; "Quem é o padre do Instagram?".

10 Haveria ainda uma fase mais recente, a partir de março de 2023, em que o presbítero retoma a publicação de conteúdos mais religiosos, abordando, por exemplo, a temática da Quaresma e realizando Estudos Bíblicos sobre o Evangelho de João e as Cartas de Paulo. Contudo, tal fase não fará parte do nosso *corpus* de análise, devido aos prazos de finalização desta pesquisa.

Algumas manchetes jornalísticas também acrescentam outras definições ao currículo do padre: "padre biscoiteiro" (*Correio de Carajás*);[11] "conselheiro do amor" (*Tribuna Online*);[12] e "padre influenciador" (*GShow*).[13] A partir de tais adjetivos, podemos ter uma ideia da *persona* que Fernandes criou ao longo do tempo na internet e do imaginário social que foi se formando em torno dele.

3.3.1 O namorado abandonado que virou padre

Patrick Fernandes da Costa nasceu em Colatina, no Espírito Santo, em 1987, e cresceu na cidade de Santo Antônio do Canaã, no mesmo estado. Seus pais se separaram quando ele tinha em torno de um ano de idade. Aos oito anos, mudou-se com a mãe, o irmão e a irmã para o Pará.

Aos 18 anos, quando fazia um estágio no Instituto Nacional de Colonização e Reforma Agrária (Incra), um amigo envolvido com a Igreja o convidou para participar de um retiro de três dias, intitulado "Segue-me". Para o padre, esse encontro "foi transformador. Mudou minha vida, assim, completamente. Foi um divisor de águas" (FERNANDES, 2022a). Nesse retiro, ao Fernandes se confessar, o padre confessor lhe perguntou se ele não gostaria de fazer uma experiência vocacional. "Saí de lá com vontade de fazer algo para que mais gente sentisse a leveza que tinha tomado conta de mim" (FERNANDES, 2022b).

Em outra entrevista, o padre revela outro bastidor dessa sua decisão vocacional: "Quando eu fui fazer um retiro, eu tinha uma namoradinha na escola, e ela terminou comigo por mensagem, e eu lá no encontro, no retiro. Fiquei tão desiludido, já que nada dá certo, vou ser padre" (FERNANDES *apud* BASTOS, 2021). Logo depois, entrou no seminário.

---

11 POMPEU, Ulisses. "O padre 'biscoiteiro' de Parauapebas que está bombando no Instagram". *Correio de Carajás*, 04 ago. 2020. Disponível em: https://is.gd/correiodecarajas.

12 FERNANDES, Patrick. "Padre capixaba vira conselheiro do amor e faz sucesso na internet". *Tribuna Online*, 27 jul. 2021b. Disponível em: https://is.gd/tribunaonline.

13 GSHOW. "Quem é o padre influenciador que conquistou 1 milhão de seguidores com vídeos divertidos na web?". *GShow*, 27 jul. 2021. Disponível em: https://is.gd/gshow_padre.

Cursou dois anos de Filosofia no Paraná e mais quatro anos de Teologia em Belém do Pará. Foi ordenado diácono em 2012 e padre em 2013, com a idade mínima obrigatória de 25 anos. Foi a primeira ordenação presidida pelo então novo bispo da Diocese de Marabá, Dom Vital Corbellini.[14] Um mês depois de sua ordenação, Fernandes assumiu a Paróquia de São Sebastião, em Parauapebas, no interior do Pará, onde mora – até a finalização deste texto – com seus oito cachorros de estimação (cf. FERNANDES, 2021c).

No fim de 2019, a vida do presbítero passou por uma reviravolta com a experiência de uma depressão profunda. "Perdi o prazer em ouvir as pessoas, celebrar missa. Questionei minha vida, meu ministério, a fé, tudo" (FERNANDES, 2022b, n.p.). Segundo Fernandes, não houve um motivo específico para o surgimento da doença:

> Foi um processo longo. Demorei para reconhecer, porque sempre estive disponível para ajudar pessoas que estavam passando por isso [...]. Reconhecer que quem estava precisando de ajuda era eu foi muito vergonhoso. [...] Não tinha mais ânimo, minhas forças já tinham se esgotado e eu fazia as coisas apenas por obrigação. Não tinha mais prazer algum. Eu estava definhando e refleti que era hora de parar e procurar ajuda (FERNANDES *apud* GODINHO, 2021).

Reconhecendo sua situação, ele ficou um tempo afastado das obrigações religiosas. Passou uma temporada na casa do irmão, no Espírito Santo, e começou um tratamento com medicamentos. Em março de 2020, retornou a Parauapebas, com a intenção de retomar a vida como pároco. Mas, então, eclodiu a pandemia da COVID-19, a igreja precisou ser fechada devido ao confinamento e as missas presenciais foram interrompidas, passando a ser transmitidas pela internet.

Foi nesse período que o padre decidiu criar mais conteúdos para o Instagram, cuja conta havia criado em julho de 2017. Ele desejava conversar

---

14 Cf. CARVALHO, Patrick. "Diácono é ordenado padre em Marabá". *patrick@canalmaraba.com*, 29 jan. 2013. Disponível em: http://patrickroberto.blogspot.com/2013/01/diacono-e-ordenado-padre-em-maraba.html.

com seus paroquianos e com as poucas pessoas que, até então, o seguiam na plataforma (até março de 2020, tinha em torno de 1.500 seguidores no Instagram, cf. FERNANDES, 2022f). Decidiu começar uma conversa com seus seguidores por meio de uma "caixinha de perguntas". Na primeira vez, escreveu apenas "vamos conversar" e recebeu cerca de 20 mensagens de pessoas da região. Gostando da ideia, passou a fazer isso semanalmente.

Segundo ele, a presença nas redes foi "quase uma terapia" (FERNANDES, 2021b). "Fui para o Instagram no anseio de ficar mais próximo das pessoas. Mas nunca imaginei que ia tomar essa proporção toda" (FERNANDES, 2021a). Ele também começou a entender que as pessoas se interessavam muito mais pelos vídeos em que fazia piada e falava coisas engraçadas sobre assuntos diversos, particularmente o casamento. "Quando eu falava alguma coisa muito séria, não dava tanta repercussão. E aí eu comecei a fazer um compilado das mais vistas da semana. Isso começou a se espalhar cada vez mais" (FERNANDES, 2022f, a partir de 07min).

3.3.2 O padre que virou influenciador digital

Com uma produção de conteúdos mais constante na internet, as publicações foram se espalhando. Particularmente uma delas foi o estopim para um salto no número de seguidores, quando, em uma das "caixinhas de perguntas", alguém o questionou se tatuagem era pecado. O padre se posicionou a esse respeito não por meio de uma resposta em vídeo, mas escrevendo um texto em seus *stories*, dizendo que não era pecado, pois o pecado de verdade está dentro das pessoas, e não fora (cf. FERNANDES, 2022f). Essa resposta foi muito compartilhada, o que fez com que seu número de seguidores passasse para mais de 10.000, chegando até a receber convites para fazer publicidade, como para uma loja de sapatos de sua região, o que lhe rendeu 150 reais e um par de sapatos (cf. FERNANDES, 2022f).

Em agosto de 2020, Padre Patrick despontou regionalmente a partir de uma notícia publicada no *Correio de Carajás*, jornal com sede em Marabá, a 168 quilômetros de Parauapebas, onde era pároco. Na manchete, Fernandes era apresentado pelo jornal como "o padre 'biscoiteiro' de Parauapebas que está bombando no Instagram" (POMPEU, 2020). "Biscoiteiro", como explica a reportagem, é "uma referência a quando damos biscoito ou petisco para os cães quando eles fazem algo corretamente. Assim, você 'dá um biscoito' para quem faz algo certo no intuito de elogiar alguém nas redes sociais". Ainda segundo a matéria, o padre seria "uma espécie de 'biscoiteiro' do bem", já que, por meio de suas postagens, "leva os seguidores a refletirem na Palavra de Deus". Na época, segundo o jornal, o presbítero já era considerado um "fenômeno no Instagram", com seus então 39 mil seguidores e sua maneira bem-humorada de abordar assuntos polêmicos.

Tempos depois, em outra "caixinha de perguntas", o padre foi questionado sobre se era pecado mulher usar biquíni na praia. Como resposta, primeiro Fernandes postou uma foto sem camisa, segurando sua irmã sobre os ombros, quando estavam viajando em Miami, nos Estados Unidos. E, em seguida, postou junto uma resposta em texto, dizendo que nunca lhe perguntam se é pecado os homens usarem sunga na praia, mas sempre questionam o vestuário das mulheres, o que ele definiu como um fardo pesado demais sobre elas. Em sua resposta, o padre disse ainda que a maldade está muito mais no olhar de quem está vendo, afirmando que não é problema das mulheres se alguns homens possuem uma "mente doente".

Segundo ele, foi a primeira vez que experimentou a ação de *haters*, os odiadores digitais. A reação foi imediata: "Mandaram essa foto para o meu bispo, dizendo que eu estava fazendo apologia à sensualidade, aquela coisa. E meteram o pau em mim" (FERNANDES, 2022f, a partir de 08min05s). Mas isso também fez com que sua conta no Instagram chegasse a mais alguns milhares de seguidores: "Aí eu tracei como meta: em dezembro de 2021, nós vamos estar com 100.000 seguidores. Quando chegou dezembro de 2021, já tinha passado de um milhão já fazia muito tempo" (cf. FERNANDES, 2022f, a partir de 08min05s).

Nesse ínterim, por meio de sua presença nas redes e de sua crescente visibilidade, o padre conheceu Juliano Teodoro, natural de Goiás, então com 24 anos, que iniciou o contato justamente pela "caixinha de perguntas" quando estava em um momento difícil de vida, com sintomas de depressão. Por meio do intercâmbio via plataforma, nasceu a amizade. Segundo Juliano, "eu tive a sorte de conhecê-lo quando ele ainda não tinha fama, e aí ele continuou a conversa, porque ficou preocupado com a minha saúde mental" (TEODORO, 2022, a partir de 01min45s). Por meio dessa amizade, Teodoro, chamado pelo padre de seu "coroinha digital", começou a administrar as redes de Fernandes. Foi ele quem montou a grade de programação nas redes. Até a escrita deste texto, Padre Patrick e Teodoro eram sócios e dividiam por igual os lucros obtidos com as ações de influência digital (cf. FERNANDES, 2022b).

No dia 4 de julho de 2021, Padre Patrick alcançou a marca de 500 mil seguidores no Instagram. Segundo Teodoro, o diferencial que permitiu esse gigantesco salto em poucos meses foi justamente a compilação em um vídeo semanal das perguntas e respostas de maior sucesso (cf. FERNANDES, 2022b), um dos objetos analisados nesta pesquisa. Nessa data, Fernandes fez uma postagem de agradecimento (Figura 1).

Figura 1 - Postagem de agradecimento do Padre Patrick ao alcançar a marca de 500 mil seguidores no Instagram.

Na foto, Padre Patrick aparece com os paramentos litúrgicos, em posição de oração, com uma estátua de Nossa Senhora em primeiro plano e a estátua do Crucificado ao fundo. Na legenda, dentre outras coisas, o presbítero escreve:

> Sempre tentei ver o mundo com olhos diferentes, entregar uma palavra de conforto, tirar um sorriso. [...] Algumas pessoas estranham essa forma irreverente de ministrar o evangelho e, acreditem, já li coisas pesadíssimas. Entendo o espanto [...]. Você pode ter caído aqui de paraquedas, buscando um sorriso, uma palavra de conforto ou até mesmo um influenciador a mais para seguir. O que não pode é você sair sem uma palavra de luz, uma bênção ou um consolo, e é por isso que continuo aqui: para compartilhar com vocês a minha alegria e o amor de Cristo.[15]

Destaca-se aí o reconhecimento da "forma irreverente de ministrar o evangelho" que caracteriza a performance do presbítero, assim como do fato de que muitas pessoas "caíram de paraquedas" em seu perfil – o que foi consequência dos compartilhamentos de suas postagens nas redes digitais por parte de seus seguidores e da sua crescente exposição midiática, fazendo ultrapassar as fronteiras de Parauapebas.

Em poucos dias, ainda em julho de 2021, Padre Patrick duplicou seu alcance digital, alcançando a marca de um milhão de seguidores. Para celebrar a conquista, postou um *story* no qual marcou Juliette Freire, vencedora do *Big Brother Brasil 2021*, afirmando que só faltava ela o "notar" para ele "falecer de vez". Após passar, então, a ser seguido pela ex-BBB, Padre Patrick postou um novo *story*, comemorando a nova seguidora. Publicou ainda um diálogo que teve com Juliette pelo chat do Instagram. A ex-BBB, confirmando que havia passado a seguir o presbítero, escreveu: "*Cuidado com o que pede kkkkkkkkk*". Após saber da novidade, o padre respondeu: "*Meu Deus !! Calma aí, minha alma precisa voltar para o corpo. Eu devo falecer hj !*".

Um mês depois, em agosto de 2021, os seguidores do Padre Patrick já eram mais de três milhões. No dia 24, o padre fez uma nova postagem de agradecimento (Figura 2).

15 Disponível em: https://www.instagram.com/p/CQ7Uh9aJ5a9/.

Figura 2 – Postagem de agradecimento do Padre Patrick ao alcançar a marca de 3 milhões de seguidores.

A foto o apresenta sorridente, com um visual bastante informal e descontraído, sem qualquer identificação religiosa. Na legenda da foto, ele escreveu:

> Gostaria de começar esse agradecimento ressaltando que meu intuito no Instagram não é ser humorista, sou Padre e amo o meu ministério acima de qualquer coisa, meu propósito aqui é usar esse alcance para atrair mais pessoas para a Igreja, ensinar de forma leve, objetiva e consciente. Muitas vezes nos prendemos a ideais [*sic*] já criadas e esquecemos que a humanidade, assim como a sociedade e a Igreja, evoluem. Não se enganem pelo jeito irreverente e as palavras em tom de brincadeira, meu trabalho é sério e todos os dias me levanto para ministrar com a convicção de que se eu tocar o coração de ao menos uma pessoa, meu propósito estará cumprido. [...] Ressalto que não trocaria o meu ministério por qualquer vaidade [...] a caminhada é dura, mas o propósito é sério.[16]

Aqui, há uma leve correção de rota: o padre continua falando em "irreverência" e "brincadeira", mas descarta qualquer papel de humorista ou qualquer vaidade por trás de sua performance. Ele afirma querer "ensinar

16 Disponível em: https://www.instagram.com/p/CS-FIXKJJfc/.

de forma leve, objetiva e consciente", como sinal de que a Igreja evolui, reiterando que seu propósito é "sério". No canto superior direito da imagem, consta o logotipo da Non Stop, que se apresenta como "a maior agência de influenciadores da América Latina",[17] contando em seu portfólio com figuras como Whindersson Nunes e Gkay. A empresa também contratou o presbítero como um de seus influenciadores digitais de destaque.

Como mais um sinal dessa escalada midiática e do processo de celebrização de Fernandes, no dia 3 de setembro de 2021 o padre foi convidado ao programa *Encontro com Fátima Bernardes*, da Rede Globo. Fátima o apresentou como "um padre que está fazendo o maior sucesso nas redes sociais, porque dá respostas muito sinceras, muito bem-humoradas".[18]

Em novembro de 2021, Fernandes somava quatro milhões de seguidores no Instagram. No dia 3, ele publicou um novo agradecimento (Figura 3).

Figura 3 – Postagem de agradecimento do Padre Patrick ao alcançar a marca de 4 milhões de seguidores.

17 Disponível em: https://www.instagram.com/nonstopproducoes/.

18 GLOBOPLAY. "Padre Patrick faz sucesso respondendo fiéis na internet". Programa *Encontro com Fátima Bernardes*, 03 set. 2021. Disponível em: https://globoplay.globo.com/v/9826720/.

Na foto, o presbítero aparece novamente sem nenhuma identificação religiosa, com um traje esporte, segurando um celular. Na legenda da postagem, o padre se diz feliz e grato "pelo carinho, pelo amor recebido, pelas orações e pelo extraordinário de Deus em minha vida".[19] E celebra o número de seguidores alcançado, convocando-os para essa comemoração conjunta ("*Somos* 4 milhões"). Agora, a logomarca completa da agência que o patrocina aparece com destaque.

No ano seguinte, no dia 29 de julho de 2022 – o que indica uma certa desaceleração de seu crescimento na plataforma, somada a uma certa diminuição do interesse pelo presbítero nas redes digitais –, o padre alcançou a marca de 5 milhões de seguidores e postou a seguinte imagem (Figura 4):[20]

Figura 4 - Postagem de agradecimento do Padre Patrick ao alcançar a marca de 5 milhões de seguidores.

A postagem novamente convoca os seguidores a celebrarem conjuntamente a conquista ("*Somos* 5 milhões. Obrigado!") e apresenta Padre Patrick

19 Disponível em: https://www.instagram.com/p/CV0y2tpp4Bg/.

20 Disponível em: https://www.instagram.com/p/CgnSzlPJkdL/.

novamente em traje esporte, olhando para um celular em suas mãos, do qual saem diversos *emojis*[21] representando alegria e amor. A legenda da imagem é exatamente a mesma escrita no agradecimento pelos 500 mil seguidores, alcançados um ano antes (cf. Figura 1), reiterando sua "forma irreverente de ministrar o evangelho" e seu desejo de que seus seguidores encontrem em suas postagens "uma palavra de luz, uma bênção ou um consolo".

Em pouco mais de um ano, portanto, a conta do Padre Patrick no Instagram deu um salto gigantesco e verdadeiramente exponencial no número de seguidores, passando de poucos milhares para a casa dos milhões (Gráfico 1).

Gráfico 1 - Evolução do número de seguidores do Padre Patrick no Instagram

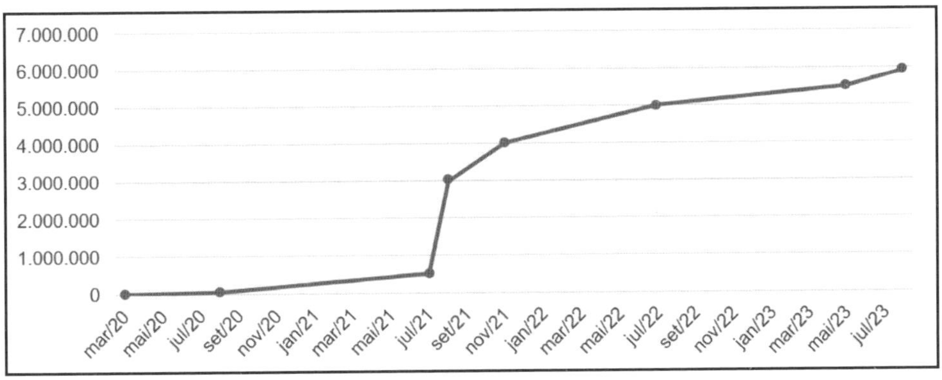

Como esse crescimento exponencial foi possível? Nas próprias palavras do presbítero:

> [...] eu nunca planejei uma ascensão, um reconhecimento. Eu nunca imaginei que eu pudesse ser reconhecido fora daqui deste lugar [de Parauapebas]. Foi algo que aconteceu sem que eu me desse conta. [...] E aquele 'padreco' lá, de nove anos atrás, hoje está aí, né, conhecido no Brasil, e as pessoas gostam, amam, admiram, fazendo tantas coisas (FERNANDES, 2022a, a partir de 08min30s).

21 Pictogramas ilustrados com pequenas figuras e utilizados nos ambientes digitais.

Segundo o religioso, a repercussão de sua presença digital foi uma "surpresa": "Sempre trabalhei em prol da minha paróquia, que é pequena e amo muito. [...] Meu propósito sempre será propagar o evangelho. Internet é no tempo livre" (FERNANDES *apud* GODINHO, 2021).

Apesar de suas métricas digitais, o padre afirma não ser um influenciador digital: "O que priorizo na vida é meu ministério presbiteral. [...] Com o tratamento [para depressão], percebi que o sentido da minha vida é ser útil para as pessoas, por isso sou padre" (FERNANDES, 2021a). O presbítero afirma que nunca teve a pretensão de se tornar um fenômeno digital, com sucesso e fama.

> Foi acontecendo de uma forma que eu não esperava. Eu acho que a internet é um campo muito aberto de evangelizar também, de se aproximar das pessoas, de maneira especial o público jovem, eu acredito que a gente tem que falar com as pessoas deste tempo, a gente tem que ter as respostas para as grandes inquietações deste tempo, então, a gente precisa viver esse momento onde a internet ocupa esse espaço importante na sociedade. Acho que por isso que tantos padres e religiosos estejam dando tanta atenção a ela (FERNANDES, 2021d).

Por isso, ele reconhece igualmente seu poder de influência: "Tenho consciência que naquele momento de fragilidade das pessoas tenho o *poder de influenciar alguém*, de ser um canal de esperança para aquela pessoa, falar do amor de Deus. Não estou ali para trazê-la para minha igreja, porque a decisão de aceitar uma fé é que tem que ser livre, não pode ser influenciada" (FERNANDES *apud* POMPEU, 2020). O padre detalha que a fama também não é algo buscado deliberadamente por ele, pois deseja manter a normalidade de sua vida.

> Eu não me acho famoso. Eu continuo sendo o padre andando pelas ruas e as pessoas falando comigo não como o padre do Instagram, mas como o padre da paróquia, da igreja. Eu quero preservar isso, não quero fazer com que esse reconhecimento no momento se torne algo mais importante na minha vida, porque de verdade não é. Não sou um *digital influencer*, sou um padre. Um padre que talvez esteja ganhando uma notoriedade por causa das redes sociais (FERNANDES, 2021h).

Entretanto, o padre busca ressignificar seu próprio papel religioso como presbítero: “Aquele padre inacessível não é uma imagem do que é ideal” (FERNANDES, 2021b, n.p.). Segundo Fernandes, “o fato de eu ser padre fez com que as pessoas me olhassem de forma diferente. Eu quis mostrar a palavra de Deus com leveza, que ter fé pode ser leve e gostoso. *Eu sou um padre acessível*” (*apud* GILÓ, 2021; grifo nosso). Essa acessibilidade também tem relação com uma certa normalidade em suas rotinas: “É a vida normal, *só não tem uma mulher e os filhos lá para encher a paciência*, né?” (FERNANDES *apud* ORTIZ, 2021; grifo nosso). O presbítero esclarece:

> A imagem que as pessoas têm do padre, talvez, é aquele padre barbudinho, velho já, e tudo o mais. E hoje em dia tem muitos padres mais jovens que estão muito atentos a essas realidades de cuidar do corpo. [...] *Se eu falar para você que eu não sou vaidoso, eu vou estar mentindo. Eu gosto de me arrumar, de estar bem, eu faço botox, né, vou botar lente nos dentes, essas coisas. Eu só não faço uma cirurgia para tirar os pneus que eu tenho aqui dos lados porque eu não tenho coragem, ainda.* A vaidade no limite certo, no ponto certo, ela é importante, porque a gente não tem que se apresentar às pessoas de qualquer forma, sabe? (FERNANDES, 2021c, a partir de 07min40s; grifo nosso).

São essas características de irreverência, leveza, acessibilidade e normalidade, mas também de uma certa vaidade e notoriedade, dentre outras, que retroalimentam a performance do padre nas redes sociais digitais, que agora analisaremos.

3.4 Performance: “Eu me esforço para apresentar uma fé leve”

Ao contrário de outros padres que alcançaram fama nacional ou até internacional, Padre Patrick é um dos poucos em seu nível de celebridade que surgiu midiaticamente como “influenciador digital” propriamente dito. Ou seja, sua notoriedade não se deveu a alguma qualidade artística ou musical, nem a uma presença frequente na chamada “grande mídia”, mas sim devido principalmente à sua criação de conteúdos para plataformas digitais. Foram principalmente os seus *stories* que lhe renderam esse alcance e visibilidade. O grande valor deles é o de serem visualizados e compartilhados, sendo postos em circulação por meio de uma série de metadiscursividades que vão muito além da imagem como tal (legendas, filtros, *stickers*,[22] comentários, marcações, *hashtags*[23] etc.). Por meio deles, evidencia-se que "a produção e a circulação de imagens digitais em redes sociais é uma narrativa cotidiana, fluida e efêmera de si" (LEMOS e DE SENA, 2018, p. 7).

Como veremos em detalhes mais adiante, nos *stories* do Padre Patrick não importa tanto o "momento singular" a ser registrado em vídeo, nem a qualidade técnica do produto audiovisual, nem a preparação da imagem pessoal do próprio presbítero. Em geral, trata-se de vídeos "caseiros", amadores, em que o padre aparece muitas vezes até com um semblante cansado e suado, com os cabelos desgrenhados, como se tivesse recém-voltado de uma atividade física, ou então descansando, deitado na cama ou no sofá. Em 13 dos 93 *stories* analisados, o padre aparece inclusive sem camisa, algo que é bastante questionado e criticado no campo de comentários por vários de seus seguidores. Na maioria das vezes, os vídeos são gravados naquela que parece ser a sua casa, no escritório, na sala de estar ou até na cozinha.

Trata-se de uma estética típica do fenômeno da influência digital: aparência de amadorismo; linguagem coloquial (incluindo gírias e palavrões); uso de apenas uma câmera (sem muita qualidade técnica da imagem); enquadramento *selfie* (autorretrato); iluminação natural; textos improvisados e espontâneos (sem correção gramatical ou padronização redacional); e cenários do cotidiano (cf. PRIMO, MATOS e MONTEIRO, 2021). Com isso, constrói-se uma sensação de intimidade e de cumplicidade junto ao seu público, já que este pode participar assim, de algum modo, do cotidiano do Padre Patrick, que dialoga com seus seguidores em um estilo conversacional, espontâneo, confidencial, quase confessional.

---

22 "Adesivos" digitais que podem ser sobrepostos a imagens postadas em plataformas como o Instagram.

23 Palavras-chave ou termos associados a uma informação, tópico ou discussão que se deseja anexar a uma dada plataforma digital, antecedidas pelo símbolo #.

Em geral, o presbítero abre suas "caixinhas de perguntas" no Instagram às segundas-feiras, o tradicional "dia de folga" dos padres. Cada questão de seus seguidores rende um *story* de resposta, ou seja, independentemente da profundidade do tema abordado, o padre elabora uma reflexão que dura nada mais do que 15 segundos. Suas falas são improvisadas, sem cuidados maiores para evitar a exposição de pensamentos lacunares, frases desconexas ou expressões mais fortes e questionáveis em relação a um certo imaginário religioso. Não há uma grande preocupação com uma argumentação teológica ou canonicamente coerente, mas sim a busca por impacto principalmente através do humor, da ironia, da irreverência e das frases de efeito. Trata-se, portanto, de um formato comunicacional "popular", a fim de ser "popularizado": importa mais a visualização e o compartilhamento desses momentos com seus seguidores.

Entretanto, o padre diferencia sua atuação nas missas e nas redes. Nas celebrações litúrgicas, ele busca ser "reflexivo", como ele afirma: "Quero que as pessoas saiam da missa com uma mensagem. *Mas segunda-feira é o dia do lixo*. Na folga, respondo às perguntas dos seguidores e faço minhas brincadeiras" (FERNANDES, 2021a, n.p.; grifo nosso).

Essa (des)construção de sua imagem presbiteral não é casual. Fernandes afirma acreditar muito no "dom da leveza, da alegria de crer, não trazer a fé como algo pesado, como um fardo. Eu acredito que a fé pode ser algo *saboroso, leve, suave*" (2022a, a partir de 06min05s; grifo nosso). Segundo o presbítero, quando a fé se torna um fardo, "ela não consegue convencer, não consegue atrair as pessoas" (FERNANDES, 2021f, a partir de 05min37s). Ele vê com muita preocupação quando a fé é imposta:

> Você está sempre ali pensando: 'Será que isto é pecado? Será que não é?' Como se você estivesse andando sobre uma corda bamba. Então, eu gosto de imaginar Jesus com seus discípulos, com seus amigos, da maneira mais natural possível. Eu tenho certeza que eles riam, que contavam piada um para o outro, porque precisa ser assim. *A gente precisa apresentar um rosto feliz de Deus, porque senão a gente não consegue convencer*. Eu não me acho, assim, engraçado, né? [...] O que eu falo no Instagram é aquilo que eu escuto ouvindo pessoas de verdade. E eu

> me esforço – eu sempre tive essa noção – para *apresentar uma fé leve para as pessoas, de que seja agradável crer*, né? Que a gente pode ter uma religião, mas sendo pessoas felizes, né, e realizadas (FERNANDES, 2021f, a partir de 05min46s; grifo nosso).

Essa "leveza" da fé, para o presbítero, passa particularmente pela irreverência. Embora afirme o contrário, uma das principais características do Padre Patrick no Instagram é justamente a busca por ser "engraçado". O padre reconhece que alguns o seguem para "rir da minha cara quando eu faço besteiras, mas descartam as besteiras e ficam com aquilo que é sério" (FERNANDES *apud* POMPEU, 2020, n.p.). Segundo Fernandes, "os vídeos que eu posto no Instagram são caseiros, eu não seria capaz de fazer um show de comédia para outras pessoas [...] *Eu quero transmitir leveza para as pessoas*" (FERNANDES, 2021b, n.p.; grifo nosso).

Mesmo sem se considerar extrovertido ou engraçado e com uma produção audiovisual reconhecidamente caseira – ou talvez justamente por isso –, a performance do padre saiu das redes e foi parar em cima dos palcos.

3.4.1 Para além das redes: "Sonhe alto"

Com sua periodicidade de postagens, o presbítero foi construindo um *capital de celebridade* próprio, entendido como uma "visibilidade midiática acumulada através de representações recorrentes" (DRIESSENS *apud* PRIMO, MATOS e MONTEIRO, 2021, p. 28). Tal capital, porém, pode ser muito instável e mudar rapidamente, dada a fluidez das redes digitais e das tendências socioculturais. Por isso, as aparições midiáticas precisam ser recorrentes, favorecendo sua repetição e renovação.

Aproveitando os frutos da ascensão de sua visibilidade, Fernandes buscou manter-se em evidência não apenas no Instagram, mas também em outras plataformas, como o YouTube.

> Eu percebi que o humor, ele não era suficiente. Era como se fosse uma isca. Então, o dia de segunda-feira é o dia do lixo, o dia da caixinha de perguntas. [...] *Mas eu precisava oferecer algo a mais para as pessoas, não podia ficar só naquilo.* Então, eu via

> aquelas piadas como uma forma de eu atrair, mas depois eu tinha que dar um alimento mais sólido, né? *E aí vem aquilo que eu acredito, a mensagem, que a gente vê tanto aqui nesses vídeos do YouTube também*. E aí as coisas foram crescendo cada vez mais, assim. É claro que a vida da gente muda, né? É uma correria. Hoje, assim, eu me esforço, me dedico ao máximo, assim, para conciliar as duas coisas. Eu não sou um *digital influencer*: eu sou padre. Então, a paróquia em si, ela já me consome horrores, assim, né? É roça, é missa na roça, é na cidade, é batizado, é casamento, toda semana aquela loucura. *E eu tenho que conciliar com essas viagens de compromissos das redes sociais, de palestra, dessas coisas do show que a gente está fazendo* [gravado ao vivo e depois publicado em episódios no YouTube] *e tudo isso. Então é uma loucura mesmo, de verdade, assim, que a gente cansa*. Chega dia de segunda-feira, que é o dia de folga, assim, que o que eu mais quero é: "Eu não quero fazer nada", né? Quero ficar aqui sem fazer nada e tudo o mais. Mas esse reconhecimento, ele me trouxe, assim, coisas extraordinárias, né? Pessoas que eu tive a oportunidade de conhecer, amizades que eu fiz. Eu pude, assim, fazer coisas com um alcance muito maior (FERNANDES, 2022f, a partir de 10min; grifo nosso).

O presbítero, portanto, reconhece a natureza limitada do humor e de suas piadas no Instagram. Era preciso "algo mais", "um alimento mais sólido", que, segundo ele, passou a ser oferecido no YouTube. Até setembro de 2021, a conta do presbítero nessa plataforma era utilizada basicamente como repositório dos vídeos das missas celebradas por ele em sua paróquia. A partir de outubro desse ano, a conta do Padre Patrick passou a divulgar trechos de um novo "produto" comunicacional: sua primeira série produzida especificamente para o YouTube, intitulada "Quem é você". A produção foi gravada ao vivo em 2021, em período ainda pandêmico, em duas sessões abertas ao público, no Teatro Oficina do Estudante, em Campinas (SP), com capacidade para 515 pessoas.

Com essa produção, Padre Patrick quis "mostrar às pessoas o *lado do padre religioso*, e não aquele do quadro de caixinhas de perguntas" (FERNANDES, 2021d; grifo nosso). Além de redundante, é paradoxal e interessante perceber a necessidade sentida pelo presbítero de mostrar o "padre religioso" por meio de tais produções – sinal de que a imagem que emergia então a partir dos *stories* no Instagram era "pouco religiosa" ou até "não religiosa", aos seus próprios olhos e aos de seus seguidores.

A linguagem audiovisual desses vídeos no YouTube apresenta um formato semelhante à pregação em um rito religioso, embora não haja outros elementos propriamente litúrgicos na apresentação e Fernandes esteja sempre vestido com trajes civis. O palco é dominado pela presença do padre, sozinho, diante de um fundo que remete a vitrais de uma igreja, e sua fala, testemunhal e professoral, é embalada por um suave fundo musical de piano.

As gravações foram postadas ao longo de outubro e novembro de 2021, em oito episódios, com temáticas que giram em torno da autoaceitação e da autoajuda. Os títulos (e seus subtítulos na miniatura/capa dos vídeos) são:

- "Deus sabe quem você é (Quem é você?)";
- "Deus te acolhe (Aceitação e perdão)";
- "O poder de cura do abraço (O filho pródigo. O abraço cura)";
- "Perdoar não é esquecer (Deus é fonte de amor. Transborde o amor)";
- "O que Jesus faria? (Deus nos melhora. Acredite na sua força)";
- "O propósito de Deus na tua vida (Medo! Jamais desista!)";
- "Com quem você pode contar (Amizade verdadeira. O valor da Amizade)";
- "Viva intensamente (A vida é única. Viva a Vida!)".

A descrição do primeiro vídeo dessa série,[24] escrita em primeira pessoa, afirma que se trata da "realização de um sonho, espero que gostem". A legenda ainda coloca uma citação entre aspas, sem autoria: "Sonhe alto, coloque seus sonhos em suas orações e acredite, Deus irá lhe honrar". Isso indica, de certa forma, que o espetáculo encenado pelo padre em um teatro de Campinas é também o atingimento de um "sonho alto", sinal de que Deus "honrou" o próprio presbítero após sua depressão e quase abandono da vocação.

No fim de 2021, Padre Patrick gravou presencialmente um novo conteúdo para o YouTube, intitulado "Toque de Deus – Nunca alguém me amou

24 FERNANDES, Patrick. "DEUS SABE QUEM VOCÊ É! | Padre Patrick". YouTube, 10 out. 2021. Publicado pelo canal *Padre Patrick Fernandes*. Disponível em: https://youtu.be/6pAB6YcGtJ8.

assim". A gravação ocorreu novamente ao vivo e aberta ao público no dia 26 de novembro, no Teatro Liberdade (São Paulo, SP), com capacidade para 900 pessoas. O cartaz de divulgação apresenta Fernandes em posição de oração, de olhos fechados, paramentado com vestes litúrgicas presbiterais (Figura 5).

Figura 5 - Evento realizado pelo Padre Patrick em novembro de 2021.

A proposta era transmitir "mensagens de fé e motivação", abordando assuntos ligados à relação das pessoas com Deus. O objetivo de Fernandes era que as pessoas "tenham essa experiência com Jesus e vejam um Padre Patrick fora da 'caixinha de perguntas'" (FERNANDES, 2021g). Os vídeos mantinham uma audiovisualidade semelhante à da série anterior, com o padre sozinho sobre o palco, fazendo uma espécie de pregação religiosa, com um fundo musical suave de piano. A decoração do palco, porém, perdia uma aura mais sacral, trazendo elementos neutros, remetendo a janelas ou portões.

Essas gravações também foram postadas em oito episódios no YouTube, abordando temas como amor, morte e autoconfiança. Seus títulos e subtítulos são:

- "O verdadeiro significado do amor (Não julgue o próximo. O amor de Deus)";
- "Pare de olhar para a morte! (Olhe para o novo. A Beleza da vida)";
- "Tenha esperança (Faça o impossível. Não desista de você)";
- "Encontre sua verdade (Desperte para a Vida. A Verdade)";
- "Você está no lugar que deveria? (Não mendigue afeto. A cegueira espiritual)";
- "Escolha quem está com você (O amor faz o impossível. Olhe para o Próximo)";
- "Encontros transformadores (Mude vidas. A Transformação)";
- "A vida é feita de pessoas e não de coisas (O dom de mudar vidas. Relações líquidas)".

Embora o conteúdo e a linguagem permaneçam bastante semelhantes aos da série anterior, o número de visualizações dessa segunda série é significativamente inferior, menos da metade da primeira (uma média de 140 mil visualizações por vídeo na primeira série em comparação com 56 mil visualizações por vídeo na segunda, até o fechamento deste texto).

Passados alguns meses, em março de 2022, o canal no YouTube do Padre Patrick começou uma nova fase. A legenda do primeiro vídeo explica a proposta:

> Amados, estamos de cara nova aqui no canal, pensando em *trazer uma figura mais "humanizada" do padre* que aqui vos fala, então vou criar conteúdo sobre a minha vida e vivências pra gente ir se conhecendo melhor. Como sei que vocês são umas fofoqueiras, o vídeo de hoje eu conto 10 curiosidades sobre mim e mostro a minha plaquinha de 100 mil inscritos, já compartilha esse e os outros vídeos aqui do canal, que eu quero a plaquinha de 1 milhão [*sic*].[25]

25 *Idem*, "10 CURIOSIDADE SOBRE O PADRE PATRICK | Já beijei na boca?". YouTube, 13 mar. 2022. Publicado pelo canal *Padre Patrick Fernandes*. Disponível em: https://youtu.be/nPNvfGrIiRw.

Percebe-se aqui uma forte mudança de ênfase, deslocando-se dos vídeos da série anterior com conteúdo mais religioso e motivacional, e com um estilo quase ritualístico-litúrgico, a uma estética muito mais informal, assumindo uma linguagem audiovisual mais dinâmica, própria de outros influenciadores digitais. A edição dos vídeos é mais ágil, com a inserção de diversos elementos gráficos e sonoros sobre a imagem do presbítero, e com conteúdos marcados por "curiosidades" e "fofocas", como afirma a legenda. O foco deixa de ser o "Senhor Jesus" (como afirmava a série anterior) e passa a ser a própria "figura mais 'humanizada' do padre", sua vida e suas vivências.

O título do primeiro vídeo é muito significativo nesse sentido: "10 CURIOSIDADE SOBRE O PADRE PATRICK | Já beijei na boca? [*sic*]",[26] que soma mais de 51 mil visualizações. O vídeo já começa com uma linguagem muito mais informal:

> Oi, gente! Bem-vindos ao nosso canal! Que alegria tê-lo aqui comigo, viu? De um jeito diferente hoje. Vocês estão acostumados a me ver lá nos palcos, falando do Evangelho, mensagens bonitas, que a gente vai continuar também, viu? Não se esqueça disso. Mas a gente está com uma nova proposta aqui para o nosso canal do YouTube. [...] E a gente quer humanizar e trazer o Padre Patrick aí, para dentro da sua casa, o meu dia a dia também.[27]

No segundo vídeo da série, o padre está falando de suas origens quando é interrompido por seus cachorros. A edição do vídeo deixa as imagens correrem, com uma nova moldura da imagem, como se fosse um erro de gravação, enquanto Fernandes apresenta seus *pets* Nala Maria (enchendo-a de beijos) e Alfredo (Figura 6).

---

26 *Idem.*

27 *Idem.*

Figura 6 - Padre Patrick apresenta e beija Nala Maria.

Como se percebe, a nova série remete aos programas ou quadros de TV sobre pessoas famosas, que abrem as portas de suas casas aos telespectadores. Os vídeos buscam construir uma ideia de intimidade e proximidade com o padre, que, por sua vez, se apresenta como alguém descontraído e "desconstruído" do ponto de vista de sua prática religiosa, "gente como a gente". O foco é ele mesmo, sua vida, sua rotina, seu estilo de vida. Há, de certa forma, a assunção de sua fama e do alcance de sua influência digital, ao abordar, por exemplo, "curiosidades sobre a minha vida de padre", como diz o título de um dos vídeos, em que Fernandes revela "coisas que um padre pode e não pode fazer", como explica a legenda, incluindo "desde quanto eu ganho até o tipo de roupa que posso usar".[28] Essa série também não obteve um alcance tão significativo quanto as anteriores. Na média, os vídeos alcançavam pouco mais de 24 mil visualizações até a finalização deste texto (menos da metade da média da série anterior, que, por sua vez, alcançava a metade de visualizações da primeira série).

28 FERNANDES, Patrick. "CURIOSIDADES SOBRE A MINHA VIDA DE PADRE | Padre Patrick". YouTube, 12 jun. 2022. Publicado pelo canal *Padre Patrick Fernandes*. Disponível em: https://youtu.be/937ey_KAdJ4.

A partir de junho de 2022, o presbítero deu início a uma turnê de shows pelo Brasil, igualmente promovida pela agência Non Stop e intitulada "Fora da Caixinha" (Figura 7), com ingressos que iam de 30 a 140 reais, dependendo da cidade e da poltrona escolhida.

Figura 7 - *Card* promocional do espetáculo "Fora da Caixinha".

Passando por diversas regiões do país, o padre apresentava "reflexões sobre a verdadeira felicidade e conta, de forma leve e descontraída, assuntos ligados ao relacionamento das pessoas com Deus. Mas além disso, ele traz também seu bom humor tão conhecido em suas redes sociais para os palcos. Se prepare para as respostas humoradas e para participar de um evento 'fora da caixinha'", como informava o site promocional.[29] Em uma postagem no Instagram, a conta do Padre Patrick informava que, em Parauapebas, cidade onde ele exercia seu ministério, os ingressos de duas sessões se esgotaram em menos de cinco horas.

29 Disponível em: https://lp.nonstopproducoes.com.br/padre-patrick-fora-da-caixinha.

Vê-se, portanto, que a performance do padre vai se construindo a partir das forças motrizes da leveza, da descontração, do humor e da irreverência, assim como por meio de uma informalidade no estilo, na linguagem e no imaginário religiosos, o que fugiria de uma suposta "caixinha" presbiteral e eclesial tradicional. Os esforços performáticos concentram-se principalmente em sua pessoa: primeiro em seu "lado religioso", depois em sua "figura humanizada", até chegar ao seu "bom humor". Do ponto de vista do público, percebe-se um nicho ainda inexplorado, ou seja, a performance de um padre não do ponto de vista da música – como no caso dos tradicionais "padres cantores" –, mas sim de um "padre humorista" ou de um "padre *coach*", o que o leva a percorrer o país com seus shows sobre os palcos, que misturam espiritualidade, autoconhecimento e irreverência.

Portanto, graças ao seu apoio empresarial, ao alcance de seus conteúdos digitais e à sua presença frequente nas diversas mídias, o "potencial persuasivo" (PRIMO, MATOS e MONTEIRO, 2021) de Fernandes chama a atenção também de possíveis patrocinadores. As métricas digitais do presbítero comprovam sua elevada força de persuasão, com os altos índices de seguidores, visualizações, curtidas e comentários demonstrando sua relevância na esfera da *economia da atenção*. "Em um cenário midiático muito disputado, a atenção é uma commodity limitada e muito disputada. Logo, quanto mais curtidas e seguidores alguém tem, mais valioso passa a ser para potenciais anunciantes" (PRIMO, MATOS e MONTEIRO, 2021, p. 36).

3.4.2 Monetização: "Não vou ser hipócrita de dizer que não é bom"

Pode-se dizer que a "fórmula de sucesso" da influência digital do Padre Patrick passa pela construção de um grande *capital midiático*, que leva ao desenvolvimento de um elevado *capital social* e, por sua vez, à potencial conversão deste em um alto *capital econômico* (cf. PRIMO, MATOS e MONTEIRO, 2021). É a partir da percepção dessa inter-relação que marcas e empresas reconhecem o poder de influência do padre junto a audiências específicas, vendo aí possibilidades de lucros significativos, mediante a publicidade e a venda de produtos.

Com relação à monetização de suas presenças digitais – sem contar o cachê e a arrecadação de bilheteria nos eventos presenciais –, o presbítero faz diversas publicidades, principalmente em seus *stories*. O padre conta com uma equipe que faz uma seleção dos possíveis patrocinadores. Quanto à destinação do dinheiro obtido, Fernandes afirma que não é obrigado a encaminhá-lo para sua diocese, mas faz questão de ajudá-la. Além disso, seus lucros ajudaram-no a construir a casa de sua mãe e a viajar mais, que é um de seus hobbies. "Eu nunca fui muito apegado a dinheiro, assim, de verdade. Não vou ser hipócrita de dizer que não é bom. É bom" (FERNANDES, 2021c, a partir de 12min03s).

Graças à visibilidade e ao sucesso alcançados em rede, como comentado anteriormente, Padre Patrick foi anunciado em agosto de 2021 como contratado da agência Non Stop. Em sua conta, a agência fez uma postagem com uma foto do presbítero com traje esporte, em que anunciava que "Padre Patrick entra pro time Non Stop [*sic*]" e convidava seus seguidores a conhecerem "o novo fenômeno das redes sociais". Na legenda da imagem, a agência afirmava que "desde quando batemos o olho nele, enxergamos o talento e carisma imenso que ele tem".[30] Merecem destaque as *hashtags* que acompanham a legenda, na intersecção entre religião (#padre), entretenimento (#engraçado e #humor), e cultura digital (#influenciador). Em entrevista, o padre explicou que "para mim foi uma grata surpresa encontrar a Non Stop, principalmente porque eles conseguiram enxergar *um outro lado do meu trabalho*, não somente aquele lado do humor, da leveza do Instagram, mas esse *lado mais sério* do Padre" (FERNANDES, 2021d, n.p.; grifo nosso).

A contratação pela agência permitiu que o padre "furasse sua bolha" de seguidores, começando a aparecer em perfis digitais e em programas de TV dedicados à cobertura de celebridades. Isso também o tornou alguém procurado ainda mais por marcas e empresas interessadas em contratá-lo para anúncios e propagandas. Em 2022, uma aparição nos *stories* do padre custava entre 10 mil e 15 mil reais (cf. FERNANDES, 2022b). A campanha mais robusta da qual o padre participou rendeu-lhe 150 mil reais, envolvendo

---

30 Disponível em: https://www.instagram.com/p/CTAjG0gpXgC/.

uma série de postagens mensais para uma marca de colágeno. Segundo ele, empresas de bebida alcoólica e casas noturnas estão vetadas.

Em geral, essas publicidades aparecem apenas nos *stories*, como postagens que ficam disponíveis por 24 horas. Entretanto, em 2021, a conta do padre postou algumas publicidades no próprio *feed* do Instagram, as quais, portanto, permanecem disponíveis publicamente até hoje. A primeira delas é de outubro de 2021, na qual Fernandes, em um breve vídeo testemunhal, convida seus seguidores a assistirem o filme *Fátima – a história de um milagre*.[31]

Em dezembro de 2021, o padre postou outra *publi* em seu *feed* no Instagram. Nesta, o padre aparece como garoto-propaganda da marca anunciada (Figura 8).

Figura 8 - Publicidade feita em 2021 no *feed* do Instagram do Padre Patrick.

31 Disponível em: https://www.instagram.com/p/CU_N6xHJQt-/.

Trata-se de uma parceria com a PagSeguro, por meio da qual o padre apresenta a seus seguidores um aplicativo para celular desenvolvido pela empresa. Na legenda, Fernandes aproveita um de seus bordões voltado particularmente às mulheres para fazer o anúncio da marca: "Baixe já o app e vá comprar suas '*brusinhas*'" referindo-se às blusas femininas.

Por meio desses vários níveis de sua performance, o presbítero comunica aquilo que ele define como uma "fé leve", cujo conteúdo analisaremos agora.

3.5 Conteúdo: "Tô brincando, gente"

Em relação ao conteúdo de suas postagens, o padre afirma que, antes de postar, "eu penso, penso e penso; e muito mais agora com o alcance que chegou [...] hoje em dia, a gente posta uma coisa e em menos de alguns minutos já se espalhou". Segundo ele, como "algumas coisas que os padres fazem ou falam ainda chocam muito as pessoas", ele toma o "cuidado de talvez não escandalizar alguém, a gente faz um filtro e a gente erra também" (FERNANDES, 2021d). Ele também se diz "muito mais engessado do que no começo", pois agora "a gente tem que se policiar porque uma palavrinha fora de contexto pode ofender. [...] Hoje não dá para apagar porque as coisas têm uma proporção muito grande" (FERNANDES, 2021h).

Por isso, o religioso afirma que evita falar de temas como política. "Às vezes a gente tem que ter uma postura neutra e essa postura diz muita coisa também, não é alguém que simplesmente está aceitando e vendo a banda passar, mas alguém que deseja algo melhor para nosso país" (FERNANDES, 2021d). Entretanto, nas eleições presidenciais de 2018, o padre deixou clara sua opção político-partidária, quando postou dois *stories* apoiando o então candidato e futuro presidente Jair Bolsonaro (Figura 9).

Figura 9 - *stories* do Padre Patrick apoiando o então candidato à presidência Jair Bolsonaro.

No primeiro *story*, a foto mostra o padre em meio à neve, em viagem internacional, vestindo uma camiseta preta com a foto do então candidato e segurando uma bandeira do Brasil. O texto sobreposto à foto cita um trecho do hino nacional, mencionando as *hashtags* #jairbolsonaro e #17, número eleitoral do candidato. O segundo *story*, por sua vez, afirma:

> Que bom que vivemos em uma democracia, aonde todos têm o direito de expressar sua opinião. Sou padre, mas também sou cidadão brasileiro e como tal, posso expressar minha opinião. Sendo assim, *contra o comunismo que estava se instalando no Brasil. Em defesa da família e dos valores cristãos*, amanhã meu voto é Jair Messias Bolsonaro (*sic*; grifo nosso).

Repetem-se as mesmas *hashtags* anteriores, acrescidas do lema eleitoral do candidato, "Brasil acima de tudo, Deus acima de todos". Nesse *story*, o padre repete slogans da campanha bolsonarista, como a "defesa da família e dos valores cristãos". Por outro lado, divulga entre seus seguidores uma desinformação que ganhou muito espaço naquelas eleições: o suposto risco de instalação do comunismo no país.

Padre Patrick sentiu na própria pele a necessidade de um "filtro" mais eficaz em relação a seus conteúdos, depois que uma postagem se espalhou "do jeito que a gente não queria que se espalhasse" (FERNANDES *apud* TALARICO e NOGUEIRA, 2021). No dia 11 de outubro de 2021, o padre postou uma foto sem camisa (Figura 10).

Figura 10 – Foto postada e depois deletada do perfil do Padre Patrick, que aparece sem camisa.

A publicação do "padre descamisado" chegou a receber mais de 200 mil curtidas, embora, segundo Fernandes, "quando eu posto uma foto da Bíblia, uma página, um versículo da Bíblia, passa um dia e tem 100 curtidas, né?" (FERNANDES, 2022e, a partir de 08min25s). A imagem também foi reconstruída pelos seus seguidores em diversas montagens e memes que circularam pela internet. Depois da enorme repercussão e polêmica, a imagem foi deletada. Segundo o padre, foi essa foto "que me deu de verdade a real dimensão do quanto sou conhecido".

> Já tinha postado fotos sem camisa outras vezes, só que era uma conta com dois mil seguidores no Instagram. [...] Decidi apagar no susto. [...] Depois de dois dias, o Bispo me mandou mensagem porque tinham mandado uma versão editada para

> ele. E, claro que era montagem, não estou com aquele corpão todo não. E ele disse de forma carinhosa: "Não posta foto sem camisa não, as pessoas acham ruim" (FERNANDES *apud* TALARICO e NOGUEIRA, 2021).

A postagem recebeu uma enxurrada de comentários, principalmente elogiando a beleza estética do padre. O religioso afirmou ter se arrependido de ter feito essa postagem, não por ter sido um erro, "mas eu acho que *descaracterizou a minha imagem*, aquilo que eu quero mostrar para as pessoas" (FERNANDES, 2022e, a partir de 09min; grifo nosso).

Padre Patrick também conta que, quando ainda tinha poucos milhares de seguidores, foi percebendo que seus vídeos com cunho mais engraçado tinham uma visibilidade e um alcance diferenciados. "*O povo gosta do que não presta*, as coisas sérias não se espalhavam na mesma proporção que os vídeos mais engraçados" (FERNANDES, 2021h, n.p.; grifo nosso). Seus conteúdos, portanto, trazem essa característica desde a sua origem. O presbítero reconhece que as segundas-feiras – o dia de sua folga e quando abre a sua "caixinha de perguntas" no Instagram – "*é o meu dia do lixo, é o dia que eu não presto*" (FERNANDES *apud* PADRE, 2021; grifo nosso). O *corpus* principal analisado nesta pesquisa é extraído justamente desses materiais considerados pelo padre, ironicamente ou não, como "lixo" e coisa que "não presta".

De modo geral, as compilações de *stories* publicadas no *feed* da conta do Padre Patrick no Instagram ao longo de 2021 apresentam sempre alguns elementos principais: a frase que serve de "chamada" com a qual o padre convoca seus usuários a participarem da "caixinha de perguntas"; a pergunta enviada pelo seguidor ou seguidora, em destaque na parte superior da imagem; e, ao fundo, o vídeo do próprio Padre Patrick (Figura 11).

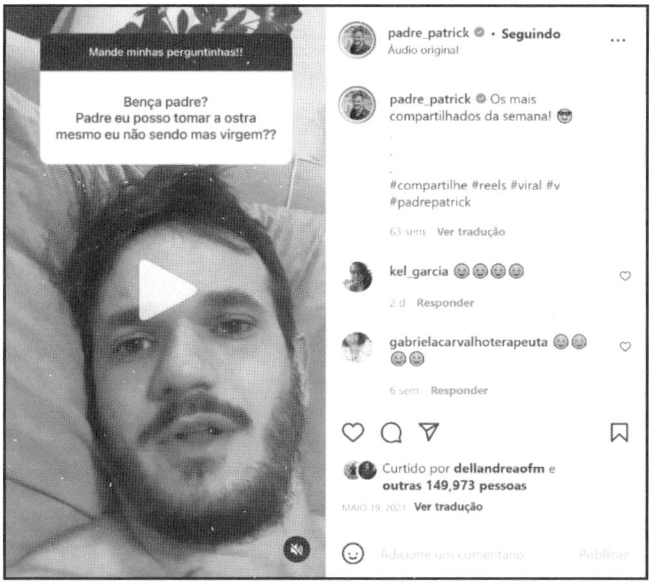

Figura 11 - *story* do Padre Patrick em compilação publicada em 19/05/2021.

Cada vídeo publicado como *story*, em geral, começa com a leitura da pergunta por parte do padre e, em seguida, sua resposta imediata e de improviso. Analisemos, então, o conteúdo dos *stories* que compõem o *corpus* desta pesquisa.

3.5.1 Padre Patrick em 15 segundos: os *stories* no Instagram

A partir da análise dos 93 *stories* com "caixinhas de perguntas", os quais compõem as 17 compilações postadas pela conta do Padre Patrick no Instagram ao longo de 2021, categorizamos as temáticas abordadas nas perguntas e respostas em sete grupos distintos (Gráfico 2). São eles: *relacionamento amoroso* (50 *stories*); *religião* (33); *casamento* (14); *Pe. Patrick* (12); *estética* (8); *bebidas alcoólicas* (6); e *esporte* (5).

Gráfico 2 - Temáticas abordadas em *stories* do Padre Patrick no Instagram

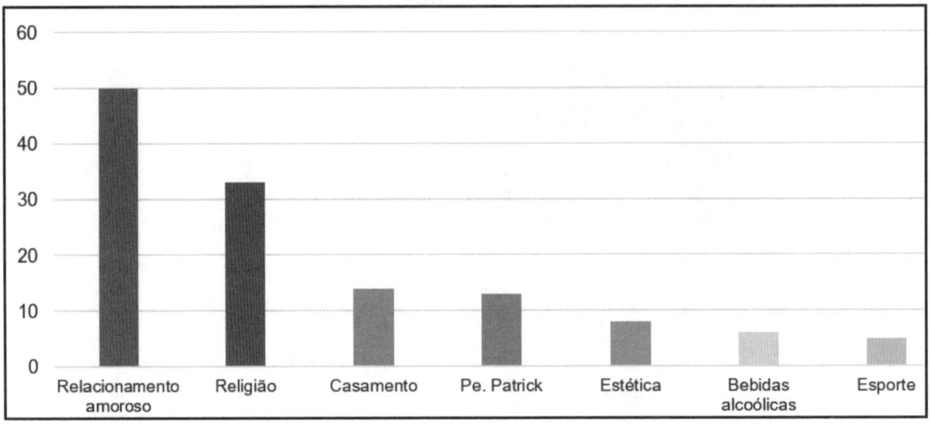

O gráfico acima apresenta a frequência com que essas temáticas são abordadas nos *stories*, ressaltando-se que um mesmo *story* pode se enquadrar em mais de uma categoria, ao abordar temáticas cruzadas. Examinemos agora o conteúdo de tais *stories*, em suas principais características e singularidades.

3.5.1.1 Relacionamento amoroso

A grande maioria dos *stories* compilados pela conta do Padre Patrick no Instagram em 2021 aborda questões referentes a relacionamentos amorosos em geral (50 *stories* – 53,76% do total). Entre eles, encontramos temáticas como a paixão e o desejo de encontrar alguém, ciúmes e traição, ruptura e superação de um relacionamento, namoro e sexualidade.

De modo geral, as respostas do Padre Patrick buscam ser bem-humoradas, envolvendo também uma visão negativa e irônica sobre o próprio fato de se buscar uma relação com outra pessoa. Um seguidor, por exemplo, lhe questionou: "Estou encalhado, será que é o inimigo contra a minha vida?". No vídeo-resposta, Padre Patrick lhe diz: "Claro que não. Na verdade, *ele quer que você desencalhe para você ter muitas provações na vida*. É Deus agindo [risos]" (grifo nosso). Esse mesmo teor sarcástico em relação aos relacionamentos amorosos reaparece nos diálogos em torno da questão da paixão. A uma seguidora que lhe confidenciou estar apaixonada, Padre Patrick respondeu, laconicamente: "Meus sentimentos". A um/a seguidor/a que lhe perguntou "os requisitos mínimos para começar a namorar", o presbítero indicou: "Estar desiludido da vida, estar sem perspectiva e acreditar que nada de melhor pode acontecer". Já a outro seguidor que pediu conselhos para alguém no início de um namoro, a resposta foi: "Tenha calma. *Tudo vai começar a desmoronar*" (grifo nosso).

Em outros casos, o padre acrescenta uma certa acidez em relação à beleza física, à personalidade ou à situação de vida da pessoa em busca de uma relação amorosa. A uma seguidora que lhe pedia um "conselho p/ encontrar um varão trabalhador, bonito e fiel [*sic*]", o padre respondeu: "Minha querida, *você já está querendo demais.* [...] *Primeiro, você é bonita para escolher ou esperar alguém bonito? Se não for, já descarta essa aí...*" (grifo nosso). Outra seguidora lhe perguntou se ainda devia ter fé, já que ela e suas amigas estavam todas "encalhadas", ao que o padre lhe respondeu: "[...] *se você anda com gente encalhada, feia, você quer arrumar o que na sua vida?* Tem que andar com pessoas bonitas, resolvidas, para despertar interesse" (grifo nosso).

Além da feiura, o presbítero também adverte contra a "chatice". Uma seguidora lhe escreveu: "Padre, tenho 32 anos e não namoro, qual o problema?". A resposta: "Duas coisas, quando você não arruma ninguém: *chatice ou feiura*. Levando em consideração que até os feios arrumam outros feios, *então deve ser chata mesmo*" (grifo nosso). Outra seguidora disse ser "bonita, inteligente, simpática", mas não arrumava namorado e perguntava o porquê. A resposta: "*Chata talvez?* Porque simpatia não tem nada a ver com chatice, não".

Em relação às perguntas referentes a ciúmes e traição, o linguajar do padre, mantendo seu sarcasmo, traz à tona as metáforas dos "chifres" e dos "cornos". Um seguidor lhe perguntou: "Padre fui traído 4 vezes ela disse q dessa vez ela ia muda oq o senhor acha?? [*sic*]". A resposta: "Acho que uma cabeça com cinco chifres, ela é bem mais assimétrica. Eu nunca gostei muito de números pares [risos]". Outra seguidora lhe pediu "um conselho para quem tem marido caminhoneiro". E o padre lhe disse: "Enquanto ele estiver em movimento, estará tudo bem. *Mas, a cada parada, é sempre uma oportunidade de ser corno*" (grifo nosso).

Em tais casos, a postura do padre é de alimentar, de modo irônico, a desconfiança entre o casal. Uma seguidora, por exemplo, lhe confidenciou: "Padre, a sua benção! Eu acho que nunca mais vou confiar em nenhum homem. O que faço?". Após a bênção, Fernandes a consola: "Que bom. *Não confie mesmo, não*. Esteja sempre à frente deles, viu? *Sempre desconfiada, sempre investigando, olhando o celular*. Eles não transmitem confiança mesmo" (grifo nosso). Em outros casos, a resposta é mais dura. Uma seguidora lhe questionou: "O que fazer com o *boy* que some à noite e só aparece no outro dia?". O padre respondeu: "O certo seria mandar pastar, né? *Mas pelo visto não é o que você vai fazer*" (grifo nosso).

A postura do Padre Patrick também envolve uma afirmação e uma defesa da efemeridade de certos relacionamentos amorosos, particularmente no que diz respeito à superação de um "ex". A um/a seguidor/a que lhe perguntou como fazer para "esquecer o ex", o padre foi sucinto: "Arrumando outro". Já a uma outra pessoa que lhe perguntou como fazer para esquecer um grande amor, o padre desdobrou esse seu ponto de vista: "É simples: *arruma outro, gente*. Pelo amor de Deus, larga dessa besteira, ninguém morre de amor, não. Às vezes vocês ficam aí chorando, iludidas. *Até você casar, você vai ter amado uns 20, tá? Arruma outro. Pode ter certeza que você esquece esse rapidinho*" (grifo nosso).

Por fim, Padre Patrick também reforça alguns estereótipos de gênero, particularmente acerca do papel do homem e da mulher em uma relação amorosa. Um seguidor lhe escreveu: "Chamei a menina para sair e pedi para dividir a conta. Ela não gostou". E o padre lhe disse: "Ah, me poupe, querido! Uma mulher, quando ela vai para o primeiro encontro, *ela vai fazer unha, vai arrumar o cabelo, vai botar uma roupa nova. Você vai botar a sua bermuda, a camisa do teu time e usar o teu desodorante Rexona*. Se eu fosse ela, eu não queria mais nem olhar para a tua cara, porque imagina o que vem depois" (grifo nosso). Em outros casos, as piadas beiram o preconceito religioso. Um/a seguidor/a lhe perguntou: "Padre, ninguém me quer, o que faço?". Padre Patrick respondeu: "*Macumba. Tô brincando*, eu sou cristão!" (grifo nosso).

Nos casos aqui analisados, há uma certa confidência entre o padre e seus seguidores, no sentido de que o humor, a ironia e até o sarcasmo fazem parte da negociação de sentidos. Entretanto, em alguns *stories*, percebe-se que as questões enviadas pelos seguidores não evidenciam necessariamente um duplo sentido, podendo ser perguntas verdadeiras. O padre, porém, opta por responder sempre de modo humorístico, evitando, por um lado, quaisquer moralismos e, por outro, qualquer referência a valores mais estabelecidos do relacionamento e do matrimônio cristãos. Pelo contrário, às vezes, como no caso do foco na beleza estética e da valorização da desconfiança na relação a dois, há até um certo desvio em relação ao magistério católico.

3.5.1.2 Religião

A temática religiosa aparece em 33 *stories* (35,48%) das compilações. Desse total, nada menos do que 22 *stories* envolvem dúvidas sobre o pecado (ou o "castigo" divino). Essa temática também é geralmente abordada com um tom irônico ou debochado.

Entre essas perguntas, repetem-se dúvidas sobre a questão da beleza, seja ela pessoal ou alheia. Um seguidor questionou: "É pecado se achar extremamente lindo e maravilhoso?". O padre replicou: "Querido, *você nem é*. Eu dei uma olhada no seu perfil e, pelo contrário, *você é muito é horrível* [risos]" (grifo nosso). Em outro *story*, uma seguidora pergunta: "Padre , é pecado ser linda demais ? KKKKKK [*sic*]". Padre Patrick afirma: "Às vezes eu fico me perguntando se os feios acham que eles são feios, entende? Tipo assim, eles se olham no espelho, assim: '*Nossa, como eu sou feio, lazarento...*'" (grifo nosso).

Emerge aqui a figura do "velho da lancha", uma referência a homens mais velhos e ricos, como meta da busca amorosa. Em dois *stories* de datas diferentes, a pergunta é praticamente a mesma: "Padre, é pecado querer um 'velho da lancha'?". Nos dois casos, Padre Patrick questiona a "ilusão" em torno dessa figura. No primeiro *story*, ele responde: "Às vezes eu acho vocês tão iludidas. Vocês ficam com esse negócio de '*véio* da lancha'. Minha querida, aterrissa. Onde é que vocês estão vendo esses '*véios* da lancha', com iate? É por isso que vocês estão solteiras, encalhadas. Vai atrás de alguém que tem uma *Biz* [em referência a um modelo de motoneta; *sic*]". No segundo, ele complementa: "Não está tendo velho da lancha disponível, rico, que queira você. E aí o que que vai acontecer? Os anos vão passar, e você vai terminar com um velho da bicicleta".

Em outros casos, as perguntas abordam a relação com os outros, seja no sentido de desejar o mal a eles, seja no de falar mal de suas vidas. Uma pergunta feita é: "Padre, é pecado desejar que a queda dos meninos que se exibem de moto? [*sic*]". O presbítero responde: "*Eu torço para eles caírem*, só caírem, não morrerem, não falecerem, pelo amor de Deus. *Mas dar aqueles ralados assim gigantes... Gosto!*" (grifo nosso). Outra pessoa comenta que ela e suas amigas têm um grupo de fofoca e questiona se isso é pecado. E o padre responde: "Claro. Me coloca? [risos]". Com esse paradoxo irônico, ele afirma a pecaminosidade do ato, desejando, ao mesmo tempo, compartilhá-lo.

Outras perguntas – mesmo quando deixam claro em sua formulação que estão sendo feitas de modo irônico – trazem temáticas que são relevantes para a teologia católica em seu diálogo com a cultura contemporânea. Entre elas, encontram-se perguntas em torno da pecaminosidade do consumo de bebidas alcoólicas, um verdadeiro desafio do ponto de vista das políticas públicas de saúde.[32] Um/a seguidor/a lhe perguntou: "Padre dizem que tomar bebida alcoólica é pecado, mais penso q vai depender da quantidade, será? [*sic*]". E o padre confirmou: "Com certeza, *porque se for para tomar só um copo é melhor nem ir...* Tô brincando! [risos]" (grifo nosso).

De modo geral, como se percebe, é um pouco forçado chamar tais conteúdos de "religiosos", pois não há uma reflexão propriamente dita sobre a relação do ser humano com Deus e com a comunidade cristã, como se poderia esperar de um presbítero. O foco é sempre irônico ou sarcástico, em torno principalmente da pecaminosidade das coisas. O cristianismo, assim, levando-se em conta o senso comum que emerge em tais *stories*, resume-se meramente a um balizador moral em torno de coisas permitidas ou proibidas.

---

32 Alguns estudos corroboram isso: "Álcool e a Saúde dos Brasileiros: Panorama 2021", do Centro de Informações sobre Saúde e Álcool (CISA) [disponível em: https://is.gd/kYGH7A]; a página sobre "Álcool", da Organização Mundial de Saúde (OMS) e da Organização Pan-Americana de Saúde (OPAS) [disponível em: https://www.paho.org/pt/topicos/alcool]; e o artigo "Alcoolismo: problema de saúde pública", de Maria Andréia Gonçalves Gaulio [disponível em: https://is.gd/FO6tkB].

Mas, paradoxalmente, mesmo aquelas ações censuráveis segundo o "mandamento do amor" anunciado por Jesus (cf. Jo 13,34-35) convertem-se, a fim de favorecer a irreverência do presbítero, em *não pecaminosas*, como o ato de julgar o próximo ("eles são feios") ou até de desejar o mal alheio ("eu torço para eles caírem").

3.5.1.3 Casamento

Diversas outras perguntas e respostas presentes nos *stories* abordam questões ligadas ao relacionamento especificamente entre marido e mulher, que aqui optamos por distinguir na categoria *casamento*. Trata-se de 14 *stories* (15,05% do *corpus* de pesquisa). De modo geral, o casamento é visto negativamente. A uma seguidora que disse que "todas as minhas amigas casaram, menos eu" e que pergunta se deve se preocupar com isso, o padre diz: "*Deus te honrou, querida!* Podem cair mil à tua esquerda, mas *nenhum mal te atingirá*" (grifo nosso).

A maioria das perguntas desta categoria envolve o aspecto financeiro da relação de casal, geralmente em tom irônico. Manifesta-se principalmente um certo estereótipo da mulher "desmonetizada", financeiramente dependente do marido, mas que, ao mesmo tempo, deseja gastar em artigos de vestuário e beleza. Uma seguidora conta que o marido não gosta de dar presentes e pergunta o que fazer. O padre responde: "Não quer te dar presente? Você vai se dar presente. Com o seu dinheiro? *Não, com o dinheiro dele*. Como que você faz? Pega o cartão de crédito. A senha é sempre a data de nascimento, eles são burros. *Pega dinheiro na carteira*. Compre" (grifo nosso). Em outro *story*, a seguidora conta que o marido diz que ela só pensa em gastar e pergunta o que fazer. O padre responde: "Dê a ele motivos... Eu tô brincando! [risos]".

Na mesma linha, na compilação mais curtida (+618 mil curtidas) e mais comentada de todas (21.100 comentários), uma pessoa escreve: "Padre é pecado dar presente de dias dos pais pro marido, sem ele saber que ele mesmo vai pagar? [*sic*]". E o padre afirma: "Óbvio que não. Compra uma lembrancinha para ele. E para você compra uma *brusinha* cara [risos]".

Mesmo quando a mulher manifesta independência financeira, o padre reforça estereótipos como o da mulher vitimista e falsa. Uma seguidora, por exemplo, perguntou: "Padre é pecado marido não saber realmente o que eu ganho? [*sic*]". Fernandes respondeu: "Não, *você está sendo esperta. E ainda se faça de coitada.* Diga que você usou todo o seu dinheiro para pagar contas, pagar parcelas do lote e não sobrou nada. Mas, na verdade, você tem a sua economia, e *ele vai te dar para você ir no salão, fazer unha e cabelo*" (grifo nosso).

Além da relação entre casamento e dinheiro, outras perguntas retomam o tema da bebida alcoólica: "Padre é pecado tirar dinheiro do bolso do marido bêbado?". A resposta: "Não, *inclusive você deve.* E depois que ele recuperar a consciência, *você vai se fazer de sonsa,* dizer que ele gastou dinheiro com rapariga, que ele vai ficar com a consciência pesada e *vai te dar dinheiro para comprar 'brusinha'*" (grifo nosso).

De modo geral, para além de um certo humorismo buscado pelo presbítero, vê-se que o padre reforça um imaginário bastante negativo em torno do casamento, apresentado como um "mal" a ser evitado. Além disso, reforçam-se estereótipos em torno da esposa (fútil, vitimista, mentirosa, ardilosa) e do esposo (traidor, mulherengo, beberrão, burro). Diante dessas características, segundo o presbítero, em uma relação a dois, seria preciso agir com esperteza, malícia e desconfiança.

3.5.1.4 Pe. Patrick

Outro conjunto significativo de *stories* diz respeito a perguntas referentes ao próprio Padre Patrick, ao seu estilo de vida e aos seus gostos pessoais. Encontramos 12 *stories* que se enquadram nessa perspectiva (12,9% do total).

Grande parte deles envolve questionamentos a respeito da vontade do presbítero de abandonar a própria vocação, especialmente para assumir um relacionamento amoroso. Na compilação mais curtida e comentada de todas, um/a seguidor/a pergunta: "Padre, vc nunca teve vontade de ter uma companheira, uma mulher que te apoiasse, seila? [*sic*]". E o padre responde: "*Mulher não apoia o marido* [risos]. Ela sempre está certa. Não sinto [vontade], não". Em outro *story*, ao ser questionado se tem vontade de se casar, Fernandes responde: "Eu não. Tenho vontade é de estar com as minhas contas em dia, com a casa limpa, sem louça para lavar, de viajar, comer. Casar não". Outro/a usuário/a é mais direto e escreve: "Padre, o que o senhor acha de lagar a batina e casar comigo? [*sic*]". E o padre diz: "Prefiro morrer".

Em relação à sua vontade de ser pai algum dia, Padre Patrick afirma: "Eu adoro criança, gente, quando elas dormem [risos]". E quando perguntado se já havia pensado em largar tudo e sumir, a resposta é positiva: "Sim. Muitas vezes eu penso em morar na praia, viver da minha arte. *Mas aí eu lembro que eu não sei fazer nada, eu não tenho arte*" (grifo nosso).

Outro conjunto de perguntas aborda o estilo de vida pessoal do Padre Patrick. Uma pessoa lhe perguntou: "Onde os padres moram? Dentro da igreja mesmo? Não dá medo de ficar lá sozinho?". O padre respondeu: "Eu acho que às vezes vocês fumam maconha". Essa resposta repercutiu muito entre seus seguidores no campo de comentários, pelo fato de um padre se referir humoristicamente ao consumo dessa erva, desviando-se do senso comum esperado socialmente em relação a um presbítero.

Outra pergunta envolve a decisão pessoal do padre de seguir a vocação religiosa. O questionamento é direto, sem indicação de qualquer ironia ou sarcasmo. A pessoa pergunta: "Pq o senhor se tornou padre? [*sic*]". Fernandes responde: "Foi porque eu quis mesmo. O bispo perguntou para mim: 'Prometes obediência a mim e aos meus sucessores?' 'Prometo.' 'Promete nunca inventar de casar?' 'Prometo.' Tô brincando, gente... [risos]".

Novamente, nestes casos, destaca-se o tom irônico e debochado das respostas. Retornam os estereótipos (mulher autoritária, crianças bagunceiras, casamento como problema), mas desta vez para justificar sua escolha pela vida religiosa, que, aliás, não é narrada como vocação divina, mas sim como decisão pessoal ("porque eu quis mesmo").

3.5.1.5 Estética

Outros temas muito frequentes nos diversos *stories* do Padre Patrick são a beleza e/ou feiura, assim como questões ligadas à dieta alimentar, que aqui categorizamos como *estética* (8,6% do *corpus*).

Uma pessoa, por exemplo, perguntou: "Padre, é feio mangar do povo que é feio, mas se acham bonitos? [*sic*]". O padre respondeu: "Ó, eu adoro, adoro ver feiura. *Adoro estar no meio de pessoa feia*, adoro que tenha muita gente feia perto de mim, porque quando a gente está assim a gente se sente um pouco mais bonito, com a autoestima mais elevada, né? *Odeio estar perto de gente sarada e bonita sem defeito*" (grifo nosso).

Já outro/a seguidor/a afirmou que suas amigas só gostam de homens feios e pergunta se há um modo de ajudá-las. Fernandes responde: "Você, por favor, não as atrapalhe. Porque, se as mulheres pensassem direitinho, elas saíam fora de homem bonito. Porque homem feio não tem concorrência e não tem esse negócio de ficar postando foto sem camisa para as outras periguetes[33] ficarem comentando a foto dele".

Em relação à dieta alimentar, um *story* da compilação mais curtida de todas envolvia a seguinte pergunta: "Bença padre. Como muito e não consigo engorda,o que eu tenho? [*sic*]". Em resposta, Padre Patrick diz: "Deus abençoe. [...] *Você é ridícula. Ridícula!* Porque eu engordo até com água".

Aqui, destaca-se em geral uma concepção de beleza pautada pela exterioridade, por um corpo que se enquadra nos padrões sociais considerados aceitáveis. O fato de não engordar é exaltado positivamente. E reitera-se novamente o estereótipo do homem traidor e da mulher lasciva, inclusive recorrendo a termos de tom depreciativo ("periguetes").

3.5.1.6 Bebidas alcoólicas

Além dos casos anteriores, há um conjunto de *stories* (6,45% do total) que aborda especificamente o tema das bebidas alcoólicas. Em um caso, um/a seguidor/a perguntou se bebida alcoólica é pecado. Segundo Padre Patrick, "se a cerveja estiver quente, sim. Ai, meu Deus, não acredito que eu disse isso [risos]". Outro/a seguidor/a questionou o que o padre aconselharia a uma pessoa que gosta de bebida alcoólica. Novamente, a pergunta não apresenta elementos claros de chacota. O presbítero, porém, ironizou: "Beba".

33 Gíria em tom pejorativo usada para se referir a mulheres provocadoras, que usam roupas curtas e justas, e que manifestam um comportamento afetivo-sexual liberal.

De modo geral, o assunto é tratado sempre com ironia, especialmente pelo próprio Padre Patrick em suas respostas. Porém, cabe ressaltar que, nos últimos anos, o consumo abusivo de álcool vem crescendo no Brasil, sobretudo entre as mulheres, e a pandemia da COVID-19 piorou esse quadro. Particularmente o período pandêmico (o ano de 2021 aqui analisado) foi marcado por inúmeros problemas psíquicos decorrentes do isolamento. E isso em um país que se destaca negativamente no consumo de bebidas alcoólicas. O consumo nacional está acima da média mundial e o álcool é a substância psicoativa com maior consumo e dependência no Brasil. Além disso, 13% da população apresenta um quadro de dependência alcoólica e 16% tem um comportamento de consumo nocivo de álcool (MODELLI, 2019).

Sem forçar aqui um moralismo simplista, é importante analisarmos os *stories* do presbítero e contextualizarmos suas respostas dentro dessa conjuntura. Chama a atenção o fato de uma autoridade religiosa recomendar abertamente, com ares de humorismo, o consumo de bebida alcoólica, sem qualquer tipo de restrição de público e horário, em uma plataforma digital de livre acesso. Com isso, consciente ou inconscientemente, o presbítero adere ao estímulo cultural de um consumo alcoólico em altas doses e da embriaguez, deixando de perceber e de criticar a grande pressão social e mercadológica, de modo especial no Brasil, pelo consumo de álcool (cf. MODELLI, 2019), assim como suas consequências, particularmente a violência no trânsito e contra as mulheres, seu principal público digital.

3.5.1.7 Esporte

O presbítero também é conhecido por criticar e reclamar, em tom de brincadeira, do *CrossFit*, modalidade de exercício físico de alta intensidade. Os *stories* envolvendo a temática somam 5,38% do *corpus* de pesquisa.

Uma pessoa perguntou ao Padre Patrick o que ele tem contra o "povo do CrossFit". Ele respondeu: "Contra o povo do CrossFit eu não tenho nada. Eu tenho pena, dó, precisam de ajuda psiquiátrica. Eu tenho contra o CrossFit". Em outro *story*, uma pessoa lhe questionou quantas aulas ele havia feito. "Fiz uma, o suficiente para tomar consciência de que aquilo era coisa de Satanás.

Quando eu fizer um exorcismo, vai ser assim, eu vou perguntar: 'Qual é teu nome?'. E ele vai dizer: 'CrossFit!'. 'Onde tu mora?' 'Num box!'" (referindo-se ao nome com que as academias dessa modalidade são conhecidas).

De modo mais geral, outro/a seguidor/a perguntou: "Padre, o que o senhor acha dos *boys* que vão a academia e gritam ao pegar pesos???? [*sic*]". Padre Patrick respondeu: "É estratégia para esconder a cara deles *que é feia*. Você presta atenção no grito e no corpo, porque geralmente é bonito, definido. Mas cuidado com esse povo que pega peso, porque geralmente é camarão: *só presta o corpo* [risos]" (grifo nosso).

Deixando de lado as preferências esportivas pessoais do padre, volta a aparecer nestas respostas uma visão estereotipada de certas pessoas – neste caso, os praticantes de *CrossFit* ou "esse povo que pega peso". O presbítero reforça ainda certos padrões corporais socialmente aceitos, valorizando corpos "bonitos, definidos", e menosprezando quem não se enquadra em outros padrões estéticos (os chamados "camarões").

* * *

No exame detalhado das compilações de *stories* do Padre Patrick de 2021, emerge que o humor, a ironia e até o sarcasmo são elementos que moldam a construção e a negociação dos conteúdos. Mesmo quando as perguntas formuladas pelos seguidores são desprovidas de ambiguidade, o padre opta sistematicamente por adotar uma abordagem irreverente. Além disso, ele parece contribuir para a perpetuação de estereótipos socioculturais prejudiciais, particularmente em relação às mulheres e à aparência física das pessoas, ao mesmo tempo que faz observações que podem desconsiderar questões mais profundas relacionadas à experiência cristã. Apesar de se buscar comunicar a "leveza da fé", o próprio cristianismo que emerge nos *stories* parece ter como foco único a noção de "pecado", limitando-se a ser um sistema moral que define o que é permitido e o que é proibido.

Entretanto, Padre Patrick reconhece que os conteúdos humorísticos do Instagram são apenas uma "isca" para atrair as pessoas para um "algo a mais", para um "alimento mais sólido" que, segundo ele, é comunicado no YouTube. É o que examinaremos agora.

3.5.2 Para além dos 15 segundos: Padre Patrick no YouTube

Pode-se dizer que o YouTube é o ambiente em que a influência digital do Padre Patrick, alimentada principalmente em sua conta no Instagram, estende-se e amplia-se em dois sentidos: tanto do ponto de vista do alcance das postagens (chegando a outros públicos potenciais por meio de conteúdos diferenciados) quanto do ponto de vista da densidade de tais conteúdos (com vídeos mais longos que ultrapassam a barreira dos 15 segundos dos *stories*). Na inter-relação entre as presenças do Padre Patrick no Instagram e no YouTube, o primeiro se converte em um espaço para interações rápidas, irreverentes e voltadas ao entretenimento, enquanto o segundo, em um ambiente com uma proposta de reflexão mais aprofundada e de conteúdos mais elaborados, de tom motivacional.

Analisaremos agora os quatro vídeos do canal do Padre Patrick no YouTube que compõem o nosso *corpus* e que nos permitem compreender, de modo mais abrangente, alguns desdobramentos de sua influência digital.

3.5.2.1 "Fazer tatuagem é pecado?"

O primeiro vídeo, intitulado "Fazer tatuagem é PECADO? Padre Patrick responde",[34] é o mais visualizado de todo o canal do presbítero no YouTube, somando mais de 320 mil visualizações até a finalização deste texto. Foi publicado em 22 de abril de 2021, em plena ascensão das métricas digitais do presbítero. O vídeo tem pouco mais de quinze minutos de duração e exibe Fernandes vestindo uma camisa polo informal, sentado em seu escritório, tendo como pano de fundo sua mesa de trabalho, com pertences pessoais (entre os quais se destacam uma Bíblia aberta e uma bandeira de mesa dos Estados Unidos).

Em sua fala, Fernandes aborda inicialmente a importância do corpo dentro da concepção cristã e sua relação com a alma. Afirma que é obrigação e dever

34 FERNANDES, Patrick. "Fazer tatuagem é PECADO? Padre Patrick responde". YouTube, 22 abr. 2021. Publicado pelo canal *Padre Patrick Fernandes*. Disponível em: https://youtu.be/_YWXKN3r9JI.

moral e religioso cuidar de ambos, encontrando aí um equilíbrio significativo. Depois, citando o texto do Evangelho de Marcos (7,14-15), o padre afirma:

> Aquilo que torna um homem impuro é aquilo que sai dele, e não aquilo que entra. Por isso, essas coisas externas [como uma tatuagem] não nos contaminam tanto como a gente acha que contamina. E esta ideia, portanto, de dizer que a tatuagem, que é algo externo, suja ou contamina o nosso corpo e por isso nos leva ao pecado, porque estamos maculando a morada de Deus, eu acho que ela não se sustenta, ela não tem fundamentos em si (FERNANDES, 2021i, a partir de 01min59s).

O padre critica aqueles que se utilizam da Bíblia para justificar a condenação à tatuagem, descontextualizando os textos para tais fins. A questão principal, segundo ele, é a finalidade e o significado de uma tatuagem. A pessoa não pode se deixar levar somente por uma "modinha". Fazer tatuagem é válido, afirma o presbítero, quando a pessoa tem um propósito de verdade. Para ele, equilíbrio e sobriedade são fundamentais.

> Uma coisa é verdade: uma pessoa que tem uma tatuagem no corpo, ela não é mais impura do que outra que não tem. Não é isso que vai contar a impureza. Porque a pessoa pode ter o corpo todo tatuado, mas, muitas vezes, pode ter um coração muito mais puro, muito mais sincero, muito mais verdadeiro do que alguém que não tenha nenhuma, mas que é um poço de arrogância, de ignorância, de vaidade. Então, a gente tem que encontrar essa sobriedade. Não é esta carcaça, não é o nosso exterior que vai medir quem nós somos diante de Deus (FERNANDES, 2021i, a partir de 05min20s).

Segundo ele, o risco é o de cair em um "rigorismo religioso" que muitas vezes tem uma "tendência condenatória". Ele cita o Papa Francisco, que, segundo ele, também teria pedido às lideranças religiosas que não tivessem medo de pessoas com tatuagem.

Na opinião do padre, o único perigo é sair "riscando" e "fazendo qualquer tipo de coisa" no próprio corpo, não porque isso seria pecado, mas por "questão de mau gosto mesmo". Porém, ele afirma que não está incentivando as pessoas a se tatuarem, particularmente no caso de pessoas menores de idade. Para ele, é preciso buscar não ferir as pessoas que são importantes para a própria vida e respeitar as consequências dos próprios atos, para não se arrepender depois.

Ele alerta também para as "tatuagens religiosas", ou seja, com frases bíblicas, imagens de santos etc. Segundo Fernandes, elas devem representar uma verdade para a vida da pessoa. "Do que adianta você tatuar o texto no braço se você não reza? Eu acho que o mais importante é você rezar fisicamente. Não pense que a imagem de um texto tatuado no seu braço vai te trazer proteção, se você não reza o texto de verdade" (FERNANDES, 2021i, a partir de 12min56s). Em suma, conclui o padre:

> O desenho em si não lhe contamina e não caracteriza um pecado diante de Deus, até porque, na eternidade, no Paraíso, nosso corpo será glorioso e ninguém vai ter tatuagem no céu. Não é porque eu fiz a tatuagem aqui enquanto vida que essa tatuagem vai chegar também na glória de Deus. Então, as imperfeições que existem – não que a tatuagem seja uma imperfeição – elas serão desaparecidas. O nosso corpo, ele será ressuscitado, glorioso (FERNANDES, 2021i, a partir de 14min02s).

Encerrando o vídeo, o padre reconhece: "Eu sei que eu vou ser um pouco cancelado aí por muita gente, mas tá tudo bem. Eu quis expressar a minha opinião" (FERNANDES, 2021i, a partir de 15min11s).

3.5.2.2 "Uma tatuagem não define você"

O tema da tatuagem reaparece tempos depois em outro vídeo, intitulado "Uma tatuagem não define você",[35] com 113 mil visualizações até a finalização deste texto. O vídeo tem pouco menos de oito minutos e foi postado em 6 de fevereiro de 2022, embora tenha sido gravado em novembro de 2021, como parte da série "Toque de Deus – Nunca alguém me amou assim". É o vídeo mais assistido dessa série.

35 *Idem*, "UMA TATUAGEM NÃO DEFINE VOCÊ | Padre Patrick". YouTube, 06 fev. 2022. Publicado pelo canal *Padre Patrick Fernandes*. Disponível em: https://youtu.be/_3_nnzE1WDM.

Padre Patrick relata que uma pessoa havia feito uma homenagem a seu falecido pai, tatuando o nome dele no próprio corpo, e havia lhe perguntado se fazer tatuagem era pecado. O presbítero então conta:

> Eu comecei a me questionar: será que uma tatuagem tem o poder de me levar para o inferno? Que Deus é esse que eu sirvo e que creio que, por causa de uma tatuagem que uma filha fez em homenagem para o pai, vai me condenar ao inferno? [...] É o que eu disse para vocês agora há pouco: é o peso que para muitos a fé se torna. Quando a fé é assim, uma coisa de legislação, como quando as pessoas que vão para a igreja estão sempre atentas, assim, ao que as pessoas estão vestindo, ao que estão usando, à vida alheia, se tem tatuagem, se não tem tatuagem, e eu vou me esquecendo de olhar para dentro do meu coração, a olhar para dentro de mim. E, quanto mais eu olhar para o outro e me esquecer de mim, mais fracassado eu vou ser (FERNANDES, 2022c, a partir de 02min28s).

Em tom de ironia, o padre afirma que há "umas tatuagens que condenam mesmo, mas condenam porque foram feitas por condenados, dentro da cadeia, já estavam condenados, né? [...] vão ficando verdes, né, com o passar do tempo. Feias, medonhas" (FERNANDES, 2022c, a partir de 04min28s). Reconhecendo o "parêntese", Fernandes retoma o fio da reflexão e afirma:

> Como é que está marcado o meu coração? São as marcas que eu trago na minha vida, desde lá do meu tempo de menino, de criança. É agora. São as marcas que eu trago, essas marcas que me definem. Uma tatuagem não define você. Uma tatuagem não diz quem você é. Não diz o teu caráter. Quem é que diz quem você é são as tuas obras, é aquilo que você faz, é aquilo que você realiza. [...] O que nos torna impuros de verdade são aquelas coisas que estão lá no íntimo, lá no nosso coração. São essas coisas que nos tornam pessoas frias, amarguradas, sem vida. E, olha, quando a gente vai fazendo a experiência de ir se libertando de tudo isso, fazer a faxina da alma, se libertando de todas estas coisas, a vida vai ganhando sentido novo. [...] Porque a gente vai percebendo que o tempo que a gente gastou reparando e percebendo a vida dos outros, a gente poderia ter feito por nós. A gente perdeu tanto tempo. Poderíamos ter feito isso por nós (FERNANDES, 2022c, a partir de 05min30s).

Nesse vídeo, há uma contraposição constante entre interior e exterior, entre as "marcas" internas e externas. E uma crítica aos julgamentos alheios que se referem apenas à exterioridade. Segundo Fernandes, é daí que decorre o "peso" cansativo da fé, que acaba se tornando "uma coisa de legislação". A crítica se volta às fofocas e aos preconceitos praticados pelos próprios membros da Igreja. Daí também a importância da afirmação que dá título ao vídeo, ou seja, que o que define uma pessoa não é uma tatuagem, mas sim aquilo que ela carrega no coração e faz aos outros. Ao mesmo tempo, o discurso do padre sustenta que essas atitudes julgadoras levam ao "fracasso" pessoal. Por isso, a ênfase em "cuidar daquilo que é seu, de si mesma, de olhar para dentro de si".

Por fim, retornam aqui, de modo bastante enfático, embalados em suposto humorismo, estereótipos sociais de dois níveis: em relação a pessoas "mal" tatuadas e aos presidiários. As primeiras são zombadas por terem tatuagens consideradas "feias" e "medonhas". Já os segundos são mencionados em um trocadilho com a palavra "condenar": por serem feias e malfeitas, tais tatuagens só poderiam ter sido realizadas por "condenados", e, igualmente por serem feias e malfeitas, não são propriamente pecado, porém seriam "condenáveis" segundo os padrões estéticos do padre.

3.5.2.3 "O propósito de Deus na tua vida"

O vídeo "O propósito de Deus na tua vida" foi postado em 14 de novembro de 2021 e é o segundo mais assistido do canal, tendo sido visualizado mais de 239 mil vezes até a finalização deste texto. Sua legenda afirma que "a mensagem de hoje é não desista de você, até porque Deus jamais vai desistir de você".[36] Ao clicar no *play*, o título inserido na edição do vídeo é "Jamais desista!". A reflexão gira em torno principalmente do relato do Evangelho que narra Jesus na barca com seus discípulos em meio a uma tempestade (Mc 4,35-41; Mt 8,23-27).

36 *Idem*, "O PROPÓSITO DE DEUS NA TUA VIDA! | Padre Patrick". YouTube, 14 nov. 2021. Publicado pelo canal *Padre Patrick Fernandes*. Disponível em: https://youtu.be/BFSvzk-kzIc.

O padre – vestindo uma camisa de mangas compridas pretas e um grande relógio dourado no braço esquerdo – aparece sozinho sobre o palco, com um fundo que remete a vitrais de uma Igreja, com imagens de pássaros voando. Ao som suave de um piano, Fernandes começa abordando a questão do medo e do desespero, afirmando que, em tais momentos, "a gente vai desacreditando de que Deus é capaz e de que Deus é a solução para nossa vida". Segundo ele, o medo tira a esperança, escraviza, impede de ver. "Por isso que Jesus se volta para os seus discípulos e diz isto como uma verdade para que eles pudessem levar para a vida: 'Não tenhais medo. Não dê lugar ao desespero. Não se perturbe o vosso coração. Creia. Acredite que o melhor sempre está por vir ainda" (FERNANDES, 2021j, a partir de 01min05s).

O padre, então, retoma o relato do Evangelho, segundo o qual Jesus dormia durante a tempestade. O presbítero reflete sobre a "sensação da ausência de Deus" na própria vida, em que a pessoa não consegue sentir a presença de Deus e não tem mais a quem recorrer. "A sensação que a gente tem tantas vezes é de que ele está dormindo diante da nossa dor, diante do nosso sofrimento" (FERNANDES, 2021j, a partir de 03min17s). Ele descreve essa sensação assumindo-a em primeira pessoa: "Ninguém está olhando por mim, ninguém me nota, ninguém olha a minha dor, ninguém está vendo as lágrimas que eu tenho derramado todas as noites, o meu travesseiro que está encharcado. Ninguém tem emprestado o ombro para que eu possa descansar, chorar" (FERNANDES, 2021j, a partir de 05min40s).

Padre Patrick, porém, afirma que, mesmo que a sensação seja de que ninguém esteja escutando essa dor e essa angústia, "Deus está. Deus sempre esteve. Por mais que a gente tenha esta experiência da sua ausência na nossa vida, ele está ali, pronto para mandar a tempestade se acalmar" (FERNANDES, 2021j, a partir de 06min50s). Em seguida, em um tom crescente, que vai da conversa intimista até a exortação exaltada, o presbítero afirma:

> Meu irmão, minha irmã, eu não sei o que você está vivendo na sua vida. Talvez você também está vivendo essa tempestade. [...] Quantas coisas acontecendo ao mesmo tempo que tantas vezes você tem a sensação: "Eu não consigo mais. Eu não posso mais. Eu não tenho mais força para continuar". Aquela sensação de quem

> está prestes a desistir, de quem não vê mais saída em absolutamente nada. [...] Não! Não desista de você. Não pense, não acredite que esta tempestade, que esta angústia que você está vivendo durará para sempre, porque não vai. Porque não durará para sempre. Porque o melhor ainda está por vir. Porque depois da tempestade vem esta bonança, vem esta suavidade, esse frescor. Acredite que depois disso Deus sempre traz o melhor. Ele se levanta e manda a tempestade se acalmar. E é isso que Deus faz conosco também, manda a tempestade da nossa vida se acalmar. Então, não se desespere, não pule do barco, não ache que o barco da sua vida vai afundar (FERNANDES, 2021j, a partir de 07min45s).

Dirigindo-se ao público, Padre Patrick afirma que, quando alguém se questionar onde está Deus ou por que Deus não o ouve, é preciso não permitir que a dureza do coração o convença disso. "Não permita e nem deixe que o desespero tome conta do seu coração" (FERNANDES, 2021j, a partir de 10min20s). Durante essa fala, o vídeo exibe a imagem em *close* do rosto de uma mulher presente no teatro secando uma lágrima do olho.

Logo em seguida, o padre afirma, paradoxalmente, que "chega um momento, minha gente, que *só você, somente você* terá as condições de se reerguer. *Somente você* dará a palavra que falta para você se colocar de pé, para enfrentar o que for preciso" (FERNANDES, 2021j, a partir de 11min05s; grifo nosso). Então, com voz forte e rápida, ele afirma:

> "Coragem", diz Jesus para cada um de nós. Coragem, força. Motive a sua vida, movimente a sua vida, se coloca de pé. Vai tomando consciência do teu valor, da tua dignidade, da tua beleza. Vai tomando consciência de que você é capaz de enfrentar todas as tempestades que vierem contra a sua vida. Seja o que for, você é mais forte. [...] Então, não desiste de você, se convence disto: eu não posso desistir de mim. Eu não posso me convencer de que eu não sou capaz, porque eu sou. Eu sou capaz de atravessar por tudo isso, e isso me transformará numa pessoa mais forte. [...] Se chegou a tempestade na sua vida, se chegou os ventos contrários, faça com que isso seja uma motivação para você se colocar de pé (FERNANDES, 2021j, a partir de 12min08s).

Depois, o presbítero retoma novamente a centralidade de Deus, que "é capaz de silenciar as tempestades da sua vida". Ele confidencia que hoje agradece a Deus por ter tido depressão, porque se tornou mais sensível à dor das outras pessoas. E, se ele conseguiu sair dessa "tempestade", outros também podem sair e transformar a própria vida. "E acredite nisto: Deus mandará também a sua tempestade se acalmar. 'Não tenhais medo.' O melhor, gente, ainda está por vir. Amém" (FERNANDES, 2021j, a partir de 14min55s).

De modo geral, o vídeo, em tom de pregação, traz fortes marcas motivacionais ("Creia. Acredite"). O foco é não desistir (verbo conjugado 13 vezes), com alusões à solidão, ao suicídio e à depressão. O Evangelho é usado como pano de fundo para essa reflexão, em que Jesus é apresentado como um motivador: "'Coragem', diz Jesus para cada um de nós. [...] Motive a sua vida". Já a figura de Deus é mencionada 28 vezes e aparece a serviço das necessidades individuais nos momentos difíceis, como alguém que "está ali, pronto para mandar a tempestade se acalmar". Em outros momentos, a ênfase é na própria pessoa ("somente você") e em sua preeminência nesse processo de reerguimento. O tom geral é a ênfase na individualidade pessoal: "Ninguém está olhando por *mim*"; "*eu* não posso desistir de *mim*"; "vai tomando consciência do *teu* valor, da *tua* dignidade, da *tua* beleza".

3.5.2.4 "10 curiosidades sobre o Padre Patrick"

Uma nova série do Padre Patrick passou a ser publicada em 13 de março de 2022, e seu primeiro vídeo soma mais de 57 mil visualizações até a finalização deste texto.[37] A linguagem audiovisual e o conteúdo fogem dos padrões anteriores. O título é bastante chamativo: "10 CURIOSIDADE SOBRE O PADRE PATRICK | Já beijei na boca? [*sic*]", levantando uma dúvida sobre uma possível revelação mais "picante" da vida amorosa de Fernandes (daí também o recurso a três *emojis* logo ao lado do título, os quais ilustram surpresa, assombro e dúvida).

---

37 *Idem*, "10 CURIOSIDADE SOBRE O PADRE PATRICK | Já beijei na boca?", *op. cit.*

O vídeo mostra o padre de camisa polo escura, sentado em frente a uma mesa em seu próprio quarto, como ele mesmo explica ao longo do vídeo. Ele acolhe os espectadores e comenta que as pessoas estão acostumadas a vê-lo nos palcos. Entretanto, também revela que tem uma nova proposta para o canal do YouTube: "A gente quer humanizar e trazer o Padre Patrick, aí, para dentro da sua casa, o meu dia a dia também". A edição do vídeo é bastante dinâmica, com várias inserções de imagens sobrepostas, cenas de filmes, sons de fundo etc., seguindo as tendências de linguagem audiovisual de outros influenciadores digitais. Em seguida, ele apresenta a temática do vídeo, ressaltando-se uma autorreferencialidade inclusive do ponto de vista do título sobreposto à imagem (Figura 12).

Figura 12 - Imagem do vídeo das 10 curiosidades sobre o Padre Patrick.

Não apenas esse vídeo, como também toda a série gira em torno do próprio padre. Essa escolha se deve ao fato de que "tem gente que tem muita curiosidade de saber sobre a vida do padre, viu? A nossa intimidade, como é que a gente vive... Pois eu resumi aqui 10 curiosidades, 10 fatos sobre a minha vida" (FERNANDES, 2022d, a partir de 03min03s).

Em seguida, o padre vai comentando cada uma dessas 10 curiosidades, apresentadas sempre na primeira pessoa. A primeira delas é: "Gosto muito de animais", revelando ter oito cachorros.[38] A segunda curiosidade é: "Adoro

38 Em um vídeo específico sobre seus cachorros, intitulado "A Patrulha Canina

viajar". Esta seria, segundo ele, uma das vantagens daquilo que chama de "carreira solo" – isto é, "a gente não tem que pagar a passagem para os outros, né? Para os filhos, para a esposa. Então, só eu mesmo, as minhas despesas, somente eu" (FERNANDES, 2022d, a partir de 04min05s).

"Tenho muito medo de morcegos" é a terceira curiosidade revelada pelo padre. Ele afirma que é uma verdadeira fobia, paralisante. A quarta curiosidade é: "Odeio tomar banho gelado". Na verdade, afirma o padre, "eu não gosto de tomar banho. Eu tenho quase alergia à água, sinceramente" (FERNANDES, 2022d, a partir de 06min).

Como quinta curiosidade, o padre assume que tem um "paladar infantil". "Pensa aí nas porcarias: pizza, hambúrguer, doce, chocolate... Gente, eu adoro essas coisas" (FERNANDES, 2022d, a partir de 06min45s). Já a sexta curiosidade sobre a vida do padre é que ele não assiste filmes de terror. "Pelo amor de Deus, que o Senhor nunca permita que eu tenha que fazer um exorcismo nessa vida, porque eu tenho medo do demônio de uma forma tão grande que eu não dou conta de fazer um exorcismo" (FERNANDES, 2022d, a partir de 07min20s). Segundo o presbítero, se ele se deparasse com uma cena como a de filmes que retratam meninas possuídas subindo pela parede e virando o pescoço, ele "falecia antes de falar qualquer coisa". Sua preferência é por filmes de "romance bobinho" ou de super-heróis.

Em sétimo lugar, o padre afirma: "Sou muito desligado", por ser descuidado e esquecido. A oitava curiosidade é que o padre já foi atacado por um cachorro. Nesse ponto, a câmera dá um *close* em uma cicatriz em seu braço. Ele conta que o cão havia sido adotado por ele e que o ataque ocorreu logo depois de ele limpar a casinha e dar de comer ao animal: "Tem gente que é assim na vida. A gente faz tudo e, depois que a gente faz tudo por elas, nos atacam também. Presta atenção, né? Tem muito cachorro por aí", afirma Fernandes (2022d, a partir de 09min37s).

---

do Padre Patrick", Fernandes apresenta seus oito animais de estimação: o Hugo, a Luperca, a Natasha Caldeirão, a Tereza, o Alfredo José, a Princesa Nala Maria, o Xuxão, e o Bixiga (um dálmata, seu *pet* mais antigo e, segundo ele, seu preferido) [FERNANDES, Patrick. "A PATRULHA CANINA DO PADRE PATRICK". YouTube, 29 mai. 2022. Publicado pelo canal *Padre Patrick Fernandes*. Disponível em: https://youtu.be/qLnQ7y3_3Nw.]

A penúltima curiosidade é que o padre mora "com muito orgulho" no interior do Pará. Segundo ele, às vezes as pessoas o veem em sua cidade, Parauapebas, admiradas com a sua presença por lá. "Gente, eu moro aqui. Tu que não tá indo na igreja, não tá indo na missa. Se estivesse na missa, tinha me visto lá todo domingo, celebrando missa" (FERNANDES, 2022d, a partir de 10min07s). Por fim, como última curiosidade, o padre revela:

> Antes do seminário, já beijei na boca, já namorei, inclusive, um ano, né?, com uma moça que me largou. Aí, fiquei largado: "Nada dá certo na minha vida. Vou ser padre". Tô brincando, pelo amor de Deus, né? [risos] Mas namorei. Foi ela que terminou comigo, inclusive. Eu gostava muito dela até (FERNANDES, 2022d, a partir de 10min20s).

O vídeo todo, como vemos, está focado no padre, como forma de construir um certo nível de intimidade e confidência com seu público, ao falar de gostos e preferências em relação à tríade "cama, mesa e banho" de sua vida privada. Há uma ênfase do padre na construção de uma imagem de alguém livre e independente, ao falar de "carreira solo" e de gostar de viajar "só eu mesmo [...] somente eu". Destaca-se, portanto, um processo de celebrização da figura do Padre Patrick, em que ele mesmo passa a ser o "conteúdo" a ser ofertado em suas produções.

* * *

Como vemos, o YouTube oferece um conteúdo mais longo e mais elaborado audiovisualmente, em que o padre pode aprofundar – até certo ponto – determinadas questões. Os vídeos que despertam mais interesse do público, como se percebe pelo número de visualizações, são aqueles que abordam questões polêmicas, como a pecaminosidade de certos atos (por exemplo, a tatuagem), ou a busca de motivação com base espiritual, ou ainda a vida privada do presbítero, com foco particular em sua intimidade. Como a recepção desses vídeos varia de pessoa para pessoa, algumas podem encontrar orientação e esperança em tais conteúdos, enquanto outras podem questionar um certo sensacionalismo em torno de questões polêmicas e da exposição da privacidade do clérigo, ou ainda uma falta de profundidade teológico-espiritual em mensagens de autoajuda. Percebe-se, no entanto, uma ênfase dos conteúdos sobre o próprio indivíduo, seja no "você" que assiste aos vídeos, seja no presbítero. Questões coletivas referentes à vida social ou eclesial, de modo geral, não são abordadas.

Seja no Instagram, seja no YouTube, seja ainda nos palcos, os conteúdos produzidos pelo Padre Patrick não "caem do céu" nem são mero fruto dos gostos pessoais e das idiossincrasias do presbítero. Como se percebe, há todo um trabalho de negociação e de *reconexão* (SBARDELOTTO, 2017) em jogo, tanto a montante – junto a outras autoridades eclesiásticas e celebridades que influenciam o próprio padre – quanto também a jusante – junto aos seus seguidores e ao público em geral. São esses processos interacionais que examinaremos agora.

3.6 Interação: "A inspiração são as próprias pessoas"

Podemos dizer que a influência digital do Padre Patrick é fruto da própria *interação* digital. Trata-se de um processo inter-retroativo. Não é apenas a ação do Padre Patrick nas redes o que fomenta a interação, mas é a própria interação com seus seguidores o que também desencadeia o "fenômeno digital Padre Patrick". E isso vale tanto para o momento do surgimento de sua presença digital, em 2021, quando para a manutenção de sua popularidade até hoje.

Inicialmente, como vimos, foi a solidão do confinamento pandêmico que fez com que o padre sentisse a necessidade de interagir com as pessoas nas redes. Por sua vez, foi essa interação que despertou nele o desejo de dar continuidade às suas "caixinhas de perguntas" no Instagram. Ele lançou o convite-apelo "vamos conversar" nas redes, e foram aquelas primeiras 20 mensagens de seus paroquianos, recebidas como resposta, o que fez emergir sua atuação em rede. A influência digital do padre, portanto, não foi uma construção autônoma por parte dele, nem resultado meramente de suas métricas digitais.

Para aprofundar a compreensão das redes interacionais do Padre Patrick, examinaremos três níveis diferentes de interação: *pré-postagem*; *em postagens*; e *pós-postagem*.

3.6.1 Interações pré-postagem

Um primeiro nível de interação envolve os próprios *elementos sociotécnicos das plataformas digitais*. Elas também "influenciam" as possibilidades de interação.

No Instagram, a conta do padre é "verificada". Isto é, seu nome de usuário na plataforma apresenta um selo azul ao lado, significando que a plataforma reconhece que esta é uma conta autêntica do Padre Patrick. Por outro lado, esse selo reconhece ainda que a conta do padre também é "notável", isto é, representa uma figura pública ou celebridade muito pesquisada na própria plataforma.[39]

A atuação do Padre Patrick nessa plataforma ocorre a partir do envio de mensagens-perguntas via texto pelos seus seguidores, sucedido por uma seleção e resposta a tais questionamentos via texto, imagens e/ou vídeo por parte do presbítero. Contudo, a plataforma delimita um número máximo de caracteres que os seguidores têm à disposição para a formulação de suas perguntas, que, portanto, não podem ser muito elaboradas. E, por sua vez, cada *story* fica limitado a apenas 15 segundos de duração máxima para as respostas do padre.

Já no YouTube, Fernandes encontrou um ambiente em que pode desdobrar tais reflexões, com mais tempo de duração e com uma maior produção audiovisual. Em seus vídeos, o padre reitera frequentemente o convite às pessoas a também agirem de modo comunicacional, mediante as funcionalidades oferecidas pela plataforma – por exemplo, inscrevendo-se no canal, ativando as notificações, curtindo os vídeos, escrevendo comentários e compartilhando os conteúdos. Cada uma dessas ações dos espectadores torna os conteúdos mais relevantes dentro da plataforma, o que pode aumentar o alcance da conta do padre para novos públicos e deixar o canal mais em evidência para possíveis anunciantes.

Além das próprias plataformas, há também uma influência sobre o presbítero por parte das *marcas e empresas* que compram espaços publicitários

---

39 O Instagram, porém, não especifica uma quantidade mínima de seguidores para que a notabilidade de uma conta seja reconhecida.

nas contas digitais do Padre Patrick, assim como da agência que o patrocina. O objetivo de tais sujeitos é que os conteúdos do padre sejam frequentes e despertem interesse e engajamento para que certas metas de visibilidade e lucratividade sejam alcançadas. Os próprios algoritmos das plataformas também fomentam essa demanda constante de produção e circulação de novos conteúdos, sob pena de o padre ver seu alcance e projeção digitais prejudicados, o que, por sua vez, retroinfluencia a sua performance.

Com relação à sua performance e ao seu conteúdo, Padre Patrick reconhece que a inspiração para responder às perguntas vem principalmente da *escuta das pessoas*, que, portanto, influenciam sua atuação digital. Segundo ele, "a inspiração são as próprias pessoas com as quais convivo" (FERNANDES *apud* PADRE, 2021). Cada *story* nasce de uma pergunta que provém de seus seguidores e que, por sua vez, volta-se a eles como resposta a essa demanda – isso desencadeia, ainda, novas interações por parte de seus seguidores com o próprio padre ou com outros seguidores no campo de comentários das postagens.

De modo mais geral, como presbítero católico, Fernandes se situa dentro de uma *instituição religiosa* e de uma *estrutura hierárquica*, as quais o "influenciam" retroativamente em sua presença nas redes. Para o padre, a Igreja local acolhe favoravelmente sua atuação nas plataformas digitais. "Meu bispo [Dom Vital Corbellini] é um paizão. Ele só fica preocupado com a exposição, que tem seus malefícios, como o discurso de ódio. E os outros padres me apoiam" (FERNANDES, 2021a). Em outra ocasião, com um pouco de ironia, ele afirmou: "Nunca tive problema com os meus superiores, acho que eles não têm redes sociais" (FERNANDES *apud* PADRE, 2021). Para além de seus superiores e coirmãos no presbitério, o padre já afirmou admirar a capacidade do Padre Fábio de Melo de se comunicar com o público, reiterando, porém, que a sua intenção é sempre ser ele mesmo (cf. GILÓ, 2021).

3.6.2 Interações em postagens

Toda postagem em uma rede social digital é, necessariamente, interacional. Como vimos, os conteúdos produzidos pelo Padre Patrick nascem de uma demanda social e, por sua vez, buscam respondê-la de modo interativo, o que é socialmente reconhecido por meio das ações comunicacionais de seus seguidores nas plataformas digitais, que realimentam a visibilidade e o alcance da influência digital do presbítero.

No caso das interações *em postagens*, referimo-nos aqui a algumas publicações específicas em que o religioso busca reforçar seu status social e digital ao publicizar fotos com celebridades, marcando suas respectivas contas na plataforma. Com isso, busca-se construir uma imagem pública de "padre bem relacionado socialmente e em evidência midiática" (Figura 13).

Figura 13 - Postagens de fotos do Padre Patrick com famosos.

Em um primeiro caso, de setembro de 2021, o padre postou uma foto com Catia Fonseca, apresentadora de televisão, marcando-a na imagem e afirmando que teve o "imenso prazer de conhecer essa pessoa espiritualizada e gentil, obrigado pelo convite @catiafonseca. Foi a realização de um sonho e espero voltar logo".[40]

Em novembro, Fernandes postou outras duas fotos com famosos. A primeira[41] era o registro da gravação de uma *live* com diversos famosos, como o então casal Mayra Cardi, influenciadora digital, e Arthur Aguiar, ator e vencedor do *Big Brother Brasil 2022*. A postagem marcou as contas de todos esses famosos no Instagram, e, na legenda, o padre escreveu um elogio sobre cada um deles. A segunda foto é com Whindersson Nunes, um dos maiores

40 Disponível em: https://www.instagram.com/p/CT5Og12pyZA/.

41 Disponível em: https://www.instagram.com/p/CWL3x_gJhO0/.

influenciadores digitais do Brasil. Na legenda, o padre escreve: "Já era fã, agora sou mais. Show incrível meu amigo, já é sucesso",[42] em referência a um espetáculo do influenciador ao qual o padre assistiu em São Paulo.

Vê-se nesses casos um reforço público por parte do religioso em relação à sua *persona* digital. Com tais fotos e marcações, o presbítero busca construir junto de seus seguidores a imagem de alguém igualmente famoso, um "padre-celebridade" com acesso a celebridades diversas. Isso é confirmado por outra postagem, feita em dezembro de 2021, em estilo *collab* – abreviação do termo em inglês *collaboration* ("colaboração") –, isto é, um post em coautoria com a revista *Caras*. A postagem traz duas fotos do presbítero, como se representassem as "duas faces" do religioso: a informal, de camiseta, bermuda e chinelos; e a formal, trajando paramentos litúrgicos (Figura 14).

Figura 14 - Fotos do Padre Patrick publicadas pela conta da revista *Caras* no Instagram.

Pelo teor da legenda, percebe-se que a postagem original é da própria revista, à qual o padre soma seu nome. Trata-se da divulgação da edição "Caras Especial *Influencers*", na qual o religioso é apresentado como um *digital influencer* capaz de "quebrar paradigmas e democratizar a fé" por meio de suas postagens, marcadas por "bom humor e leveza".[43] Com isso, Padre

42 Disponível em: https://www.instagram.com/p/CWt_EPkJSyP/.

43 Disponível em: https://www.instagram.com/p/CXmJA4ulN_U/.

Patrick exibe a seu público um indicador de seu sucesso e fama, ou seja, sua presença em destaque em uma das principais publicações nacionais sobre celebridades.

3.6.3 Interações pós-postagens

A resposta social recebida pelo padre a partir de suas postagens nas redes não age apenas como uma "terapia" sobre a vida pessoal do presbítero, mas também molda e influencia seu estilo digital. Foi na interação com seus seguidores que ele percebeu que falar de "coisas sérias" ou de "um versículo da Bíblia" gerava poucas curtidas e não dava tanta repercussão. Pelo contrário, fazer piada, falar "coisas engraçadas" ou abordar questões polêmicas gerava muito mais retornos digitais, mensuráveis em curtidas, visualizações, compartilhamentos e comentários.

A manutenção de sua influência digital hoje passa justamente pela ação das pessoas comuns, pelo "cidadão médio" – não necessariamente católico –, com quem ele consegue dialogar na mesma linguagem, recorrendo principalmente ao humorismo e à irreverência. E a maioria dessas pessoas são mulheres. "Mais de 80% das pessoas que me seguem é de mulheres, e a maioria das vezes em que eu falo é para elas mesmo" (FERNANDES, 2021e). Isso também pode ser constatado a partir dos comentários em cada postagem, nos quais desponta uma grande parcela de público feminino. Mas o padre afirma que não lê a grande maioria dos comentários recebidos. "Não tenho tempo para isso, são milhares de mensagens" (FERNANDES *apud* BASTOS, 2021). Ele tem uma equipe que o ajuda nessa filtragem e afirma ter recebido até propostas de casamento e fotos nuas de seus seguidores (cf. SUCESSO, 2021).

A atuação digital mais reconhecida pelos seguidores do Padre Patrick, como vimos, são suas "caixinhas de perguntas", postadas como *stories* no Instagram. De modo geral, "os *stories* se tornam uma ferramenta importante no acionamento da circulação de sentidos em que a rede social pode ser vista como uma zona de contato" (MARCELLINO, 2021, p. 37), pondo produtores e receptores em situação de interação, e acoplando-os em meio a assimetrias e descontinuidades. A fim de compreender melhor tais processualidades, analisaremos aqui alguns comentários selecionados a partir de uma leitura flutuante dos campos de comentários das três compilações mais comentadas de todo o *corpus*.

De modo geral, chama a atenção o grande número de comentários nos quais uma pessoa "marca" outra, lincando seu nome de usuário e desdobrando outras reações, como réplicas, novas marcações etc. Foi esse processo que contribuiu com o rápido e exponencial crescimento do número de seguidores do presbítero no Instagram. Tais comentários produzem um reforço do processo de circulação, em que mais pessoas passam a ter contato com os conteúdos do padre, podendo, potencialmente, tornar-se também suas seguidoras. Portanto, mais do que uma interação propriamente dita com Padre Patrick, o que o campo de comentários do Instagram desperta principalmente é a interação entre os próprios seguidores do presbítero, via marcações ou compartilhamentos. Como afirma um seguidor: "Já repostei e marquei minha mãe".

Há também inúmeras mensagens com textos elogiosos, como, por exemplo: "adoro o Pe. Patrick"; "padre, o senhor é um show"; "eu amo esse padre e seus conselhos"; "meu padre preferido" etc. Muitas pessoas que o seguem exaltam especificamente a beleza física do padre, chamando-o de, por exemplo: "padre gato"; "lindão"; "gostoso"; "muita beleza para uma pessoa só"; "meu Deeeeus eu quero ser o marido do padre [*sic*]".

Destacam-se também os comentários que se referem à performance e aos conteúdos publicados pelo padre, elogiando sua franqueza, a leveza de sua abordagem e principalmente a comicidade de seus conteúdos. Algumas pessoas que o seguem afirmam, por exemplo: "Obrigada, padre, por trazer leveza e alegria a esse mundo tão triste"; "Padre você tem o dom de alegrar as pessoas"; "Meu Deuuss...vc deve ser o comediante favorito de Deus [*sic*]"; "Melhor um padre que faz as pessoas rirem, do quê um padre pedofilo que faz de santo no altar [*sic*]". Percebe-se como a comicidade e o "bom humor" do padre são relevantes e reconhecidos positivamente em sua performance, considerados até como um "dom".

Nesse sentido, alguns comentários indicam nos conteúdos publicados pelo presbítero uma fonte de motivação e de inspiração para enfrentar a vida:

> Eu sou de Vitória,a minha amiga do plantão me marcou no seu Instagram @amei o seu bom humor... O mundo precisa de pessoas como vc... Parabéns 👏👏👏👏👏👏👏 há não sou católica,mas tenho admiração por vc🙏🙌
>
> Eu não acredito que só agora eu achei essa página ai meu Deus já sei que ele vai me tirar da depressão porque eu já ri demais coisas que eu não faço a tempo😂😂😂😂😂😂😂😂😂😂😂😂
> 😂😂😂😂😂😂gente, bom demais! Obrigada por me fazer dar boas gargalhadas Muito bom!!! Sou paciente de fibromialgia. Geralmente com dor o tempo todo. Seu bom humor contagiou o meu. Deus lhe abençoe!!!
>
> Nesse mundo tão pesado, cheio de coisas "politicamente corretas", onde um quer passar por cima do outro, ver um padre com tanto humor me deixa alegre. Ainda mais por saber que, com toda essa irreverência ele está trazendo pessoas para conhecer sobre Deus e religião. 👏👏👏👏

Vê-se nesses casos um efeito "medicinal" dos conteúdos postados pelo Padre Patrick, indo além do mero "fazer rir". O presbítero afirma: "Quantas mensagens lindas que eu recebo, de você que transformou a vida através de algo que eu falei, que recuperou a motivação e a alegria. Isso – nossa! – é motivo para mim de muito agradecimento" (FERNANDES, 2022a, a partir de 11min11s). Sua atuação nas redes também faz com que algumas pessoas não religiosas ou que abandonaram a Igreja passem a segui-lo: "ADORO esses padres pós-modernos dá até vontade voltar pra igreja [*sic*]". Já alguns católicos reconhecem o diferencial do padre em relação aos demais presbíteros: "O senhor precisa vir pra nossa paróquia, iria ser uma mudança drástica kkkkkkkkk [*sic*]". Em outros casos, a veracidade de sua prática religiosa gera dúvidas ou surpresas:

> Vc é mesmo Padre? Meu Deus!!! Dou muita risadas 🤭 vc é incrível!!!!
>
> Cara o padre falou maconha 😂😂pra me isso e icônico pq eu acho os padres muito Severo
>
> O mundo tá muito louco minha gente!!! Tá tudo muito doido kkk Padre pregando que o bom é cerveja gelada... Não que não seja, mas causa espanto ouvir um padre dizer...

Por outro lado, há também comentários críticos ou agressivos. Alguns usuários (poucos) manifestam a sua discordância em relação aos conteúdos postados pelo presbítero, chamado de "padre fake", "padre que só dá conselho errado" ou "padre moderninho". Outros defendem que é preciso desconfiar "quando um padre é muito aplaudido por quem está fora da Igreja". Há também críticas em relação a pouca seriedade com que o presbítero aborda as perguntas: "Esse padre nunca leva a sério as perguntas,ou seja,se acaba em brincadeira, só enrola.sabe de nada inocente [*sic*]".

Há ainda críticas e xingamentos envolvendo supostas heresias teológico-religiosas cometidas pelo Padre Patrick: "É pecado padre herege, só resta orar por vc"; "Este padre sem dúvida e o cavalo que o diabo anda montado,sem dúvidas"; "So fala merda... Almas se perdem por conta das suas heresias... Sacerdote do inferno [*sic*]". Outros questionam aquilo que consideram como um desvio de função e um desperdício de tempo: "Acho que o senhor deveria rezar e celebrar mais missas"; "Padre me perdoe ,mais você não tem uma paróquia pra cuidar não? [*sic*]". Em relação a críticas desse tipo, o padre afirma:

> Eu sofro muito, assim, com mensagens às vezes. Porque o *hater* religioso, ele é o pior que existe. É uma coisa assim que eu não consigo explicar, sabe? Colocam um fardo sobre as nossas costas, assim, nos fazem julgamentos tão pesados que, às vezes, meu Deus do céu, que que é isso, né? São pessoas pesadas demais, assim, que eu não sei. Mas o carinho é infinitamente maior, e eu fui me apegando a isso (FERNANDES, 2022f, a partir de 09min37s).

Segundo o presbítero, "é uma minoria que faz isso [o envio de críticas], mas eu procuro não ler comentários muito negativos. A maioria vê com bons olhos, é o que importa" (FERNANDES, 2021b). Para ele, "quanto mais a gente se expõe na internet, mais tem o perigo de sofrer com os ataques dos *haters*. O meu caso não é diferente [...] Mas o retorno positivo que recebo é bem maior" (FERNANDES *apud* PADRE, 2021). E é devido a esse público que recebe positivamente suas mensagens que, segundo o padre, ele continua atuando nas redes. Exemplo disso é um comentário de um seguidor que afirma: "Não se preocupe as suas respostas são ótimos continua por favor se não vou para de te seguir [*sic*]". Há, portanto, uma negociação com seus seguidores, que influenciam o conteúdo do padre ao fazerem determinadas perguntas e ao esperarem um determinado teor de resposta.

Seu "coroinha digital" afirma que até já discutiu com *haters* do Padre Patrick:

> Como a figura dele [do padre] é relativamente séria dentro do clero, da Igreja... aliás, é séria dentro da Igreja, as pessoas que vêm de fora têm muito preconceito. Principalmente as pessoas tradicionalistas. Acham que o padre tem que ser sério o tempo todo, não pode brincar. E tem muita gente chata que chega no Instagram querendo falar isso, né?, querendo colocar em xeque isso. Não conhece a comunidade, não conhece a forma que [o padre] ajuda a comunidade, não conhece a Igreja, não conhece a paróquia dele e quer ir lá meter o bedelho, falar que não é padre de verdade (TEODORO, 2022, a partir de 03min25s).

Seus próprios seguidores também utilizam o campo de comentários para defender o padre de críticas e xingamentos, como nos casos abaixo:

> Vendo um monte de "alecrins filhos de Deus" fazendo julgamentos 🤔 Do que eu ou não é pecado…conhecedores do céu e do inferno, C.IS da religião. Só vejo que dessa forma ele consegue atrair os jovens para "dentro" da igreja, odiava ir na missa em um convento com a minha avó quando pequena, parecia velório. Depois de mais nova ia em uma missa dos jovens, tinha um padre super divertido, uma missa cheia de músicas, enfim era divertido. Parem de ser chatos ou pior julgadores!!!!!
>
> Infelizmente as pessoa tem uma visão errônea de líderes espirituais, acham que não riem, não se divertem, não brincam, não vivem, vivem só de jejum, oração e cara fechada. Eles são humanos e pecadores tbm, cada um com seus desafios. Sou grata a Deus por poder olhar para meu esposo e dizer que o padre mandou eu comprar uma bruzinha😄... A vida já é complicada e viver dizendo que tudo é pecado, que isso não pode, que um padre que arranca boas gargalhadas não vai entrar no céu... Aff me poupe, ele não está desmerecendo ninguém, só está sendo humano como deve ser. Ele não é uma estátua de barro. Te apoio @padre_patrick manda comprar calça jeans pq já comprei muitas bruzinhas.

Percebe-se, em tais casos, o reconhecimento de que a atuação do padre pode estar contribuindo para tornar a prática religiosa mais "divertida" e bem-humorada, além de, consequentemente, segundo essa leitura, ajudar a atrair mais jovens. Também se reconhece a autoridade do padre, cujo discurso em rede é visto como um verdadeiro "mandato" (particularmente às mulheres), ressignificando as relações de casal e em família. Por outro lado, reconhece-se que uma liderança espiritual é "humana e pecadora" também.

Em suma, a influência do Padre Patrick, como vemos, decorre de uma *rede de interações*: o padre é influenciado por alguém e, por sua vez, influencia outras pessoas; elas, consequentemente, de modo complexo e não linear, podem influenciar outras pessoas ainda, a partir da negociação dos sentidos comunicados pelo presbítero. Trata-se de um fluxo constante de reconexões, isto é, de ações comunicacionais em rede. Elas interconectam e ressignificam as instâncias tradicionais de "produção" (padre) e "recepção" (seguidores), fazendo emergir sua comutabilidade nas processualidades digitais, e somando-se a outros interagentes – como plataformas, instituição eclesiástica, empresas etc. (SBARDELOTTO, 2017). Tais redes comunicacionais, portanto, demandam um *esforço comunicacional ativo e contínuo* para sua construção e manutenção (que vai além das estruturas sociais e dos automatismos tecnológicos) por parte de todos os interagentes envolvidos.

3.7 Reflexões transversais

Nesta seção final, a partir da análise em quatro ângulos da influência digital do Padre Patrick – a saber, sua pessoa/*persona*; sua performance; seus conteúdos; e suas interações –, refletiremos de modo transversal sobre os diversos elementos caracterizadores desse caso. Faremos isso articulando nossas reflexões em torno de três eixos principais: comunicacional-cultural, sociopolítico e teológico-eclesial.

Desse modo, na tentativa de aprofundar a compreensão sobre a influência digital do Padre Patrick, buscaremos devolver o caso específico ao complexo fluxo dos diversos processos em jogo, a fim de compor uma síntese sobre os principais achados em nossas análises. "Extrapolando" o caso particular em vista do entendimento do fenômeno mais amplo, buscaremos apreender, por fim, os limites e as possibilidades da influência digital católica para a práxis pastoral contemporânea.

3.7.1 Eixo comunicacional-cultural: "biscoitagem" e autoespetacularização

Os processos comunicacionais em jogo na atuação do Padre Patrick nas plataformas digitais revelam, primeiramente, uma linguagem inovadora em relação a uma certa tradição eclesial, marcada principalmente pela retórica clerical nos púlpitos físicos e pelo imaginário religioso emergente a partir dos "púlpitos" da imprensa, do rádio e da televisão. Do ponto de vista da recepção social, como vimos em rede, isso é bem reconhecido pelos seguidores em geral – a quem Fernandes consegue revelar outras facetas da prática religiosa. Tais gestos também alimentam um intenso processo de circulação comunicacional, que catapultou Fernandes dos rincões do Pará aos principais palcos midiáticos. Entre curtidas e compartilhamentos, mais pessoas passaram a ter contato com os conteúdos do padre. Portanto, o fenômeno da influência digital revela um desafio positivo à Igreja, no sentido de *repensar suas próprias linguagens* para facilitar o diálogo com a cultura contemporânea, assim como no sentido de justamente *saber dialogar com públicos diversos*, com muitos dos quais a Igreja talvez não esteja acostumada a interagir.

A performance comunicacional do Padre Patrick desfaz até certo ponto um *distanciamento em relação às figuras de autoridade religiosa*. A "aura sagrada" em torno da imagem clerical desaparece, dando lugar à cotidianidade, à informalidade, à cumplicidade junto de seu público. Seu estilo conversacional e espontâneo desperta o interesse de seus seguidores, ao ser visto como um presbítero "muito legal", talvez por se afastar de uma certa expectativa social negativa em torno do clero ("padres severos").[44] Assumindo-se como um "padre acessível", Fernandes comunica, no fundo, que ele faz parte de um grupo de usuários comuns da internet que acabaram tendo um

44 Cf. seção 3.6.3.

pouco mais de fama e visibilidade online. "Os influenciadores digitais estão tentando nos lembrar que são muito parecidos conosco, com seus públicos. E, portanto, aquilo que funciona para eles, funcionará para qualquer um de nós" (ABIDIN, 2021, p. 292), inclusive do ponto de vista religioso.

Percebe-se ainda que o padre se esforça para sopesar a relação entre sua vida pessoal, sua *persona*, sua performance e seu conteúdo. Se o Instagram é o ambiente para se desopilar dos rigores da vida clerical (o "dia do lixo"),[45] com produções caseiras e amadoras, o YouTube comunica uma mensagem mais elaborada, ou ao menos um produto midiático mais profissional, com toda a produção audiovisual necessária antes, durante e depois das gravações. Nesse processo, o presbítero soube reconhecer o que gerava repercussão nas redes (a "biscoitagem" em torno da irreverência e de temas polêmicos),[46] apostando sua produção naquilo que se espalhava mais – afinal, como ele mesmo afirma, "o povo gosta do que não presta".[47] Com isso, sua comunicação "popular" efetivamente *popularizou* sua *persona* e seus conteúdos.

Contudo, a interação estabelecida pelo padre com seus seguidores, embora informal em seus *stories*, é meramente protocolar no campo de comentários do Instagram, já que o presbítero não responde publicamente às mensagens ali deixadas. Além disso, as respostas oferecidas por ele em seus *stories* nunca levam em conta a singularidade da pessoa que elaborou a pergunta – seu nome ou proveniência nunca é mencionado. No entanto, quando Fernandes fundamenta o surgimento de sua influência digital em sua superação da depressão, compartilhando suas próprias vulnerabilidades, "isso faz com que se instaure uma relação de equidade entre aqueles que o acompanham – um certo efeito de igualização. E, consequentemente, a mensagem é mais crível" (ABIDIN, 2021, p. 292).

Celebrizado a partir de sua atuação nas redes, o presbítero provoca, portanto, uma sensação de proximidade em seu público. É aquilo que pode ser

---

45 Cf. seção 3.4.

46 Cf. seção 3.3.

47 Cf. seção 3.5.

chamado de *interação parassocial* (PRIMO, MATOS e MONTEIRO, 2021), ou seja, uma sensação de intimidade por parte de seus seguidores em relação ao padre, mas que é construída midiaticamente pela informalidade de sua linguagem e pelos conteúdos abordados. É importante ressaltar que se trata de uma "sensação" de proximidade *apesar* da distância efetiva, e não de uma relação íntima propriamente dita entre o padre e seu público (exceto em casos específicos, como a relação estabelecida com seu "coroinha digital" – mas, como este mesmo frisa, isso só foi possível porque teve a sorte de conhecê-lo *antes da fama*).[48]

Nesse processo de celebrização de Fernandes, *sua vida cotidiana passou a ser constantemente convertida em produto midiático* (imagens, vídeos etc.). Com isso, ela ganha consistência social e até mesmo eclesial ao se (re)produzir segundo as lógicas e os códigos midiáticos, moldando-se às telas e aos formatos audiovisuais e digitais. As plataformas online nas quais o presbítero se faz presente transformam-se, para ele, em "instâncias de autoexposição" (SIBILIA, 2015), compondo uma *lógica* de vida (a midiatização de seu cotidiano), assim como uma *logística* de vida (a programação da influência digital mediante uma agenda de postagens, eventos etc.), na indeterminação e no apagamento de fronteiras entre existência privada (a pessoa) e midiática (a *persona*).

Assim, a própria missão presbiteral passa a ser vivida e produzida cada vez mais *nas e para as telas, autoespetacularizando-se de modo crescente* e convertendo-se em uma sequência de performances conectadas, tornando cada vez mais frequentes as situações do cotidiano do padre em que uma câmera está presente e em ação. O modo de vida midiático contemporâneo leva o presbítero a também emoldurar seus atos cotidianos mais banais como se estivessem sempre prestes a serem projetados em uma tela – e muitas vezes de fato o são –, estimulando um estilo performático de viver o presbiterado. O risco é de que a vida cristã perca sua naturalidade e sua imediaticidade, já que as ações cotidianas passam a ser midiaticamente estudadas, ensaiadas e emolduradas em imagens e vídeos a serem visualizados, "curtidos", comentados e, preferencialmente, compartilhados pelos seguidores em rede.

---

48 Cf. seção 3.3.2.

"Se viver se assemelha a atuar ou encenar, se 'ser alguém' equivale a interpretar um personagem, e se a vida tende a se parecer cada vez mais com uma narrativa midiática, isso ocorre porque costumamos sublinhar nossos gestos e ações '*para aqueles que assistem*'" (SIBILIA, 2015, p. 355; grifo nosso), muitas vezes obedecendo a uma exigência de criar uma felicidade visível, embora talvez fictícia, aos outros. Diante disso, como afirma a autora, a personalidade passa a ser construída voltada "para fora", para os outros (*alterdirigida*), e não mais "para dentro" (*introdirigida*). Em vez de se assentar sobre a base da própria interioridade (a consciência como "núcleo mais secreto e sacrário do ser humano" – cf. *Gaudium et spes*, n. 16), a construção da identidade pessoal e religiosa se erige "a partir dos *efeitos que consegue provocar nos outros*, sobretudo no plano visual" (SIBILIA, 2015, p. 356; grifo nosso).

Paradoxalmente, portanto, no caso da atuação digital do Padre Patrick, sua personalidade pessoal e principalmente presbiteral é construída socialmente de forma *alterdirigida* (o "eu" voltado aos outros e em função deles), embora se explicite midiaticamente de forma *autorreferencial* (o "eu" como foco da atenção dos outros que interagem em função dele). Sob o império de tais subjetividades *alterdirigidas*, "o que se *é* deve ser *visto*, e supõe-se que cada um *é* aquilo que *mostra* de si mesmo" (SIBILIA, 2015, p. 357). O risco disso é o nascimento de um tipo de subjetividade pessoal e presbiteral que busca, cada vez mais, atrair os olhares alheios. Essa subjetividade não é necessariamente mera encenação, ficção, simulação ou máscara; entretanto, é uma construção interior que só existe na medida em que *aparece, se mostra, performa*. Em uma cultura marcada pela lógica da visibilidade, da celebridade e do espetáculo, portanto, "já não basta *ser* alguém ou *fazer* algo [...] o tempo todo, é preciso *performar*: mostrar-se fazendo o que for e sendo alguém. E, é claro, também é necessário ser *visto* nessa exibição" (SIBILIA, 2015, p. 358).

Diante de plataformas digitais cujos algoritmos e protocolos mudam frequentemente, não sendo claros nem transparentes, a questão não é tanto a possibilidade de ser observado constantemente, mas principalmente "*a possibilidade constante de desaparecer*, de não ser considerado suficientemente importante" (BUCHER *apud* PRIMO, MATOS e MONTEIRO, 2021, p. 84).

Ou seja, a questão é o processo de popularização, celebrização e profissionalização da influência digital – processo que passou a exigir do Padre Patrick uma performance e uma presença digitais constantes, para que as métricas digitais permaneçam sempre em alta. Só assim o algoritmo das plataformas não deixará de "entregar" seu conteúdo e o interesse dos possíveis anunciantes não esmorecerá. Caso o presbítero não consiga provar um interesse continuado e crescente por seu conteúdo junto de seus seguidores, as marcas e os anunciantes procurarão outros canais ou perfis com audiência e visibilidade maiores.

Além da ação comunicacional direta do padre em suas presenças digitais, há, portanto, um potencial *indireto* de sua influência, a qual é ampliada através da *ação de seus seguidores sobre e a partir de seus conteúdos*, por meio de compartilhamentos e ressignificações, em um processo de circulação que "sempre desdobra uma nova construção de sentido, que não encontra um 'fim' ou um 'destinatário final'" (SBARDELOTTO, 2018, p. 49). Constitui-se uma complexa rede comunicacional que envolve desde circuitos *intraplataförmicos* (as potencialidades comunicacionais internas ao próprio Instagram ou YouTube, por exemplo) até circuitos *extraplataförmicos* e *transmidiáticos* (o "transbordamento" de sua performance para os palcos e para programas de TV, por exemplo).

Dadas as suas métricas digitais, Fernandes, como influenciador, tem ao seu alcance um poder multiplicador e disseminador desproporcionalmente maior em comparação com outras autoridades da hierarquia católica. Obviamente, esse "processo de contágio" depende da existência de pessoas influenciáveis – as quais possam influenciar outras pessoas por sua vez também influenciáveis. Caso essa "influenciabilidade" seja obstaculizada por razões outras – por exemplo, a consciência crítica de seus seguidores em torno de questões teológico-eclesiais –, de pouco adiantam as qualidades midiáticas da atuação do padre nas redes digitais. Midiaticamente, portanto, a *expertise* teológico-religiosa e até mesmo o testemunho e a coerência de vida em relação aos princípios cristão-católicos não são uma condição necessária para a construção de confiança e credibilidade junto ao público de seguidores. "*A popularidade ultrapassa a autoridade*" (PRIMO, MATOS e MONTEIRO, 2021, p.

34). Em rede, a autoridade teológico-religiosa se constitui e se explicita *midiática e comunicacionalmente*, emergindo a partir das interações sociais. Sua construção se dá, principalmente, mediante a autenticidade dos modos de expressão em sua "atratividade" pessoal (SBARDELOTTO, 2017).

A fim de manter sua *persona* midiaticamente viva e socialmente reconhecida, Padre Patrick precisa lutar para se sobressair em um mercado da atenção e da influência cada vez mais competitivo e globalizado, em que as próprias plataformas digitais alimentam essa concorrência, pois aí está a própria fonte de seus lucros corporativos multibilionários. Por isso, a influência digital do padre também não escapa da monetização digital, mediante a *mercantilização de sua própria imagem pública como religioso*, convertendo-se em "padre-propaganda" de marcas e empresas.

Bispos e padres, porém, de modo particular como membros da hierarquia eclesiástica institucional, "não representam apenas a si mesmos, mas toda a Igreja. Por causa disso, a imagem deles não pode ser usada descuidadamente sem prejuízo para a evangelização, especialmente quando se dispõe a estimular o consumo de um produto" (CONFERÊNCIA, 2018, p. 15). Portanto, a conscientização e o discernimento críticos são fundamentais, pois, como o próprio Padre Patrick reconhece, nas redes "as coisas têm uma proporção muito grande".[49] É preciso não fazer confusão entre a ação evangelizadora e as ações publicitárias, para que a pastoral não copie práticas alheias, provenientes, por exemplo, do marketing de marcas e produtos. Afinal, "nós, cristãos, não temos um produto para vender, mas uma vida para comunicar" (FRANCISCO, 2018a, n.p.).

Por outro lado, é preciso levar em conta o *custo pessoal e pastoral* que a atuação nas redes pode acarretar. No caso do Padre Patrick, o equilíbrio constante entre uma presença frequente nas mídias digitais, as demandas da profissionalização (com a consequente cessão de certas funções a agências e agenciadores, negociações diversas, demandas laborais constantes, como a produção de conteúdos, gravação de vídeos, anúncios publicitários, viagens,

49 Cf. seção 3.5.

participação em shows e eventos etc.), o trabalho pastoral paroquial, e a presença significativa junto às comunidades pode ser desgastante e problemático.

> À medida que crescem os investimentos, os compromissos, as reuniões e as horas de dedicação, o ideal do trabalho flexível e divertido vai encontrando limitações. Além disso, as mudanças nas diretrizes das plataformas sobre monetização e as alterações não noticiadas nos algoritmos, que prejudicam a visibilidade e os rendimentos, somam-se a um quadro que pode ser estafante (PRIMO, MATOS e MONTEIRO, 2021, p. 76).

Com isso, do ponto de vista religioso, o trabalho pastoral pode acabar se convertendo em uma mera atividade dentre outras, que precisa disputar seu espaço em meio a outras práticas profissionais mais lucrativas. Isso só vem a se somar a uma conjuntura de padres ansiosos, depressivos, estressados e sobrecarregados com a pastoral cotidiana, da qual muitas vezes não conseguem dar conta. O risco é que se trabalhe "intensamente buscando um certo tipo de eficácia e rendimento pastoral, mas às vezes como se não existisse o mistério" (PAGOLA, 2020, p. 89). Em muitos casos, a opção final acaba sendo um afastamento ou das redes sociais digitais – mais raramente – ou então – mais frequentemente – da própria vocação religiosa.

De modo geral, por fim, a atuação digital do Padre Patrick explicita que a Igreja Católica, de um ponto de vista institucional, vai perdendo o *monopólio do agenciamento dos sentidos religiosos sobre o próprio catolicismo* (SBARDELOTTO, 2017). Nas sociedades em midiatização, o fluxo comunicacional não se deixa deter ou delimitar por estruturas quaisquer. Mesmo que a Igreja busque fazer um "uso bom e sagrado" da internet, reforçando sua presença institucional em rede, e mesmo que um presbítero, autorizado por seu bispo, tenha a autoridade para falar publicamente em nome da Igreja como membro de sua hierarquia, o fluxo de sentidos sobre o que é "ser católico" – seus saberes e fazeres – encontra escapes no processo de circulação comunicacional, indo além (ou ficando aquém) dos interesses eclesiais e de sua possível "aceitabilidade" por parte da Igreja institucional.

O catolicismo, portanto, parece estar diante da "emergência de um '*sensus fidelium digitalis*', mediante gestos comunicacionais em rede. Embora ínfimos e 'microbianos', estes trazem consigo potenciais repercussões e desdobramentos nos mais diversos níveis da vida eclesial" (SBARDELOTTO, 2017, p. 368). Isso exige que se vá além da mera ilusão, preconceito, apriorismo ou condescendência diante de um fenômeno comunicacional emergente como a influência digital – o que demanda uma observação e um acompanhamento atentos dos processos midiáticos e dos ambientes digitais como *locus* para o reconhecimento de uma *vitalidade mais autônoma dos modos de constituição e de expressão do catolicismo contemporâneo.* Sem dúvida, aí se encontra um importante "sinal dos tempos" comunicacional sobre o catolicismo e a missão da Igreja hoje, que solicita um profundo discernimento.

3.7.2 Eixo sociopolítico: silêncios e evitamentos alienantes

A influência digital do Padre Patrick revela algumas perspectivas sociopolíticas cujos indícios podem não aparecer explicitamente nos conteúdos publicados no Instagram e no YouTube, mas que emergem justamente nas entrelinhas, nos silêncios e nos evitamentos do presbítero em sua atuação digital.

A primeira dessas perspectivas é o posicionamento de Fernandes ao *evitar falar de temas como política* e o fato de ele assumir, em suas próprias palavras, uma "postura neutra" (embora isso não tenha sido posto em prática nas eleições presidenciais de 2018).[50] Nessa postura, explicita-se uma concepção de política ligada apenas ao jogo partidário. Entretanto, tudo que Padre Patrick faz em suas redes diz respeito à *pólis*, em sentido geral, já que todo influenciador digital tem um certo poder de "amplificar ou suprimir alguns tipos específicos de informação, tensões, pensamentos e conversações" (ABIDIN, 2021, p. 291) sobre a vida em comum da sociedade. Ao chamar atenção para determinados assuntos e não para outros, Fernandes age politicamente. Pautando conversas e potencialmente influenciando a mudança de opinião de seus seguidores, Fernandes age politicamente.

50 Cf. seção 3.5.

Mas, mesmo quando não se posiciona explicitamente, o presbítero também age politicamente ao "desviar a atenção, distrair as pessoas e, portanto, suprimir alguns tópicos de conversas" (ABIDIN, 2021, p. 291). É o caso de todos os *stories* postados nas compilações de 2021, ano marcado pelo auge da pandemia da COVID-19, e que encerrou com um altíssimo número de mortes no Brasil (mais de 412 mil).[51] Foi também o ano de uma grave e complexa situação no país, devido à "convergência de múltiplas crises [política, econômica, ambiental, cultural e social], todas mutuamente dependentes e, portanto, retroalimentadas" (GRUPO, 2021, p. 8). Tal conjuntura passa ao largo de – e também se choca contra – todas as "brincadeiras" postadas pelo presbítero em seus *stories* no Instagram.

Por um lado, pode-se dizer que seus seguidores buscam justamente esse tipo de conteúdo deliberadamente distante e alheio aos problemas da vida em um "mundo tão pesado" e, por isso, valorizam a atuação do padre como um "ótimo remédio para depressão, tristeza, solidão", como eles mesmos afirmam em comentários no Instagram. Entretanto, o próprio padre percebeu que o humor não era suficiente, que era necessário "um alimento mais sólido". Mesmo assim, entre todas as mensagens mais densas publicadas no YouTube, a conjuntura nacional e internacional, do ponto de vista dessa "crise de crises", foi um tema evitado e suprimido.

Pode-se alimentar, assim, um processo de *alienação social*, no qual tanto o influenciador digital quanto seus seguidores "alheiam-se" e "alienam-se" das condições históricas, políticas e econômicas em que vivem. Com isso, reforça-se o desconhecimento, a não problematização ou a indiferença em relação a tais condições sociais concretas, gerando um *estranhamento* do indivíduo em relação aos outros e, ao mesmo tempo, um *ensimesmamento*, no qual os interesses se voltam excessivamente ao próprio "eu" e ao próprio entorno imediato (ROSA, 2022). Esse processo se torna ainda mais preocupante em um contexto de pandemia, por si só marcado pelo sofrimento e pelo luto decorrentes da doença infecciosa, somando-se, particularmente no Brasil, a uma crise político-sanitária. Desse modo, as pessoas deixam de

51 Dado disponível em: https://is.gd/USewoN.

se reconhecer como sujeitos, agentes e autores da vida social em comum, julgando-se plenamente livres e independentes dos condicionamentos sócio-históricos e, assim, ao mesmo tempo, paradoxalmente, aceitando-os passivamente e talvez até inconscientemente.

Essa dupla alienação – tanto com a produção de conteúdos "alienados" por parte do influenciador digital a fim de contentar seu público, quanto pela busca e pelo consumo deliberados de tais informações pelos seus seguidores, muitas vezes desejosos justamente de "alienar-se" de uma realidade pessoal ou social incômoda ou problemática – envolve uma indiferença, um desinteresse, um desengajamento e um descompromisso ativos em relação às questões sociais, políticas, econômicas e culturais no debate público e na vida em comum. A vida do país e do mundo passa ao largo do universo de sentidos criado em torno da *persona* e da performance do influenciador digital, transformando-se em algo externo, separado, distante, diferente, "outro" (*alienus*).

Contudo, como já afirmava São João Paulo II, "o exercício do ministério da evangelização em campo social, que é um aspecto do múnus profético da Igreja, *compreende também a denúncia dos males e das injustiças*" (*Sollicitudo rei socialis*, n. 41; grifo nosso). E continuava: "Não são justificáveis, portanto, nem o desespero, nem o pessimismo, *nem a passividade*. [...] assim como se pode pecar por egoísmo, por avidez de ganho excessivo e de poder, também se podem cometer faltas em relação às necessidades urgentes de multidões humanas imersas no subdesenvolvimento *por temor, por indecisão e, no fundo, por covardia*" (n. 47; grifo nosso). E o *Compêndio da Doutrina Social da Igreja* explicita: "Pela relevância pública do Evangelho e da fé e pelos efeitos perversos da injustiça, vale dizer, do pecado, a Igreja não pode ficar indiferente às vicissitudes sociais" (n. 71).

Por fim, em um mundo supostamente "cheio de coisas 'politicamente corretas'", como afirmava um dos seguidores do padre no Instagram,[52] certos conteúdos de Fernandes *corroboram e reforçam estereótipos e padrões sociais*. O agir político do padre e sua não neutralidade política se explicitam, aqui, na reiteração de determinados preconceitos sociais por meio

52 Cf. seção 3.6.3.

do recurso ao humorismo e à irreverência. Reforça-se uma determinada concepção de beleza pautada por corpos que se enquadram em padrões considerados socialmente aceitáveis, assim como estereótipos sobre papéis sociais de homens e mulheres em uma relação a dois.

Embora se voltando particularmente a um público feminino, a atuação do presbítero acaba reforçando certas crenças sociais sobre a inferioridade e a futilidade da mulher, segundo as quais ela desejaria apenas comprar, vestir-se bem, sentir-se bonita e ser amada. Isso não se manifesta como um sexismo abertamente hostil, ou seja, mediante uma atitude negativa contra a mulher, justificando a supremacia e o poder masculinos. Mas se explicita como um "sexismo benevolente" (ASSMAR e FERREIRA, 2004), mediante atitudes e sentimentos positivos aparentemente a favor da mulher, mas que endossam igualmente as tradicionais desigualdades de gênero. O fruto disso é o reforço de tais estereótipos negativos junto aos públicos do presbítero, como no caso da seguidora que deixou seu comentário agradecendo a Deus "por poder olhar para meu esposo e dizer que o padre mandou eu comprar uma *bruzinha*":[53] nessa frase, evidencia-se que a reivindicação da mulher pela libertação de sua submissão (financeira) ao esposo só se tornou possível mediante sua obediência à autoridade do padre ("mandou").

Com seus conteúdos "bem-humorados", o padre pode acabar muitas vezes reproduzindo e naturalizando tais estereótipos e padrões socioculturais, ao invés de contribuir para a sua desconstrução e superação. O risco maior é que, na complexidade das conexões digitais, os estereótipos sociais negativos levem à formação de atitudes e preconceitos prejudiciais, cujo efeito imediato é a discriminação e, no extremo, a agressividade e a violência (KRÜGER, 2004). Por isso, particularmente para quem tem influência sobre grandes públicos graças ao alcance midiático, é fundamental "inibir a manifestação de crenças estereotipadas, pois, como sugerem os estudos baseados na ameaça do estereótipo, uma frase ou mesmo uma palavra fora de lugar pode causar danos intelectuais para uma pessoa que em outras circunstâncias poderia ter um melhor futuro pela frente" (PEREIRA, 2004, p.

53 Cf. seção 3.6.3.

84). Quando isso é multiplicado por milhões de seguidores, tais danos podem ser exponencialmente maiores.

3.7.3 Eixo teológico-eclesial: teologia da levianização e cristianismo *light*

Do ponto de vista teológico-eclesial, destaca-se na atuação digital do Padre Patrick aquilo que ele mesmo chama de "forma irreverente de ministrar o Evangelho".[54] O padre encontrou um nicho na internet que, como ele afirma, é "um campo muito aberto de evangelizar", muitas vezes inexplorado por outras lideranças católicas. Com o passar do tempo, Fernandes soube reconhecer as lógicas digitais e se apropriar delas positivamente – ao menos a partir do ponto de vista dessas mesmas lógicas.

Como um representante da Igreja publicamente reconhecido, sua performance manifesta que ele consegue "falar com as pessoas deste tempo", como ele mesmo reconhece. Em uma sociedade que percebe a Igreja muitas vezes de maneira negativa, como uma instituição anacrônica e autoritária, a figura de um padre *influencer* atrai como uma centelha de novidade, criatividade, dialogicidade. Com isso, sua influência digital pode despertar o interesse pela fé e pelo crescimento espiritual em seus seguidores.

Por outro lado, em uma situação de crise eclesial do ponto de vista dos escândalos sexuais, entre revelações e acobertamentos, Fernandes também responde a uma parcela da sociedade que busca transparência e franqueza das lideranças religiosas, mesmo que à custa de uma "suavização" em relação a certas exigências da prática de fé. Melhor um padre que faz rir do que um que se faz de "santo no altar", como dizia um seguidor.[55]

Contudo, ao recorrer quase sempre ao humor, à ironia, à acidez, ao sarcasmo e até ao deboche, ao menos em seus *stories*, Fernandes talvez perca oportunidades relevantes de "tocar o coração de ao menos uma pessoa", como ele mesmo afirma ser o seu propósito.[56] O risco é de se fomentar uma "cultura

54 Cf. seção 3.3.2.

55 Cf. seção 3.6.3.

56 Cf. seção 3.3.2.

do divertimento" que leva a uma "cultura da intranscendência" (PAGOLA, 2020), que olha apenas para o aqui e o agora, para o imediato, fazendo a pessoa viver no esquecimento ou na alienação em relação às grandes questões que o ser humano e a sociedade contemporânea trazem em seu interior.

Nesse caldo cultural, emerge uma certa *ambiguidade da identidade cristã*. Isto é, hoje, o perfil de um cristão – e ainda mais de um clérigo – muitas vezes não é mais definido por sua adesão à doutrina cristã e pela prática dos valores do Evangelho. "Basta que alguém cultive alguma religiosidade [...] para continuar se definindo como cristão. Entretanto, não é fácil saber qual é o conteúdo de sua fé: cada qual crê a seu modo" (PAGOLA, 2020, p. 28). Como reconhece o autor, isso faz com que muitos desses cristãos vivam cheios de dúvidas e confusão, com perguntas que eles quase nunca se fazem ou esclarecem devidamente – e a "caixinha de perguntas" de Fernandes, na grande maioria dos casos, é um exemplo disso. Em um processo contínuo de *autoinformação* e, portanto, também de *autoformação* religiosa e teológica, as pessoas em rede têm à sua disposição nos ambientes digitais mais respostas prontas e autossatisfatórias do que perguntas problematizadoras do próprio "eu" e mobilizadoras de um "nós" social, comunitário e eclesial.

Os vínculos sociais construídos pelo presbítero em suas redes digitais, que ultrapassam as fronteiras geográficas e eclesiásticas (indo muito além de sua paróquia e de sua diocese), podem justamente não reforçar a devida importância da pertença à comunidade eclesial local, alimentando, nas palavras do Papa Francisco, uma "'espiritualidade do bem-estar' sem comunidade" (*Evangelii gaudium* [= EG], n. 90). Desse modo, a religião se converte em "uma forma de consumismo espiritual à medida do próprio individualismo" (EG 89). Como continua o Papa Francisco, o retorno ao sagrado e a busca espiritual caracterizam a nossa época, mas é preciso responder adequadamente à sede de Deus de muitas pessoas, para que não tenham de ir saciá-la com propostas alienantes ou propostas que apresentam um Jesus Cristo desencarnado e descompromissado com o outro. "Se não encontram na Igreja uma espiritualidade que os cure, liberte, encha de vida e de paz, ao mesmo tempo que os chame à comunhão solidária e à fecundidade missionária, acabarão enganados por propostas que não humanizam nem dão glória a Deus" (EG 89).

Padre Patrick reitera que não deseja "impor" a fé, nem torná-la um "fardo" para as pessoas, evitando apontar constantemente o que é pecado ou não, "como se você estivesse andando sobre uma corda bamba",[57] como se a fé fosse "uma coisa de legislação",[58] em suas próprias palavras. Ele deseja mostrar que crer pode ser "agradável", "suave", "saboroso", "gostoso", que as pessoas podem ter uma religião, "mas sendo pessoas felizes e realizadas".[59] Por isso, o padre reafirma diversas vezes seu propósito de apresentar uma "fé leve".

Entretanto, entre seu discurso e sua prática, manifesta-se muitas vezes não apenas uma "leveza" na abordagem das questões ligadas à fé cristã – particularmente necessária em ambientes fluidos como os digitais –, mas também e principalmente uma certa *leviandade*,[60] ou seja, uma certa falta de seriedade, de reflexão e de prudência, seja no modo de abordar tais questões, seja nos próprios conteúdos oferecidos.

Emerge, assim, aquilo que poderíamos chamar de uma *teologia da levianização*, isto é, um modo superficial, irrefletido e descompromissado de pensar e de praticar a fé (como em um irreverente *story* de 15 segundos) a ponto de torná-la demasiadamente "leve", ou seja, *leviana*. Essa teologia fomenta e ao mesmo tempo se alimenta daquilo que Berteau chama de *cristianismo light*: uma comunicação cristã marcada por "mensagens agradáveis, positivas e inspiradoras", com "bênçãos, mas sem obediência. Conforto, mas sem sacrifício. Felicidade, mas sem arrependimento" (BERTEAU, 2013, p. 1; tradução nossa).

Tal cristianismo *light* muitas vezes rebaixa os requisitos para o segmento cristão, na tentativa de conter a evasão de fiéis e esperando que a maioria deles volte. Seus seguidores gostam de suas promessas de bênçãos, mas

57 Cf. seção 3.4.

58 Cf. seção 3.5.2.

59 Cf. seção 3.4.

60 Entendida como "irreflexão" ou "falta de prudência ou de pensar" (cf. *Dicionário Priberam da Língua Portuguesa*, disponível em: https://dicionario.priberam.org/leviandade), ou ainda como "falta de seriedade" (cf. *Dicionário Aulete*, disponível em: https://www.aulete.com.br/leviandade).

preferem não ouvir nada sobre as agruras de um processo de crescimento interior, de maturidade na fé (BERTEAU, 2013). Nesse processo de *infantilização espiritual*, os fiéis consomem uma espiritualidade de "baixa caloria" e crenças "descafeinadas", como as define Žižek (2004), em um período no qual as próprias religiões parecem mais do que prontas para servir à busca do prazer. Segundo o autor,

> hoje encontramos no mercado uma série de produtos cujas propriedades nocivas foram suprimidas: café sem cafeína, creme de leite sem gordura, cerveja sem álcool... E a lista não para por aí [...] Do mesmo modo, no tocante à religião, o que a tolerância politicamente correta nos oferece é uma crença descafeinada: uma crença que não ofende ninguém e com a qual nem mesmo nós precisamos estar totalmente comprometidos. Tudo é permitido ao "último homem" hedonista dos tempos que correm: pode-se desfrutar de tudo, desde que as coisas sejam desprovidas de sua substância [...] se Deus existe, tudo é permitido – àqueles que afirmam agir em nome Dele, na condição de instrumentos de Sua vontade. [...] Não nos dizem mais "beba café, mas com moderação!"; agora a regra é "beba todo o café que quiser, pois o café já está descafeinado..." (ŽIŽEK, 2004).

No caldo desse cristianismo *light* e "descafeinado", muitas pessoas passam a se convencer de que Jesus se encarnou apenas para torná-las felizes e bem-sucedidas. Trata-se de uma versão do cristianismo em que tudo gira em torno da positividade e da realização pessoais, e segundo a qual ser cristão é divertido e conveniente para os propósitos individuais. Seu Evangelho é um "sorriso, uma palavra de conforto", "uma palavra de luz, uma bênção ou um consolo", como afirma o presbítero em um de seus vídeos. O lema desse cristianismo é: "Mais do que você quer, e menos do que você não quer" (BERTEAU, 2013, p. 13; tradução nossa).

Com isso, a pessoa

> busca apenas organizar-se da maneira mais cômoda possível: aproveitar a vida, desfrutar dela e tirar dela o melhor. A vida só é vida se for prazer. Não há proibição nem terreno negado; bom é o que me apetece e ruim o que me desagrada. Tampouco existem objetivos ou ideias maiores: o importante é viver

> "numa boa!". Dessa forma, vai nascendo um ser humano "radicalmente irresponsável", perfeitamente adaptado aos padrões da vida imposta de fora, mas incapaz de enfrentar-se com a própria existência a partir de uma profundidade maior. [...] É um ser à deriva, que corre o risco de cair no tédio e inclusive perder o gosto de viver. É um indivíduo *light* sem referências, sem foco, sempre mais perdido diante das grandes interrogações da existência (PAGOLA, 2020, p. 83-84).

Em um cristianismo focado mais no "eu" do que em Cristo, são as pessoas que estão no controle de suas próprias vidas, e Jesus é visto apenas e exclusivamente a serviço delas: "Ele está ali, pronto para mandar a tempestade se acalmar", comenta Padre Patrick em um de seus vídeos. De um ser humano *capax Dei* passa-se a um Deus *capax homo*: "Deus é capaz de silenciar as tempestades da sua vida"; "Deus é a solução para nossa vida". Nesse *cristianismo coach e motivacional*, prega-se que Jesus diz para cada um de nós: "Coragem, força. Motive a sua vida", como o padre afirma em um de seus vídeos. Anuncia-se um Jesus a pleno dispor do indivíduo, sempre disponível como um *coach* "à minha imagem e semelhança", disposto a acompanhar a pessoa de modo exclusivo, em sua busca individual por bem-estar e equilíbrio entre "seu eu profissional, pessoal e espiritual" (cf. COACHING, s.d.). Disso decorre a enxurrada de produtos midiáticos cristãos que focam no sucesso profissional, na autorrealização pessoal, e no prazer individual: "Tenha esperança"; "Faça o impossível"; "Viva intensamente"; "A vida é única"; "Deus nos melhora" – como afirmam os títulos de alguns vídeos do Padre Patrick no YouTube.

À luz da fé, contudo, o risco disso é "domesticar o mistério, tanto o mistério de Deus e da sua graça, como o mistério da vida dos outros" (*Gaudete et exsultate*, n. 40). Isso porque a espiritualidade cristã não é confortadora, mas sim *confrontadora* da realidade da própria pessoa e do mundo ao seu redor (cf. SILVA, 2022). Jesus mesmo nunca quis deixar as pessoas confortáveis. Na expressividade típica da linguagem de sua época, ele afirmou: "Não pensem que eu vim trazer paz à terra; eu não vim trazer a paz, e sim a espada" (Mt 10,34). Jesus nunca modificou sua mensagem para agradar ou aumentar sua audiência. Os índices de público e de seguidores não lhe interessavam.

Jesus mantinha os níveis de exigência elevados, mesmo correndo o risco de as pessoas se afastarem: é bom segui-lo, mas é preciso também fazer-se servos uns dos outros (cf. Mt 20,26-27; Mc 10,43-44; Jo 13,14-15); é bom perdoar, mas é preciso perdoar até "setenta vezes sete" (Mt 18,22); é bom amar, mas é preciso amar também os inimigos (cf. Mt 5,44; Lc 6,27) e até "dar a vida pelos amigos" (Jo 15,13).

O relato do encontro de Jesus com um homem rico (Mc 10,17-22) revela isso. Ao perguntar ao Mestre o que devia fazer para herdar a vida eterna, este homem ouviu como resposta que era preciso não apenas observar os Mandamentos, mas também vender todos os seus bens e dar o dinheiro aos pobres. Diante desse chamado, o jovem foi embora abatido e cheio de tristeza, porque suas necessidades pessoais haviam sido subvertidas. Jesus mostrou a ele que a "sua" necessidade pessoal não devia estar em si mesmo, como busca de salvação individual, mas sim devia ser descentralizada – devia estar nos pobres. As "suas" necessidades deviam se voltar para as necessidades alheias. Portanto, "muitas vezes, evangelizar é frustrar as necessidades do outro, por serem autorreferenciais" (SBARDELOTTO, 2020, p. 53).

Para Berteau (2013), um dos trechos mais tristes dos evangelhos se encontra em João 6,66, que diz: "A partir desse momento, muitos discípulos voltaram atrás, e não andavam mais com Jesus". Milhares de pessoas queriam proclamá-lo rei no dia anterior, quando ele lhes havia dado de comer; mas, quando anunciou sua entrega na Paixão, elas se afastaram. O interesse delas era apenas conforto e felicidade. O Evangelho, porém, "não é um travesseiro; é uma cruz" (BERTEAU, 2013, p. 38; tradução nossa), a qual nos move para uma transformação interna radical (não apenas autoindulgente) e para uma transformação social, a fim de "tornar o Reino de Deus presente no mundo" (EG 176).

Em seus papéis de *coaches* espirituais, contudo, "os presbíteros pregam e os fiéis escutam, mas às vezes todos saem da igreja [ou dos teatros e das redes sociais digitais] sem ter ouvido o Mestre interior. E quase sempre continuamos cultivando uma oração cheia de nós mesmos, mas vazia de Deus" (PAGOLA, 2020, p. 176). Vê-se aí um processo de *psicologização* ou *hedonização da fé* – processo em que, diante de uma pregação-autoajuda, o indivíduo vai se fechando em uma espiritualidade privatista, individualista, sentimentalista e devocional, que produz apenas comunidades afetivas e emocionais. "Muitos jovens declaram um interesse pela 'espiritualidade', a qual, não raramente, manifesta um caráter anárquico e muito centrado no sujeito: isto é, move-se na direção de uma espécie de bem-estar e apoio psicológico, e não na direção da abertura hospitaleira ao outro e a Deus, que é a verdadeira cifra da religião cristã" (MATTEO, 2020, posição 182-184; tradução nossa).

Nesse cristianismo *light*, "descafeinado" ou *coach*, Jesus, o Evangelho e o Reino de Deus convertem-se em rótulos genéricos, que não apontam necessariamente para uma "substância" de fé ou de vida. No caso do Padre Patrick, muitas vezes a fé cristã se torna apenas um pano de fundo de sua *persona* e performance digitais (ele mesmo afirma que só é padre "sério" de segunda-feira em diante). O cosmos da experiência cristã converte-se em mera reserva de imagens, símbolos, e razões éticas e estéticas, ressignificados midiaticamente e consumidos livremente. É o que Matteo (2011) chama de *estetização do cristianismo*, na qual a experiência do divino não é totalmente rejeitada, mas também não é mais tematizada teologicamente de modo substancial, fazendo com que a fé cristã perca força e originalidade. Igrejas, textos, liturgias e símbolos "não são mais as testemunhas de uma revelação, os sinais de uma verdade doada à fé cristã, mas as ruínas admiráveis de uma simbólica que se oferecem a toda possibilidade de invenção e de expressão" (MATTEO, 2011, p. 167; tradução nossa), exponenciadas pelas linguagens e mídias digitais.

Desse modo, o cristianismo passa a ser interpretado a partir das lentes do sensacional, do folclórico, do midiático, como mero produto cultural, "industrializado", massificado e pulverizado digitalmente em rede, podendo ser consumido por qualquer pessoa e de qualquer modo. Simplificam-se, diluem-se e abrandam-se as especificidades do cristianismo, mediante a individualização e a privatização extremas da prática religiosa. Embora pública, tal prática busca atender apenas às necessidades espirituais do indivíduo, deixando de lado a perspectiva altruísta, comunitária e social de abertura ao outro, que é central na fé cristã. Com isso, a experiência cristã deixa de ser *eclesial*, em sentido comunitário, para ser *individual*, em sentido autocentrado.

Entrevê-se aí um processo de *amenização da fé* (SBARDELOTTO, 2017), mediante seu apaziguamento e sua resignação diante das contradições do mundo, da Igreja e da própria pessoa. Amenizam-se a consciência crítica do cristianismo e a força profética e questionadora do Evangelho, que é *anúncio* da Boa Nova do reinado de Deus e, ao mesmo tempo, *denúncia* dos "reinos deste mundo" (cf. Jo 18,33). Como já dizia São João Paulo II, "a Igreja é chamada a dar o seu testemunho por Cristo, assumindo posições corajosas e proféticas, face à corrupção do poder político ou econômico; não correndo ela própria atrás da glória e dos bens materiais; usando os seus bens para o serviço dos mais pobres e imitando a simplicidade de vida de Cristo" (*Redemptoris missio*, n. 43).

O risco, nesse contexto, é aprofundar aquilo que Pagola (2020) chama de *mediocridade espiritual*. Nessa situação, por ingenuidade ou desconhecimento, a pessoa se vê reduzida ou compelida a se contentar com o "alimento" espiritual que lhe é oferecido, muitas vezes escasso e fraco, de conteúdo apenas sentimentalista, motivacional, psicologizante e infantilizado. Entretanto, "a evangelização não deveria deixar que alguém se contente com pouco" (EG 160).

Uma fé fechada no subjetivismo, mediante a qual a pessoa fica enclausurada na imanência de sua própria razão ou de seus sentimentos, é uma das principais fontes daquilo que o Papa Francisco chama de "mundanismo espiritual". Com isso, "nem Jesus Cristo nem os outros interessam verdadeiramente. São manifestações de um imanentismo antropocêntrico. Não é possível imaginar que, destas formas desvirtuadas do cristianismo, possa brotar um autêntico dinamismo evangelizador" (EG 94). Por isso, se não houver uma mudança em certas linguagens e atitudes pretensamente cristãs, as pessoas têm todo o direito de se perguntar se a fé cristã faz alguma diferença (BERTEAU, 2013).

De modo geral, porém, o "caso Padre Patrick" é apenas sintoma de uma conjuntura eclesial e religiosa muito mais crítica e complexa. Ele pode ser entendido como expressão da ponta do iceberg da crise do cristianismo na contemporaneidade, que articula,

> por um lado, a atitude dos meios de comunicação social [e dos ambientes digitais] e da cultura contextual, que consideram o

> cristianismo apenas como fenômeno cultural e folclórico, por outro, algumas alas de fiéis que decidem por si mesmos sentido de seu ser e de seu agir na história; e, finalmente, por outro lado ainda, uma Igreja oficial que pretende sair da crise de autoridade e de credibilidade que a atravessa deslocando o objetivo de sua ação para os problemas universais da sociedade e para a reafirmação dos princípios de sua doutrina (MATTEO, 2013, p. 173; tradução nossa).

A partir de outro ângulo de observação, mas com uma leitura afim, Brighenti (2021) afirma que os seminários contemporâneos, por exemplo, passaram a gerar principalmente dois padres-tipo: os de postura apologética frente ao mundo, que se refugiam em práticas de piedade devocional, nos moldes da Contrarreforma tridentina; e os promotores de uma prática religiosa de cunho emocionalista, terapêutico e sentimental, a serviço dos indivíduos e de suas demandas pessoais.[61] Em meio a essa crise, o próprio Fernandes é fruto e "influenciado" por uma formação presbiteral empobrecida e superficial, que foi se consolidando ao longo dos últimos anos.

Diante disso, é preciso assumir um olhar realista sobre as consequências que a inércia pastoral, por um lado, e o contexto sociocultural (em mudança como resultado do processo de midiatização), por outro, produzem no presente da Igreja em geral – consequências que, portanto, inevitavelmente condicionarão seu futuro. Nós vivemos hoje aquilo que Matteo (2013) chama de *situação pós-eclesial*, caracterizada pela perda de credibilidade da Igreja em um duplo sentido: tanto como uma realidade que não inspira mais confiança (= fé) na sociedade; quanto como uma instituição que não é mais capaz

---

61 Aprofundando a análise, Brighenti (2021) afirma que o "novo perfil de presbíteros" do qual Padre Patrick faz parte está diretamente relacionado com a profunda crise de recepção da renovação promovida pelo Concílio Ecumênico Vaticano II, em seu esforço de reconciliação da Igreja com o mundo moderno depois de cinco séculos de oposição e de sua excomunhão em bloco. O esforço de setores católicos durante os papados de João Paulo II e de Bento XVI foi promover uma "reforma da reforma" do Concílio, distanciando-se da renovação conciliar e somando-se a um projeto eclesial de restauração da neocristandade. Nesse período de involução eclesial, emerge um novo perfil de bispo, "mais gestor do que pastor", contrário aos processos pastorais alinhados com a renovação conciliar e de tradição eclesial libertadora.

de desencadear, em seus membros, inclusive e principalmente em seu clero, comportamentos marcados pela própria experiência cristã.

Na prática digital do Padre Patrick, também se percebe essa situação pós-eclesial em outro sentido: evidencia-se um distanciamento em relação à vida da Igreja local e global. Em todos os conteúdos produzidos pelo padre analisados nesta pesquisa, o magistério do Papa Francisco, em seus documentos e gestos, não é citado nenhuma vez. Não há nenhuma referência à vida da Igreja no Brasil, seja em relação a fatos e eventos, seja em relação a temas-chave da vida e do debate eclesial nos períodos analisados. A paróquia e a diocese do presbítero são apenas mencionadas de passagem, como pano de fundo de sua vida pessoal. A importância da comunidade e da comunhão eclesial acaba desaparecendo – o foco passa a ser o "eu" do próprio padre ou o "eu" da pessoa que o segue nas redes.

A atual crise da Igreja ou da fé, ou até "crise de Deus", portanto, exige atitudes ainda mais "ousadas e criativas" (EG 33) por parte dos cristãos e das cristãs. Quem se reveste de um papel de autoridade eclesial e assume um papel de liderança cristã não pode promover apenas o desenvolvimento de *superficialidades da fé*, cultivando um cristianismo sem experiência interior, sem vivência mística, sem práxis transformadora. A maioria dos responsáveis pela ação pastoral ainda vive em uma "esperança inconsciente" (MATTEO, 2020), não assumindo uma leitura da história atual que leve em conta as mudanças culturais e sociais das últimas décadas, que aponta para uma verdadeira mudança de época (cf. EG 52).

Por isso, é preciso criatividade, coragem e audácia para implementar uma mudança da mentalidade pastoral que leve em conta justamente *as novas condições e os novos condicionamentos* históricos nos quais se desenvolve a missão da Igreja. O desafio é propor uma ação pastoral voltada para a possibilidade de que qualquer pessoa que deseje possa se tornar cristã ("todos, todos, todos, sem excluir ninguém", como reitera o Papa Francisco), sem com isso mercadejar, baratear ou liquidar o tesouro da fé e da experiência cristãs (SBARDELOTTO, 2020).

Para que essa equação seja possível, é preciso superar a remoção quase total do Evangelho de Jesus – e do Jesus do Evangelho – nas práticas (comunicacionais) cristãs, pois é impossível tornar-se cristão sem encontrar e seguir Jesus e sem pôr em prática o seu Evangelho (MATTEO, 2020). A indiferença religiosa e a ignorância espiritual contemporâneas são realidades que apontam para a exigência de que a proposta da fé cristã se volte àquilo que é essencial: a amizade com Jesus e o amor fraterno (cf. EG 265).

O problema é que, muitas vezes, confunde-se o essencial com aquilo que é *acidental, superficial, opcional*, colocando em primeiro plano aquilo que deveria vir depois. Como afirma Francisco, "a evangelização está essencialmente relacionada com a proclamação do Evangelho [...] Os cristãos têm o dever de o anunciar, sem excluir ninguém, e não como quem impõe uma nova obrigação, mas como quem partilha uma alegria, indica um horizonte estupendo, oferece um banquete apetecível" (EG 14). Por isso, alegria e leveza são importantes e necessárias para a evangelização, mas não podem degenerar em irrisão e superficialidade, muito menos tornar o Evangelho leviano, esvaziando-o de toda a sua densidade profética e transformadora.

Depois de mais de 2.000 anos, portanto, o desafio continua sendo o de lançar as redes em águas (bem) mais profundas (cf. Lc 5,4).

Referências bibliográficas

ABIDIN, Crystal. "Influenciadores digitais, celebridades da internet e 'blogueirinhas'" (entrevista concedida a Issaaf Karhawi). *Intercom: Revista Brasileira de Ciências da Comunicação*, 44 (1): 289-301, 2021. Disponível em: https://doi.org/10.1590/1809-58442021114.

ASSMAR, Eveline Maria Leal; FERREIRA, Maria Cristina. "Estereótipos e preconceitos de gênero, liderança e justiça organizacional: controvérsias e sugestões para uma agenda de pesquisa". *In*: LIMA, M. E. O.; PEREIRA, M. E. (orgs.). *Estereótipos, preconceitos e discriminação: perspectivas teóricas e metodológicas*. Salvador: EDUFBA, 2004, p. 89-116.

BASTOS, Gabriel. "Padre Patrick aponta condição 'inusitada' para postar foto sem camisa de novo, entrega puxada de orelha de bispo e reação a nudes recebidas; assista". *Hugo Gloss*, 01 nov. 2021. Disponível em: https://hugogloss.uol.com.br/brasil/padre-patrick-aponta-condicao-inusitada-para-

-postar-foto-sem-camisa-de-novo-entrega-puxada-de-orelha-de-bispo-e-reacao-a-nudes-recebidas-assista/.

BERTEAU, Glen. *Christianity Lite: Stop Drinking a Watered-Down Gospel.* Lake Mary: Charisma House, 2013.

BRIGHENTI, Agenor. "A emergência de um sujeito incômodo no catolicismo brasileiro". *In*: *O novo rosto do clero: perfil dos padres novos no Brasil.* Petrópolis: Vozes, 2021, p. 17-31.

COACHING espiritual: conheça seu conceito e seus benefícios. *Instituto Brasileiro de Coaching*, s.d. Disponível em: https://is.gd/si5g57.

CONFERÊNCIA Nacional dos Bispos do Brasil. "Orientações pastorais para as mídias católicas: imprensa, rádio, TV e novas mídias". *Estudos da CNBB*, n. 111. Brasília: Edições CNBB, 2018.

DIAS, Leo. "Assustado com comentários, Padre Patrick deleta foto em que aparece sem camisa". *Metrópoles*, 12 out. 2021. Disponível em: https://is.gd/RGbLP6.

FERNANDES, Patrick. "Com mais de três milhões de seguidores, Padre Patrick conta que usou a internet para vencer depressão" (entrevista concedida a Alex Braga). *Extra*, 07 set. 2021a. Disponível em: https://extra.globo.com/tv-e-lazer/com-mais-de-tres-milhoes-de-seguidores-padre-patrick-conta-que-usou-internet-para-vencer-depressao-rv1-1-25187061.html.

______. "Padre capixaba vira conselheiro do amor e faz sucesso na internet". *Tribuna Online*, 27 jul. 2021b. Disponível em: https://tribunaonline.com.br/cidades/padre-capixaba-vira-conselheiro-do-amor-e-faz-sucesso-na-internet-99585.

______. "Padre pode beber? ganha salário? tem férias? curiosidades sobre a vida de um padre!". YouTube, 19 nov. 2021c. Publicado pelo canal *Revista AnaMaria*. Disponível em: https://youtu.be/c0VrIL6Cls4.

______. "O padre é pop! Em entrevista exclusiva Padre Patrick fala sobre depressão, política e o sucesso na internet" (entrevista concedida a Bruninho Afonso). *Jornal de Brasília*, 25 out. 2021d. Disponível em: https://jornaldebrasilia.com.br/blogs-e-colunas/camarote-do-bruninho/padre-patrick/.

FERNANDES, Patrick. "Padre viraliza respondendo seguidores nas redes sociais | MELHOR DA TARDE". YouTube, 15 set. 2021e. Publicado pelo canal *Melhor da Tarde*. Disponível em: https://youtu.be/OIn1UnnY5-g.

______. "JMD (23/09/21) Padre Patrick Fernandes um fenômeno nas redes sociais". YouTube, 23 set. 2021f. Publicado pelo canal *TV Serra Dourada*. Disponível em: https://youtu.be/4vs3K7vsMxI.

______. "Com o tema 'Toque de Deus', Padre Patrick se apresenta em São Paulo". *Tô na Mídia*, 23 nov. 2021g. Disponível em: https://tonamidia.com.br/com-o-tema-toque-de-deus-padre-patrick-se-apresenta-em-sao-paulo/.

______. "Estourado nas redes sociais, padre Patrick fala sobre críticas, fama e humor: 'Não é só isso que eu sou'" (entrevista concedida a Jesana de Jesus). *G1 Tocantins*, 14 out. 2021h. Disponível em: https://g1.globo.com/to/tocantins/noticia/2021/10/14/estourado-nas-redes-sociais-padre-patrick-fala-sobre-criticas-fama-e-humor-nao-e-so-isso-que-eu-sou.ghtml.

______. "Fazer tatuagem é PECADO? Padre Patrick responde". YouTube, 22 abr. 2021i. Publicado pelo canal *Padre Patrick Fernandes*. Disponível em: https://youtu.be/_YWXKN3r9JI.

______. "O PROPÓSITO DE DEUS NA TUA VIDA! | Padre Patrick". YouTube, 14 nov. 2021j. Publicado pelo canal *Padre Patrick Fernandes*. Disponível em: https://youtu.be/BFSvzk-kzIc.

______. "ME CHAMARAM DE 'PADRECO' | A origem do Padre Patrick". YouTube, 20 mar. 2022a. Publicado pelo canal *Padre Patrick Fernandes*. Disponível em: https://youtu.be/zX-ylITxEnE.

______. "Conheça Patrick Fernandes, um padre cheio de graça" (entrevista concedida a Alvaro Leme). *GQ*, 29 abr. 2022b. Disponível em: https://gq.globo.com/Lifestyle/noticia/2022/04/patrick-fernandes-padre-cheio-de-graca.html.

______. "UMA TATUAGEM NÃO DEFINE VOCÊ | Padre Patrick". YouTube, 06 fev. 2022c. Publicado pelo canal *Padre Patrick Fernandes*. Disponível em: https://youtu.be/_3_nnzE1WDM.

______. "10 CURIOSIDADE SOBRE O PADRE PATRICK | Já beijei na boca?". YouTube, 13 mar. 2022d. Publicado pelo canal *Padre Patrick Fernandes*. Disponível em: https://youtu.be/nPNvfGrIiRw.

FERNANDES, Patrick. "CURIOSIDADES SOBRE A MINHA VIDA DE PADRE | Padre Patrick". YouTube, 12 jun. 2022e. Publicado pelo canal *Padre Patrick Fernandes*. Disponível em: https://youtu.be/937ey_KAdJ4.

______. "A VIDA APÓS A FAMA | O que mudou?". YouTube, 19 jun. 2022f. Publicado pelo canal *Padre Patrick Fernandes*. Disponível em: https://youtu.be/D64aQJbaj8Q.

FORA da Caixinha: Padre Patrick se apresenta em Aracaju neste domingo. *Infonet – O que é notícia em Sergipe*, 27 ago. 2022. Disponível em: https://infonet.com.br/noticias/cultura/fora-da-caixinha-padre-patrick-se-apresenta-em-aracaju-neste-domingo/.

FRANCISCO. "Audiência geral. Catequese sobre a Carta aos Gálatas – 6. *Os perigos da Lei*". A Santa Sé, 25 ago. 2021. Disponível em: https://is.gd/e7Q9Mh.

______. "Exortação apostólica *Evangelii gaudium* sobre o anúncio do Evangelho no mundo atual". A Santa Sé, 24 nov. 2013. Disponível em: http://goo.gl/FCZf87.

______. "Exortação apostólica *Gaudete et exsultate* sobre o chamado à santidade no mundo atual". A Santa Sé, 19 mar. 2018b. Disponível em: https://is.gd/J7x670.

______. [*Vida para comunicar*]. Cidade do Vaticano, 30 ago. 2018a. Twitter/X: @Pontifex_pt. Disponível em: https://twitter.com/pontifex_pt/status/1035127491621339137.

GILÓ, Naum. "Entrevista: o padre que alcança milhões através das redes sociais". *Correio Braziliense*, 10 out. 2021. Disponível em: https://is.gd/ylU09z.

GODINHO, Rafael. "Padre Patrick Fernandes conta como superou depressão: 'Estava definhando'". *Quem*, 24 set. 2021. Disponível em: https://is.gd/T1lsaO.

GRUPO de Análise de Conjuntura – CNBB. "A conjuntura brasileira e a crise social" (08 nov. 2021). Disponível em: https://cefep.org.br/wp-content/uploads/2021/11/A-CONJUNTURA-BRASILEIRA-E-A-CRISE-SOCIAL-novembro-de-2021-2.pdf

JOÃO PAULO II. "Carta encíclica *Sollicitudo rei socialis* pelo vigésimo aniversário da encíclica *Populorum progressio*". A Santa Sé, 30 dez. 1987. Disponível em: https://is.gd/Ffb5Wo.

JOÃO PAULO II. "Carta encíclica *Redemptoris missio* sobre a validade permanente do mandato missionário". A Santa Sé, 07 dez. 1990. Disponível em: https://is.gd/P7bXst.

KARHAWI, Issaaf. "Influenciadores digitais: conceitos e práticas em discussão". *Communicare*, 17: 46-61, jan. 2017. Disponível em: https://is.gd/W238fs.

KRÜGER, Helmut. "Cognição, estereótipos e preconceitos sociais". *In*: LIMA, M. E. O.; PEREIRA, M. E. (orgs.). *Estereótipos, preconceitos e discriminação: perspectivas teóricas e metodológicas*. Salvador: EDUFBA, 2004, p. 23-40.

LEMOS, André; DE SENA, Catarina. "Mais livre para publicar: efemeridade da imagem nos modos 'galeria' e 'stories' do Instagram". *Mídia e Cotidiano*, 12 (2): 6-26, ago. 2018. Disponível em: https://doi.org/10.22409/ppgmc.v12i2.10035.

MARCELLINO, Marcio Morrison Kaviski. "A relação entre jornalistas e dispositivos móveis: uma análise indiciária dos conteúdos produzidos por Guga Chacra, Maria Beltrão e Andréia Sadi nos Stories do Instagram". *Panorama*, 11 (1): 34-39, jan/jun. 2021. Disponível em: https://seer.pucgoias.edu.br/index.php/panorama/article/view/8874

MATTEO, Armando. *Presenza infranta: il disagio postmoderno del cristianesimo*. Assis: Cittadella Editrice, 2011.

______. *Pastorale 4.0: eclissi dell'adulto e trasmissione della fede alle nuove generazioni*. Milão: Àncora, 2020. Edição Kindle.

MEDEIROS, Fernanda de Faria. "Celebridades no Instagram: performance, monetização e relação com o público". Tese (Doutorado em Comunicação Social) – Universidade Federal de Minas Gerais, Belo Horizonte, 2020.

MODELLI, Laís. "Os danos sociais causados pelo consumo de álcool no Brasil". *Deutsche Welle*, 18 fev. 2019. Disponível em: https://www.dw.com/pt-br/os-danos-sociais-causados-pelo-consumo-de-%C3%A1lcool-no-brasil/a-47564127.

ORTIZ, Vivian. "Sabia que padre tem salário? Patrick Fernandes conta tudo sobre os bastidores da vida religiosa". *AnaMaria*, 19 nov. 2021. Disponível em: https://anamaria.uol.com.br/noticias/famosos/pode-beber-tem-salario-patrick-fernandes-conta-tudo-sobre-ser-padre.phtml.

PADRE Patrick Fernandes é 'sincerão' com Rafael Portugal: 'A gente tem que se parecer com gente bonita'. *GShow*, 03 set. 2021. Disponível em: https://is.gd/7BjUHw.

PAGOLA, José Antonio. *Anunciar Deus hoje como boa notícia*. Petrópolis: Vozes, 2020.

PEREIRA, Marcos Emanoel. "Grupos sociais e performance intelectual: o efeito da ameaça dos estereótipos". *In*: LIMA, M. E. O.; PEREIRA, M. E. (orgs.). *Estereótipos, preconceitos e discriminação: perspectivas teóricas e metodológicas*. Salvador: EDUFBA, 2004, p. 69-87.

POMPEU, Ulisses. "O padre 'biscoiteiro' de Parauapebas que está bombando no Instagram". *Correio de Carajás*, 04 ago. 2020. Disponível em: https://correiodecarajas.com.br/o-padre-biscoiteiro-do-bem-de-parauapebas-que-esta-bombando-no-instagram/.

PRIMO, A.; MATOS, L.; MONTEIRO, M. C. *Dimensões para o estudo dos influenciadores digitais*. Salvador: EDUFBA, 2021.

ROSA, Hartmut. *Alienação e aceleração: por uma teoria crítica da temporalidade tardo-moderna*. Petrópolis: Vozes, 2022.

SBARDELOTTO, Moisés. *E o Verbo se fez bit: a comunicação e a experiência religiosas na internet*. Aparecida: Santuário, 2012.

______. *E o Verbo se fez rede: religiosidades em reconstrução no ambiente digital*. São Paulo: Paulinas, 2017.

______. "Circulação em rede: a complexa comutabilidade dos polos de produção e recepção no fluxo comunicacional digital". *Questões Transversais*, 6 (11): 48-57, jan-jul. 2018. Disponível em: https://revistas.unisinos.br/index.php/questoes/article/view/17213.

______. *Comunicar a fé: Por quê? Para quê? Com quem?* Petrópolis: Vozes, 2020.

SIBILIA, Paula. "Autenticidade e performance: a construção de si como personagem visível". *Fronteiras – estudos midiáticos*, 17 (3): 353-364, set-

-dez. 2015. Disponível em: https://revistas.unisinos.br/index.php/fronteiras/article/view/fem.2015.173.09.

SILVA, Caio Matheus Caldeira da. "A incompatibilidade do coaching espiritual com a fé cristã". *Folha de Londrina*, 26 mai. 2022. Disponível em: https://is.gd/aa6N0p.

SUCESSO na web, Padre Patrick fala de repercussão de foto sem camisa e diz receber cantadas: 'Propostas de casamento e nudes'. *Extra*, 02 nov. 2021. Disponível em: https://is.gd/Ss7vez.

TALARICO, Fernanda; NOGUEIRA, Renata. "Padre Patrick diz que só posta foto sem camisa de novo quando Jesus voltar". *Splash UOL*, 31 out. 2021. Disponível em: https://is.gd/5XTYrP.

TEODORO, Juliano. "QUEM É O BRAÇO DIREITO DO PADRE PATRICK?" (entrevista concedida a Patrick Fernandes). YouTube, 26 jun. 2022. Publicado pelo canal *Padre Patrick Fernandes*. Disponível em: https://youtu.be/JNjJbMNTRc8.

ŽIŽEK, Slavoj. "A paixão na era da crença descafeinada". *Folha de S.Paulo*, 14 mar. 2004. Disponível em: https://www1.folha.uol.com.br/fsp/mais/fs1403200408.htm.

4. A dimensão social do Evangelho nas redes sociais digitais

Alzirinha Souza

4.1 Origens

Júlio Renato Lancellotti nasceu em 27 de dezembro de 1948, no Hospital do Brás, bairro operário de São Paulo. Segundo de três filhos, foi cuidado por seu pai Milton Lancellotti, almoxarife e comerciante, e por sua mãe Wilma, que, após o casamento, passou a dedicar-se aos cuidados da família.

Padre Júlio cresceu no bairro do Belém, na capital paulista, onde reside até hoje na casa de sua família. Sua trajetória até a entrada na vida religiosa foi longa. Depois de ter feito os primeiros anos de educação formal numa escola pública chamada Educandário São José, ele foi enviado ao Educandário Espírito Santo, no bairro vizinho do Tatuapé. Era uma escola confessional católica, integrada à Rede de Educação "Missionárias Servas do Espírito Santo", conhecida por sua rigidez e bom nível escolar.

Sua formação religiosa não foi linear. Aos 12 anos, ele foi enviado para o Seminário de Araraquara. Não se adaptando à rigidez da vida religiosa, regressou a São Paulo para concluir os estudos na Escola dos Agostinianos. Junto a essa congregação, decidiu se preparar para a carreira religiosa, chegando a ser frade agostiniano até os 19 anos, quando se afastou pela segunda vez da vida monástica. Nessa época, tendo concluído o curso de Auxiliar de Enfermagem, passou a trabalhar na Santa Casa de Misericórdia de Bragança Paulista.

Posteriormente, ingressou nas Faculdades Oswaldo Cruz, onde concluiu o curso de Pedagogia. Especializou-se em Orientação Educacional na PUC-SP, instituição em que atuou como professor assistente do docente Carlos Alberto Andreucci. Nesse período, também exerceu a docência nas faculdades Oswaldo Cruz, Castro Alves e Piratininga, bem como no Instituto Nossa Senhora Auxiliadora, onde lecionou no curso de Formação de Professores. Trabalhou ainda no Serviço Social de Menores, que mais tarde se transformaria na Fundação Estadual para o Bem-Estar do Menor (FEBEM) – hoje Fundação Centro de Atendimento Socioeducativo ao Adolescente (fundação CASA) –, e no Centro de Apoio ao Imigrante do Brás.

Em 1980, conheceu Dom Luciano Mendes de Almeida (1930-2006), então bispo auxiliar da Arquidiocese de São Paulo, responsável pela Região Episcopal Belém. Esse encontro determinaria a retomada de sua vida religiosa, na qual seria incentivado a abraçar definitivamente a vocação presbiteral. Após a conclusão dos estudos de Teologia no Centro Universitário Assunção – atual Pontifícia Universidade Católica de São Paulo (PUC-SP) –, ele foi, enfim, ordenado padre pelo mesmo D. Luciano (que se tornou seu amigo pessoal na Paróquia São José do Belém) em 20 de abril de 1985, sendo designado pároco em 1986 na Paróquia São Miguel Arcanjo, no bairro da Mooca, onde trabalha até hoje (LABIGALINI, 2021, p. 14).

4.2 Influências teológico-eclesiais e sociopolíticas

Nesse processo de formação, é notável a influência da linha eclesial da Arquidiocese de São Paulo, sob o comando de Dom Paulo Evaristo (Cardeal Arns) e seus auxiliares. De seu período de estudos, Padre Júlio guardou duas perspectivas que impactaram permanentemente seu trabalho pastoral: a *luta evangelizadora* associada à *luta política*. A luta evangelizadora e pastoral é marcada pelo período pós-conciliar, pelas conferências de Medellín (1968) e de Puebla (1979), e pela Teologia da Libertação latino-americana. Urgiam as transformações social e política do continente despertadas por Medellín, que não viriam dissociadas da segunda conferência.

No Brasil, foram anos de combate pela redemocratização do país, na esteira do engajamento político da Igreja. Em São Paulo, essa luta ficou evidente junto aos sindicalistas metalúrgicos do ABCD Paulista, onde nasceram as greves dos anos oitenta, capitaneadas pelo então sindicalista Luiz Inácio Lula da Silva, que fundara o Partido dos Trabalhadores em 1980. Esse movimento era abertamente apoiado pelo Cardeal Arns, que permitia que os seminaristas fossem à Praça da Sé e às portas das fábricas panfletar a favor dessa causa trabalhista; assim como por Dom Cláudio Hummes, bispo de São Bernardo do Campo, e Angélico Sândalo Bernardino, bispo de São Miguel Paulista, que abriram as igrejas para proteger os grevistas da violência policial.

Compreende-se que só é possível fazer avançar a luta a partir dos valores do Evangelho – que toma para si, por excelência, a centralidade dos pobres (trabalhadores ou não) – se ela tocar as transformações das estruturas. Nesse sentido, a centralidade dos pobres e a luta pela redemocratização do país convergiam na possibilidade de uma nova organização social e política que também pudesse beneficiá-los. Essa compreensão é expressa pelo Padre Júlio:

> Na minha concepção, não há maneira de seguir Jesus sem optar, sem estar do lado dos mais pobres, dos abandonados e – como diz Paulo Freire na *Pedagogia do oprimido* – dos "esfarrapados", daqueles que são descartados, considerados lixo. Assim como Jesus comia com os pecadores, com os abandonados, com os excluídos; assim como viveu São Francisco de Assis, assim como viveram esses grandes sinais da Igreja no seguimento de Jesus. Aquilo que Jesus nos diz, quando vemos o capítulo 5 do Evangelho de São Mateus: Jesus se identifica com o faminto, o sedento, o abandonado, o forasteiro. Então acredito que não há uma forma de seguimento de Jesus que não passe pelos mais pobres, pelos abandonados (LANCELLOTTI, 2022, p. 4).

Isso é claramente refletido nas opções de pastorais desenvolvidas pelo Padre Júlio. Desde sua formação, junto a D. Luciano, no período de 1976 a 1988, ele participou de toda a fundamentação da Pastoral do Menor da Arquidiocese de São Paulo e dos grupos de fundação da Pastoral da Criança, tendo colaborado, ainda, na formulação do Estatuto da Criança e do Adolescente (ECA), instituído pela Lei nº 8069 no dia 13 de julho de 1990.

No final dos anos 1980, dedicou-se ao trabalho junto dos menores da FEBEM/Fundação CASA, onde participou da campanha contra os maus-tratos ocorridos nessa instituição, resultando em um manifesto contra a política do "cacete pedagógico" e na demissão de sua presidente, Maria Inês Bierrenbach, em março de 1986, substituída por Nazih Curi Meserani (*Folha de S.Paulo*, 17 mar. 1986, p. 4).

Durante os anos 1990, dedicou-se às crianças portadoras de HIV. Fundou em 1991 a Casa Vida I e a Casa Vida II, destinadas a acolher crianças e mães portadoras do vírus da Aids, naquela época ainda desconhecido pela ciência. Foi nesse mesmo período que ele também iniciou um trabalho mais direcionado à *população em situação de rua* (PSR).[1]

Em 1993, Padre Júlio assumiu a coordenação do Vicariato Episcopal para a Pastoral do Povo da Rua (VPR),[2] criado por D. Paulo Evaristo Arns, função que lhe permitia reportar-se diretamente ao cardeal e aos bispos auxiliares. Essa pastoral esteve à frente do diálogo e do estabelecimento de diversos projetos de atendimento à população carente, realizados em conjunto com os poderes municipal e estadual através dos diversos "convênios" estabelecidos entre esses dois poderes e as Entidades Sociais da Arquidiocese de São Paulo. Em 1997, o VPR ganha uma sede própria no bairro da Luz,

---

1 Nesta pesquisa, por fundamentação teológica, não utilizaremos a expressão "Povo da Rua", ainda que o próprio Padre Júlio a utilize e o Vicariato que ele coordena tenha o nome de "Vicariato Episcopal para a Pastoral do Povo da Rua". Elegemos utilizar "população em situação de rua" (PSR), uma vez que consideramos que esta não deve ser, por nenhuma razão, uma situação definitiva para nenhuma população. Embasando a nossa consideração, um dos trabalhos da Teologia é justamente buscar a conscientização das pessoas para que, transformando a realidade social, à luz do Evangelho, não existam essas populações e a vida venha a ser com dignidade para todos/as.

2 Utilizaremos a sigla *VPR* para "Vicariato do Povo de Rua". Link: https://arquisp.org.br/organizacaopastoral/coordenacao-pastoral-do-vicariato-episcopal-para-a-pastoral-do-povo-da-rua.

em São Paulo, chamada Casa de Oração,[3] graças à doação de D. Paulo do valor ganho de um prêmio concedido a ele por budistas do Japão.

Ali, a PSR e os catadores de recicláveis têm aulas de capacitação profissional, além de participarem de outras atividades. É um trabalho de articulação e organização criado para atender a demanda desse povo e guardar a memória de sua história de lutas.[4] Além disso, a Casa de Oração promove ações diretas junto aos órgãos públicos.

Em fevereiro de 1990, foi criado em parceria com o Centro Social Nossa Senhora do Bom Parto (Bompar)[5] o Centro Comunitário São Martinho de Lima. Inicialmente localizado embaixo do viaduto Guadalajara, e estando hoje na rua Siqueira Cardoso, no Belém, o Centro São Martinho conta com 40 funcionários (muitos deles ex-PSR) e dezenas de voluntários. É nesse espaço que Padre Júlio serve à PSR três refeições diárias.

---

3 Para mais informações, ver: BRANDÃO, R.; MONTOIA, P. "Pastoral do Povo da Rua de São Paulo é uma comunidade, diz missionária". *Agência Brasil*, 22 dez. 2007. Disponível em: https://memoria.ebc.com.br/agenciabrasil/noticia/2007-12-22/pastoral-do-povo-da-rua-de-sao-paulo-e-uma-comunidade-diz-missionaria. Segundo a missionária Regina Maria Manuel (*apud* LABIGALINI, 2021, p. 76): "A Casa de Oração não é uma prestadora de serviços à comunidade. Nós temos um espaço físico que serve de Centro Pastoral e também como espaço de encontros e celebrações, além de articulação de movimentos da população de rua e dos catadores de recicláveis".

4 A exemplo do evento realizado todos os anos em memória dos ataques sofridos por essa população em São Paulo, no período de 19 a 22 de agosto de 2004, em que sete morreram. Esse crime ganhou repercussão internacional e as investigações levantaram a suspeita de ter havido participação de policiais na ocorrência. Ver: RAMOS, V. "Moradores de rua sofrem ataque em série". *Folha de S.Paulo*, disponível em: https://www1.folha.uol.com.br/fsp/cotidian/ff2008200401.htm.

5 Fundado em 1946, o Centro Social Nossa Senhora do Bom Parto (Bompar) é ligado à Arquidiocese de São Paulo. Foi reativado por D. Luciano Mendes nos anos 1980. Trata-se de uma entidade sem fins lucrativos que atua na Zona Leste de São Paulo. Em parceria com a PMSP – pela Secretaria Municipal de Assistência e Desenvolvimento Social (SMADS), pela Secretaria Municipal de Educação (SME), e pela Secretaria Municipal de Saúde (SMS) –, o Bompar mantém 52 unidades e 1.100 funcionários, ultrapassando a marca de 10 mil atendimentos por dia. O trabalho do Bompar engloba a integralidade da vida humana: recém-nascidos, crianças, adolescentes, jovens, idosos, PSR e suas famílias. Durante longos anos, Padre Júlio fez parte de sua diretoria.

4.3 O "Povo da Rua"

Ainda que tenhamos adotado a sigla PSR, respeitamos a expressão "Povo da Rua", utilizada na explicação dada pelo próprio Padre Júlio Lancellotti (*apud* LABIGALINI, 2021, p. 66):

> A categoria "povo de rua" não é simplesmente um neologismo, criado aleatoriamente, mas uma expressão real para nominar coletivamente as pessoas que vivem ao relento, sem direito de acesso aos menores benefícios sociais e humanitários. São famílias inteiras, homens e mulheres, adolescentes, crianças, desempregados, doentes, dependentes, migrantes, pessoas que sempre viveram na miséria e outras que foram ricas, famosas e perderam tudo. Há ainda os que possuem curso superior, são inteligentes, mas se desiludiram com alguma situação mais complicada, não souberam lidar com a frustração ou não obtiveram apoio afetivo e psicológico suficiente e perderam o rumo da vida. Esse povo, sem lar, não deve ser visto como substantivo inanimado ou uma coletividade anônima de indesejáveis. São seres humanos, frutos da criação divina, e precisam da atenção que o Estado lhes nega frequentemente. São seres encarados como estorvo por boa parte da sociedade, essas mesmas pessoas que aos domingos vestem roupas elegantes e frequentam casas religiosas. Ali se emocionam ao ouvirem as palavras de Jesus dissertando sobre amar o próximo, o órfão, o pequeno, o desvalido, o leproso.

Ora, estes são os *refugiados urbanos* que vivem na maior cidade da América Latina, onde não encontram espaço para si. Segue o Padre Júlio (*apud* LABIGALINI, 2021, p. 91):

> Em geral, a visão que se tem é de que as pessoas em situação de rua são perigosas, ou porque são loucas, ou porque são dependentes químicos. Essa é a razão de serem tratadas como inimigos que devem ser extirpados. Mas a realidade é bem diferente disso. São essas pessoas que vivem o perigo da fome, que correm riscos o tempo todo por sua vulnerabilidade, e que podem ser atacadas a qualquer momento, em qualquer lugar onde estiverem.

4.3.1 Quantos são?

As políticas públicas para a PSR não cobrem, em definitivo, suas necessidades. O atendimento precário aparentemente se caracteriza pela ausência de seriedade e de vontade em sua implementação, e deveria lhes dar o mínimo necessário para a satisfação de suas necessidades básicas de alimentação, segurança e higiene. O fato é que a administração da maior cidade da América Latina (a quarta maior cidade do mundo)[6] ignora seus habitantes e não sabe ao certo quantos e quais perfis constituem essa população.

No último censo realizado pela Prefeitura Municipal de São Paulo, divulgado em 23 de janeiro de 2022, aponta-se uma série de erros que levam à sua falta de confiabilidade,[7] tal como denunciado pelas pastorais e instituições que trabalham diretamente com a PSR – dentre elas a que Padre Júlio coordena. Uma nota divulgada em suas redes sociais ressalta que muitas pessoas que vivem em calçadas, atendidas pela pastoral, afirmam não terem sido abordadas pelos agentes censitários da empresa Qualitest, contratada pela gestão Ricardo Nunes (2021-atual) para realizar o levantamento. "Está aí, esse censo é uma mentira", declarou Padre Júlio.[8]

Ainda assim, os números por si sós são alarmantes e demonstram que houve crescimento de 31% da PSR durante os dois primeiros anos da pandemia de COVID-19. O Movimento Estadual da População em Situação de Rua de São Paulo (MEPSR-SP) indica que a capital paulista tem hoje mais de 66.000 pessoas vivendo em suas ruas, número quase três vezes maior do que

6 As quatro primeiras metrópoles, por número de habitantes: Tóquio (37,4 milhões), Nova Delhi (29,3 milhões), Xangai (26,3 milhões) e São Paulo (21,8 milhões). Disponível em: https://www.ie.com.br/intercambio/maiores-cidades-mundo/.

7 Dados recentes sobre o Censo da PSR. Ver: ASSUNÇÃO, Clara. "Censo da população de rua de São Paulo não mostra a realidade, contesta movimento". *Brasil de Fato*, 25 jan. 2022. Disponível em: https://www.brasildefato.com.br/2022/01/25/censo-da-populacao-de-rua-de-sao-paulo-nao-mostra-a-realidade-contesta-movimento#:~:text=Enquanto%20em%202019%2C%2020%25%20da,tamb%C3%A9m%20cresceu%20330%25%20em%202021.

8 *Idem*.

o registrado pelo censo oficial da Prefeitura de São Paulo, realizado em 2019, que apontou 24.344 pessoas sem-teto.[9]

O desencontro dos números, estando bastante longe da realidade, desvela o risco de que essa população seja ainda mais invisibilizada e cada vez menos alcançada pelas políticas públicas, as quais – se existirem efetivamente – serão implementadas para um número bastante reduzido de pessoas. É justamente a ausência delas que impulsiona a causa da defesa dessas pessoas e confirma as críticas levantadas pelo VPR.

Finalmente, é dividindo-se entre os espaços do Centro São Martinho, da Casa de Oração do Povo da Rua, e da Paróquia São Miguel na Mooca que o Padre Júlio Lancellotti exerce há 37 anos seu ministério sacerdotal como padre da Arquidiocese de São Paulo e como Vigário da Pastoral do Povo da Rua. Ele assume, à sua maneira, a defesa dos *refugiados urbanos*, constituídos por pessoas em estado de vulnerabilidade social: a PSR, seguida dos LGBTQIA+, dependentes químicos, entre outros, que se encontram invisibilizados e ignorados pela sociedade e pelos órgãos públicos na cidade de São Paulo.

4.4 Presença nas redes digitais

Os meios de dar destaque à sua luta se diferenciam no tempo histórico em relação aos meios de comunicação social e de massa. No início de sua caminhada, as publicações e manifestações púbicas na etapa final da ditadura militar eram arriscadas. Com a censura imposta aos meios de comunicação da Arquidiocese – a exemplo do tradicional jornal *O São Paulo* (no período de 1970-1985) e da *Rádio 9 de Julho* (suspensa no período de 1973-1985) –, restava à Igreja daqueles anos ensaiar alguma publicação nos jornais de circulação que se alinhavam com o cardeal Arns e suas demandas, dentre as quais as demandas da PSR. Dos dois jornais de grande circulação em São

9 Ver: PEREIRA, J. "São Paulo tem mais de 66 mil pessoas em situação de rua, aponta levantamento". *Rádio Brasil de Fato*, 13 out. 2021. Disponível em: https://www.brasildefato.com.br/2021/10/13/sao-paulo-tem-mais-de-66-mil-pessoas-em-situacao-de-rua-aponta-levantamento.

Paulo, a *Folha de S.Paulo* assume essa linha editorial, ao passo que *O Estado de S. Paulo* se coloca em linha contrária.

É importante perceber que a "abertura democrática" coincide com o ano de ordenação do Padre Júlio (1985) e com as transformações que resultariam rapidamente nas novas tecnologias digitais. Nessa dinâmica de reabertura, as publicações nos jornais de grande circulação, associados aos meios de comunicação da Arquidiocese, tornaram-se viáveis. Com o início desse novo período político, as notícias aos poucos voltaram a circular com mais liberdade, como as matérias anteriormente citadas na *Folha de S.Paulo* em 1986. Essa etapa toca as mídias tradicionais de massa, tais como jornais impressos, revistas e TV aberta. Posteriormente, graças à popularização da internet, Padre Júlio inicia sua participação nas redes sociais, sites de entrevistas e canais de TV pagos, nos quais, de forma monotemática, ele busca divulgar seu trabalho pastoral centrado na causa da PSR.

Sua entrada nas redes sociais se dá a partir do ano de 2009, com os perfis no Facebook, no Instagram e no Twitter/X (*Julio Renato Lancellotti*, *@padrejulio.lancellotti*, e *Julio Lancellotti @pejulio*, respectivamente), além da página da Paróquia no Facebook, chamada *O Arcanjo*. Inicialmente utilizadas e alimentadas de forma esporádica, elas foram potencializadas a partir da pandemia de COVID-19, com utilização e características distintas. A página *O Arcanjo* centralizou as atividades paroquiais e a transmissão das celebrações e missas dominicais, com destaque paras as homilias do Padre Júlio, ao passo que os perfis em seu nome trazem como conteúdo imagens devocionais, fotos e vídeos que destacam principalmente a PSR, suas questões, demandas e campanhas empreendidas a favor de sua causa. Encontramos em ao menos três registros sua expressão sobre a compreensão e utilização das redes sociais. No primeiro registro, destacamos (01h09min06s-01h09min42s):

> Nós temos que ser acendedores de esperança. O túnel está muito escuro, a gente tem que resistir. Acho que a nossa esperança nesse momento é resistência. Você sabe que eu tenho usado muito as redes sociais e tenho procurado fazer no Instagram como que um diário dessa pandemia, que as imagens ajudam muito; no Twitter também, eu tenho conseguido

> muito veicular as imagens e isso é muito bom, porque faz com que tenha estabelecido uma rede de contatos com gente do Brasil todo e de fora do Brasil.[10]

No segundo registro, Padre Júlio desvela o lugar acessório das redes no conjunto de suas atividades. Após descrever que suas manhãs são tomadas pela celebração diária e pela convivência com a PSR, seja no Centro São Martinho, seja na Paróquia, e após descrever os seus polos de trabalho – a Casa de Oração; relações com grupos religiosos ou não de voluntários; relações políticas institucionais –, ele afirma (29min31s-30min42s):

> As redes sociais eu mesmo que posto, eu mesmo que cuido. Tem pessoas que fazem fotos e eu reproduzo. Eu gosto de mexer nas redes sociais o que eu sei. Depois eu tenho uma equipe que me ajuda nas comunicações, na Pastoral das Comunicações [PASCOM] que é quem faz a transmissão da celebração do Domingo. E a nossa missa tem tido uma audiência bastante grande. Eu até nas últimas missas tenho avisado que as nossas missas são monitoradas pela Delegacia de Crimes da Internet.[11]

E ele segue ainda a entrevista falando do trabalho com os livros, da preparação dos sermões de domingo, e de seus estudos pessoais.

Finalmente, no terceiro registro, quando perguntado sobre a *ação religiosa* nas redes sociais, Padre Júlio afirma (51min41s-52min33s):

> Eu uso muito as redes sociais como uma forma de difundir a luta popular, de difundir a luta junto às pessoas em situação de rua, de apoiar os vários grupos espalhados pelo Brasil, que são muitos que estão espalhados pelo Nordeste. Estão presentes no Brasil inteiro. Tem até um grupo que está em Goiás que veio me visitar, que eu tenho divulgado bastante, que chama "Marmitas de Teresa". E eles fizeram esse grupo em homenagem a

---

10 LANCELLOTTI, J. "Aula conjunta ICH, ICS e FCA com o padre Júlio Lancelotti". YouTube, 06 abr. 2021. Publicado pelo canal *PUC Minas Lives*. Disponível em: https://www.youtube.com/watch?v=vWHlQT94UzU.

11 *Idem*, "Padre Julio Lancellotti - Meu Nome é Correria #26". YouTube, 06 out. 2021. Publicado pelo canal *Meu Nome é Correria*. Disponível em: https://www.youtube.com/watch?v=djTcoBhdhrc&t=1781s.

> Madre Teresa de Calcutá, e eles repetem muito uma frase dela: "Se você não puder dar 100 marmitas, dê uma, seja capaz de ser humano na sua medida, partilha água com a pessoa que está em situação de rua".[12]

A nossa pesquisa se centrará no conteúdo de sua conta no Instagram. No próximo item do *corpus* da pesquisa ("Performance"), apresentaremos a metodologia utilizada, a análise detalhada e os resultados, o que nos permitirá uma leitura mais ampla da atuação do Padre Júlio no meio digital.

De forma geral, podemos antecipar alguns elementos que tocam o conjunto das contas de suas redes sociais – elementos que trazem os primeiros fatores de análise de *sua presença nas redes*. Primeiramente, cabe afirmar que suas postagens dizem respeito diretamente ao seu trabalho pastoral e à causa da PSR, de forma repetida nas três redes. Nelas, registram-se temas diretos e transversais através de fotos, vídeos, imagens devocionais, repostagens de jornais, *sites*, divulgação de *lives* ou programas dos quais ele é convidado a participar.

Em segundo lugar, é interessante observar que raramente são realizadas postagens de cunho pessoal privado (eventualmente, fotos de familiares: mãe, pai e irmãos falecidos). Sua vida "pública" transparece nos conteúdos através de seu cotidiano com sua presença na Paróquia, nos Centros de Acolhida, em eventos públicos de homenagens ou em diálogos com as autoridades institucionais.

Uma terceira observação refere-se à ausência de estruturas de apoio: seja com equipe formal contratada, seja com programação de conteúdo ou quantidade de postagens. São os voluntários engajados nos trabalhos da Pastoral que, por vezes, fazem as fotos e colaboram na publicação das postagens. Dos três canais citados, o único que mais se aproxima de uma organização no que se refere à publicação dos conteúdos é a página *O Arcanjo*, uma vez que ela é pautada pelo calendário das celebrações litúrgicas.

---

12 *Idem*, "Entrevista com Padre Júlio Lancelotti, referência na luta pelos Direitos Humanos | Grandes Nomes". YouTube, 20 jun. 2022. Publicado pelo canal *O POVO Online*. Disponível em: https://www.youtube.com/watch?v=jVA4-KaIbrk.

Da mesma forma, não há nenhum tipo de interação com seus seguidores, como, por exemplo, respostas a comentários. Quando muito, há um título ou comentário que destaca o sentido da postagem.

Finalmente, outro elemento importante a destacar são os dois tipos de identificação que possibilitam a projeção/influência de seu trabalho nas redes sociais. A primeira identificação trata do vínculo entre o tema da PSR e o nome/imagem do Padre Júlio Lancellotti. Atualmente, é muito raro falar sobre o tema da PSR sem fazer referência a ele. A segunda identificação se dá entre a sua causa, contextualizada na cidade de São Paulo, e outros espaços urbanos do país, tal como se pode observar nas postagens referentes à PSR que lhe são enviadas de cidades distintas do Brasil. Ambas as identificações projetaram o trabalho e a pessoa do Padre Júlio Lancellotti para além do seu domínio pastoral, o que é percebido através das suas postagens, onde ele é citado em diversos meios de comunicação no Brasil e no exterior.[13]

4.5 Análise de performance, conteúdo e interação

Se no item anterior de nossa pesquisa oferecemos ao leitor elementos gerais sobre a atuação do Padre Júlio nas redes sociais, a continuidade de nosso estudo se detém na análise dos elementos de *Performance*, *Conteúdo* e *Interação*, mostrando como eles se estruturam, por meio de quais conteúdos, e como o Padre Júlio interage com seus interlocutores.

Para a realização dessa etapa, levamos em consideração aquilo que é determinado como critério metodológico de análise, no escopo maior do conjunto da pesquisa – que em linhas gerais selecionou cinco personalidades (objetos de análise) atuantes nas redes Facebook, Instagram e YouTube.[14]

---

13 Como no jornal francês *Le Monde*. Ver: https://diplomatique.org.br/padre-julio-lancelotti-profissao-de-fe-e-coragem/padre-julio-lancelotti1/.

14 Em um escopo maior, essa análise que apresentamos se insere dentro da pesquisa *Influenciadores digitais católicos: efeitos e perspectivas*, realizada pelos pesquisadores do NECT (Núcleo de Comunicação e Teologia), da PUC Minas. Em seu conjunto, foram eleitas cinco personalidades que possuem discurso religioso com forte atuação

No caso específico do Padre Júlio, o que impulsionou sua escolha para a composição do *corpus* da pesquisa, em um primeiro momento, foi a percepção do crescimento de sua atuação (desde 2009) nas mídias de massa (jornais, TV) e nas mídias digitais (Facebook e Instagram), notadamente a partir de 2019, solidificada no período da pandemia. Ainda que no Facebook e no Instagram ele tenha uma quantidade reduzida de seguidores, se comparado com outros/as que atuam nas redes sociais, as questões levantadas por seu trabalho no campo social e o crescimento da visibilidade de sua pessoa e de seu trabalho nas mídias em geral mereceram nossa atenção.

Contudo, a análise segundo a argumentação teórica, a partir de autores especializados no tema de Influenciadores Digitais (IDs),[15] foi determinante para inseri-lo em nosso *corpus* de pesquisa.

É de longa data que especialistas vêm estudando a transformação dos perfis nas redes sociais, seja pelo perfil pessoal, seja pela forma de se comunicar. Para subsidiar nossa análise, nos deteremos em autores que tratam mais especificamente daqueles que são denominados/considerados IDs. Não pretendemos aqui refazer a parte histórica da transformação das tecnologias e por consequência das linguagens. Antes, nos deteremos inicialmente em tratar das características (encontradas pelos especialistas) que nos permitiram incluir o Padre Júlio no *corpus* da pesquisa. Esses elementos serão essenciais para subsidiar a análise, que realizaremos em um segundo momento, a partir do levantamento de seu conteúdo publicado, sobretudo no Instagram; isso nos permitirá traçar um perfil mais amplo de sua atuação nas redes sociais.

4.5.1 Especificidades maiores de um "influenciador digital"

O desenvolvimento das tecnologias digitais criou um novo espaço de ser e de se comunicar com o mundo. O imperativo da presença física foi cada vez

nas mídias digitais. Além do Padre Júlio Lancellotti, foram escolhidos: Padre Fábio de Melo, Padre Paulo Ricardo, Padre Patrick Fernandes e Bernardo Küster.

15 Utilizaremos a sigla *ID* para a expressão "Influenciador(es) Digital(is)".

mais repensado, à medida que o virtual se impôs na prática do cotidiano. Até o início dos anos 1990, o acesso às novas tecnologias de comunicação era bastante limitado para o público de massa. Notadamente no final dos anos 1990 e início dos 2000, a popularização da internet e as ferramentas de comunicação deram às pessoas de diferentes classes sociais acesso ao mundo virtual.

Contudo, em contexto brasileiro, nós sofremos ainda com o processo da "exclusão digital", o que de longa data vem sendo pesquisado e acompanhado (ALMEIDA e PAULA, 2005). A pandemia nos desvelou essa questão de diferentes formas, ao nos obrigar a entrarmos na virtualidade. A Educação, da escola inicial à universidade, foi um exemplo clássico dessa questão. Descobrimos que os alunos de classes mais pobres não tinham como acompanhar os estudos por ausência de rede internet e equipamento adequado.

Apesar das limitações, não há como negar a expressão de Paula Sibilia (2015): o ser humano agora é "pós-orgânico". Outras formas de "estar" no mundo se concretizaram, provocando grandes reflexões sobre as novas formas de "ser, dizer e influenciar pessoas". Nesse contexto, a afirmação de Michel Foucault (2014) de que não é possível dizer qualquer coisa em qualquer tempo se confirma. Somente é possível "dizer" acerca de IDs porque a nossa sociedade atual, com suas características sociais, econômicas e tecnológicas, sustenta a eclosão desses profissionais e dessas mídias (KARHAWI, 2017, p. 49).

Além disso, a revolução digital, principalmente para os nascidos a partir de 1995, nos introduziu a uma nova linguagem. Policarpo e Santaella (2018, p. 29) afirmam que: "É a partir do advento dos *smartphones* que as máquinas começaram a ganhar olhos e ouvidos, e que, aos poucos, imbuíram-se de inteligência para decifrar e manipular conteúdo em imagem, som e vídeo". A nova linguagem não está apenas nos códigos dos programas, mas também na maneira como passamos a escrever mais do que falar; a modular e construir padrões de imagens como se fôssemos personagens; a participar de forma múltipla de diálogos e de discursos inéditos, do ponto de vista do contato antropológico com outras culturas; e a acelerar nossos padrões de respostas e antecipação imaginária de sentido. As técnicas passaram a ser mediadas por algoritmos incógnitos que rapidamente incorporaram a nossa forma de pensar, trabalhar e desejar (GOLDBERG e AKIMOTO, 2021, p. 10).

Ora, os IDs são produto dos avanços tecnológicos e desse novo mundo que se instaurou. Atualmente, afirma-se que a expressão "IDs" esteja sendo deixada de ser utilizada pelo mercado, optando-se apenas por "influenciador" (ANTUNES e AZEVEDO, 2019, p. 3) em razão da separação entre *on-line* e *off-line*; uma mesma pessoa pode ter atuação nas redes presencialmente e ainda nas mídias tradicionais. Contudo, nessa análise nós manteremos a expressão "IDs", entendendo aqueles/as que estão notadamente nas mídias digitais.

4.5.2 Gênese do sujeito influenciador

É sobretudo a partir de 2015 que se inicia o movimento de redefinição de nomenclaturas profissionais – no dizer de Karhawi (2017, p. 49), quando se registra uma *guinada discursiva*. Tratando-se especificamente das mídias digitais, os IDs nascem de um cenário que facilita a participação de sujeitos produtores e consumidores de conteúdo. Segundo Shirky (2011, p. 50), "há um choque da inclusão de amadores como produtores, em que não precisamos mais pedir ajuda ou permissão para profissionais para dizer as coisas em público". Por outro lado, a sociedade passou a girar em torno do verbo *ver*, onde a imagem é cada vez mais valorizada. O "*fazer ver*" (DEBORD, 1997) é intensificado com a possibilidade de *ver e ser visto* em espaços e tempos diferentes (THOMPSON, 2008). Logo, *participar* está diretamente relacionado com *mostrar-se*, implodir a dicotomia entre o público e o privado (KARHAWI, 2015).

Ora, é através dos espaços digitais que pessoas "comuns" começaram a ganhar visibilidade ao se exibirem nas plataformas e redes sociais, abrindo espaço para outra estratificação comportamental, que permite a desmistificação das celebridades (famosos/as estabelecidos por outras mídias). Os sujeitos comuns assumem a prática de "microcelebridade" (SENFT, 2008; MARWICK e BOYD, 2010), constituindo um discurso baseado em proximidade com o público e autenticidade.

Nesse contexto, exploram-se situações cotidianas com as quais pessoas comuns se identificam, fazendo crescer o anseio pelo conhecimento da realidade das pessoas midiáticas. A dinâmica "proximidade e mídia" consolida a presença dos agora IDs, aproximando-os de seus públicos pela identificação de temas, posturas, costumes, moda, saúde, beleza, entre tantos temas propostos.

Segundo Antunes e Azevedo (2019, p. 8):

> [...] eles mostram seu dia a dia e fatos de sua vida ordinária, compartilhando ainda com o público geral a inexistência de sua "famosidade", ao menos não de amplo alcance. Tem-se aí então a possibilidade de identificação ainda maior e, mais, a configuração de uma relação que se dá de maneira "mais direta". Eles se tornam IDs porque as pessoas levam em consideração a opinião deles e se abastecem dela para ajudar a formar a sua opinião, normalmente utilizando as redes sociais.

Diferentemente das celebridades, que possuem suporte midiático e a intrínseca relação com a cultura de massa, os IDs se constituem em uma lógica bastante particular. A notoriedade que lhes é pertinente independe do envolvimento com marcas ou da chancela da mídia. Seus seguidores "legitimam" sua fama localizada (ROJEK, 2008), sendo por onde o influenciador começa a construção de seu *self-branding* (sua marca pessoal), que a longo prazo o leva a se associar a profissionais especializados para a produção de conteúdos e de temas, visando a manutenção de seu público.

Nossa atenção recai sobre os IDs genuinamente nascidos nas redes digitais (*youtubers* e *instagrammers*, principalmente). Para tanto, é importante perceber e diferenciar: a) celebridades, cuja presença na grande mídia lhes permite fama; b) *youtubers* e *instagrammers*, que despertam interesse e têm certa visibilidade sem serem celebridades; e c) aqueles que movem multidões sem estarem na grande mídia. Os três grupos são capazes de influenciar grandes massas – ou melhor, grandes massas podem se deixar influenciar por pessoas situadas nesses três grupos. De fato, constata-se que a atividade dos IDs deixou de ser para muitos uma atividade paralela e passou a ser uma profissão. Através da monetização dos conteúdos, pessoas buscam ser remuneradas desse jeito e vivem dessa renda. Esse movimento gera um círculo fechado de práticas: os IDs se empenham em buscar novos seguidores e certo grau de "fama", algo que legitime seu potencial de influenciar pessoas, as quais por sua vez monetizam seu canal, gerando um sistema que se retroalimenta (ANTUNES e AZEVEDO, 2019, p. 11).

Outros elementos demarcam os IDs. Segundo Abidin, há três perspectivas a se considerar em suas dinâmicas e construções. A primeira delas trata da percepção dos que se colocam como *microcelebridades*, mesmo ocupando espaços muito abaixo do espectro de visibilidade nas plataformas. Ainda assim, são considerados proeminentes diante de públicos específicos. São microcelebridades para seus seguidores de nicho (ABIDIN, 2021, p. 291). Nesse sentido, o número de seguidores não é um determinante único para a consideração do espaço que se ocupa nas redes, da mesma forma que não determina o conceito fechado de celebridade ou de IDs. Diz algo sobre, mas não é determinante.

A segunda perspectiva destacada pela autora é a questão da *construção de sua imagem nas redes*, que pode ser dada em dois padrões. Há os que intencionalmente estruturam a construção de suas performances a médio e longo prazos, visando a audiência. E há outro padrão, que é focado na perspectiva do exercício primeiro da *influência*, assim como em quanto esforço é necessário para se tornar um ID – um padrão portanto mais vinculado à dinâmica específica do mundo digital.

Finalmente, a terceira perspectiva é a da *ecologia da informação* ou *comunicação*, que nos parece determinante como base para a aderência dos seguidores. Ela afirma:

> Nesse caso, são observadas as habilidades dos IDs em amplificar ou suprimir alguns tipos de informação, tensões, pensamentos e conversações. Em alguns casos, os influenciadores são capazes de angariar atenção e endossar tanto mensagens que podem ser de clientes, promovendo produtos específicos, quanto a promoção de mensagens sociais, de direitos humanos ou de políticas (ABIDIN, 2021, p. 291).

Em definitivo, os IDs desempenham um duplo papel comunicativo. Podem realizar uma importante ampliação de determinados assuntos ou podem usar sua força de comunicação para desviar a atenção, distrair pessoas e, portanto, suprimir alguns tópicos de conversa. Esses elementos criam o fluxo de comunicação e os conteúdos envolvidos no processo comunicativo que impactam mais ou menos seus públicos.

4.5.3 Influenciadores minoritários

Entre os IDs, identifica-se o grupo dos *influenciadores minoritários*. Segundo Abidin:

> Esses influenciadores, em específico, têm a construção de marca no compartilhamento de pensamentos e vivências de quem, de fato, faz parte das minorias sociais. Portanto, em momentos de crise como a pandemia, esses influenciadores ativam ainda mais suas estratégias de compartilhamento de ideias para promover mensagens sociais e culturais com fins de educação do público (ABIDIN, 2021, p. 295).

Segundo a autora, os influenciadores minoritários têm a razão de seu sucesso na capacidade de falar com públicos muito diferentes ao mesmo tempo. Podem ser incluídos nesses públicos: os que não dominam as questões políticas e sociais; os que estão mais cientes dessas questões; e os membros das minorias sociais que são revelados nos conteúdos em que trabalham, vendo neles possibilidade de união, apoio e educação mútua.

Aliado a isso, os influenciadores minoritários são por excelência centrados nos conteúdos que elegem e que vinculam seus públicos, os quais não precisam ser necessariamente grandes. Antes de angariar seguidores, eles buscam influenciar um pequeno grupo cultural ou social específico, e podem ter grande valor de poder e persuasão (ABIDIN, 2021, p. 298). Por essa razão, entre eles, encontram-se também os que não fazem da influência digital uma carreira, ainda que atuem como se o fizessem: produzem conteúdo a partir de seus recortes de vida ou causas; persuadem seus públicos; amplificam e suprimem mensagens. Eles estruturam sua prática no mundo digital por valores derivados da capacidade de pautar algumas conversas e de influenciar na mudança de opinião das pessoas que os acompanham.

Segundo Karhawi (2017, p. 48), "o discurso circulante sustenta que os influenciadores são aqueles que têm algum poder no processo de decisão de compra de um sujeito; poder de colocar discussões em circulação; poder de influenciar decisões em relação ao estilo de vida, gostos e bens culturais daqueles que estão em sua rede". E esse discurso se realiza em grupos menores.

De acordo com a ciência da Comunicação, para afirmar-se como um ID não basta somente estar nas redes sociais. Karhawi afirma (2017, p. 55):

> [...] 'ser influente', poder dizer algo, ter legitimidade em um campo não é fato dado, mas construído. Para ser capaz de influenciar, em alguma medida, um grupo de pessoas, pressupõe-se um destaque, prestígio; algum tipo de distinção em meio ao grupo.

Por isso, dois outros elementos, capital e credibilidade, precisam ser levados em consideração, uma vez que fazem referência à legitimação do campo em que se atua.

4.5.4 As noções de capital

Segundo a classificação de Bourdieu (1997, p. 47), o capital se estrutura assim: a) capital *econômico*, que pode ser convertido direta e indiretamente em dinheiro; b) capital *cultural*, que pode ou não ser convertido em capital econômico, mas que se institucionaliza sob a forma de qualificações educacionais; c) capital *social*, que é constituído por "obrigações sociais" (conexões) realizadas a partir do conteúdo.

Ainda que consideremos que sempre haverá uma articulação entre essas três formas, vamos nos deter na análise mais detalhada do capital social. Segundo o autor, o capital social se constitui pelo

> [...] agregado de recursos reais ou potenciais que estão ligados à posse de uma rede duradoura de relações mais ou menos institucionalizadas de conhecimento e reconhecimento mútuos – ou, em outras palavras, de pertencimento a um grupo – que oferece a cada um de seus membros o suporte de um capital possuído coletivamente, uma credencial que lhes dá crédito, nos vários sentidos da palavra (BOURDIEU, 1997, p. 51).

A quantidade de capital social que um sujeito acumula é diretamente proporcional ao tamanho das redes de conexão que ele consegue mobilizar. E isso é um fator determinante na atuação das mídias digitais: considerando que capital social não é posse, o seu processo de aquisição é ininterrupto e realizado pela constante reafirmação de seu reconhecimento. Nesse sentido, segundo Bourdieu (1997, p. 47), não é algo dado nem perene (estabelecido/fixo). Sua manutenção é fruto de esforços contínuos, de investimento, de estratégias individuais e coletivas na criação de compromissos subjetivos (como gratidão) ou institucionais (direitos). O capital social "não está nos sujeitos, mas nas relações entre as pessoas" (RECUERO, 2014, p. 49). Enfim, ele reúne o estudo das redes e do conteúdo das mensagens que ali circulam e exige competência em desenvolvê-lo e mantê-lo.

Nesse sentido, não basta somente ter mensagens circulando e criar conexões. É necessário associar a essa dinâmica o elemento da credibilidade. Para tanto, Charaudeau acrescenta três outros elementos: *posição social*; *engajamento*; e *representatividade*. Ele afirma (2012, p. 52):

> [...] o crédito que se pode dar a uma informação depende tanto da posição social do informador, do papel que ele desempenha na situação de troca, de sua representatividade para com o grupo de que é porta-voz, quanto do grau de engajamento que ele manifesta em relação à informação transmitida.

Os IDs devem construir uma posição social de destaque frente ao grupo e ao seu campo de atuação, que lhes conferem uma representatividade e uma confiabilidade que são desveladas no grau de engajamento que eles manifestam em relação à informação transmitida.

Buscando aprofundar o conceito dado por Bourdieu ao capital social, e buscando compreender sua capacidade de influência, Couldry (2003, p. 667) recorre ao conceito de *metacapital*. Partindo da noção de "poder simbólico" de Thompson (1984, p. 24) – que o define como a "capacidade de intervir no curso dos acontecimentos, de influenciar as ações dos outros e produzir eventos por meio da produção e da transmissão de formas simbólicas" –, Couldry afirma que *metacapital* refere-se à influência do capital social em outros campos. Ele afirma: "Por analogia, eu quero propor que entendemos o poder da mídia como uma forma de 'metacapital' através do qual a própria mídia exerce poder sobre outras formas de poder" (COULDRY, 2003, p. 667). A mídia espalha sua influência sobre o poder simbólico de diferentes campos, o que para Couldry estaria, em última instância, constituindo-se numa nova forma de capital, que poderia ser denominada de maneira mais ampla de "capital midiático".[16]

Enfim, há um processo de construção da reputação dos IDs que pode vincular as pessoas pelo sentido positivo/construtivo ou negativo/destrutivo. Em ambos os casos se encontra necessariamente a construção de um processo de solidificação que envolve crédito, capital e reputação.

Primo, Matos e Monteiro (2021, p. 30) ressaltam ainda que a construção dessa influência não é um fato "nato", nem consequência inevitável do número de seguidores/inscritos/curtidas (o que representaria uma causalidade linear). A influência não acontece no vácuo, como decisão monocrática de alguém. Não existe influenciador sem influenciado, e, além disso, é necessário entender quem influencia os influenciadores.

Com esses elementos preliminares, podemos afirmar que se tornar um ID significa fazer uma escalada: produção de conteúdo; consistência nessa produção (tanto temática quanto temporal); manutenção das relações; destaque na comunidade; e, por fim, influência. Um influenciador pode ser tanto aquele que estimula debates ou que agenda temas de discussões em nichos, quanto aquele que influencia na compra de um lançamento de determinada marca (KARHAWI, 2017, p. 59).

Afirmamos que o potencial persuasivo dos IDs não pode ser pensado somente pelo número de seguidores ou dons pessoais. De fato, há uma grande gama e diversidade de IDs nas mídias sociais que traduzem diversas

---

16 Autores como Driessens avançam na especificação do conceito de "capital de celebridade" (*celebrity capital*), definindo-o como "visibilidade midiática acumulada através de representações recorrentes" (p. 556). Ver: DRIESSENS, O. "Celebrity capital: redefining celebrity using field theory". *Theory and Society*, 32 (5): 543-560, 2013 (*apud* PRIMO, A.; MATOS, L.; e MONTEIRO, M. C. *Dimensões para o estudo dos influenciadores digitais*. Salvador: EDUFBA, 2021, p. 28).

formas de influenciar. Primo, Matos e Monteiro afirmam que há aqueles que compartilham conteúdo sem a intenção direta de influenciar alguém: "É preciso reconhecer que existe uma multiplicidade de formas de ação. Existem, inclusive, pessoas que participam de um processo de influência sem que elas próprias tenham o propósito de convencer ou persuadir".[17]

4.6 Análise da amostra (eixo comunicacional-cultural)

4.6.1 Elementos gerais de performance

A consideração da *performance* do Padre Júlio nas redes sociais é caracterizada por alguns aspectos marcantes. Em um primeiro momento, podemos dizer que sua *influência/visibilidade* emerge da forma particular de sua vida cotidiana. Sua *postura ética* e *coerência pessoal* em relação à sua causa são confirmadas na estética das imagens realizadas sobre si e seu cotidiano, marcado pela celebração da missa na Paróquia, seguida da caminhada até o Centro São Martinho levando as doações e os alimentos que ali são distribuídos diariamente. Eventualmente essa caminhada, além dos MSR (moradores em situação de rua) e dos voluntários, é acompanhada por personalidades (sociais e políticas) e membros de outras denominações religiosas, a exemplo do Sheik Rodrigo Jalloul, líder religioso do Centro Islâmico da Penha, em São Paulo, que participa da caminhada frequentemente.

A *estética* revelada nas postagens, que trataremos de forma mais detalhada no próximo ponto de nossa análise, revela elementos que marcam e remetem tanto à imagem pessoal do Padre Júlio quanto aos PSR. De sua imagem pessoal, destacam-se elementos que se tornaram a sua "marca": o avental amarelo, o carrinho, e a marreta com a qual ele mesmo foi em protesto, para quebrar as pedras postas sob o viaduto Dom Luciano Mendes de Almeida para impedir que a PSR ali se instalasse. Esses elementos são

17 PRIMO, A.; MATOS, L.; e MONTEIRO, M. C. *Dimensões para o estudo dos influenciadores digitais*, *op. cit.*, p. 30.

registrados não somente nas imagens cotidianas, como também nas charges, desenhos e bonecos artesanais que o retratam.

Nesse sentido, pode-se afirmar que *seu estilo é próprio* – talvez pudéssemos dizer *pessoal* – e constitui o que os autores especializados (ROJEK, 2008) chamam de *self-branding*, ou seja, a *marca pessoal* que carrega a longo prazo. Isso demonstra que seus seguidores legitimam sua pessoa associando-a à sua causa. Seu diferencial maior é que sua marca pessoal não é construída a partir de elementos/situações externas a ele. Ela nasce da causa que ele defende e de sua prática diária.

Em um segundo momento, é importante destacar o *capital social* construído por sua atuação – aquele que é dado pelo acúmulo diretamente proporcional ao tamanho da rede de conexões que ele consegue mobilizar (BOURDIEU, 1997, p. 47). De fato, a causa e a atuação do Padre Júlio constroem uma rede de relações e conexões que lhe permite continuar sua luta, seja pela efetiva ajuda de recursos materiais que o auxiliam no atendimento das pessoas, seja nas denúncias que ele faz ao defendê-las.

Realiza-se então um movimento duplo: a causa do Padre Júlio impacta as pessoas, impulsionando-as a um movimento de indignação e de solidariedade; e, em sentido inverso, este movimento as engaja em sua própria continuidade, de modo que elas lhe confiram credibilidade, colaborando com sua causa. De outra maneira, podemos dizer que a manutenção do *capital social* do Padre Júlio nasce da perenidade de sua causa, que o projeta ao patamar do *metacapital*.

Por isso, levando em consideração o instrumental[18] sugerido por Primo, Matos e Monteiro (2021, p. 30), identificamos que o perfil do Padre Júlio se aproxima das seguintes características de um ID:

---

18 Em linhas gerais, essa metodologia se estrutura a partir da matriz desenvolvida pela empresa *Klout*, que propõe uma tipologia de 16 papéis, entrecruzando as seguintes dimensões: compartilha-cria; escuta-participa; amplo e focado; eventual e consistente. Conjugadas, essas dimensões são descritas em quatro quadrantes: a) 1 quadrante superior esquerdo: compartilha-participa; b) 1 quadrante superior direito: cria-amplia; c) 1 quadrante inferior esquerdo: escuta-eventual; d) 1 quadrante inferior direito: consistente-focado. Para cada quadrante, são propostos 4 tipos de influenciador.

a) Socializador: é o centro das atenções e as pessoas contam com ele para se atualizarem. Conecta-se a elas e rapidamente compartilha seus conhecimentos sociais. Os seguidores apreciam sua conexão e generosidade.
b) Ativista: tem uma ideia ou causa para compartilhar com o mundo. Encontrou o meio perfeito para sua mensagem e para sua audiência, contando com a resposta de seus seguidores para defender sua causa.
c) Conectado: conecta-se a certas pessoas e generosamente divide sua rede para ajudar os seguidores. Sabe qual conteúdo é importante para sua audiência e tem altos níveis de engajamento.
d) Especialista: pode não ser uma celebridade, mas em sua área de atuação sua opinião é inigualável. Seu conteúdo é provavelmente focado em um tópico específico ou no início de um mercado. Sua audiência também é focada e altamente engajada.

No que diz respeito às possíveis *referências externas* acerca de sua atuação nas redes sociais, não temos elementos que nos permitam revelar algum tipo de influência recebida para a construção da forma com que o Padre Júlio atua nas redes. Isso se dá por duas razões que se interligam: a intencionalidade e a utilidade. Conforme ele mesmo expressa, ele não tem nenhuma intenção de se tornar um influenciador digital nos parâmetros clássicos da expressão; antes, considera que as redes são canais de anúncio, denúncia e estabelecimento de contatos com aqueles/as que atuam em prol da causa da PSR. Elas viabilizam e propagam em tempo recorde todas as mensagens que dizem respeito ao seu trabalho diário, assim como aos seus trabalhos afins realizados por outros grupos/pessoas.

Finalmente, considerando a amostra analisada, podemos dizer que sua *influência* se concretiza sobre dois níveis, *individual* e *estrutural*, que se interligam, uma vez que o primeiro impulsiona e dá visibilidade ao segundo. Primeiro, a *influência individual* naqueles/as que o seguem no Instagram. Para esse nível, a análise da amostra revela um engajamento que dá visibilidade à sua causa, seja pelas expressões de apoio ou pelas expressões de ataque. Contudo, isso não nos permite constatar os reflexos concretos: se efetivamente há uma alteração de comportamento dessas pessoas; se eventualmente elas se engajam concretamente em movimentos sociais, pastorais e ONGs, nos contextos onde se encontram; ou se tudo fica somente no nível da sensibilização, que por si só, a nosso ver, já é uma concretização de influência.

Em segundo lugar, a *influência estrutural*, principalmente os *temas de campanha*, busca transformar a realidade, utilizando-se das estruturas sociais, políticas, econômicas e religiosas, e sendo percebida mais concretamente. Destacamos: o tema da campanha contra arquitetura hostil, iniciada em 2 de janeiro de 2021, que se vincula ao tema da campanha contra aporofobia, cujo primeiro post foi realizado em 25 de novembro de 2021, e que denuncia a proibição de dar esmolas em várias cidades. Ambas as campanhas colhem seus resultados concretos, como: a remoção de pedras e grades hostis à PSR pela Caixa Econômica Federal e por Igrejas, a exemplo da Catedral de Campinas em dezembro de 2021; a aprovação, no dia 6 de dezembro, do Projeto de Lei 488/2021 pela Comissão de Desenvolvimento Urbano da Câmara dos Deputados, que proíbe o emprego de técnicas construtivas hostis em espaços livres de uso público, as quais visem afastar pessoas em situação de rua, idosos, jovens e outros segmentos da população;[19] e as denúncias das

19 Sobre a lei contra arquitetura hostil, ver: "A aprovação do PL 488/2021 é uma 'grande vitória' para os arquitetos e urbanistas". *CAU/RJ*, 20 dez. 2021. Disponível em: https://www.caurj.gov.br/a-aprovacao-do-pl-488-21-e-uma-grande-vitoria-para-os-arquitetos-e-urbanistas/; FREITAS, Clayton. "Senado e Assembleia propõem lei Julio Lancellotti para barrar obstáculos que dificultem uso do espaço público". *Folha de S.Paulo*, 26 nov. 2021. Disponível em: https://agora.folha.uol.com.br/sao-paulo/2021/11/senado-e-alesp-propoem-lei-julio-lancellotti-para-barrar-obstaculos-que-dificultem-uso-do-espaco-publico.shtml; CÂMARA DOS DEPUTADOS. "Proibição da arquitetura hostil em espaços públicos". *Agência Câmara de Notícias*, 18 out. 2021. Disponível em: https://www.camara.leg.br/tv/816750-proibicao-da-arquitetura-hostil-em-espacos-publicos; CÂMARA DOS DEPUTADOS. "Proposta proíbe arquitetura hostil à população de rua em áreas públicas". *Agência Câmara de Notícias*, 11 mai. 2021. Disponível em: https://www.camara.leg.br/noticias/756884-PROPOSTA-PROIBE-ARQUITETURA-HOSTIL-A-POPULACAO-DE-RUA-EM-AREAS-PUBLICAS; SENADO FEDERAL. "Projeto de Lei nº 488, de 2021 (Lei Padre Júlio Lancellotti)". Disponível em: https://www25.senado.leg.br/web/atividade/materias/-/materia/146615; CERQUEIRA, Beatriz. "Projeto de lei da deputada defende o direito à cidade contra a arquitetura hostil" (31 jan. 2022). Disponível em: https://www.beatrizcerqueira.com.br/2022/01/31/pl-3-449-22-projeto-de-lei-da-deputada-defende-o-direito-a-cidade-contra-a-arquitetura-hostil.

péssimas condições dos Abrigos da PM São Paulo, principalmente durante o período de inverno, realizadas constantemente pelo Padre Júlio e pela Comissão de Direitos Humanos do Estado de São Paulo (CONDEP),[20] levando à demissão do Secretário do Desenvolvimento Social em 2019 e à ruptura de contratos, em 2021, com as ONGs que tinham essa responsabilidade.

Em escopo mais amplo, três mídias foram consideradas por esta pesquisa como passíveis de análise: Facebook, Instagram e YouTube. Essa escolha se deu por duas razões consideradas essenciais. A primeira foi perceber que essas três plataformas cobrem diferentes linguagens, formas e segmentos da atuação dos IDs. A segunda razão foi perceber a possibilidade de uma visão de cada ID estudado, uma vez que, não raro, eles possuem atuação simultânea nas três.

No caso específico do Padre Júlio, sem querer desprezar as demais plataformas de atuação, elegemos compor o material de análise a partir do seu Instagram, por duas razões principais. Primeiramente, por percebermos que as postagens no Facebook e Twitter/X são "espelhos" das do Instagram. Segundo, pois, uma vez que é a plataforma que desvela o maior número de seguidores e comentários em suas postagens, ela permitiria perceber de forma mais ampla o engajamento, a aceitação e as críticas em relação ao conteúdo postado. Essa segunda razão vai ao encontro da leitura de Prudencio, Rizzotto, Belin e Saraiva (2020, p. 6), que se referem ao Instagram:

---

20 Ver: UOL. "Padre Júlio Lancellotti pede abrigo a moradores de rua em hotéis de SP". *UOL*, 24 ago. 2020. Disponível em: https://noticias.uol.com.br/cotidiano/ultimas-noticias/2020/08/24/padre-julio-lancelloti-pede-abrigo-a-moradores-de-rua-em-hoteis-de-sp.htm; ASSUNÇÃO, Clara. "Abrigos para pessoas em situação de rua estão abandonados pela prefeitura de São Paulo". *Rede Brasil*, 23 fev. 2022. Disponível em: https://www.redebrasilatual.com.br/cidadania/2022/02/abrigos-para-pessoas-em-situacao-de-rua-estao-abandonados-pela-prefeitura-de-sao-paulo/; SUPLICY, Eduardo. Facebook, postagem de 19 de janeiro de 2022. Disponível em: https://m.facebook.com/eduardosuplicy/photos/a.436417553131230/5009793585793581/; BIAZZI, R.; SANTOS, W.; CASTRO, A.; GIANCOLA, C. "Secretário pede demissão após denúncia de precarização na assistência social de SP". *G1*, 26 mar. 2019. Disponível em: https://g1.globo.com/sp/sao-paulo/noticia/2019/03/26/secretario-pede-demissao-apos-denuncia-de-precarizacao-na-assistencia-social-de-sp.ghtml.

> Como *image-based social media*, a comunicação visual é o primeiro vetor de informação no Instagram, ambiente no qual a interpretação das imagens é frequentemente negociada por usuários.

4.6.2 Metodologia de composição da amostra ampliada e da amostra reduzida

O conteúdo refletido no Instagram do Padre Júlio foi por nós analisado em duas perspectivas que se inter-relacionam, gerando duas amostras levantadas no mesmo período de tempo (janeiro a dezembro de 2021). Denominamos a primeira perspectiva de *amostra ampliada*. Ela nos permitiu uma visão ampla e de conjunto dos temas tratados, de seus reflexos diretos na realidade da PSR, e das principais características desta. Denominamos a segunda perspectiva de *amostra reduzida*. Ela nos permitiu investigar de forma mais objetiva os elementos do conteúdo e da interação a partir de posts específicos.

4.6.3 Amostra ampliada: periodicidade

No período de tempo utilizado (janeiro a dezembro de 2021), foram selecionadas diariamente as postagens que obtiveram mais de 20 mil curtidas/visualizações.[21] Esse recorte nasceu do arredondamento da média linear de 16,4 mil curtidas/visualizações, resultante da divisão do número de curtidas/visualizações pelo total de postagens mensais. Nessa nova média, de um total de 3.382 imagens postadas, 486 se enquadraram no nosso recorte, formando o *corpus* para a análise final (ver Tabela 1). É importante ressaltar que os dados apresentados incluem todos os tipos de postagens/imagens: vídeos, fotos, matérias de jornais, sites, pensamentos, imagens de santos etc. O número de curtidas/visualizações é referente às datas registradas de seu

21 É importante destacar que os números de curtidas nas postagens do Instagram podem se modificar a cada minuto. Por isso, é mister indicar que todo o material de base para esta análise está em arquivo à parte com as devidas tabulações. Os números aqui apresentados se referem às datas específicas da coleta dos dados.

levantamento. Vale lembrar que, por ficarem disponíveis para visualização e consulta na plataforma, esses números podem apresentar alterações caso consultados em datas posteriores.

4.6.4 Possibilidades de análise da amostra ampliada

A maneira mensal e diária utilizada para o levantamento dos dados nos possibilitou realizar a análise global de duas formas diferentes. A primeira delas, a forma *vertical*, nos permitiu registrar diariamente os temas/acontecimentos tratados que geraram um maior interesse de seus seguidores, bem como identificar aqueles que foram citados em *links* externos de outras mídias digitais e de massa, como jornais e TV, o que por sua vez nos permitiu compreender sua amplitude e alcance. Como exemplo, podemos citar as vezes em que as mídias deram destaque aos ataques sofridos pelo Padre Júlio; aos prêmios recebidos por ele; às campanhas para abrigar a PSR no rigoroso frio de São Paulo; à campanha de vacinação da COVID-19 para essas pessoas; e aos movimentos/contatos sociais e políticos em defesa da PSR.

A segunda forma, a *horizontal*, nos permitiu realizar uma leitura transversal para percebermos os efeitos e as consequências nos meses subsequentes às suas postagens, sobretudo no que diz respeito às campanhas que ele levanta. Por exemplo, quanto às campanhas conscientizando acerca da vacinação, violência, aporofobia, frio, doações etc.

4.6.5 Perfil da amostra ampliada

Um diferencial presente no Instagram do Padre Júlio é a quantidade de postagens realizadas por dia, apresentando em 2021 uma média linear de 9,2 postagens por dia, ao passo que, segundo o consenso, a média registrada por IDs experientes é de 3 a 5. Esse número elevado se reflete no total de posts por mês, sendo o número de dezembro de 2021 o mais elevado, com 429 posts.

Outro elemento a se destacar é o fato de não haver uma seleção formal das imagens. Em um único dia, podem ser registradas 15 ou 16 postagens, sendo todas sobre um mesmo tema – por exemplo, fotos de pessoas em situação de rua. Para este caso, é interessante notar a redução do número de curtidas entre a primeira e a última imagem postada. Esse procedimento reforça um certo amadorismo no uso da plataforma e confirma a administração das redes como realizada pelo próprio Padre Júlio. Ao contrário de outros influenciadores – que possivelmente não cometem esse tipo de "erro" para não perderem engajamento –, ele não possui equipe de assessoria.

Tabela 1

2021			
Mês	**Total de posts**	**Acima de 20 mil**	**%**
JAN.	253	43	17,00
FEV.	308	45	14,61
MAR.	276	36	13,04
ABR.	247	22	8,91
MAI.	299	28	9,36
JUN.	301	22	7,31
JUL.	255	40	15,69
AGO.	270	59	21,85
SET.	199	36	18,09
OUT.	216	42	19,44
NOV.	329	33	10,03
DEZ.	429	80	18,65
Total	3.382	486	14,37
Média linear por mês	281,83	–	–

4.6.6 Conteúdo geral da amostra ampliada

O conjunto da amostra e sua diversidade – composta por fotos, vídeos, matérias de jornais, programas de TV, pensamentos devocionais, homenagens a pessoas importantes, entrevistas, prêmios etc. – desvelam três características importantes.

Primeiramente, é importante destacar que em todos os posts há uma *convergência para o tema dos pobres*, das pessoas em situação de rua e tudo o que faz referência a elas e às suas condições de vida: leis; perseguições; doações; avanços; visitas à Pastoral; reconhecimento civil; temas da Igreja Institucional, expressados pelas falas do Papa; reflexões do Evangelho de Domingo; e vídeos de homilias diversas. Nesse sentido, podemos dizer que a amostra é, em última instância, *monotemática*, centrada na questão dos "pobres" ou, no dizer do Padre Júlio, dos "refugiados urbanos" (LABIGALINI, 2021, p. 91).

Em segundo lugar, podemos dizer que os posts são *contextuais*, ou seja, tratam do tema dos pobres como sujeitos a partir da dura realidade em que vivem – pela qual o Padre Júlio questiona os poderes político, econômico, social e religioso. Os pobres que os seus posts desvelam não são abstratos ou conceituais. Pelo contrário, eles são localizados na cidade de São Paulo e nas mais diversas situações; têm rosto, nome e historicidade; e são recontados nos posts dele.

Finalmente, em terceiro lugar, podemos dizer que há também uma forte *visibilidade na pessoa do Padre Júlio*. Ou seja, na linguagem específica dos meios digitais, há um *self-publishing* (PRUDENCIO, RIZZOTTO, BELIN e SARAIVA, 2020, p. 4). De fato, ele promove seu tema de trabalho (PSR) mantendo grande identificação entre sua causa e sua pessoa, quase que como um personagem. Percebe-se essa dinâmica na repetição dos objetos que se tornaram suas "marcas registradas", tais como: o avental amarelo usado diariamente no atendimento às pessoas; o carrinho de supermercado que ele utiliza para transportar doações; e a marreta que ele usou para quebrar as pedras colocadas sob um viaduto em janeiro de 2021. Esse conjunto aparece de forma simbólica nos diversos cartuns que o colocam como herói. Essa referência pessoal também é percebida no destaque que as mídias dão muito mais à sua pessoa do que aos voluntários/membros da pastoral que ali trabalham, e pelas raras divulgações de outros trabalhos semelhantes que são realizados na cidade de São Paulo.[22]

22 Existem muitos outros trabalhos desenvolvidos pela Igreja Católica em São Paulo, e a pandemia desvelou vários deles. No centro de São Paulo, há forte atuação da Congregação dos Franciscanos, da Comunidade Toca de Assis e da Missão Belém. Estes projetos atendem pessoas em situação de rua com o mesmo nível de dificuldades das pessoas

Contudo, é importante ressaltar que essa visibilidade pessoal é centrada em seu trabalho pastoral, sendo sua vida privada completamente preservada. Em toda a amostra, encontramos apenas dois posts que tratam da sua família: fotos de sua mãe e irmão, fazendo memória das datas de nascimento e falecimento.

4.6.7 Qualidade das imagens

Há uma enorme gama de imagens e vídeos realizados de forma amadora, para registrar dado momento. Contudo, analisando o todo da amostra, identificamos uma mudança no perfil e na qualidade das imagens ao longo do ano de 2021, quando se inicia a postagem de fotos em preto e branco, que captam de forma profissional e intencional os detalhes da vida da PSR e do Padre Júlio.

Essa diferença se deu a partir do trabalho de dois fotógrafos voluntários. O primeiro é Victor Ângelo Caldini (@vi_angelo). Suas postagens sobre o Padre Júlio começaram em agosto de 2021. Sua identificação no Instagram é: "Fotógrafo documental e de retratos" e "Algumas fotos estão à venda e parte do valor vai para as ações sociais que eu acompanho". O segundo é Daniel Kfouri[23] (@daniel_kfouri), cujas fotos com Padre Júlio vêm sendo postadas desde janeiro de 2021. Na identificação de perfil consta: "Fotógrafo, montador de pequenos filmes. _prints via DM".

4.6.8 Classificação dos conteúdos dos posts: amostra ampliada

A análise dos temas postados permitiu a classificação em dois grupos, que denominamos: *temas recorrentes* e *temas de campanha* (Tabela 2).

---

que Padre Júlio atende. Além disso, durante a pandemia, as Pastorais sociais de atendimento à PSR cresceram nas Paróquias das áreas onde se situam.

23 Daniel Kfouri é filho de Juca Kfouri – jornalista, militante político e defensor dos Direitos Humanos. Daniel é jornalista e cineasta militante da defesa dos Direitos Humanos, e está produzindo um documentário sobre Padre Júlio. Cf. "Chico Pinheiro no Entre Vistas | CHICO ALÉM DA TELA". YouTube, 09 jun. 2022. Publicado pelo canal *Rede TVT*. Disponível em: https://www.youtube.com/watch?v=r0x7E89RiY4.

Quanto ao primeiro grupo, os *temas recorrentes* são os que aparecem com frequência e que não tocam uma campanha específica. Aí encontram-se: vídeos diversos e fotos de membros da PSR e do Padre Júlio com eles em eventos ou em celebrações e homilias dominicais; vídeos temáticos/educativos (outras pessoas falando sobre temas como AIDS, diversidade sexual e vacinação); conteúdos devocionais (imagens de santos); personalidades importantes (políticos, atores, benfeitores, religiosos/as, bispos, o Papa Francisco, voluntários) que lutaram pela causa dos pobres ou do Evangelho, que faleceram ou que realizaram algum trabalho que beneficia a PSR; matérias sobre Padre Júlio e seu trabalho, e sobre acontecimentos ligados à política/sociedade ou de caráter religioso que também se referem ao seu trabalho; matérias de jornais e sites, como portais e mídias de massa, tais como *UOL*, *Estadão* e *G1*; documentários; entrevistas dadas pelo Padre Júlio na TV; e homenagens recebidas (prêmios e manifestações pessoais).

O segundo grupo de posts constitui os *temas de campanha*. São os temas que denunciam situações, cobrando demandas específicas que podem favorecer direta ou indiretamente a PSR e o atendimento de suas necessidades. Essas campanhas dizem respeito diretamente às estruturas sociais e políticas, tendo impacto direto na transformação da realidade e dos contextos onde a PSR se encontra, e ganhando muita visibilidade nas mídias externas, TV, imprensa e mídias digitais.

Entre tais temas podemos citar: "Vacinação para todos"[24] (jan. 2021); "Arquitetura hostil e retirada das pedras colocadas sob os viadutos de São Paulo" – tema marcado pelo Padre Júlio de avental amarelo e com a marreta nas mãos (fev. 2021); "Polêmica dos ataques realizados pela então primeira-dama

---

24 Em janeiro de 2021, iniciou-se em São Paulo uma campanha para que Padre Júlio fosse o primeiro a ser vacinado. No escopo de nossa análise, essa campanha mostra a força da imagem dele. Ver: KUHL, Nathalia. "Campanha pede que primeira dose de vacina vá para o padre Júlio Lancellotti". *Metrópoles*, 08 jan. 2021. Disponível em: https://www.metropoles.com/brasil/campanha-pede-que-primeira-dose-de-vacina-va-para-o-padre-julio-lancellotti; SBT NEWS. "Campanha nas redes pede padre Julio como primeiro a tomar a vacina em SP". *SBT News*, 09 jan. 2021. Disponível em: https://www.sbtnews.com.br/noticia/coronavirus/158562-campanha-nas-redes-pede-padre-julio-como-primeiro-a-tomar-a-vacina-em-sp.

de São Paulo (Bia Doria) à PSR e ao Padre Júlio" (mar. 2021); "Vídeo com transexuais" (abr. 2021); "Ataques do Presidente Bolsonaro ao Padre Júlio" (mai. 2021); "Início da vacinação da PSR" (jun. 2021); "Abertura das Igrejas para acolher a PSR no frio" (jul. 2021); "Ataques feitos pela Deputada Janaina Paschoal" e "Violência da GCM contra a PSR" (ago. 2021); "Solidariedade ao Senador Fabiano Contarato" e "População comendo osso" (set. 2021); "Campanha a favor da segurança menstrual", "Defesa de Dom Orlando Brandes" e "Repúdio aos ataques homofóbicos sofridos pelo Senador Fabiano Contarato, associado à defesa da população LGBTQIA+" (out. 2021); "Símbolo do touro colocado em frente à Bolsa de Valores de São Paulo", "Aporofobia: incentivo às pessoas a não darem esmolas em diversas cidades do país" e "Ataques da GCM à PSR denunciados na Alesp durante recebimento do Prêmio de Direitos Humanos" (nov. 2021); "Imagens da retirada de pedras/grades das calçadas por empresas, bancos e igrejas" e "Café solidário de Natal, promovido por representantes de diferentes denominações religiosas" (dez. 2021).

Tabela 2

Mês	TEMAS DOS POSTS > 20 mil				
	Recorrentes	**%**	**Campanha**	**%**	**Total**
Jan.	27	62,79	16	37,21	43
Fev.	12	26,67	33	73,33	45
Mar.	23	63,89	13	36,11	36
Abr.	13	59,09	9	40,91	22
Mai.	17	60,71	11	39,29	28
Jun.	20	90,91	2	9,09	22
Jul.	16	40,00	24	60,00	40
Ago.	43	72,88	16	27,12	59
Set.	31	86,11	5	13,89	36
Out.	30	71,43	12	28,57	42
Nov.	16	48,48	17	51,52	33
Dez.	51	63,75	29	36,25	80

4.6.9 Amostra reduzida

A importância da amostra reduzida se deu a partir da necessidade de se analisar mais profundamente os elementos contidos em cada post, o comportamento dos seguidores, e o processo interativo entre eles e o Padre Júlio. Tal como destacado por Primo, Matos e Monteiro, esse processo credibiliza e reconhece o influenciador. Os autores afirmam (2021, p. 63) que "não existe influenciador sem influenciado", da mesma forma que "não é o youtuber, o blogueiro ou o instagrammer quem decide que é um influenciador. Trata-se de um processo interativo".

Outro ponto destacado pelos mesmos autores (2021, p. 63) é o fato de que o estudo de conteúdo não pode ser limitado unicamente aos talentos pessoais e às capacidades humanas. Nesse sentido, é necessário considerar, além da qualidade técnica comunicacional das imagens em geral, as diferentes formas de engajamento que se dão de maneira mais ampla. Primo, Matos e Monteiro afirmam (2021, p. 63):

> É preciso esclarecer que entendemos que tanto curtidas, exercidas ao pressionar um ícone, quanto um caloroso debate no espaço de comentários são interações. Enquanto o primeiro constitui uma interação reativa, baseada em ação e reação, o segundo é uma interação mútua, caracterizada por processos de negociação inventiva. Além disso, é necessário somar a essa análise a perspectiva não humana da interface comunicativa, de instrumentos como algoritmos, interfaces, agências de publicidade e Google, os quais interagem continuamente com os influenciadores digitais, notadamente no campo mercadológico/profissional e no conteúdo propriamente dito.

A formação da amostra reduzida se deu a partir da identificação dos posts com maior número de curtidas/visualizações dentro de cada mês, totalizando 12 posts (8 vídeos e 4 imagens) descritos na tabela abaixo:

Tabela 3

Mês	Curtidas/ Visualizações	Comentários	%	Tema	Tipo	Data
Jan.	149.122	2.283	1,53	Vídeo sobre pastor agredido pela GCM.	C	13/01/21
Fev.	182.672	1.145	0,63	Vídeo de Júlio quebrando pedras.	C	02/02/21
Mar.	64.711	2.636	4,07	*Coluna Jamil Chade UOL* – ataques de Bia Doria.	C	19/03/21
Abr.	191.482	1.614	0,84	Vídeo com transexuais.	C	16/04/21
Mai.	114.522	4.502	3,93	*Coluna Jamil Chade UOL* – post de Bolsonaro atacando Júlio.	C	31/05/21
Jun.	338.714	3.887	1,15	Vídeo de Júlio vestindo um morador de rua.	R	18/06/21
Jul.	271.822	2.376	0,87	Vídeo de Júlio acolhendo um membro da PSR para protegê-lo do frio.	R	31/07/21
Ago.	255.725	4.753	1,86	Vídeo de Júlio agradecendo as colaborações.	R	08/08/21
Set.	111.154	1.353	1,22	Foto de Paulo Freire.	C	19/09/21
Out.	150.878	727	0,48	Imagem televisiva de Júlio na Novena de Aparecida.	R	07/10/21
Nov.	199.719	1.451	0,73	Vídeo de Júlio batizando um membro da PSR na Paróquia.	R	29/11/21
Dez.	1.101.305	7.386	0,67	Vídeo da violência institucionalizada contra a PSR no Pará.	C	20/12/21

Em uma primeira análise geral, podemos afirmar que o conjunto dos dados está em convergência com o conteúdo da amostra ampliada, refletindo o sentido global do trabalho do Padre Júlio, uma vez que:

a) registra posts das duas categorias (*campanha* [C] e *recorrente* [R]).

b) traduz os acontecimentos do dia a dia, confirmando a contextualidade e atualidade do trabalho desenvolvido pelo Padre Júlio.

c) registra a diversidade dos temas, sem deixar de apontar, direta ou indiretamente, a principal causa que ele defende, e confirmando a característica *monotemática* do conteúdo.

d) indica que a diversidade dos meios de postagem (fotos, vídeos, pensamentos, imagens) é bem aceita por seus seguidores, o que nos leva a inferir a importância do conteúdo sobre a forma.

e) confirma que a amplitude dos temas tratados extrapola a cidade de São Paulo, sendo refletidos em nível nacional e chegando a outras partes do país, a exemplo principalmente dos temas de *campanha* e da violência contra a PSR.

f) reafirma a centralidade e a força da imagem do Padre Júlio Lancellotti (*self-branding*) em seu trabalho.

g) por último, podemos dizer que a amostra reduzida limita sensivelmente a *análise vertical e horizontal*, aquela que nos permite observar o impacto dos temas em outras mídias (jornais, TV, revistas, outros influenciadores etc.). Isso é constatado pelo fato de que o post mais curtido/visualizado não causou impacto ou foi amplamente divulgado em outras mídias fora do Instagram.

4.6.10 Análise comunicacional da amostra reduzida

É levando em consideração os elementos acima que realizamos nossa análise detalhada a partir de três chaves: 1) Estética das imagens; 2) Conteúdo; e 3) Interação.

4.6.10.1 Estética das imagens

As 12 imagens contidas nessa amostra não primam pela qualidade técnica, tais como as realizadas pelos voluntários profissionais que trabalham com Padre Júlio. Das imagens profissionais, poderíamos deduzir um sentido de intencionalidade a partir das cores, posições e personagens em cena. A beleza artística contida nelas traduz com mais profundidade a dor, as alegrias e a crua realidade das ruas.

Especificamente na amostra reduzida, ao contrário, os vídeos são amadores, sem qualidade técnica, e realizados por aqueles que assistem às cenas retratadas. Neles, destacam-se aspectos antagônicos: por um lado, a dureza da violência (jan./dez.); por outro, a ternura do acolhimento (fev./abr./jun./jul./ago./nov.).

Os aspectos antagônicos permanecem nas imagens: por um lado, os posts de denúncia aos ataques recebidos pelo Padre Júlio por políticos influentes e de expressão (mar./mai.); por outro, a ternura na imagem da Novena de Aparecida (out.), apesar da ausência de qualidade técnica, além do pensamento e da imagem de Paulo Freire (set.), que exprimem a importância da posição com que cada um se coloca nas lutas sociais.

4.6.10.2 Conteúdo

Os vídeos apresentam temas distintos que, de forma transversal ou direta, convergem ao tema da PSR.

De forma *transversal*, destacamos dois deles, ambos tratando da violência contra a PSR. O vídeo de janeiro mostra uma agressão brutal a um pastor durante a realização de seu trabalho na Cracolândia, na região central da cidade de São Paulo. O vídeo de dezembro mostra a violência gratuita contra um MSR na cidade de Belém do Pará.

Primeiramente, em ambos os casos podemos destacar o registro da agressão gratuita, que revela o completo despreparo dos agentes de segurança pública, ou, em última instância, o quanto eles são preparados para serem violentos ao lidarem com a PSR. Em segundo lugar, podemos falar da agressão em si mesma, realizada por pessoas que aparentemente não estão preocupadas com o registro de suas imagens. É como se quisessem ser filmadas para a divulgação do gesto nas mídias sociais, confiando na imputabilidade de suas ações. De fato, até esse momento, eu não tenho conhecimento de algum agente de segurança pública que tenha sido expulso da corporação por maus-tratos aos cidadãos que ele mesmo deveria proteger.

São vídeos curtos, cujas imagens chocam e causam grande impacto, uma vez que são refletidas nos números de reações automáticas (curtidas por ação/reação) dos seguidores. Finalmente, esses vídeos traduzem a violência generalizada no Brasil em relação à PSR. Ao que parece, a distância geográfica (Sudeste-Norte) não ameniza a falta de consciência de cuidado do poder público.

De forma *direta*, destacamos os vídeos que abordam diretamente a atuação do Padre Júlio em seu trabalho pastoral e assistencial. Há um registro da celebração de batismo – portanto, o acolhimento na comunidade eclesial – de um homem em situação de rua (nov.); um registro do acolhimento de pessoas atendidas, como PSR e transexuais (jun./jul.); um registro das pedras quebradas dos viadutos (fev.); e uma fala de agradecimento pelas doações e ajudas recebidas que sustentam o seu trabalho (ago.). Todos esses exemplos desvelam que há outra forma de se lidar com a PSR sem ser a forma da violência.

Quanto ao segundo grupo, o de *imagens*, estas também traduzem de forma *transversal* a questão da causa PSR. Elas indicam que tal causa está de acordo com o Evangelho e com a defesa dos Direitos Humanos, e que, justamente por isso, reações de apoio ou de ataque existem. Em apoio, destacamos a imagem da Novena de Aparecida (out.), na qual Padre Júlio aparece representado junto de outras pessoas ligadas à causa dos pobres, como Santa Dulce dos Pobres. Essa imagem é a tradução da fundamentação evangélica de sua causa. Em sentido inverso a essa perspectiva, destacamos dois posts da Coluna de Jamil Chade (mar./mai.) que denunciam as polêmicas e os ataques de Bia Doria e de Jair Bolsonaro[25] na tentativa de descredibilizarem o trabalho do Padre Júlio.

---

25 TEODORO, P. "Bia Doria ataca padre Júlio Lancelotti: 'Tira um prato de comida para ver como ele grita'". *Fórum*, 19 mar. 2021. Disponível em: https://revistaforum.com.br/movimentos/2021/3/19/bia-doria-ataca-padre-julio-lancelotti-tira-um-prato-

4.6.10.3 Interação

É a partir da compreensão da *interação* – como anteriormente expressada, comportando curtidas, comentários e algoritmos – que finalizamos a nossa análise comunicacional da amostra reduzida, destacando algumas observações significativas.

4.6.10.4 Perfil dos seguidores

Quanto ao perfil dos seguidores, ainda que se registrem com frequência pessoas consideradas celebridades do mundo artístico, político, religioso e jornalístico, a grande maioria dos seguidores do Padre Júlio é composta por pessoas comuns/anônimas. Através de expressões de apoio ou de ataque[26] à sua causa, elas contribuem de forma significativa para a divulgação dela e impulsionam as estatísticas de sua página.

O grupo das celebridades revela igualmente apoio e ataque ao Padre Júlio. Contudo, diferentemente do primeiro grupo, suas reações ganham destaque maior em função da visibilidade que possuem. Em sentido de apoio, podemos dizer que as celebridades auxiliam de forma direcionada, a partir dos espaços onde elas atuam, a realizar a concretização dos projetos através das mudanças que passam pelas estruturas. Na relação com essas pessoas, revela-se uma reação muito rápida de causa e efeito, a partir de diversas situações às quais o Padre Júlio se associa. Podemos destacar as entrevistas, *lives* e programas de TV para os quais ele é convidado; as visitas que ele recebe de políticos

---

-de-comida-para-ver-como-ele-grita-93697.html; ISTO É. "Bolsonaro ataca padre Julio Lancellotti após foto abençoando Lula". *Isto É*, 29 mai. 2021. Disponível em: https://istoe.com.br/bolsonaro-ataca-padre-julio-lancellotti-apos-foto-abencoando-lula/.

26 Muitos desses ataques e ameaças pessoais e à PSR são destacados em: LANCELLOTTI, J. "Entrevista com Padre Júlio Lancellotti". YouTube, 17 mai. 2018. Publicado pelo canal *TV 247*. Disponível em: https://www.youtube.com/watch?v=u9yqqXUacLc. Na entrevista, Padre Júlio destaca (18min46s-19min04s): "Esses *prints* foram todos reproduzidos para a representação que foi feita ao Ministério Público e que hoje está no DHPP. Porque depois eles apagam, claro, e sentiram. Eles agora se referem a mim como 'PJL' ou 'aquele senhor que nós não podemos dizer o nome'".

na Paróquia, a exemplo do Senador Fábio Contarato; os bispos e representantes religiosos que expressam seu apoio e que compartilham da mesma linha eclesial em defesa dos pobres, como Dom Vicente Ferreira (Arquidiocese de Belo Horizonte); e, recentemente (2022), o apoio do músico Emicida e do jornalista Chico Pinheiro, entre outros. Em sentido oposto, podemos destacar as celebridades que se opõem ao seu trabalho e que se valem de seus lugares de visibilidade para realizarem fortes ataques. Entre outros, podemos destacar: o ex-deputado estadual Arthur do Val, que chamou Padre Júlio de "cafetão da miséria";[27] a ex-deputada estadual Janaina Paschoal, que tentou impedir a distribuição de alimentos na Cracolândia; a então primeira-dama de São Paulo, Bia Doria, que fez declarações polêmicas sobre a utilização dos recursos públicos para assistência social; e o ex-presidente Jair Bolsonaro, que, por suas ofensas referentes aos cuidados dados ao grupo LGBTQIA+, foi condenado judicialmente a indenizar Padre Júlio por danos morais.

4.6.10.5 Comentários x curtidas/visualizações

Quanto à relação comentários x curtidas/visualizações, destacamos que os números de comentários são infinitamente inferiores ao número de curtidas. Como indicado na Tabela 3 anteriormente, as porcentagens mensais dessa relação oscilam entre 0,48% e 4,07%. Ora, por esse caminho, podemos inferir que somente o movimento ação-reação de *curtir* é por si só um gesto de concordância/apoio ao conteúdo postado.

Nesse sentido, podemos afirmar que os seguidores do Padre Júlio se encaixam no perfil do "leitor ubíquo" – ou seja, daqueles que nascem a partir da evolução de sistemas computacionais móveis, que permitem sincronizar a navegação interativa pelas teias de linguagens nas redes de internet (POLICARPO e SANTAELLA, 2018, p. 34).[28] Os autores complementam (p. 35):

---

27 OLIVEIRA, C. "Arthur do Val é condenado pela Justiça Eleitoral após atacar padre Júlio Lancellotti". *Brasil de Fato*, 01 out. 2020. Disponível em: https://www.brasildefato.com.br/2020/10/01/arthur-do-val-e-condenado-pela-justica-eleitoral-apos-atacar-padre-julio-lancellotti.

28 POLICARPO, C. e SANTAELLA, L. "A estética do conhecimento nas redes digitais". *Dialogia*, 28: 29-45, jan./abr. 2018. Diferenciando "leitores", os autores

> Em trânsito pelo espaço físico da cidade, sendo afetado pelos vários estímulos ao mesmo tempo que também perambula pelas infovias digitais, o leitor ubíquo conjuga traços do leitor movente e do leitor imersivo. A capacidade de presença em ambientes intersticiais (porosos/diversos) evoca um estado de prontidão inédito.

É importante perceber que, contrariando os IDs clássicos que geram um processo interativo com seus seguidores, no caso do Padre Júlio não há nenhuma interação processual ou personalizada com seus seguidores. Quando muito, para cada post ele registra um primeiro comentário ou uma apresentação curtíssima, ligada ao conteúdo e direcionada a todos. A interação, nesse caso, se dá de forma unilateral, representada exclusivamente através das curtidas/visualizações e dos comentários de seus seguidores.

Para uma análise mais específica dos comentários, nós tomamos como referência o post que teve o maior número de curtidas e de comentários na amostra reduzida. Trata-se do vídeo postado em dezembro de 2021, denunciando a violência no estado do Pará, que registrou, na data do nosso levantamento, 7.386 comentários, para os quais podemos destacar alguns elementos indicativos:

a) Há uma grande quantidade de comentários com registros de *emojis*, expressando o repúdio às imagens veiculadas, sem registro de texto complementar.
b) Há uma grande quantidade de comentários com textos curtos, os quais podemos traduzir em palavras-chave e expressões que se repetem continuamente: "brutalidade"; "indignação"; "falta de punição"; "falta de humanidade"; "confirmação da violência recorrente"; "crueldade"; "polícia treinada para a violência, pior que os bandidos"; "covardia"; "revolta"; "violência epidêmica"; "polícia do Pará é uma das mais corruptas e violentas"; "impunidade"; "revoltante" etc. Há comentários com: denúncias de

---

apresentam ainda dois outros tipos: a) leitores contemplativos: os que derivam de uma relação próxima entre o leitor e o livro impresso; b) leitores imersivos: os que nascem com as redes digitais, navegando em informações reticulares e saltando por diversos conteúdos midiáticos.

violências em outros estados (como Pernambuco); manifestações de vingança contra os policiais; muitas perguntas sobre o porquê da necessidade de violência; manifestações de ódio à polícia; e descrições de comoção e de choro assistindo ao vídeo. Há comentários com palavrões e ofensas: "fdp"; "vtmcu"; "porra"; "demônios"; "ratos de farda"; "ratos desgraçados"; "maldade"; "nojentos"; "nojo"; "merda de polícia covarde".

c) Há outra grande quantidade de comentários nos quais somente estão marcados pessoas/canais que são considerados de denúncia, seja porque são autoridades instituídas ou porque podem dar maior visibilidade ao ocorrido. Trata-se de canais oficiais do Estado ou da mídia, e de personalidades: @lulaoficial; @carlinhosmaiaof; @whindersonnunes; @midianinja; @conectas; @jornalnacional; @jornalglobo; @fafadebelem; @maisabeldantas; @fatimabernardes; @marcelofreixo; @xuxameneghel; @del.brunolima; @delegado.matheuslaiola; @edmilsonpsol (prefeito de Belém); @luizbacci; @direitoshumanos.sp; @record; @ministériopublico; @sbt; @rodaviva; @datenareal; @mdf.oficial; @randolferodrigues; @guilhermeboulos; @manueladavila; @corregedoria_policiais; @direitoshumanosbelem; @bandtv; e @tvglobo. Interessante perceber que nenhuma citação faz referência a canais católicos e/ou religiosos, e que os canais citados são regionais e nacionais.

d) Do total de comentários, selecionamos 48 (conforme a Tabela 4 abaixo) que se destacaram do padrão descrito nos itens anteriores, registrando comentários em texto. Neles, percebemos uma grande mescla de expressões que registram crítica; dúvida; descrédito do vídeo e da Igreja Católica; olhares políticos; associação a casos semelhantes de atuação do poder público municipal; e expressões de desacreditar as vítimas. Conforme a legenda final, as menções de apoio ou de ataque ao Padre Júlio aparecem marcadas em preto. Em cinza, marcamos as demais referências religiosas de todo tipo. Em negrito, destacamos o único comentário de resposta dado pelo poder público através do prefeito de Belém.

Interessante perceber que: 1) as imagens chocantes do vídeo parecem fazer sobressair e movimentar mais os sentimentos e expressões pelo lado da solidariedade humana em geral, sendo poucas as expressões que trazem sentido direto à compreensão evangélica do cuidado com os pobres; 2) os comentários de apoio ao Padre Júlio Lancellotti traduzem a responsabilidade e o reconhecimento a ele atribuídos pela denúncia das situações de violência; e 3) registram-se comentários realizados por pessoas que estão no exterior (Estados Unidos e Portugal).

Tabela 4

Comentários	Detalhes de alguns perfis	Classificação
.@luma.resende – bolsonarista que ataca os pobres em geral; afirma que o vídeo é *fake news*.		Desacredita o vídeo
.@nunes.bjj – tenta defender a cena, afirmando que estão julgando precocemente; levanta a dúvida, tentando culpar o MSR.		Desacredita o vídeo
.@ewertonsantosoficial – "se apanhou foi pque mereceu"		Apoia a violência
.@martrinx_II – acha que o povo é ingênuo por acreditar em um vídeo sem verificação.		Desacredita o vídeo
.abilio_neto02 – "se for traficante tá certo. Se for morador de rua ambos policiais do vídeo deveriam pegar prisão perpetua e perder a farda que não condiz com a atitude"		Autoriza um tipo de violência
.ismaelcarvalhoz – "Se tivesse trabalhando ou em casa com a família, acredito que os policiais não iriam lá fazer isso com ele, tem que dar cacetada mesmo"		Desacredita a vítima
.@joaovinicios_ss – "O ruim do brasileiro é julgar a minoria como se fosse todos, tenho certeza que quem fez o vídeo tem completo, mas pessoas de má fé pega 10 segundos e compartilha para manchar a imagem deles"		Desacredita os impactos da utilização do vídeo

.@sandradisantos – "Essa é a ada do governo Bolsonaro militarismo"		Culpa o Governo Bolsonaro pela legitimação da violência
.@s1vatiago_ – "Parabéns para policia. Esse é o trabalho deles, bater nas pessoas"		Apoia a violência (talvez ironicamente)
.@its_me_lucax – "Trabalhando ele n tava kkkkk"		Critica ironicamente
.allucas81 – "Nínguem compartilhou quando 2 Rocam chegou no baile e foi espancado, isso vocês vem falar coisa"		Defesa dos agressores
.@lsksdndns – "Y eso que les va bien aquí en los Estados unidos te matan, no estén llorando acá uno como quisiera que les den un chinga cómo les dan a ustedes, así es que no anden llorando hasta que no los anden matando entonces van a quedar contentos"	Perfil estranho, sem nome claro e sem referências	Comparação com outro país
.@souamorim_ – "Geral falando que não aguenta ver, mas quando ver um morador de rua, não tem coragem de falar um bom dia; ajudar n é apenas com dinheiro mas ss ser tratado igual. Acontece muita discriminações nas ruas do mundo todo, e a maioria são os senhores é senhoras que dizem 'n aguento ver essas coisas'"		Crítica à prática da indiferença
.@lilith_travesti – "Padre agora que você se diz antifacista… o que tem a dizer sobre os vários casos de pedofilia na igreja onde não teve punição? O que tem a dizer sobre os inquisitores que matavam centenas de mulheres... A igreja agia pior que esses policiais com a população vunerável… Padre, ou você é padre ou você é antifacista. Os dois não dá"	"Travesti anarquista psicodélica, não monogâmica, marginal e anti-hegêmonica louca e acumuladora digital. PiX: 11988294578 ajuda as trava porr@"	Acusação à prática da Igreja
.@rogercantuaria – "Senhor @jairmessiasbolsonaro esta certo isso? Essa e a policia que você defende?"		Ataque ao Governo Bolsonaro
.@luanzitokingg – "Nunca faz nada mesmo. Adianta publicar o vídeo? Ooooo vey uma onda ò"		Descrédito de solução

@rosangelaalm31 – "Padre. A quem o Senhor tem recorrido para enviar esses escândalos para o mundo?"		Pergunta para JL (apoio)
._paulo.batista_ – "Só vejo gente reclamando e escrevendo textão, quero ver esse povo todo manifestando nas ruas, aí quase ninguém aparece"		Cobrança de ação popular
.@serjojr_ – "tem muito católico aplaudindo, meu caro padre. Perderam a noção do cristianismo, o jesus que adoram deve estar em algum banco"		Crítica aos católicos. Cita JL (apoio)
.@marcio_bispo_06 – "Se Belem do Pará fosse comandado pelo PCC esse Guardas municipais estariam na vala faz tempo. Isso que da quando um Estado não tem disciplina forte"	"Partico comunista extremista; Profissional em segurança; Técnico de enfermagem; Católico apostólico Romano"	Crítica à Polícia/PCC
.@alancastro17 – "Infelizmente padre, aqui a lei da impunidade é que vigora, não existe empatia com as pessoas em situações menos favorecidas"		Cita JL (apoio)
.@susanelicio – "Obrigada por denunciar Padre"		Cita JL (apoio)
.@wilsonfcruz – "@sf_moro olha o que o senhor defende, sua proposta de excludente de ilicitude faria isso virar uma normalidade"		Crítica a Sergio Moro
.@pepedro – "Domingo estão na Igreja orando..."		Crítica aos cristãos
.@eujoaovittor2 – "Isso ai é culpa do presidente ele apoia isso ai"		Crítica ao Governo Bolsonaro
.@edmilsonpsol – "Os vigilantes envolvidos no episódio da Feira 25 eram contratados por uma empresa privada e foram demitidos. A prefeitura de Belém repudia o ato e notificou o Ministério Público para tomar as medidas cabíveis. As imagens foram encaminhadas para a Delegacia Geral e para a Secretaria de Segurança do Estado do Pará. Não vamos permitir que cenas como essa se repitam na Capital"		**PREFEITO RESPONDENDO: Única manifestação do Governo Municipal, apesar das dezenas de vezes em que foram marcadas autoridades públicas do Governo Estadual, Ministério Público e autoridades parlamentares da República.**

.@rodrigsdaniela – "Padre, que Deus te honre grandemente pelo trabalho que faz, por pregar o verdadeiro evangelho atrás de suas ações"		Cita JL (apoio)
.@atelifepaper – "Parabéns padre não pela cena, más por mostrar a realidade urbana, enquanto muitos religiosos só mostram a cultura da prosperidade e não estão nem aí para as ovelas pedidas. Tenho noho de muitos religiosos desse tipo..."		Cita JL (apoio)
.@thales_anilson – "Ao menos dois é possível a identificação. O Senhor @padrejulio.lancellotti como um homem de grande influência poderia requisitar às autoridades competentes para punir os responsáveis de tamanha covardia ao distribuir violência gratuita"		Cita JL (apoio)
.@denerventurinelli – "E Jesus continua sofrendo sua Paixão na pessoa dos pobres. Mais ai dos seus algozes, pois irão receber a justa paga Naquele Dia, se não se arrependerem (Mateus 25, 41-46)"		Citação bíblica
.@teetotheoh – "Não só a violência choca, eu também fiquei pensando na pessoa gravando e achando graça. Padre... Acho que os la de cima já desistiram de nós..."		Cita JL (apoio/reflexão)
.@verissimo_luana – "Sua bençao padre. Como o Senhor é necessário para essa sociedade desumana e cruel. Parabéns por não se amedrontar, obrigada por estar conosco"		Cita JL (apoio)
.@hteix4135 – "Mais qualquer que fizer tropeçar um destes pequeninos que creem em mim, melhor lhe fora que se lhe pendurasse ao pescoço uma pedra de moinho, e se submergisse na profundeza do mar (Mt 18:6)"		Citação bíblica
@niurabellavinhaart – "Hoje passando de carro, assisti dois policiais truculentos intimidando uma família que estava desabrigada na rua, havia com duas crianças..."		Denúncia de outros casos

.@lucascolangeli17 – "É por essas e outras que eu não me comovo quando morrem/matam um policial !!! A formação deles SIM é higienista mas eles sabem o que fazem!! Eu não conheço uma pessoa que tenha se formado policial e não tenha ficado pior, perdido a humanidade e a empatia ! Não confio e não me aproximo!! Capitães do mato da contemporaneidade!!"	"Pedagogo, Mestre em relações Étnicas e contemporaneidade. Seja leve, ou eu vou voar sem você !"	Revolta/indiferença e vingança
.@jotafonseca1302 – "Porque esse perfil não mostra o início do vídeo? Comunistas são foda"		Cita JL (ataque explícito)
.@andreiagileno – "Pelo amor de Deus @padrejulio.lancellotti, @pafabiodemelho é um menino e fala vc bateu na minha cabeça e apanha ainda mias. Esse é o Brasil que dizem da meritocracia. Ng quer saber se o menino comeu, se tem onde dormir. Apenas julgam. Isso é cruel demais"	"Ativista do Corpo Sentido, do comer consciente e do Nutrir Poético; Nutrição USP; Dança PUC/SP esp. Técnica Klauss Vianna"	Cita JL e Pe. Fábio de Melo (apoio)
.@joaolucasarquivos – "Cadê @anapaulavaladão para fazer crítica a essa crueldade. Isso essa sujeita não faz. Essa oportunista do caralho"		Critica Ana Paula Valadão – Protestante
.@boa_imprensa_catolica – "E pensar que muitos católicos, apoiadores de certos políticos que vão defender esse comportamento da polícia"		Crítica aos católicos
.@_o ateísmo_me-buscou_ – colocou *emojis* de choro	"De Faro, Portugal. Nossa finalidade é trocas de experiências e aquisição de conhecimentos. O objetivo é divulgar a verdade sobre as religiões."	Perfil curioso
.@anchietamaranata – "Interessante que com o empresário do Alphaville aqui em São Paulo não vi este tipo de cenas, o empresário humilhou nos PMs e eles não fizeram nada. Sabe aquele discurso de bandido bom é bandido morto? É quando é pobre, favelados e negros"	"Nada se compara ao amor de Deus (Joao 3.16)"	Relação com casos semelhantes na atuação de policiais

.@mariaaparecidabarroscavalca – "Padre Júlio, ainda bem que recebeu essas imagens. Sua voz ecoará contra no mundo todo e será a voz de todos nós indignados"		Cita JL (apoio)
.@cerejona – "Moeda por moeda. Esses cretinos devem receber o mesmo tratamento"		Vingança
.@prof.luisrosa – "Se esses policiais forem mortos pelo tráfico pode ser considerado como Karma?"		Perspectiva religiosa de karma
.@jansantanapmu – "@padrejulio. lancellotti tenha cuidado! Tem muita gente com raiva por conta das suas denúncias. O senhor está fazendo a vontade de Deus, o inimigo fica furioso! Se cuida! Que Deus o proteja e o guarde! Vou colocar o senhor nas minhas orações"	"Especialista em micropigmentação"	Cita JL (apoio)
.@coisasdamary_ – "Nenhum sistema que inventam vai melhor este mundo! Somente o sistema de todos terem Cristo dentro do coração o mundo seria melhor, infelizmente poucos os que amam a Deus de verdade! Volta senhor jesus"	"Católica Apostolica Romana; Casada mae de duas filhas Blindada por Deus e protegida pelo Espírito Santo"	Expressão religiosa
.@abraaooh77 – "Que violência é essa, ainda abrem a boca para falar de Deus. Padre Julio só o senhor que é de Jesus, meio padre e pastor só pensa em dinheiro"		Cita JL (apoio)
.@ismael.rattis – "Meu Deus o cara chuta com gosto. Que canalha. Almejo muito a justiça divina, de verdade. A desses caras é trapo de imundície"	"Percussionista, Baterista, Educador Musical"	Expressão de vingança através de Justiça Divina

Legenda:

Citação ao Padre Julio Lancellotti
Referências religiosas diversas
Resposta dada pelo poder público

Todos os textos foram copiados na literalidade (incluindo os erros de digitação e de língua).

4.7 Análise teológico-eclesial (eixo teológico-eclesial)

Precisamos levar em consideração as influências teológicas e formativas do Padre Júlio Lancellotti. Como indicamos na biografia, essas influências são compostas por D. Luciano Mendes de Almeida, que o acolheu na Igreja e o ordenou, e D. Paulo Evaristo, que o constituiu Vigário do Povo de Rua da Arquidiocese de São Paulo – a partir disso, iniciamos nossa análise teológica-eclesial.

Esse elemento nos parece determinante para constatar a centralidade, permanência e continuidade do tema dos pobres em seu trabalho pastoral, algo que nasce como motivação de sua ordenação e que segue até os dias atuais. Seu trabalho confirma sua linha assumida com as opções eclesiológicas e teológicas de suas referências, baseadas na Teologia LA, que, a partir de MD, colocou-se alinhada com o Concílio Vaticano II. Da mesma forma, é importante destacar que essa é a mesma linha assumida pelo Papa Francisco, que, retomando a agenda do Vaticano II, busca recontextualizar a Igreja no mundo, demandando que ela seja "em saída" e que possa "primeirear" diante das demandas do mundo, permitindo retomar os temas preeminentes deste, e situando-os de novo à luz do Evangelho sob o tema central da "dignidade humana".

Ora, é o tema da "dignidade humana" que toca o coração do trabalho desenvolvido pelo Padre Júlio e que o coloca em linha direta com o Papa. Por um lado, o primeiro afirma: "A solidariedade, a fraternidade e a compaixão não são dimensões religiosas. São dimensões humanas. Porque há muito religioso desumano. Há muito religioso que não tem compaixão nem misericórdia" (40min31s-40min50s).[29] Por outro lado, Francisco, estando em linha com o Evangelho, exercita essas dimensões, desvelando claramente a centralidade evangélica dos pobres, com inúmeros gestos muito concretos, entre os quais destacamos: a afirmação "por uma Igreja pobre com e

29 LANCELLOTTI, J. "Entrevista com Padre Júlio Lancelotti, referência na luta pelos Direitos Humanos | Grandes Nomes", *op. cit.*

para os pobres";[30] a declaração do Dia Mundial dos Pobres, criado não para celebrar a pobreza, mas sim para recordar ao mundo suas necessidades e sua centralidade evangélica; e a criação em 1 de janeiro de 2017 do Dicastério para o Serviço do Desenvolvimento Humano Integral.

Considerando estes elementos, apresentamos a nossa análise a partir de duas chaves. A primeira é *teológica*, tratada a partir da fundamentação cristológica e da centralidade dos pobres. A segunda é *eclesial*, tratada a partir da *ação testemunhal e profética* para finalmente chegarmos de fato à contribuição eclesial.

4.7.1 Fundamentação teológica: a centralidade dos pobres

A humanidade, em todos os seus aspectos, não é um tema acessório à Igreja, mas sim é o tema central. Por isso, é a *perspectiva antropológica* que deveria traduzir a principal marca do trabalho pastoral da Igreja, afirmado na expressão "cuidado com o humano". Este foi o sentido expressado pelo Concílio em *Gaudium et Spes* (GS,1) e por Comblin: "Todos os caminhos da Igreja conduzem ao homem. Por conseguinte, todos os caminhos da teologia cristã conduzem também ao homem. A humanidade não é um tema entre outros temas da teologia, senão é o seu centro. Todos os demais temas que se considera giram ao redor da humanidade e têm por finalidade iluminar o destino do homem" (COMBLIN, 1987, p. 13).

A origem dessa centralidade está no que é próprio do cristianismo, que não é falar de Deus ou de seu amor, senão fazer coincidir o amor de Deus e o amor humano, fazer coincidir a elevação do sobrenatural ou a participação da divindade com a restauração do homem natural (COMBLIN, 1974, p. 86). A partir desse processo de percebermos o *humanismo de Deus*, e diferentemente dos humanismos ocidentais excludentes, baseados no pensamento grego que categoriza pessoas (COMBLIN, 1982, p. 122), afirma-se

30 NOGARA, Jane. "O Papa: 'Por uma Igreja pobre com e para os pobres'" (audiência do Papa Francisco com a Comunidade "Chemin Neuf", realizada em 30 de abril de 2021). *Vatican News*, 30 abr. 2021. Disponível em: https://www.vaticannews.va/pt/papa/news/2021-04/papa-comunidade-chemin-neuf-franca.html.

que entre todos os humanos possíveis Deus fez uma eleição que é demonstrada através de sua *opção pelos pobres*. Dessa forma, Ele não os considera de forma abstrata, senão que os toma e os salva em sua essência humana e no concreto da história. Por isso, a religião da Bíblia não é a religião dos humanos em geral. Ela é de humanos (homens e mulheres) específicos, os quais Deus elege para constituir seu Povo: são os pobres e ignorantes de seu tempo, os *hanauins* (עבדים – "escravos"). Deus mesmo não nos dá outra eleição, a não ser a de submeter ao seu critério todos os *humanismos* existentes e que estratificam as pessoas (COMBLIN, 1982, p. 125).

É a partir do *humanismo de Deus* que se pode afirmar que o Evangelho Cristão é uma *boa nova* para aqueles que se encontram em uma situação específica: a da escravidão em suas diferentes formas. São estes quem têm a prioridade dada por Deus de a Ele "clamar" (Ex 3,7) e aos quais Ele responde, instaurando um diálogo entre si e a humanidade que permite irromper seu Povo na história, constituído por aqueles que não têm defesa (COMBLIN, 1984, p. 10). São os mesmos aos quais Jesus vai posteriormente dirigir prioritariamente suas palavras, e que, tocados por elas, se tornarão, na linguagem paulina, "homens novos".

Aqui se encontra o ponto central da *questão antropológica*: a partir da relação que se estabelece entre Deus e sua humanidade, concretizada na Palavra expressa de Deus que é a pessoa de Jesus, nasce a possibilidade de emergir na mesma história, segundo a linguagem paulina, a expressão "homens novos". Essa expressão indica homens e mulheres transformados e libertados pela evangelização, e que, estando em comunidade, assumem uma nova forma de ação diante de si mesmos e da história, tornando-se concretamente a pessoa e a práxis libertadora de Jesus (COMBLIN, 1998, p. 38).

Contudo, a construção dessa "humanidade nova" e livre passa por duas condições essenciais. Por um lado, o *processo pessoal*, pelo qual não se elimina, anula ou rejeita o "velho". Antes, assume-se um processo de transformação a partir das referências históricas que constituem cada pessoa e que passam a coexistir em movimento de transformação. Por outro lado, há a *condição externa*, configurada na comunidade, Igreja e Pastoral, que devem ser suporte e espaços prioritários de acolhida que fortaleçam a luta para a transformação do humano à luz do Evangelho. A novidade bíblica é uma nova partida para reestruturar uma vida nova (COMBLIN, 1973, p. 285).

4.7.2 Os pobres: a vanguarda do homem novo

Ora, se o *humanismo de Deus* especifica prioritariamente os *pobres*, podemos afirmar que o caminho para o *homem novo* começa entre eles, que são os portadores privilegiados e parâmetro da libertação. Por isso, os pobres são a prioridade da Igreja não por uma disposição interna da comunidade cristã, mas sim porque a Igreja faz sua opção preferencial por eles, porque eles têm prioridade na libertação do mundo e são a vanguarda do *homem novo* (COMBLIN, 2011, p. 184). A Igreja os elege porque Deus os colocou na frente do movimento de libertação da humanidade. São os tocados pelo anúncio de Jesus, que tinha por preocupação a opressão e o anúncio do Reino de Deus para fazer frente a essa opressão, tornando-se igualmente a defesa dos sem-defesa.

Finalmente, os pobres são o parâmetro para a formação do *homem novo* porque sua presença e existência denunciam uma estrutura desequilibrada e processos injustos na sociedade. Seu clamor obriga e motiva a transformação da sociedade. É entre eles que nasce uma comunidade livre e fraterna onde se conciliam serviço e liberdade. São eles os capazes de guardar a esperança de transformação e que, quando conscientes e ajudados pelos setores mais privilegiados, lutam pela transformação de uma humanidade dominada. Nas situações em que o humano está mais ameaçado, a dignidade renasce, surge e afirma-se como a mais autêntica, porque esse humano ameaçado não oprime ninguém e não se esconde em seu inconsciente para mentir aos demais sobre si mesmo. O que é próprio do humano não desaparece, ao contrário, ali se revela, porque os oprimidos não estão fora do humano, senão dentro de situações inumanas, onde o ser humano reage e não aceita ser destruído (COMBLIN, 1982, p. 123).

Nesse contexto de indeterminismo histórico (no dinamismo da história), as lutas se estabelecem como possibilidade de transformação de uma história fragmentada e incompleta, na qual se encontra o trabalho do Padre Júlio. E ele o assume acreditando que não há um mundo determinado à fatalidade, assim como atuando dentro das forças históricas (e as utilizando) a partir de um constante exercício de discernimento. Esse exercício assume um papel essencial para sua atuação como uma resposta cristã aos seus desafios. Sua forma de lutar se estabelece através da *convivência* com os membros da PSR, compreendendo sua situação concreta, conscientizando-os de sua humanidade como pessoas de direitos, e ajudando-os a não serem destruídos pelo sistema político, econômico e social estabelecido na cidade de São Paulo.

4.7.3 Fundamentação eclesial: ação testemunhal/profética e autoridade pastoral

Os pobres que têm a centralidade do Evangelho tornam-se critério para o anúncio realizado pela Igreja e por seus profetas, que assumem sua defesa. Poderíamos descrever dessa forma breve a prática do Padre Júlio Lancellotti em seu trabalho pastoral. Através do acolhimento aos pobres – homens, mulheres e crianças que constituem, no seu dizer, os "refugiados urbanos" –, ele desvela as situações desumanas das quais eles lutam para sair, denunciando-as contra todas as resistências. O cuidado e a prioridade com os pobres, na perspectiva profética, exigem um enfrentamento constante com as estruturas estabelecidas – o que diz menos dos pobres em si e mais da própria Igreja e de sua opção e alinhamento com o Evangelho anunciado, que questiona a história.

Nesse sentido, *profecia* é a tradução da voz do profeta que se levanta em meio ao povo, e é credibilizada pela coerência de vida daquele que a anuncia. Por isso, a profecia é *A* palavra de Deus, dita no aqui e no agora da história, que traz consigo um elemento 100% religioso, como descrito anteriormente, e 100% político. Político não porque tem interesse ou pretende conquistar um poder, senão porque se dirige a uma sociedade inteira e aos seus governantes, anunciando a necessidade de uma mudança radical em ambos. O exercício da profecia substitui não a política que é própria do Governo, mas sim a denúncia das injustiças provenientes dele (COMBLIN, 2009, p. 9).

O profeta se dirige ao povo e ao poder estabelecido de forma *pública*. Suas ações e palavras são "atos públicos". O conteúdo de sua mensagem é intimamente ligado à mensagem de Deus e trata de recordar às pessoas que elas são o Povo de Deus. Por isso, o profeta denuncia a corrupção tanto do sistema dominador quanto de seu povo, quando ambos se colocam contra o projeto de Deus para este – sobretudo os que tocam a dominação e a injustiça. Por consequência, com sua denúncia ele busca anunciar um caminho de conversão, de mudança de rumo das pessoas e das estruturas (COMBLIN, 2009, p. 10).

Por essa razão, não raras vezes o profeta é perseguido, denunciado, maltratado, separado do povo e eventualmente morto. Nesse sentido, ele vive permanentemente inseguro, porque não sabe o que vai ocorrer, com a experiência de seus predecessores mostrando o risco da missão. No caso do Padre Júlio, o conteúdo analisado em suas redes desvela os ataques sofridos e/ou as denúncias desses ataques, seja por *haters* e pessoas comuns, seja por autoridades públicas, como anteriormente citado. Ele mesmo segue denunciando abertamente, em diversos meios de comunicação,[31] as constantes ameaças que sofre. Quando perguntado em uma entrevista sobre o medo da morte, ele responde (19min06s-20min12s):

> Olha, pode ocorrer. Já nessa minha história de vida, quatro pessoas que iam me matar depois de um tempo, mudadas por circunstâncias, vieram me avisar que eles iam ser os meus matadores e por que eles não me mataram e o que foi que dificultou. Então tentativas de me destruir são muitas. Eu sou alvo de muitas tentativas de destruição, porque você morre, matando também a tua autoestima, matando a tua imagem, matando a tua palavra. É, eu vejo muito uma coisa que é muito dolorosa, é baterem nos moradores de rua como batiam nos presos e nas presas para me atingir, e então eu vejo muito isso, às vezes forças militares ou municipais baterem ou torturarem os moradores de rua, dizendo: "o próximo é o padre, vai chamar o padre".[32]

Interessante perceber que, apesar dos ataques, o ritmo de seu trabalho avança e se impulsiona, iniciando e efetivando hoje transformações

31 LANCELLOTTI, J. "Não faltam forças tentando me destruir". *Isto É*, 2733: 4-6, 15 jun. 2022.

32 *Idem*, "Padre Julio Lancellotti – Meu Nome é Correria #26", *op. cit.*

estruturais/jurídicas a partir da chave da *arquitetura hostil*, que traz consigo um elemento estrutural da *aporofobia*. Como resultado desse trabalho, no conteúdo analisado consta a ação de empresas e igrejas, a exemplo da CEF e da Catedral de Campinas, que retiraram grades e pedras que impediam a PSR de se instalar em espaços públicos. Ademais, a Comissão de Desenvolvimento Urbano da Câmara dos Deputados aprovou, no dia 6 de dezembro de 2021, o Projeto de Lei 488/2021, que proíbe o emprego de técnicas construtivas hostis em espaços livres de uso público, que visem afastar pessoas em situação de rua, idosos, jovens e outros segmentos da população.

Finalmente, é também papel do profeta anunciar a fidelidade de Deus ao seu povo e a renovação da missão confiada a uma minoria – a uma parte de Israel que assume a palavra de Deus. Por isso, em última instância, é a profecia e o profeta que despertam e fortalecem o povo da esperança a partir de sua autoridade pastoral.

4.7.4 Autoridade pastoral

O conceito de autoridade passou por diversos sentidos ao longo da história. Hannah Arendt explica o termo "autoridade" com as experiências que nascem da civilização romana, a qual indica o termo *auctoritas* como derivado do verbo "aumentar" – ou seja, autoridade é aquela que aumenta a fundação de algo, a força instauradora de algo. Ela leva ao sentido do começo, do início fundante de alguma coisa. Exercer autoridade significa empreender desde a origem, sendo essa ação instauradora direcionada para a liberdade, e estando vinculada à capacidade de agir, de iniciar alguma coisa nova (ARENDT, 1988, p. 288 *apud* MAGER, 2016, p. 51).

Em outra perspectiva e de forma complementar, Émile Benveniste[33] aprofunda o conceito, afirmando que o termo *d'augmenter*, que significa

33 BENVENISTE, É. *Le vocabulaire des institutions indo-européennes. II: Pouvoir, droit, religion*. Paris: Éd. De Minuit, 1969, p. 149 (*apud* GRIEU, É. "Les plus pauvres: une autorité dans la société et pour l'Église?". *In*: LAMBERT, A.; LIÉGEOIS, A.; e CHEVALIER, C. *Autorité et pouvoir dans l'agir pastoral*. Bruxelas: Lumen Vitae, 2016, p. 153-170).

"aumentar", vem do termo *augeo*, que significa "produzir fora de seu próprio seio, criar, fazer surgir de um meio alimentado, fazer sair, promover", o que é um ato propriamente divino. Nesse sentido, *l'auctor* ("autoridade") é então "aquele que inicia, que funda" - o *l'auteur* ("autor"). O senso primitivo de *augeo* se encontra dentro de *auctoritas*:

> Toda palavra anunciada com autoridade determina a mudança no mundo, cria alguma coisa; essa qualidade misteriosa é a que "augeo" exprime, o poder que faz surgir as plantas, que dá existência a uma lei. "Augmenter" seria então um sentido enfraquecido de "augeo". Os valores obscuros e poderosos permanecem dentro dessa "auctoritas", desse dom reservado a poucos homens de fazer surgir alguma coisa e, ao final, de produzir a existência (BENVENISTE, 1969, p. 150).

A autoridade aparece vinculada à própria experiência do surgimento e da renovação das coisas e dos seres. Ela indica esse poder de fazer existir, sobretudo dentro do universo social, um poder ligado à palavra (MAGER, 2016, p. 52).

Ora, é nesse sentido que nós compreendemos a "autoridade pastoral" do Padre Júlio, que é profética porque toca as estruturas e as faz de alguma forma avançar, gerando o novo em nível de esperança pessoal e de transformações estruturais. Sua autoridade nasce da força do Evangelho que embasa sua visão de mundo, sua fé e a esperança de transformação das pessoas e das estruturas, de modo a instaurar, no processo da história, um movimento de libertação. Sua autoridade é credibilizada por sua coerência de vida e pela concretização da experiência evangélica a partir dos pobres.

4.7.5 Contribuições e limites eclesiais

Queremos refletir sobre as contribuições e limites eclesiais e sociais da práxis do Padre Júlio, considerando que ela toca a Igreja e a sociedade em nível local e nacional, seja pela forma como ele desenvolve seu trabalho pastoral, seja pela forma como se relaciona com as instituições governamentais e civis que se interligam.

4.7.5.1 Contribuições eclesiais

A nosso ver, uma grande contribuição do trabalho desenvolvido pelo Padre Júlio é dar visibilidade à causa que ele defende e, por conseguinte, à Igreja enquanto testemunho profético de ação na metrópole. Como ele mesmo diz, "dar visibilidade aos 'invisíveis' que vivem nas cidades sem ocupá-las".[34] Essa visibilidade, da PSR (e de si mesmo), ampliada pelas redes sociais, projeta-o em nível nacional/internacional e estabelece uma dinâmica que desvela contribuições importantes.

A primeira contribuição é inerente à sua atividade pastoral – refere-se ao *testemunho do acolhimento/da convivência* com aqueles/as que são invisibilizados pela sociedade e até mesmo pela Igreja local. Não raras vezes, quando perguntado o que ele efetivamente faz, Padre Júlio responde:

> O que eu busco com constância é conviver com os descartados. E conviver com eles para aprender, para entender, para perceber, e até perceber o próprio efeito do descarte na desumanização, na vida dos descartados, e como eles introjetam esse sistema de descarte nas suas próprias vidas.[35]

A segunda contribuição faz referência à *credibilidade* com que ele desenvolve seu trabalho. Não raras vezes, grupos de fora de São Paulo, que trabalham em outras dioceses com a Pastoral do Povo da Rua, vêm a São Paulo para conhecer mais proximamente o trabalho do Padre Júlio. De fato, hoje é difícil falar do trabalho com a PSR sem citar o nome dele. O aspecto da credibilidade também é reforçado pelo reconhecimento das instituições civis à sua luta. Não foram poucos os prêmios recebidos por ele nos últimos

---

34 LANCELLOTTI, J. "Aula conjunta ICH, ICS e FCA com o padre Júlio Lancelotti", *op. cit.*

35 *Idem*, "#AOVIVO CONFERÊNCIA SINFRAJUPE COM PE. JÚLIO LANCELOTTI: 'Jornada Mundial dos Pobres e o Grito de Justiça!'". Facebook, postagem de 11 de novembro de 2020. Publicado por *Pastoral PUC Minas*. Disponível em: https://www.facebook.com/pastoralpucminas/videos/2755671928008339.

anos,[36] entre os quais destacamos o recebimento da mais alta honraria da Assembleia Legislativa de São Paulo (Alesp), que é o Colar de Honra ao Mérito por sua atuação em defesa dos direitos humanos,[37] justamente na casa legislativa onde ele mais debate com as instituições governamentais.

Finalmente, a maior contribuição ou impacto eclesial produzido pelo Padre Júlio – mesmo que essa atitude e essa linha não sejam tão claras no conjunto da Arquidiocese de São Paulo – é o resgate e a contextualização da práxis cristã em linha direta com as orientações do Papa Francisco. Notadamente, em linha direta com seu "programa de governo", expresso na *Evangelii Gaudium* (EG), que demanda a Igreja a ser "em saída" e a "primeirear", e na expressão "ter cheiro de ovelhas". Tudo isso está presente nas mais diversas realidades, resgatando junto de Francisco as demandas do Concílio Vaticano II, expressas em *Gaudium et Spes* (GS,1).

4.7.5.2 Limites eclesiais

Os limites eclesiais que destacamos se apresentam ligados ao contexto da Arquidiocese de São Paulo. A análise do conteúdo revela unicamente o trabalho desenvolvido pelo Padre Júlio em nome do Vicariato da População em Situação de Rua. Não aparecem referências ou registros aprofundados das tantas outras pastorais, congregações, centros de acolhida da Igreja e institutos religiosos que também atuam no cuidado dessa mesma população, em nível regional ou paroquial, a exemplo do Centro Social Nossa Senhora do Bom Parto (Bompar).

Um segundo limite, decorrente deste primeiro, e que se questiona com frequência na Arquidiocese, é a solução à continuidade de seu trabalho junto à PSR. Na ausência do Padre Júlio, que já está com seus 75 anos, quem vai dar continuidade ao seu trabalho? Raramente se veem seminaristas e padres o auxiliando ou partilhando de seu trabalho. Ele mesmo toca nesse assunto,

36 Listados ao fim deste capítulo de pesquisa.

37 Ver: G1. "Padre Júlio Lancellotti recebe mais alta honraria da Alesp nesta quinta". *G1*, 03 nov. 2021. Disponível em: https://g1.globo.com/sp/sao-paulo/noticia/2021/11/03/padre-julio-lancelotti-recebe-mais-alta-honraria-da-alesp-nesta-quinta.ghtml.

afirmando que ninguém quer trabalhar com ele ou aceitá-lo em outra paróquia, porque aonde ele vai a PSR irá.[38]

4.8 Influência social e política (eixo sociopolítico)

É a leitura transversal realizada a partir da amostra ampliada o que nos permite perceber a influência social e política do Padre Júlio. De fato, uma consulta atenta na internet demonstra que sua visibilidade nos meios de comunicação foi sendo estabelecida ao longo dos anos, acompanhando o desenvolvimento de seu trabalho.

Em relação à amostra especificamente analisada, os temas de campanha por ele assumidos ganham força e visibilidade pelo engajamento das pessoas comuns/anônimas que o seguem, pelos "famosos" (artistas, celebridades, escritores, políticos etc.), e pelo grande acesso que ele possui aos meios de comunicação de massa cada vez que é citado ou que participa deles, como: *lives*; programas de TV; revistas; jornais impressos; mídias católicas nacionais e internacionais; telejornais de canais abertos (principalmente o *SP1*, veiculado pela TV Globo São Paulo); e canais de menor alcance (como a *TVT*).[39] Esse conjunto de possibilidades o ajuda a concretizar a transformação da realidade social que passa pelas estruturas políticas. Há anos, Padre Júlio convive, dialoga e se opõe aos representantes institucionais/governamentais, como ele mesmo afirma (01h23min05s-01h24min20s):

---

38 LANCELLOTTI, J. "Aula conjunta ICH, ICS e FCA com o padre Júlio Lancellotti", *op. cit.*

39 Há uma gama enorme de canais de comunicação que dão destaque ao trabalho do Padre Júlio, como o jornal *O Estado de S. Paulo* (31 jan. 2022); a revista *Veja São Paulo* (01 jun. 2022); a revista *Carta Capital* (01 jun. 2022); o jornal *Le Monde* (em 2021); e diversas matérias na Coluna de Jamil Chade no *UOL*. O mesmo ocorre com diversos portais de comunicação, como: PORTAL COMUNIQUE-SE. "Júlio Lancellotti: padre e influenciador digital". *Portal Comunique-se*, 08 out. 2021. Disponível em: https://portal.comunique-se.com.br/julio-lancellotti-padre-e-influenciador-digital/; BRAIGHI, Antônio. "O ativismo de Padre Júlio Lancellotti". *Projor*, 16 fev. 2021. Disponível em: https://www.observatoriodaimprensa.com.br/feitos-desfeitas/o-ativismo-de-padre-julio-lancellotti/; e PEREIRA, F. "Padre Influencer". *TAB UOL*, 23 jun. 2021. Disponível em: https://tab.uol.com.br/edicao/julio-lancellotti/#cover.

> Então, o meu diálogo com a Prefeitura, com o Estado e outros níveis de poder é um diálogo que sempre tem um lado. Eu estou sempre do lado dos pobres. Eu nunca quero estar do lado das autoridades, eu converso com autoridades, com os que querem conversar. Uns querem, outros não querem. Uns aceitam, outros não aceitam. Mas sempre eu sei de que lado tenho que estar. [...] Conversamos com todos os que quiserem conversar, mas sempre o mesmo lado, do lado dos pequenos, dos fracos, dos perdedores, dos fracassados, dos perseguidos e dos feridos. Eu não tenho medo de conversar, mesmo que esteja com a roupa suja de sangue, com as mãos machucadas, mas vamos conversar. Mas sempre o mesmo lado e a partir das necessidades dos mais pobres.[40]

Sua influência social e política se dá em torno do positivo e negativo. Por um lado, constatamos que há avanços concretos: a já mencionada Lei 488/2021, que, a partir de 2022, começou a ser aprovada em níveis municipais, como em Araraquara/SP; e o encontro do Padre Júlio com o Ministro do STF Alexandre de Moraes, em 4 de junho de 2022, cuja pauta girou em torno de uma ação impetrada no STF pelo Senador Randolfe Rodrigues, em junho e julho do mesmo ano, demandando que assistência médica e social adequada aos usuários de crack seja garantida por parte do poder público. O resultado efetivo desta demanda foi o imediato pedido do ministro, no prazo legal de até cinco dias, ao presidente da república, aos governadores dos estados e aos prefeitos das capitais, por informações sobre a situação da população em situação de rua.[41]

---

40 LANCELLOTTI, J. "Aula conjunta ICH, ICS e FCA com o padre Júlio Lancelotti", *op. cit.* Paulo Maluf, mencionado por Padre Júlio nessa passagem do vídeo, foi prefeito de São Paulo, eleito em 1969 (nomeado pelo Governo Militar) e em 1992 (por eleição direta).

41 Esses dados subsidiarão a análise das medidas cautelares formuladas na Arguição de Descumprimento de Preceito Fundamental (ADPF) 976, em que são pedidas providências para minorar as "condições desumanas de vida" dessas pessoas. Em seguida, os autos devem ser remetidos, sucessivamente, à Advocacia-Geral da União (AGU) e à Procuradoria-Geral da República (PGR), para que se manifestem as constantes denúncias feitas contra a qualidade do atendimento à PSR nos abrigos da Prefeitura de São Paulo.

Por outro lado, o fato é que a causa que Padre Júlio defende e a forma como ele desenvolve seu trabalho não ajudam a arrefecer a pressão. Transformar estruturas viciadas custa caro e gera riscos. A diferença em relação a outros tempos é que hoje as questões que ele defende e os ataques que sofre vêm à tona rapidamente pelas redes sociais. Os ataques realizados no período analisado de nossa amostra, anteriormente citados, seguem na história do Padre Júlio. Ataques atuais são realizados por bolsonaristas, como pela vereadora Cris Godoy, que se candidatou em 2020 reclamando que pessoas como Lancellotti ensinam a constranger policiais e guardas civis. Ela vê uso político no trabalho do "padre comunista" e diz que o correto seria sua excomunhão.[42] E não são poucas as vezes em que Padre Júlio foi acusado de ser comunista ou partidário. No entanto, é importante lembrar que sua relação com as esferas públicas e políticas não se configura em um engajamento partidário. Dada a causa que ele defende e suas pautas, naturalmente o diálogo se alinha com certas políticas, em seus diversos níveis, e com os que têm por base elementos do socialismo, assim como aqueles/as que defendem o cuidado com os pobres.

Finalmente, sobre a sua luta, que passa necessariamente pelo debate e embate estrutural, Padre Júlio afirma (46min53s-47min14s):

> Eu acho que nós temos que ter disciplina de luta, disciplina revolucionária, capacidade intelectiva, estudar, buscar fundamentação da nossa luta, da nossa fé. Nós não somos ingênuos, nós não estamos fazendo uma luta maluca, nós estamos fazendo uma luta histórica, uma luta que vem da presença de Deus na história.[43]

4.9 Conclusão

Os elementos de conclusão aqui apresentados restringem-se ao tema central da pesquisa e não representam em absoluto um fechamento da análise do perfil do Padre Júlio. Isso se dá em função de duas questões centrais. A primeira concerne ao movimento da história em que Padre Júlio segue

---

42 Matéria completa disponível em: PEREIRA, F. "Padre Influencer", *op. cit.*

43 LANCELLOTTI, J. "Aula conjunta ICH, ICS e FCA com o padre Júlio Lancelotti", *op. cit.*

realizando seu trabalho, ao passo que a nossa pesquisa delimita um espaço de tempo. A segunda faz referência à necessidade de uma análise complementar acerca dos mecanismos de compreensão de impulso e interesse dos seguidores do Padre Júlio, uma vez que em definitivo são eles que confirmam sua visibilidade nas redes sociais, sobretudo no Instagram.

Levando em consideração esses elementos iniciais, podemos responder aos três eixos macros da nossa pesquisa:

- *Eixo comunicacional-cultural*: a partir de nossa análise vertical e horizontal, encontramos dois elementos-chave que se complementam. De um conteúdo monotemático (sobre os pobres, os grupos excluídos e a PSR) – o qual a princípio poderia se esgotar em si mesmo – brota a visibilidade do trabalho pastoral e a constituição de uma gama de contatos e de influências através das redes que constituem seu capital social, pastoral e evangelizador, como se o conteúdo se sustentasse por si mesmo. Isso é notável quando analisamos sua forma de atuação no Instagram, realizada de maneira "amadora" se considerarmos o padrão de outros influenciadores que contam com equipes especializadas. Nesse sentido, há um diferencial claro em relação à sua utilização das redes, que é a intencionalidade primeira de dar voz aos "invisíveis da sociedade".
- *Eixo sociopolítico*: constitui um elemento importante dos resultados do trabalho pastoral do Padre Júlio, entendendo o sociopolítico a partir da capacidade de diálogo, por vezes ferrenho, com as estruturas e forças de poder, e suscitando questões pertinentes à sua causa com demandas aos órgãos públicos nas diversas esferas de soluções, as quais são cabíveis a uma política de Estado. Ora, como dissemos ao longo da pesquisa, esse elemento é confirmado pelos projetos de leis que tramitam na Câmara dos Deputados e no Senado Federal; pelo reconhecimento da sociedade civil através de inúmeros prêmios; e (negativamente) pelas ameaças recebidas. Neste caso, a compreensão de que não há como avançar sem realizar diálogo com as estruturas civis e governamentais é clara. A questão é saber que esse diálogo é sempre realizado colocando-se a partir dos interesses dos pobres e não a partir dos interesses estabelecidos.

- *Eixo teológico-eclesial*: é notável como a causa defendida pelo Padre Júlio por meio das redes sociais dá visibilidade ao elemento central do Evangelho – o desvelar do Reino de Deus na história (centro e chave do pensamento de Jesus) que não é possível de ser concretizado sem o resgate da dignidade aos pobres, sem a inclusão daqueles/as que estão à margem do sistema social, econômico e sobretudo religioso. Nesse sentido, a prática pastoral do Padre Júlio, que é um testemunho de vivência cristã, é visibilizada pelas redes. A nosso ver, esta é sua grande colaboração para um sentido comum da fé: lembrar diariamente a cada um de seus seguidores que o cristianismo se constitui dentro de um processo histórico, e que somente é possível caso experienciado nas realidades de homens e mulheres concretos, como força transformadora, impulsionado pela ação do Espírito no mundo à luz da prática de Jesus.

Prêmios e títulos recebidos pelo Padre Júlio Lancellotti

2000 - a Comissão de Direitos Humanos da Ordem dos Advogados do Brasil concedeu-lhe o Prêmio Franz de Castro Holzwarth, por seu trabalho contra a violação sistemática dos direitos das crianças e dos adolescentes.

2003 - a Casa Vida recebeu o Prêmio OPAS da Organização Pan-Americana da Saúde.

2004 - o Movimento Nacional de Direitos Humanos concedeu-lhe o Prêmio Nacional de Direitos Humanos.

2004 - a Pastoral do Povo de Rua da Arquidiocese de São Paulo ganhou o Prêmio Nacional de Direitos Humanos, na categoria livre.

2005 - Padre Júlio recebeu menção honrosa no Prêmio Alceu Amoroso Lima, na categoria "Direitos Humanos".

2007 - Padre Júlio recebeu o Prêmio dos Direitos Humanos promovido pela Secretaria Especial dos Direitos Humanos da Presidência da República, na categoria "Enfrentamento à Pobreza".

2020 - Padre Júlio recebeu, por voto popular, o Prêmio POC Awards na categoria "Influencer do Ano", promovido pelo *Gay Blog Br*. A indicação de Lancellotti se motivou por ele frequentemente se posicionar contra a homofobia.

2021 - Padre Júlio foi um dos vencedores do Prêmio Zilda Arns pela Defesa e Promoção dos Direitos da Pessoa Idosa, da Câmara dos Deputados, em reconhecimento pelo seu trabalho em benefício da população em situação de rua.

Padre Júlio também se tornou Doutor Honoris Causa pela Universidade São Judas Tadeu, em 2004, e pela Pontifícia Universidade Católica de São Paulo (PUC-SP), em 2019.

Referências bibliográficas

ABIDIN, Crystal. "Influenciadores digitais, celebridades da internet e 'blogueirinhas'" (entrevista concedida a Issaaf Karhawi). *Intercom: Revista Brasileira de Ciências da Comunicação*, 44 (1): 289-301, 2021. Disponível em: https://doi.org/10.1590/1809-58442021114.

ALMEIDA, L. e PAULA, L. "O retrato da exclusão digital na sociedade brasileira". *JISTEM – Journal of Information Systems and Technology Management*, 2 (1): 55-67, 2005.

ANTUNES, A. e AZEVEDO, M. "'Tão famosos que você provavelmente nunca ouviu falar': uma reflexão sobre a 'nova' categoria de sujeitos influenciadores do consumo". *Revista Famecos*, 6 (3): 3-18, 2019.

ARENDT, H. *Condition de l'homme moderne*. Paris: Calmann-Lévy, 1988.

BENVENISTE, É. *Le vocabulaire des institutions indo-européennes. II: Pouvoir, droit, religion*. Paris: Éd. De Minuit, 1969.

BOURDIEU, P. "The forms of capital". *In*: HALSEY, A. H.; LAUDER, H.; BROWN, P.; WELLS, A. (orgs.). *Education: Culture, Economy, and Society*. Nova Iorque: Oxford University Press, 1997, p. 46-58.

CHARAUDEAU, P. *Discurso das mídias*. São Paulo: Contexto, 2012.

COMBLIN, J. *Antropología Cristiana*. Madri: Ediciones Paulinas, 1987 (Coleção Teología y Liberación).

COMBLIN, J.. "Liberté et libération, concepts théologiques". *Concilium*, 96: 85-95, 1974.

______. "Humanité et libération des opprimés". *Concilium*, 175: 122-131, 1982.

______. *A maior esperança*. Petrópolis: Vozes, 1974.

______. *Vocação para a liberdade*. São Paulo: Paulus, 1998.

______. *O clamor dos oprimidos. O clamor de Jesus*. Petrópolis: Vozes, 1984.

______. "El clamor de Jesús y el clamor de los oprimidos". *Revista Pastoral Popular*, 4: 21-24, 1985.

______. *La Teología de la Revolución: teoría*. Bilbao: Desclée de Brouwer, 1973.

______. "O pobre, critério para a profecia". *In*: OLIVEIRA, P. R. (org.). *Opção pelos pobres no século XXI*. São Paulo: Paulinas, 2011, p. 181-201.

______. *O caminho. Ensaio sobre o seguimento de Jesus*. São Paulo: Paulus, 2004.

______. *La profecía en la Iglesia*. Madri: Editora PPC, 2009.

COULDRY, N. "Media meta-capital: Extending the range of Bourdieu's field theory". *Theory and Society*, 32 (5): 653-677, 2003.

DEBORD, G. *A sociedade do espetáculo*. Rio de Janeiro: Contraponto, 1997.

FOUCAULT, M. *A arqueologia do saber*. Rio de Janeiro: Forense Universitária, 2014.

FUNCIONÁRIOS da Febem denunciam retorno do "cacete pedagógico"; Manifesto aponta situação grave, afirma padre. *Folha de S.Paulo*, 17 mar. 1986, p. 4. Disponível em: https://acervo.folha.com.br/leitor.do?numero=9444&keyword=Edicoes&anchor=4145011&origem=busca&originURL=&pd=0ef38efaf86a76df2a69d60434428a96.

GOLDBERG, L. e AKIMOTO, C. *O Sujeito na era digital – ensaios sobre psicanálise, pandemia e história*. São Paulo: Edições 70, 2021.

GRIEU, É. "Les plus pauvres: une autorité dans la société et pour l'Église?". *In*: LAMBERT, A.; LIÉGEOIS, A.; e CHEVALIER, C. *Autorité et pouvoir dans l'agir pastoral*. Bruxelas: Lumen Vitae, 2016, p. 153-170.

KARHAWI, Issaaf. "Influenciadores digitais: conceitos e práticas em discussão". *Communicare*, 17: 46-61, jan. 2017.

KARHAWI, Issaaf. "Espetacularização do Eu e #selfies: um ensaio sobre visibilidade midiática". Anais Comunicon – USP, São Paulo, 2015, n.p.

LABIGALINI, E. *Coragem, amor e compaixão – Padre Júlio Lancellotti*. São Paulo: Selo Da Rua, 2021.

LANCELLOTTI, J. "Amor à maneira de Deus: Uma entrevista com Pe. Júlio Lancellotti". *Vida Pastoral*, 345: 4-19, mai-jun. 2022.

______. "#AOVIVO CONFERÊNCIA SINFRAJUPE COM PE. JÚLIO LANCELOTTI: 'Jornada Mundial dos Pobres e o Grito de Justiça!'". Facebook, postagem de 11 de novembro de 2020. Publicado por *Pastoral PUC Minas*. Disponível em: https://www.facebook.com/pastoralpucminas/videos/2755671928008339.

______. "Aula conjunta ICH, ICS e FCA com o padre Júlio Lancelotti". YouTube, 06 abr. 2021. Publicado pelo canal *PUC Minas Lives*. Disponível em: https://www.youtube.com/watch?v=vWHlQT94UzU.

______. "Entrevista com Padre Júlio Lancellotti". YouTube, 17 mai. 2018. Publicado pelo canal *TV 247*. Disponível em: https://www.youtube.com/watch?v=u9yqqXUacLc.

______. "Entrevista com Padre Júlio Lancelotti, referência na luta pelos Direitos Humanos | Grandes Nomes". YouTube, 20 jun. 2022. Publicado pelo canal *O POVO Online*. Disponível em: https://www.youtube.com/watch?v=jVA4-KaIbrk.

______. "Padre Julio Lancellotti – Meu Nome é Correria #26". YouTube, 06 out. 2021. Publicado pelo canal *Meu Nome é Correria*. Disponível em: https://www.youtube.com/watch?v=djTcoBhdhrc&t=1781s.

MAGER, R. "Dimensions d'autorité en théologie pratique". *In*: LAMBERT, A.; LIÉGEOIS, A.; e CHEVALIER, C. *Autorité et pouvoir dans l'agir pastoral*. Bruxelas: Lumen Vitae, 2016, p. 49-60.

MARWICK, A.; BOYD, D. "To see and be seen: celebrity practice on Twitter". *Convergence: the international journal of research into new media technologies*, 17 (2): 139-158, 2011.

NOGARA, Jane. "O Papa: 'Por uma Igreja pobre com e para os pobres'" (audiência do Papa Francisco com a Comunidade "Chemin Neuf", realizada em 30 de abril de 2021). *Vatican News*, 30 abr. 2021. Disponível em: https://www.vaticannews.va/pt/papa/news/2021-04/papa-comunidade-chemin-neuf-franca.html.

POLICARPO, C. e SANTAELLA, L. "A estética do conhecimento nas redes digitais". *Dialogia*, 28: 29-45, jan./abr. 2018.

PRIMO, A.; MATOS, L.; MONTEIRO, M. C. *Dimensões para o estudo dos influenciadores digitais*. Salvador: EDUFBA, 2021.

PRUDENCIO, K.; RIZZOTTO, C.; BELIN, L.; e SARAIVA, A. "¡Aquí estamos las mujeres!: a figura femenina nos protestos políticos sul-americanos de 2019 a partir de uma análise de imagens do Instagram". Anais Compás – UFMS, Campo Grande, 2020, p. 1-28.

RICUERO, R. *Redes sociais e internet*. Porto Alegre: Sulina, 2014.

ROJEK, C. *Celebridade*. Rio de Janeiro: Rocco, 2008.

SENFT, T. *Camgirls: Celebrity and Community in the age of social networks*. Nova Iorque: Peter Lang, 2008.

SHIRKY, C. *Cultura da participação: criatividade e generosidade no mundo conectado*. Rio de Janeiro: Zahar, 2011.

SIBILIA, P. *O homem pós-orgânico*. São Paulo: Contraponto, 2015.

THOMPSON, J. B. "A nova visibilidade". *MATRIZes*, 1 (2): 15-38, 2008.

______. *A mídia e a modernidade: uma teoria social da mídia*. Petrópolis: Vozes, 1998.

5. Influência católica conservadora: aspectos políticos e religiosos

Vinícius Borges Gomes

5.1 Premissas teóricas: direita católica e conjuntura socioeclesial

O presente texto propõe um estudo das estratégias comunicacionais a partir da atuação do influenciador digital católico Bernardo Küster. O objeto de estudo está inserido em um contexto de recrudescimento da extrema direita no Brasil. Suas posturas notoriamente conhecidas pela defesa de um catolicismo conservador e seu alinhamento editorial com outras lideranças e grupos de vertente cristã fazem dele um importante personagem do cenário social e comunicativo da direita católica. A polêmica envolvida em sua atuação é uma das pistas de análise, já que sua prática encontra lastro entre um público engajado, fortalece narrativas de contraposição ao papel institucional da hierarquia eclesial, e promove perspectivas condenatórias de práticas consideradas progressistas nos campos litúrgico, social, político e teológico.

O fortalecimento da extrema direita no Brasil tem um importante componente religioso. Segmentos cristãos têm se empenhado em pautas específicas de cunho radicalizado, como a defesa do direito à posse de armas de fogo, a exaltação da ditadura militar e o criticismo a grupos de defesa dos direitos de minorias. Isso tem se dado, sobretudo, a partir do engajamento dos cristãos evangélicos. Pastores e importantes lideranças de algumas denominações protestantes ampliaram sua participação na atividade política nacional e se alinharam de modo mais explícito à direita. Isso se deu a partir de uma condenação de aspecto moral e dogmático à esquerda.[1]

O catolicismo de perfil majoritariamente conservador também tem se preocupado com o alinhamento ideológico mais à direita, sobretudo pelos aspectos ligados a pautas comportamentais. Cumpre, contudo, estabelecer uma diferenciação basilar para discutir os aspectos políticos intrínsecos a grupos religiosos tão diversos entre si. Um dos olhares que sustentam o imperativo de se discutir aspectos sociopolíticos nesta seção recai sobre o crescimento do extremismo no Brasil. Ele tem sido associado a grupos mais à direita que atuaram na propagação de discursos de ódio e atos golpistas.[2] Isso não significa rotular todo o campo da direita como tal, uma vez que as correntes políticas são diversas e há extremismos nos dois espectros de direita e esquerda (BOBBIO, 1995). A direita democrática, com suas diversas correntes, não está inserida no campo de análise do presente estudo, que, por força da observação empírica, identifica a expressividade de extremismos com forte caráter religioso.

A Igreja Católica não veta a participação de fiéis em partidos políticos quando afirma que "a adesão a um partido ou corrente política seja considerada uma decisão a título pessoal, legítima ao menos nos limites dos partidos e

1 Embora o alinhamento à direita seja uma tônica comum da prática da chamada "bancada evangélica" no Congresso Nacional do Brasil, vários de seus líderes já participaram da sustentação de governos de esquerda. O Republicanos, que congrega em seus quadros importantes nomes da Igreja Universal do Reino de Deus, fez parte da coligação que elegeu Dilma Rousseff (PT) em 2010 e 2014. A legenda ocupou ministérios e compôs a base parlamentar. Um dos casos mais emblemáticos foi a participação de Marcelo Crivella no governo da petista, quando ocupou o Ministério da Pesca e Aquicultura (2012-2014).

2 No dia 8 de janeiro de 2023, após uma série de manifestações e acampamentos realizados na porta de quartéis do Exército em todo o Brasil, grupos extremistas invadiram e vandalizaram as sedes dos Três Poderes em Brasília/DF. As investigações buscam identificar financiadores e influenciadores que contribuíram para a organização informacional dos atos. A principal pauta do grupo era a derrubada do governo eleito em outubro de 2022, além do ataque frontal à legitimidade do Supremo Tribunal Federal e da Justiça Eleitoral.

posições não incompatíveis com a fé e os valores cristãos" (CDSI 574). Embora a Igreja aponte essas observações, também não endossa nenhuma corrente específica, tampouco algum partido, mas é explícita ao falar da importância do envolvimento político segundo parâmetros básicos que inspiram a fé católica. Quando se refere aos fiéis que estão ligados a partidos, orienta que eles o façam sempre de modo crítico.

Alguns estudos têm se debruçado sobre a radicalização política entre certos grupos eclesiais e religiosos. Uma das terminologias é o *cristofascismo*. Segundo Sölle (1970) *apud* Py (2021), o conceito de "cristofascismo" nasce a partir da observação do uso de terminologias cristãs por parte do regime de Adolf Hitler na Alemanha nazista. A expressão é revisitada por Py (2021) no desenvolvimento do que é nomeado de "cristofascismo brasileiro": a conexão de grupos extremistas cristãos com ações políticas. Essa relação tem se dado na constituição do movimento bolsonarista, que tem na figura do ex-presidente da República, Jair Bolsonaro (PL), um líder constantemente associado a uma construção teológica com viés autoritário e messiânico.[3]

O influenciador católico Bernardo Küster é um apoiador declarado do ex-presidente e tem atuado firmemente na defesa de seu governo. Fato notório é o aprofundamento da militância política do mesmo, que, em muitos momentos, deixa de abordar temas eclesiais – sua principal pauta de influência – e volta sua presença para um debate eminentemente político. No cenário político nacional, é possível identificar o crescimento do discurso conservador nas disputas eleitorais e nos movimentos de ascensão da direita. Segundo Nicolau (2020), Jair Bolsonaro teve cerca de 70% de apoio do eleitorado evangélico no pleito presidencial de 2018. Venceu também entre os católicos, mas com uma vantagem bem menor. Para o autor, uma

3 Compreende-se "movimento bolsonarista" como a organização estruturada da base de apoio do ex-presidente da República Federativa do Brasil, Jair Bolsonaro (PL). Os apoiadores do político atuam de forma engajada nas redes e nos atos públicos, tendo a pauta da direita e valores morais cristãos como motes principais. É comum, ainda, a associação com narrativas próprias de outras expressões da direita na história brasileira, como o lema do Integralismo ("Deus, Pátria e Família") e as Marchas da Família, que ajudaram a fortalecer o ambiente para o Golpe Militar de 1964.

das explicações dos dados é a associação clara de Bolsonaro com as pautas conservadoras, o que também contribuiu para a conquista das alas mais tradicionalistas do catolicismo.

No segundo turno das eleições de 2018, o deputado federal Eros Biondini[4] (então filiado ao PROS), junto de outras importantes lideranças católicas, visitou Jair Bolsonaro e fez uma oração pela saúde do mesmo, incluindo um gesto de unção e palavras fortes que o colocavam como um líder escolhido por Deus. A aproximação de lideranças conservadoras católicas, embora menos expressiva do que aquela representada por grandes setores evangélicos, também compõe a estruturação do movimento de extrema direita no Brasil. Na defesa de pautas morais e de costumes, católicos e evangélicos mostram unidade e militância próxima, o que acabou aproximando-os de Bolsonaro.

Para Schmitt (1988) *apud* Py (2021), o cristofascismo brasileiro estrutura-se a partir de uma "arquitetura do poder governamental" que envolve o culto à autoridade do divino-governador e o assentamento em formulações teológicas autoritárias. Exemplo disso é o slogan de campanha de Bolsonaro, repetido enquanto exercício de governo e como marca de seu discurso: "Brasil acima de tudo, Deus acima de todos". Outro slogan muito presente na comunicação do presidente é "Deus, Pátria e Família", que ressuscita expressões da Ação Integralista Brasileira (1932-1937) – movimento de viés fascista que teve papel importante na difusão de ideias autoritárias, ultranacionalistas, conservadoras e anticomunistas. Finchelstein (2019) afirma que o fascismo brasileiro tinha afinidades relevantes com o fascismo que se manifestava pelo mundo, como o culto a uma religião política. Elementos do catolicismo brasileiro foram utilizados na construção desse pensamento. Atualmente, eles permanecem presentes, embora dividam espaço com a predominância do conservadorismo neopentecostal. Une-os a defesa de valores morais prioritários,

4 Eros Biondini é deputado federal desde 2011. Sua base política advém do trabalho como cantor e pregador da Renovação Carismática Católica (RCC). Apresentou programas na Canção Nova, mantendo laços estreitos com a comunidade até os dias atuais. Defensor de valores conservadores, acabou se filiando ao Partido Liberal (PL), o mesmo escolhido pelo ex-presidente Jair Bolsonaro para a disputa da reeleição em 2022.

como a configuração familiar heteronormativa e o combate à legalização das drogas e à discussão de assuntos relativos à sexualidade nas escolas.

A direita católica destaca elementos históricos do papel da Igreja na política nacional. Há a valorização de figuras como o Padre José de Anchieta, responsável por catequizar povos indígenas e disseminar o catolicismo no século XVI, e a Princesa Isabel, numa clara ode à Monarquia, presente em muitas correntes do catolicismo de direita. As escolhas simbólicas indicam um anseio por mais presença da Igreja em decisões políticas, já que remetem a momentos de simbiose entre a religião e o Estado. Também remontam a valores conservadores e ao saudosismo de outros momentos considerados mais virtuosos por estes que os defendem.

Situar a conjuntura na qual o cristofascismo se apresenta[5] a partir da aproximação entre uma radicalização de setores religiosos com grupos políticos – e mesmo com o Estado – ajuda a compreender o período histórico no qual a ação de um influenciador católico encontra forte inserção entre os fiéis, especialmente quando suas pautas principais são ligadas à luta política, seja no campo eclesial, seja na disputa social em torno de pautas morais e de costumes.

5.2 A trajetória de um influenciador recém-convertido

Bernardo Pires Küster, conhecido como Bernardo Küster, é um escritor e *youtuber* focado na atuação política e na promoção de uma pauta conservadora católica. É graduado em Administração pela PUC-PR, com extensão em Política Internacional e Economia Empresarial na Università

5 "Cristofascismo" aqui não é compreendido como uma adjetivação da atuação estrita do influenciador Bernardo Küster, mas sim como um conceito que ajuda a entender, de forma ampla e global, a escalada do radicalismo de extrema direita com evidentes contornos religiosos no Brasil, seja no protestantismo, seja no catolicismo. Compreender esse contexto é fundamental para estudar nomes que se alinham, em maior ou menor medida, com a expressão principal da radicalização política no Brasil: os apoiadores do ex-presidente Jair Bolsonaro (PL). Fenômenos similares são verificados em outros países, com destaque para os Estados Unidos, com o apoio de grupos católicos tradicionalistas ao ex-presidente Donald Trump e a correlação destes com o crescimento de movimentos ultranacionalistas em todo o mundo.

degli Studi di Ferrara (Itália) e com MBA em Gestão de Projetos na Fundação Getúlio Vargas. É Diretor de Opinião do jornal *Brasil Sem Medo*, escritor e empreendedor cultural. Está produzindo o documentário *Eles Estão no Meio de Nós*, sobre a Teologia da Libertação.

Segundo Queiroz (2021), a atuação constante do *youtuber*[6] se dá a partir de 2017, embora seu canal na plataforma YouTube tenha sido criado em 2006. O autor identificou os principais temas abordados pelo influenciador em seus vídeos, sendo eles: Sexualidade e Família (defesa de modelos de família e sexualidade, críticas às pautas LGBTQIAP+, com oposição ao aborto); Globalismo e Grande Mídia (defesa da tese da existência de uma grande conspiração global com perspectivas de dominação e apontamento de pessoas e/ou instituições envolvidas neste processo); Igreja Católica (apresentação ou alusão à fé, à espiritualidade, à teologia, à história ou outros elementos referentes ao catolicismo que são, do ponto de vista destes agentes, legitimamente católicos); Comunismo (críticas às forças ou estratégias esquerdistas e progressistas presentes na sociedade); Alianças (alianças e atores com quem os agentes estudados se articulam); e "Eles" na Igreja (grupos católicos que não comungam das mesmas ideias, os não conservadores).

No estudo de Queiroz (2021), são apresentados, ainda, os valores e as estratégias que emergem dessas temáticas preferenciais. De maneira geral, o autor elenca um panorama que destaca o forte teor conservador, a defesa da ortodoxia, o tradicionalismo e um questionamento à autoridade eclesial, sobretudo quando ela está dissonante daquilo que é defendido pelo *youtuber*. As estratégias são, de forma geral, focadas na criação de antagonismos por meio da interpelação, desqualificação dos adversários, linguagem incisiva, autoafirmação, divulgação de teses conspiratórias e desinformação.

A atuação do influenciador tem caminhado para um fortalecimento de alianças políticas mais sólidas e uma diversificação das temáticas, o que tem afastado Küster do foco de atuação na seara do catolicismo, ainda

6 A expressão *youtuber* é um dos termos empregados para referir-se a Bernardo Küster, uma vez que a atuação do mesmo se dá, prioritariamente, na plataforma YouTube. Contudo, ele também será referido como "influenciador digital", compreendendo sua presença múltipla nas redes a partir de outras plataformas.

que seu público majoritário seja de católicos conservadores. É notória a sua aproximação com jornalistas, teóricos e apoiadores do ex-presidente brasileiro Jair Bolsonaro (PL). Além de defender o governo bolsonarista, o influenciador interage com os filhos do mandatário em *lives* e manifesta opiniões articuladas junto à rede de comunicação do movimento de extrema direita liderado pelo ex-capitão.

Bernardo é apontado como membro do chamado "Gabinete do Ódio", que corresponde a uma estrutura comunicacional investigada e apontada como um braço de atuação política da extrema direita bolsonarista.[7] O grupo, que recebe apoio financeiro de empresários,[8] conta com uma série de influenciadores digitais, além de estar ligado a sites que produzem conteúdo conservador. Um deles é o jornal digital *Brasil sem Medo*, que tem Küster como um dos principais colunistas. O veículo foi citado pelo Relatório Final da CPI da COVID (BRASIL, 2021) como um promotor de teses negacionistas durante a pandemia. O documento ainda cita o influenciador como um contumaz divulgador de notícias falsas que é próximo de membros do Planalto.

As ações de Bernardo Küster, seja em seus perfis pessoais ou no site onde atua, alinharam-se à postura da extrema direita no Brasil quanto à relativização da pandemia da COVID-19, incluindo ataques às ações de contenção da transmissibilidade, a suspeição das vacinas, e o apoio a medicamentos sem comprovação científica, como "balas mágicas", que tornariam injustificável qualquer tipo de medida de distanciamento social.

Em outro momento, o influenciador já havia recebido condenação com base em notícias falsas divulgadas pelo mesmo em suas redes. Um caso emblemático se deu quando ele foi condenado a indenizar o teólogo Leonardo

---

7 CARTA CAPITAL. "Mensagens de blogueiro bolsonarista mostram como funcionavam ataques coordenados". *Carta Capital*, 24 set. 2021. Disponível em: https://www.cartacapital.com.br/politica/mensagens-de-blogueiro-bolsonarista-mostram-como-funcionavam-ataques-coordenados/.

8 REGUEIRA, C.; JÚNIOR, C.; TEIXEIRA, E.; e GARCIA, J. "Hang financiou blogueiro acusado de fake news com ajuda de Eduardo Bolsonaro, apontam documentos". *G1*, 24 set. 2021. Disponível em: https://g1.globo.com/politica/noticia/2021/09/24/documentos-obtidos-pela-cpi-mostram-que-hang-financiou-blogueiro-acusado-por-fake-news-com-ajuda-de-eduardo-bolsonaro.ghtml.

Boff em cerca de R$110 mil por danos morais ao dizer que o mesmo havia desviado uma quantia milionária de recursos públicos.[9] O *youtuber* teve, ainda, de conceder direito de resposta para Boff em seu canal.

Os ataques ao teólogo partem de uma das principais plataformas temáticas adotadas por Küster, que é o ataque à Teologia da Libertação. Boff é uma das referências desse pensamento teológico no Brasil e no mundo, tornando-se um dos alvos prediletos do antagonismo do influenciador. Segundo a linha apresentada nos vídeos, a Teologia da Libertação é um braço comunista da Igreja que provocou danos aos valores tradicionais, e que, portanto, deve ser combatido sob a justificativa de uma cruzada santa de expurgo de suas influências. Ela é, também, associada ao Partido dos Trabalhadores (PT), especialmente pela ligação de seus expoentes com a organização partidária, tendo, além de Leonardo Boff, outros nomes importantes, como Frei Betto.[10]

Küster também está no centro de outras polêmicas jurídicas decorrentes de sua intensa presença digital. Ele é um dos alvos do inquérito das *fake news*, aberto pelo Supremo Tribunal Federal (STF) em 2019, que apura a disseminação de notícias falsas e ameaças à Corte. O influenciador foi alvo de um mandado de busca e apreensão cumprido pela Polícia Federal (PF), quando teve seu celular e computadores apreendidos. O *youtuber* declarou ser vítima de cerceamento de liberdade e defendeu-se nos próprios canais.[11]

---

9 BERGAMO, Mônica. "Bernardo Küster é condenado a pagar R$110 mil por fake news contra Leonardo Boff". *Folha de S.Paulo*, 05 ago. 2021. Disponível em: https://www1.folha.uol.com.br/colunas/monicabergamo/2021/08/bernardo-kuster-e-condenado-a-pagar-r-110-mil-por-fake-news-contra-leonardo-boff.shtml.

10 Frei Betto é um frade dominicano, escritor e jornalista. É conhecido como um dos expoentes da Teologia da Libertação no Brasil, sendo envolvido com movimentos sociais e populares. Foi assessor especial do presidente da República Luiz Inácio Lula da Silva entre 2003 e 2004. Foi coordenador de Mobilização Social do programa Fome Zero. Deixou o governo após divergências.

11 G1. "Alvo de mandado no inquérito que apura produção de notícias falsas diz que liberdade de expressão está sendo cerceada". *G1*, 27 mai. 2020. Disponível em: https://g1.globo.com/pr/norte-noroeste/noticia/2020/05/27/alvo-de-mandado-no-inquerito-que-apura-producao-de-noticias-falsas-diz-que-liberdade-de-expressao-esta-sendo-cerceada.ghtml.

A articulação política, representada pela participação constante na rede bolsonarista, divide espaço com uma articulação religiosa e ideológica simbolizada pela proximidade com outros nomes importantes do conservadorismo brasileiro. Destacam-se nessa seara o Padre Paulo Ricardo e o falecido astrólogo, escritor e autointitulado filósofo Olavo de Carvalho. Essa proximidade referencial e declarada desdobra-se em ações conjuntas na área econômica. Bernardo Küster possui uma livraria digital gerida pelo Centro de Desenvolvimento Profissional e Tecnológico (CEDET). A empresa monta e administra livrarias virtuais, cadastra e estoca produtos num depósito, atende pedidos online, faz cobranças dos pedidos e fretes, despacha encomendas e emite notas fiscais. A rede opera em parceria com influenciadores que atuam como curadores de livros e de livrarias digitais, e que atraem públicos específicos a partir de seus nichos de influência. Em matéria do *The Intercept Brasil*,[12] a empresa foi apontada como um instrumento de financiamento da extrema direita no Brasil, principalmente aquela organizada a partir da figura de Olavo de Carvalho, eleito como um farol ideológico e uma referência para a nova direita brasileira.

O influenciador declarou, em entrevistas ao canal *Déia e Tiba* no YouTube, que já trabalhou como gerente de restaurante japonês, cozinheiro e radialista – apresentou um programa sobre gastronomia e cultura em uma rádio universitária.[13] Também disse ter sido assessor parlamentar em uma Câmara de Vereadores. Ele afirma que, quando criança, gostava de foguetes e outros artefatos de fogo, sendo uma espécie de piromaníaco. Vem de família de militares, de onde crê ter saído uma propensão à disciplina. Está escrevendo um livro sobre aborto que estava previsto para ser lançado em 2019 – a obra ainda não foi publicada.

12 SAYURI, Juliana. "Livros, Canivetes e Anjos: A lucrativa máquina de vendas que financia Olavo de Carvalho e outras dezenas de figuras da extrema direita". *The Intercept Brasil*, 28 ago. 2021. Disponível em: https://theintercept.com/2021/08/28/cedet-vendas-sites-olavo-de-carvalho-extrema-direita/.

13 "Entrevistamos Bernardo Küster | Conversão, namoro, Igreja, etc.". YouTube, 26 set. 2018. Publicado pelo canal *Déia e Tiba*. Disponível em: https://www.youtube.com/watch?v=uAiykNXYfoI&t=941s.

Bernardo declara que foi ateu, embora afirme ter sido mais ligado ao agnosticismo. A mãe de Bernardo foi protestante luterana. Ele acabou se tornando um protestante bastante envolvido na vida religiosa, sendo um profundo estudioso. Chegou a ser calvinista. Trabalhou em mídias protestantes, produzindo programas e atuando em várias outras frentes. No aprofundamento de suas pesquisas, interessou-se pela filosofia patrística. Já em dúvida quanto a algumas questões religiosas, foi convidado a rezar a Novena de Santa Terezinha. No último dia da novena, ao abrir a página de um livro do Cardeal Ratzinger (o Papa Bento XVI) para apresentá-lo a um professor protestante, diz ter encontrado uma pétala de rosa. O fato, considerado pelo próprio como um sinal místico, acabou por contribuir com seu processo de conversão e o fez devoto de Santa Terezinha.

Em 9 de janeiro de 2023, o influenciador teve as próprias redes sociais suspensas por decisão do Ministro Alexandre de Moraes.[14] O Supremo Tribunal Federal acusou Bernardo e outros canais de instigarem atos golpistas que culminaram com invasões e atos de vandalismo na sede dos Três Poderes, em Brasília, no dia 8 de janeiro. As contas foram liberadas posteriormente. O episódio reforça o universo de polêmicas que envolve a prática do *youtuber*.

A recente atuação de Bernardo Küster nas redes mostra uma ascensão orgânica de grande alcance. O influenciador tem quase 992 mil inscritos em seu canal do YouTube. No Instagram, é seguido por 521 mil perfis.

5.3 Performance questionadora como estruturação da mensagem de mobilização

Bernardo Küster se apresenta nas plataformas a partir de uma estética que dialoga com a perspectiva conservadora empreendida pelas pautas que ele defende. Por isso, a vestimenta do mesmo é sempre sóbria, composta por camisas sociais, uso de terno eventualmente, e a manutenção de uma

---

14 CAMIOTTO, Giovanna. "Bernardo Küster tem redes sociais bloqueadas após decisão do STF". *Terra*, 09 jan. 2023. Disponível em: https://www.terra.com.br/diversao/gente/bernardo-kuster-tem-redes-sociais-bloqueadas-apos-decisao-do-stf,277837927c9b7e68c0f0fc5d47a65f02x6jmrphx.html.

barba cheia, mas bem cortada. Os cenários variam, mas privilegiam salas de trabalho adornadas com símbolos conservadores ou imagens católicas. O enquadramento dos vídeos é em plano médio curto, oscilando com alguns fechamentos de câmera, sobretudo quando há a intenção de enaltecer alguma frase ou expressão.

O foco da linguagem adotada nas explanações é de uma perspectiva professoral. O influenciador se coloca como alguém que desvela ao público segredos, conspirações e grandes tramas que atentam contra a concepção unilateral da "verdadeira Igreja", compreendida como instituição central no mundo. Por isso, ele usa uma linguagem clara e explicativa, que é atravessada por momentos de ironia direcionados aos antagonistas e por críticas mais duras. Embora esses momentos sejam presentes, o *youtuber* consegue manter uma postura linear, com linguagem objetiva, sem lançar mão de termos chulos, ainda que adjetive de maneira severa os adversários.

Se ao falar com o público o tom explicativo é a forma de condução das temáticas, a perspectiva combativa é acentuada quando há um direcionamento da fala aos inimigos do influenciador. Bernardo costuma se dirigir assim aos interlocutores que critica, sobretudo a CNBB e os "bispos comunistas" – como gosta de nomear os prelados que considera como um problema para a Igreja. Há, no entanto, um cuidado calculado ao abordar determinados assuntos, sobretudo em relação ao Vaticano e à Santa Sé. Por ser um defensor da tradição católica, Bernardo tenta transmitir uma imagem de rebeldia diante do que considera uma ameaça para a Igreja, mas também se apresenta como um cristão católico obediente e em dia com os compromissos sacramentais. Isso inclui a reverência ao Primado de Pedro e à figura do Papa.[15]

---

15 Segundo Sesboüé (2014), a infalibilidade papal foi definida no Concílio Vaticano I, realizado entre 1869 e 1870. Ela é compreendida como a autoridade do Romano Pontífice para definir temas referentes à fé e à moral em caráter irreformável, reivindicando a autoridade divina herdada a partir da sucessão do apóstolo Pedro. Um exemplo de apelo à infalibilidade se deu em 1950, quando Pio XII proclamou o dogma da assunção de Nossa Senhora ao céu em corpo e alma – decisão que não necessitou passar por espaços conciliares ou instâncias mais complexas de discussão, dado o peso e a importância da decisão papal, sustentada pela infalibilidade.

Há um apagamento da imagem do Papa Francisco nos conteúdos abordados pelo influenciador. Embora não critique diretamente o Papa, Bernardo sempre o trata como uma figura confusa, buscando esclarecer falas que considera problemáticas e tratando a figura papal como um senhor que causa alguns problemas para a Igreja, mas que deve ser preservado pelo cargo que ocupa, ainda que seja visto de uma forma pouco prestigiosa. Em outras entrevistas, o *youtuber* chegou a declarar que a Igreja já teve "papas piores", como quando deu entrevista para a jornalista Leda Nagle.[16]

O conflito é a base da narrativa, porque o trabalho do influenciador é centrado em combater o setor progressista da Igreja, nomeado quase sempre de "comunista". Mas essa performance declaradamente de direita também está articulada com o crescimento e a organização do campo nos últimos anos do Brasil. Miguel (2019) afirma que a direita brasileira, sobretudo a partir de 2015 e 2016, passou a unificar suas diversas vertentes com o direcionamento do combate ao PT. O autor sustenta que três grandes grupos compõem a direita brasileira: os libertários; os fundamentalistas religiosos; e os que reciclaram o antigo discurso do anticomunismo.

No campo da religião, o destaque se dá pela ampla presença de setores evangélicos nas estruturas de poder. No Congresso Nacional, há uma importante organização e influência da chamada "bancada evangélica", composta por deputados e senadores ligados a várias denominações religiosas, sobretudo as neopentecostais. Contudo, o conservadorismo religioso não está restrito ao campo protestante, pois setores católicos também se articulam com os grupos evangélicos para a defesa de determinadas pautas. Nesse sentido, Bernardo Küster emerge como importante representante do setor católico da direita cristã brasileira. O mesmo, embora tenha no público católico sua audiência preferencial, também se reporta aos evangélicos, explicitando a necessária aliança com os cristãos para a defesa de pautas de costumes.

---

16 "Bernardo Küster : Jornalista Católico, sucesso no youtube". YouTube, 11 out. 2018. Publicado pelo canal *Leda Nagle*. Disponível em: https://www.youtube.com/watch?v=QEl-x4boing.

A perspectiva cênica utilizada por Bernardo é constituída pela estética sóbria, uso de cores mais escuras e enquadramentos mais fechados, que conferem proximidade com o interlocutor. A roupagem busca representar o conservadorismo do conteúdo. Quanto à linguagem e ao modo de enunciação, a estrutura é do conflito e do combate, buscando engajar o público a partir do reforço de valores da fé e da visão eclesial que é propalada pelo influenciador e por seus principais inspiradores.

5.4 Conteúdo: o audiovisual como estratégia prioritária

Os conteúdos elaborados no canal de Bernardo Küster têm como foco principal o debate de temas ligados ao catolicismo e sua relação com visões políticas, teológicas e litúrgicas. Um programa do site "Brasil sem Medo" era apresentado pelo canal e foi o principal conteúdo gerado pelo mesmo, especialmente no decorrer de 2022, quando o foco principal eram as análises políticas. Além de Bernardo, compõem o time de comentaristas Silvio Grimaldo e Paulo Briguet. O nome do programa é *Conexão KGB*. A sigla faz referência aos sobrenomes dos apresentadores e ironiza a organização de serviços secretos da União Soviética, também denominada KGB. A sátira se dá em virtude do declarado combate aos ideais de esquerda empregado nos conteúdos do programa. Este, antes exibido pelo canal pessoal do influenciador, passou a ser disponibilizado apenas pelo site "Brasil sem Medo" mediante assinatura. Os conteúdos registrados em transmissões pelo canal de Küster foram retirados do ar.

Outro parceiro que tem sido comum nos vídeos de Bernardo é o jornalista Brás Oscar, com quem divide o programa *Tapa Cultural*. Oscar também apresenta um jornal chamado *Brave News*, que, embora seja apresentado somente pelo jornalista, é exibido no canal de Bernardo.

Outro programa apresentado pelo influenciador no site "Brasil sem Medo" é o *Bernardo Küster Show*, lançado em 2023. O programa é um espaço de análises e comentários de Küster sobre assuntos políticos e eclesiais.[17]

17 Ver: https://brasilsemmedo.com/assista/bernardo-kuster-show/.

As pautas são, em geral, voltadas ao combate do que a extrema direita mundial tem chamado de "globalismo".[18]

Esse ponto é fundamental para entender a evolução do canal do influenciador e o modo como ele ocupou a plataforma desde o início de sua atuação. Se o início foi demarcadamente voltado ao conteúdo religioso, Bernardo passou a transitar para uma militância que é também fortemente marcada pelo viés político. Entretanto, sua fase de atuação religiosa conferiu-lhe reconhecimento e o fez arregimentar um público seguidor formado por católicos e religiosos. Também o catapultou ao reconhecimento em um amplo público e permitiu que ele ampliasse sua presença digital para outras plataformas e estabelecesse parcerias.

A presente pesquisa considera, entretanto, que Bernardo Küster é um influenciador católico de relevância para a análise, uma vez que ele continua tendo impacto e visibilidade entre o público religioso. Compreender como ele alcançou notoriedade entre alguns setores faz parte do processo de investigação sobre as estratégias e os modos de comunicabilidade empreendidos por essas lideranças. Chama a atenção, ainda, o fato de que Bernardo é um leigo, recém-convertido, e que ele unifica o discurso religioso com o político, fazendo de sua atuação um objeto de rico valor científico para estudo.

O recorte da análise leva em conta, portanto, a atuação eminentemente voltada ao debate sobre o catolicismo entre 2020 e 2022. Foram selecionados 12 vídeos do canal oficial do influenciador, nos anos de 2020 e 2021, que tiveram seu conteúdo principal voltado ao catolicismo. Para chegar aos 12 vídeos, também foi empregado o critério do número de visualizações, optando por aqueles que tiveram maior relevância no período. No ano de 2022, com uma queda na produção de conteúdos eminentemente religiosos, o recorte

18 O "globalismo" tem sido um termo usado pela extrema direita mundial para condenar elites envolvidas em negócios globais, acusando-as de promoverem o que chamam de "marxismo cultural" – geralmente pautas progressistas no campo moral e social. O uso da expressão ganha aspectos conspiratórios e associa uma série de fenômenos, nomes e instituições para erigir um inimigo comum da soberania das nações e dos valores conservadores. É um termo frequentemente usado por líderes nacional-populistas, como Donald Trump.

considerou o documentário *Eles Estão no Meio de Nós*, lançado em outubro. Foi o principal produto audiovisual produzido pelo influenciador no ano. Os vídeos com pautas estritamente políticas não foram considerados para garantir que as perguntas geradoras da pesquisa sejam mais adequadamente investigadas, na medida em que se busca entender o fenômeno da influência digital católica. O fato de, mesmo nos vídeos de pauta religiosa, o tema político ser transversal também sustenta a robustez do recorte e a garantia de que o eixo sociopolítico, tão fundamental nesta análise, seja considerado.

A estratégia metodológica utiliza a Análise de Conteúdo (BARDIN, 1988). A autora aponta três etapas para o procedimento analítico: (a) pré-análise – composta por leitura flutuante do objeto, contato com o mesmo e comparações com outros elementos, além da verificação de sua relevância e do possível recorte que atenda à proposta da pesquisa; (b) exploração do material – momento de analisar o conteúdo a partir das escolhas do pesquisador, assim como foi feito o recorte dos 12 vídeos do *corpus* de análise para compreender a atuação do influenciador Bernardo Küster; (c) tratamento dos resultados, inferências e interpretação – baseado em processos de categorização e seleção de unidades de análise, o processo interpretativo parte de uma organização semântica do material que garanta inferências e interpretações de caráter qualitativo.

Feito o recorte do material com base na relevância do objeto, a pesquisa propõe a categorização dos vídeos religiosos de Bernardo Küster a partir de três grandes temas:

a) Eclesiologia e teologia conservadoras: abordagem de assuntos internos da Igreja Católica a partir de uma perspectiva tradicionalista. Inclui abordagens sobre eventos eclesiais, como Campanhas da Fraternidade, Sínodo, documentos papais, entre outros;
b) Igreja e Política: estabelece uma abordagem política conservadora a partir do papel da Igreja, criando uma dicotomia entre o que seria a verdade e uma linhagem infiltrada e nociva ao que deveria ser, na visão do influenciador, a postura da instituição;

c) Guerra cultural: disputa narrativa sobre valores sociais a partir de uma ótica religiosa conservadora, estabelecendo críticas e ataques a determinados grupos progressistas a partir da discussão de pautas morais, especialmente aquelas ligadas à sexualidade e comportamentos.

Também é proposta uma categorização de acordo com as estratégias comunicativas empregadas: (a) Carta aberta: estilo narrativo voltado à interlocução direta com alguma personalidade; (b) Conspiração e denúncia: o influenciador se apresenta como jornalista e vale-se de fontes próprias, alegadamente da própria Igreja, para denunciar movimentos que considera perigosos ao tradicionalismo eclesial, além de apontar conspirações de bispos e de outras lideranças alinhadas a pautas progressistas, tratadas como comunistas ou alinhadas à nova ordem global; (c) Esclarecimento professoral: o influenciador busca elucidar temáticas, teorias e análises para o público, citando algumas referências, indicando obras literárias e transformando o próprio vídeo em uma espécie de aula; (d) Ataque: formato essencialmente estabelecido para atacar algum interlocutor ou instituição.

Os vídeos selecionados estão categorizados no quadro a seguir:

Quadro 1: Vídeos de Bernardo Küster segundo grandes temas e estratégias comunicativas

Data do vídeo	**Assunto**	**Grande tema**	**Estratégia**
09/01/2020	Processo impetrado pelo Centro Dom Bosco contra a Netflix e o *Porta dos Fundos* por um especial de Natal que satiriza passagens bíblicas	Guerra cultural	Esclarecimento professoral e analítico
11/01/2020	Alerta aos protestantes sobre a Teologia da Missão Integral e alegação de crescimento da influência da esquerda no meio evangélico	Guerra cultural	Conspiração e denúncia
16/01/2020	Expectativas para a Exortação Pós-Sinodal do Sínodo para a Amazônia	Eclesiologia e teologia conservadoras	Esclarecimento professoral e analítico

27/01/2020	Ataque à Comissão Brasileira de Justiça e Paz da CNBB e críticas ao que considera a reconstrução do PT com apoio de membros da Igreja Católica	Igreja e política	Ataque
12/02/2020	Análise da Exortação Apostólica Pós-Sinodal "Querida Amazônia" do Papa Francisco	Eclesiologia e teologia conservadoras	Esclarecimento professoral e analítico
13/02/2020	Carta dirigida ao Papa Francisco em repúdio ao encontro do Pontífice com Lula	Igreja e política	Carta aberta
28/07/2020	Análise e ataque a uma carta escrita por 152 bispos católicos contra o Governo Bolsonaro	Igreja e política	Ataque
14/08/2020	Ataque aos bispos que assinaram nota da CNBB de lamento pelos 100 mil mortos na pandemia da COVID-19 e celebração da reação de católicos conservadores ao teor do texto	Igreja e política	Ataque
22/10/2020	Análise de um trecho de entrevista do Papa Francisco em que o mesmo defende a união civil homossexual	Guerra cultural	Esclarecimento professoral e analítico
29/10/2020	Repercussão de ataque sofrido por três cristãos na França e ataque ao islamismo por alegada cristofobia	Guerra cultural	Conspiração e denúncia
18/03/2021	Crítica ao texto-base da Campanha da Fraternidade 2021	Eclesiologia e teologia conservadoras	Esclarecimento professoral e analítico
23/04/2021	Críticas à "Carta Aberta à Humanidade", assinada por vários bispos do Brasil com críticas ao Governo pela atuação na pandemia	Igreja e política	Ataque

Antes de elucidar cada categoria e analisar como elas estruturam o pensamento de Bernardo Küster a partir do *corpus* de análise, cumpre trazer um breve resumo de cada um dos vídeos analisados.

5.4.1 Resumo dos vídeos

5.4.1.1 Vídeo de 09/01/2020: Processo impetrado pelo Centro Dom Bosco contra a Netflix e o *Porta dos Fundos* por um especial de Natal que satiriza passagens bíblicas

Bernardo Küster comemora a derrota da Netflix e do *Porta dos Fundos*, mas promove uma análise mais ampla sobre o tema, pois acredita que a ação do Centro Dom Bosco não foi estratégica. O influenciador, contudo, reforça o apreço que tem pela instituição e lembra que tem amigos lá. Para ele, como a decisão em primeira instância concedera liminar para a retirada do vídeo do ar, uma nova jurisprudência poderia prejudicar católicos no futuro. Bernardo usa um exemplo de flagrante intolerância religiosa: para ele, se um padre futuramente for filmado dizendo que adorar orixás é adorar demônios, o mesmo entendimento pode ser usada para impor o que ele considera um tipo de censura. Além disso, o influenciador acredita que, com a iminente derrota do processo em instâncias superiores, o destaque ao vídeo vai promovê-lo ainda mais e dar armas de críticas contra o Centro Dom Bosco e, consequentemente, contra todo o setor conservador. Bernardo divulga links da instituição e diz que o Centro presta um grande serviço à sociedade.

5.4.1.2 Vídeo de 11/01/2020: Alerta aos protestantes sobre a Teologia da Missão Integral e alegação de crescimento da influência da esquerda no meio evangélico

Bernardo Küster direciona sua fala aos protestantes e cita a existência da Teologia da Missão Integral, que, segundo o mesmo, é a versão evangélica da Teologia da Libertação. Para o influenciador, o discurso de esquerda tenta ser inserido nas igrejas protestantes, e ele cita falas do ex-ministro do Governo Dilma Rousseff, Gilberto Carvalho (PT), indicando a necessidade de diálogo com evangélicos. Para o influenciador, o partido já teria dominado o meio católico e agora quer ampliar seu alcance. Um dado importante do vídeo é a citação ao teólogo Richard Shaull – importante nome da Teologia estadunidense e com grande influência na perspectiva social da religião. O influenciador cita o teólogo para sustentar a tese de que não é nova a tentativa da esquerda de se infiltrar no meio evangélico. Bernardo convida o seu público a enviar vídeos de pastores comunistas e promete expô-los nas próprias redes. Um dado muito relevante deste vídeo é a crítica que o influenciador faz aos liberais. Para ele, os liberais são tão nocivos quanto os comunistas. Chega a chamá-los de "idiotas", e diz que eles só dão valor à economia e que são prejudiciais na defesa de liberdade a qualquer custo. Como um membro da direita conservadora, Küster repele a direita liberal e classifica-a também como inimiga. Além dos "comunistas" (termo aplicado universalmente para toda a esquerda) e dos liberais, o influenciador categoriza um terceiro grupo inimigo: os globalistas.

5.4.1.3 Vídeo de 16/01/2020: Expectativas para a Exortação Pós-Sinodal do Sínodo para a Amazônia

Bernardo anuncia que a Exortação está para ser lançada. Assim, ele cita o jornalista Aldo Maria Valli, que divulgou uma carta enviada pelo Cardeal Dom Cláudio Hummes aos bispos de todo mundo anunciando a chegada do documento. O texto seria enviado sob embargo, ou seja, de forma restrita num primeiro momento. Bernardo acredita que é uma estratégia para que os bispos se organizem diante de possíveis críticas. O jornalista Aldo Maria Valli previa um texto péssimo, mas Küster diz discordar porque acha que o Papa trará uma linguagem mais suave em comparação com o tom mais progressista dos bispos. A fala indica que o próprio Bernardo possui informações de fontes não divulgadas. Ele antecipa as "previsões" para o documento: que o Papa vai apostar muito na sinodalidade; que o rito especial amazônico ficará a cargo do Cardeal Sarah (um bispo conservador); e que não devem ser aprovados nem o diaconato feminino tampouco o fim do celibato. O influenciador atribui o possível tom mais suave do Papa na escrita do documento a um cenário de dificuldades vividas por Francisco no Vaticano. Bernardo diz que a "Máfia da Lavanda" (homossexuais na Igreja) está prosperando. Fala de problemas de saúde do Papa e financeiros do Vaticano. O influenciador reforça a visão de uma fragilidade política de Francisco.

5.4.1.4 Vídeo de 27/01/2020: Ataque à Comissão Brasileira de Justiça e Paz da CNBB e críticas ao que considera a reconstrução do PT com apoio de membros da Igreja Católica

Bernardo Küster ataca a CNBB por integrar Chico Alencar (PSOL/RJ) à Comissão Brasileira de Justiça e Paz. O influenciador diz que o político defende o aborto e o regime do presidente venezuelano, Nicolás Maduro. Küster diz que a CNBB mais se parece com um clube de cavalheiros ou com um sindicato e critica o presidente da entidade, Dom Walmor. Para o *youtuber*, a Teologia da Libertação renasceu no ecossocialismo e há um risco de o PT voltar a atuar de forma estratégica na Igreja. Na teoria dele, o partido perdeu o contato com as bases ao dedicar-se às burocracias governamentais entre 2003 e 2016. Chama a atenção quando Bernardo pede que o presidente Lula não seja subestimado e prevê seu renascimento político. Contudo, afirma que a base católica é bolsonarista. Há uma associação de Lula com a figura do diabo.

5.4.1.5 Vídeo de 12/02/2020: Análise da Exortação Apostólica Pós-Sinodal "Querida Amazônia" do Papa Francisco

O conteúdo possui tom provocativo. Bernardo Küster inicia a peça comemorando o resultado da Exortação Pós-Sinodal. Depois de fazer uma cobertura própria do Sínodo para a Amazônia, no Vaticano, o influenciador ficou notabilizado como um feroz crítico do processo sinodal. Ele acusou nomes importantes ligados ao Sínodo, como o Cardeal Dom Cláudio Hummes, além de bispos que participaram do novo "Pacto das Catacumbas": gesto simbólico de assinatura de um compromisso com os mais pobres e com as causas populares, feito por clérigos e leigos durante os dias do Sínodo. Bernardo também criticou fortemente o documento preparatório e o texto final, indicando o que considerava como heresias e avanços que atacavam a tradição da Igreja. Dessa forma, o vídeo de análise da Exortação foi feito como forma de comemorar o não avanço das propostas que ele mais atacava e que chegaram a ser defendidas por alguns setores: diaconato feminino, fim do celibato para presbíteros da região amazônica, e introdução de um rito amazônico nas celebrações litúrgicas. Para o influenciador, a ala progressista foi derrotada, porque considerou o documento do Papa um produto da pressão conservadora. Bernardo chega a criticar algumas citações feitas por Francisco, como as de Dom Pedro Casaldáliga – chamado de "bispo comunista" por ele – e as de Eduardo Galeano. Küster, embora celebre a Exortação, diz que o Papa continua com algumas falas ambíguas e problemáticas, mas destaca trechos que reforçam, especialmente, aspectos ligados à liturgia e a diferenciação do papel da mulher daquele exercido pelos padres. No que tange aos aspectos litúrgicos, o influenciador incorre em intolerância religiosa quando diz que muitos queriam um rito amazônico para "fazer uma pajelança" – em referência debochada aos ritos ligados à cultura indígena de celebração e busca pela cura através da liderança dos pajés. Por fim, o influenciador deixa claro que possui informantes nos círculos de poder da Igreja e fala que tais informantes estão em todos os lugares.

> Pessoal de Roma, fique tranquilo porque os meus olhos estão por todos os lugares. Nossos informantes estão por aí com ou sem credencial da mídia. Vocês sabem que a gente sabe de tudo o tempo inteiro. Graças a Deus nós temos boas pessoas que sempre nos ajudam (KÜSTER, 2022).

5.4.1.6 Vídeo de 13/02/2020: Carta dirigida ao Papa Francisco em repúdio ao encontro do Pontífice com Lula

O vídeo usa um *background* emotivo durante toda a fala de Bernardo Küster, que se dirige diretamente ao Papa. Ele se apresenta como alguém que segue a Igreja e vive os sacramentos. Elogia os evangélicos por manterem vivo o espírito conservador do povo brasileiro e critica bispos e padres por terem sido omissos durante os governos do PT. O influenciador fala a Francisco em virtude do encontro que o Pontífice teve com o presidente Lula. Ao invés de atacar o Papa, Bernardo adota a estratégia de considerá-lo desinformado e mal assessorado, e busca oferecer informações que considera relevantes para mostrar quem de fato é o político a partir de sua visão. Por óbvio, a estratégia de evitar ataques diretos a Francisco é para não incorrer numa atitude que soaria desobediente e desrespeitosa ao Primado de Pedro. Por isso, ele reforça que sua fala é a de um filho e não a de um rebelde. Durante o vídeo, Bernardo cita que o número de fiéis católicos tem caído no Brasil. Ele aponta Lula como um grande corrupto e diz que o Partido dos Trabalhadores defende o aborto e a ideologia de gênero. E lembra ao Papa que o PT nasceu dentro das Comunidades Eclesiais de Base (CEB). Küster diz que a batina do Papa está manchada de vermelho do aborto, da ideologia de gênero, e da corrupção ao se permitir encontrar com essa figura política. Chama atenção o tom melancólico e choroso imprimido pelo influenciador.

5.4.1.7 Vídeo de 28/07/2020: Análise e ataque a uma carta escrita por 152 bispos católicos contra o Governo Bolsonaro

Bernardo Küster repercute o vazamento de uma carta de bispos brasileiros com duras críticas ao Governo Bolsonaro,[19] noticiada pela jornalista Mônica Bergamo. O influenciador classifica os 152 bispos signatários do texto como "rebeldes", "comunistas" e "vermelhos" – numa referência ao comunismo. No entanto, ele lembra que a Igreja possui cerca de 400 membros no episcopado e que esse grupo é minoritário. Com relação ao texto, classifica como "ridículo", "hipócrita" e "mentiroso", indicando que o mesmo não aborda a salvação de almas e se assemelha a uma carta de estudantes raivosos. O influenciador acusa o que chama de "velha ala comunista da CNBB" de aparelhar a Igreja Católica para fazer a revolução: diz que tal ala utiliza o Sacramento da Confissão para fazer psicologia e o Sacramento da Eucaristia para falar em

19 BERGAMO, Mônica. "Carta assinada por 152 bispos brasileiros foi enviada ao Papa Francisco". *Folha de S.Paulo*, 27 jul. 2020. Disponível em: https://www1.folha.uol.com.br/colunas/monicabergamo/2020/07/carta-assinada-por-152-bispos-brasileiros-foi-enviada-ao-papa-francisco.shtml.

partilhar de irmãos. Em dado momento do conteúdo, Bernardo posta trecho de um vídeo com diálogo entre o presidente Lula (PT) e o teólogo Leonardo Boff, em que o político diz que o Partido dos Trabalhadores não existiria sem as Comunidades Eclesiais de Base (CEB). O influenciador cita alguns dos bispos que assinaram o texto, que, para ele, foi vazado propositalmente. Ele critica Dom Cláudio Hummes (chamado de histórico petista e amigo pessoal de Lula); Dom Angélico Sândalo Bernardino (criticado pelo que ele chama de "showmissa" feita com Lula antes da prisão do mesmo); Dom Edson Taschetto (que supostamente cuida de indígenas); Dom Erwin Kräutler (que diz que o celibato deve acabar); Dom Mol (acusado de ter subido em caminhão da CUT para fazer graça, afirmando que o boato é que ele é quem escreveu a carta); Dom Leonardo Steiner (critica a amizade dele com o "comunista" Casaldáliga e diz que já fez documentário sobre ele); e Daniel Seidel (citado como ligação entre PT e CNBB, afirmando que ele também escreveu o texto). Bernardo chama os bispos de "múmias que saíram da tumba" (se referindo aos mais velhos) e ironiza, em determinado momento, os bispos eméritos que só estariam incomodando por nada terem o que fazer. Um dado muito relevante é que Bernardo afirma ter informantes na CNBB. O influenciador cria uma oposição entre Bolsonaro e Lula a partir da carta. A politização de viés eleitoral busca destacar a diferença do campo conservador que ele representa, e que está alinhado com o ex-presidente Bolsonaro e com a suposição de que as críticas feitas pelos bispos têm a ver com uma sugerida associação deles com o presidente Lula, ainda que o mesmo sequer seja citado pelos textos. O tom irritado e com alguns gritos acusa os signatários de jogar o "jogo do capeta" e questiona os prelados sobre um alegado silêncio diante dos anos de governo do PT. Bernardo conclama as pessoas que estão assistindo ao vídeo para que mandem e-mails para a Nunciatura Apostólica. Ele diz, ainda, que Núncio não queria que a carta saísse, referindo-se às alegadas fontes que possui dentro da Igreja. Promete anunciar o nome de todos os bispos signatários e afirma que tem a lista completa.

5.4.1.8 Vídeo de 14/08/2020: Ataque aos bispos que assinaram nota da CNBB de lamento pelos 100 mil mortos na pandemia da COVID-19 e celebração da reação de católicos conservadores ao teor do texto

Novamente, Bernardo utiliza um tom satírico ao conduzir o vídeo. Desta vez, ironiza os bispos brasileiros que, segundo ele, queriam derrubar o ex-presidente Jair Bolsonaro (PL). O influenciador mostra alguns comentários do que ele chama de "povo católico" em uma postagem do Regional Centro-Oeste que repercute a nota. As reações são críticas agressivas, claramente feitas por católicos apoiadores do ex-presidente. Bernardo celebra o ato e reforça seu tom convocatório ao público ao dizer que a Igreja precisa de católicos militantes. Claramente, o influenciador quer constranger os bispos oposicionistas ao Governo e fortalecer a rede de conservadores ativos nas plataformas digitais e em outros espaços, a fim de descredibilizar manifestações contrárias às pautas defendidas por ele.

5.4.1.9 Vídeo de 22/10/2020: Análise de um trecho de entrevista do Papa Francisco em que o mesmo defende a união civil homossexual

Bernardo Küster esclarece qual é a origem do vídeo em que o Papa Francisco defende a união civil homossexual – vídeo que parece ter sido amplamente divulgado e questionado no meio conservador. Segundo o mesmo, a fala foi feita em 2019 numa entrevista concedida à *Televisa*, mas não divulgada na época. O trecho reapareceu agora em um documentário sobre o Papa Francisco. O influenciador diz que a fala é verdadeira e se diz chocado e perplexo. Küster lembra que uma simples entrevista não corresponde ao magistério da Igreja, e que a abordagem feita pelo Pontífice está na contramão de tudo que foi dito oficialmente pela instituição anteriormente. Ele cita um documento de 2003 da Congregação para Doutrina da Fé, feito pelo então Cardeal Ratzinger, sobre uniões homossexuais: o texto diz que a Igreja não as reconhece, mesmo que sempre deva existir respeito; e diz que reconhecer tais uniões significaria aprovar um comportamento errado e convertê-lo como modelo para a sociedade. Por fim, ele pede orações pelo Papa Francisco.

5.4.1.10 Vídeo de 29/10/2020: Repercussão de ataque sofrido por três cristãos na França e ataque ao islamismo por alegada cristofobia

Bernardo cita um ataque[20] sofrido por três cristãos que foram mortos numa basílica em Nice, na França. O influenciador sustenta que há um recrudescimento da perseguição aos cristãos. Diz que a França está sendo alvo e base do califado "daquela religião". Não há nenhuma referência direta ao Islã e todos os termos são pejorativos, numa forma de se desviar de alguma acusação de intolerância religiosa – outros termos usados são "religião do jihadi" e "religião do véu". Bernardo teoriza que a Revolução Francesa, chamada de "liberal-maçônica", é a causa primária da secularização que levou ao domínio do Islã. O influenciador indica o livro *Crucificados,* de Raymond Ibrahim, para entender o que ele chama de ódio "daquela religião" contra os cristãos. Bernardo aponta citações do Alcorão que indicam as divergências ou raízes do ódio de islâmicos contra cristãos, e afirma que a cristofobia é um fato incontestável. Küster indica o devocionário ao "Cristo Rei" porque diz que Cristo deve reinar na sociedade. Ele pede para que as pessoas conversem com padres para celebrar missas pelas vítimas, diz que se deve rezar para que "aquela religião" seja afastada, e lembra que os cristãos já derrotaram os adeptos dela muitas vezes fisicamente nas guerras, mas que agora parece que estão perdendo. O influenciador diz que, desde que se tornou protestante, por volta de 2010, ele é apaixonado pelas histórias de martírio: os olhos do *youtuber* ficam marejados.

5.4.1.11 Vídeo de 18/03/2021: Crítica ao texto-base da Campanha da Fraternidade 2021

A Campanha da Fraternidade de 2021 teve como tema "Fraternidade e Diálogo: compromisso de amor" e o seu lema foi: "Cristo é a nossa paz: do que era dividido, fez uma unidade" (Ef 2,14). A proposta envolveu não só a CNBB, mas

20 SOUSA PINTO, A. E. "Ataque a faca deixa 3 mortos em igreja, e França eleva alerta de segurança". *Folha de S.Paulo*, 29 out. 2020. Disponível em: https://www1.folha.uol.com.br/mundo/2020/10/ataque-a-faca-deixa-ao-menos-dois-mortos-e-varios-feridos-em-igreja-na-franca.shtml.

foi ecumênica, tendo a participação do Conselho Nacional de Igrejas Cristãs do Brasil (CONIC). A proposta foi refletir a cultura de paz, promover o diálogo e a superação de violências e de situações desiguais na sociedade, entre outras abordagens. O texto-base gerou críticas de grupos conservadores no Brasil, incluindo denúncias feitas pelo Centro Dom Bosco, apontando expressões consideradas inapropriadas às doutrinas católicas e concentrando os ataques à presidenta do CONIC, Pastora Romi Márcia Bencke. O vídeo de Bernardo Küster faz eco a esses ataques. Já na data de publicação do mesmo, a presidência da CNBB havia divulgado nota em que respondia às críticas que circulavam no meio católico.[21] Na nota, os bispos reforçam que o texto-base não é um produto exclusivo da Igreja Católica, mas fruto do diálogo ecumênico feito no CONIC. Também reforçam a posição em relação às discussões de gênero, já que alguns ataques lembravam o uso de expressões ligadas ao pânico moral provocado pelo que é chamado no meio conservador de "ideologia de gênero". Bernardo cita esta nota no vídeo, mas busca contrapô-la. Para o influenciador, as explicações não dão conta daquilo que ele enxerga como um erro grave dentro do processo da Campanha da Fraternidade. Ele repete várias vezes ao longo da peça um vídeo do bispo auxiliar da Arquidiocese de Belo Horizonte e então reitor da PUC Minas, Dom Joaquim Giovani Mol Guimarães, em que este exalta o trabalho da Campanha da Fraternidade e cita a Pastora Romi. O prelado também exalta o trabalho de dois padres na construção do texto: Padre Patriky Samuel Batista e Padre José Oscar Beozzo. Para Bernardo, essa fala contradiz o texto da CNBB de que a responsabilidade do texto-base é do CONIC. Ele usa um tom de denúncia e se reporta à nota da CNBB como se a mesma fosse uma fala exclusiva de seu então presidente, Dom Walmor Oliveira de Azevedo. Para Küster, o texto-base da Campanha da Fraternidade está baseado no que ele chama de "Teologia Ecofeminista da Libertação", que seria uma sucessora da Teologia da Libertação tradicional. O vídeo concentra os ataques à

---

21 CNBB. "PRESIDÊNCIA DA CNBB DIVULGA NOTA SOBRE A CAMPANHA DA FRATERNIDADE ECUMÊNICA". *CNBB*, 12 fev. 2021. Disponível em: https://www.cnbb.org.br/presidencia-da-cnbb-divulga-nota-sobre-a-campanha-da-fraternidade-ecumenica-2021/.

Pastora Romi e cita alguns textos da mesma em que ela defende a descriminalização do aborto e visões teológicas feministas de valorização dos traços subversivos em vez da submissão das mulheres. Enquanto apresenta os trechos de modo revoltado, ele utiliza o vídeo em que Dom Mol a elogia, questionando, por vezes, o porquê de a CNBB apoiá-la. Outra figura abordada no vídeo é a do teólogo Leonardo Boff. O influenciador cita trechos do livro *A Saudade de Deus* para condenar a visão crítica ao patriarcado. Ele também critica a Teologia Feminista a partir da exposição da figura da freira e teóloga Ivone Gebara. Bernardo diz que a Campanha da Fraternidade não é feita para ajudar os fiéis a buscarem a salvação, mas apenas para fins políticos. Ele diz com veemência que o texto-base se trata de uma apostasia. Para finalizar o vídeo, o influenciador utiliza o léxico da crise sanitária, chamando o cenário a que se reporta de uma "pandemia de apostasia", e indicando uma "vacina" que é a fé. Por fim, conclama os seguidores a divulgarem o vídeo, que chama de "aula", e pede para que enviem para bispos, padres, ministros da Eucaristia e contatos.

5.4.1.12 Vídeo de 23/04/2021: Críticas à "Carta Aberta à Humanidade", assinada por vários bispos do Brasil com críticas ao Governo pela atuação na pandemia

O vídeo é uma forte defesa ao Governo Bolsonaro e mostra uma reação do influenciador Bernardo Küster diante das críticas sofridas pelo ex-presidente em relação à sua atuação na condução das medidas de enfrentamento à pandemia da COVID-19. Uma "Carta Aberta à Humanidade"[22] foi divulgada contendo a assinatura de vários bispos proeminentes da Igreja Católica. Bernardo cita o bispo auxiliar da Arquidiocese de Belo Horizonte, Dom Joaquim Giovani Mol Guimarães, como exemplo de reprovação, e lembra quando o clérigo subiu em um caminhão da Central Única dos Trabalhadores (CUT) durante o Grito dos Excluídos em Belo Horizonte, em 2016. Para o influenciador, o gesto reforça uma Igreja que faz o que

22 INSTITUTO HUMANITAS UNISINOS. "Vida acima de tudo. Carta aberta à humanidade". *Instituto Humanitas Unisinos*, 08 mar. 2021. Disponível em: https://www.ihu.unisinos.br/categorias/607298-vida-acima-de-tudo-carta-aberta-a-humanidade.

ele chama de "opção pelo comunismo". Uma das críticas é ao que ele entende como uma proibição da celebração de missas, quando o que ocorria na verdade eram medidas de distanciamento social com a realização de celebrações litúrgicas de modo restrito e com transmissões digitais. O *youtuber* não cita a palavra "COVID", em vez disso utilizando a onomatopeia "nananana-19" ou chamando o coronavírus de "mocoronga". A estratégia tem clara intenção de desviar da política de conteúdo da plataforma e evitar que os vídeos sejam deletados ou caracterizados como promotores de informações falsas. Uma declaração, em especial, chama atenção durante a comunicação feita por Küster: o influenciador se coloca como a voz de muitos membros da Igreja e deixa subentendido que há uma rede de apoio junto dele.

> Eu sei que essa minha boca que está falando essas coisas está ecoando a opinião de muitos bispos, muito padres, muitos monsenhores, cardeais. Eu sei que o que estou dizendo aqui é apoiado, porque essas pessoas vêm e dizem pra mim: "Bernardo, você está dizendo o que nós não podemos dizer" (KÜSTER, 2021).

Bernardo conclama os seguidores a não doarem dinheiro para a Coleta Nacional da Solidariedade, realizada no Domingo de Ramos, e pede para que os fiéis doem dinheiro para obras de caridade. Essa fala reforça as críticas ao CONIC e ao texto-base da Campanha da Fraternidade, chamado de "Kit Gay para crianças".

5.4.2 Categorias de análise

5.4.2.1 Guerra Cultural

A categoria "Guerra Cultural" versa sobre os vídeos compreendidos na estruturação de uma narrativa moral conservadora, baseada em valores tradicionalistas e contrários aos grupos progressistas. O termo foi discutido por Hunter (1991) no contexto estadunidense, já que a expressão ganhara força no final da década de 1980 com a reação negativa de setores conservadores à participação crescente de acadêmicos e artistas com origens e visões periféricas e fora do que estava restrito ao círculo elitista de domínio desses campos.[23]

Santos (2020) sustenta que a origem e desenvolvimento do termo ganha novos aspectos na produção comunicativa das redes sociais. O autor, contudo, explicita que a "Guerra Cultural" permanece sendo uma ofensiva conservadora a mudanças de valores e posturas cada vez mais públicas de grupos historicamente silenciados. Ela parte de um denuncismo e conspiracionismo forjados numa retórica maniqueísta com expressões de ódio e indignação. O inimigo comum é sempre caracterizado como pessoas e/ou grupos ligados a posturas políticas antagônicas e, por isso, condenáveis sob o ponto de vista dos que encampam essa disputa.

A postura de Bernardo Küster faz dele um pretenso líder da "Guerra Cultural", uma vez que suas formulações estão baseadas nas características do que Santos (2020) aponta como retórica do movimento. O influenciador também se coloca como um divulgador de autores e obras conservadoras através de sua livraria digital e reforça constantemente suas influências tradicionalistas – há uma profunda valorização da herança cultural ocidental.

A partir do *corpus* analisado, são identificados três vídeos classificados como exclusivamente pautados na "Guerra Cultural". O primeiro deles, publicado em 9 de janeiro de 2020, repercute um processo impetrado pelo Centro Dom Bosco contra o canal *Porta dos Fundos* a respeito de um especial de Natal humorístico que satiriza passagens bíblicas. O segundo, publicado em 11 de janeiro de 2020, aborda um chamado aos protestantes sobre a Teologia da Missão Integral e alega um crescimento da influência da esquerda no meio evangélico. O terceiro vídeo classificado nesta categoria, publicado em 22 de outubro de 2020, repercute uma entrevista do Papa Francisco sobre a união civil homossexual.

Faz parte da abordagem comum dos vídeos uma postura clara de defesa de valores tradicionais e uma proatividade em fazê-lo a partir do debate,

---

23 Sayuri (2019) *apud* Santos (2020) relata que, em 1989, a Universidade de Stanford promoveu a inclusão de autores indígenas no curso de Cultura Ocidental, como a guatemalteca Rigoberta Menchú Tum. Membros conservadores do Partido Republicano protestaram, afirmando se tratar de uma degeneração da Cultural Ocidental.

da denúncia e de uma estratégia de conflito. Não se trata apenas de esclarecer temas, mas sim de mobilizar o público. Isso é verificado, especialmente, quando Bernardo Küster problematiza o processo contra o *Porta dos Fundos*, pois considera que a ação pode gerar visibilidade e engajamento ao inimigo comum, além de fundamentar outras ações judiciais contra grupos conservadores usando o mesmo argumento. Embora deixe clara sua contrariedade e oposição ao conteúdo humorístico, o influenciador se coloca como um parceiro do Centro Dom Bosco numa mesma arena de disputa, e se permite observar a prática do aliado sob o ponto de vista de uma batalha permanente que requer atitudes mais planejadas. Também fica explícito o tom motivacional quando o *youtuber* se dirige ao público evangélico na busca por alertá-lo sobre o crescimento de uma visão à esquerda entre o protestantismo. Ele o faz a partir de um paralelismo com a influência da Teologia da Libertação na Igreja Católica. Para Bernardo, esse pensamento teológico foi um mal que segue contaminando a instituição e a mente de muitos seguidores e que, portanto, deve ser combatido.

A "Guerra Cultural", portanto, forja-se numa literal batalha narrativa. É preciso combater expressões artísticas, acadêmicas e teológicas que contraponham o aparato tradicionalista europeizado da tradição eclesial. Daí a rejeição tácita à Teologia da Libertação e sua larga experiência baseada na realidade latino-americana, assim como à visão da Teologia da Missão Integral. Há, no horizonte, a perspectiva do retorno a bases sociais e religiosas moldadas num comportamento moral heteronormativo e nada tolerante com qualquer expressividade que fuja dessa regra.

A análise que o influenciador faz da entrevista do Papa Francisco baseia-se na concepção moral da fé cristã e em valores constantemente evocados por movimentos de direita no país, como é o caso das pautas de combate ao aborto, da defesa da formação tradicional da família heteronormativa, e das críticas às discussões de igualdade de gênero, por vezes taxadas de "ideologia de gênero" a partir de uma concepção errônea sobre o próprio termo. No caso da entrevista do Pontífice, há uma fala de Francisco em que consta a sugestão do apoio ao direito da união civil por pessoas do mesmo sexo. A temática é trazida pelo influenciador para reafirmar aos seguidores que a

Igreja não apoia esse tipo de pauta, ainda que o Papa tenha falado sobre ela. Bernardo sustenta que o Magistério não parte de entrevistas, mas sim de documentos oficiais. O influenciador cita alguns deles para mostrar que a Igreja não aceita e nem incentiva a união civil de homossexuais. Para justificar a postura do Papa, Küster adota um tom evasivo nas críticas, preferindo tratar as declarações de Francisco como confusas.

O princípio da "Guerra Cultural" dialoga com o público de Bernardo ao considerar que existe uma disputa de sentidos e de influência ideológica na sociedade. Há, por exemplo, citações a Gramsci e ao conceito de "hegemonia cultural" para sustentar que existe um trabalho da esquerda para transformar a sociedade através da destruição dos valores judaico-cristãos da civilização ocidental e através da imposição de novas perspectivas seculares, que têm, como uma de suas consequências, a destruição de instituições religiosas. Essa visão corrobora a ideia de que os católicos precisam militar numa cruzada contra princípios modernos que ameaçam a tecitura moral que eles defendem.

Os princípios também estão próximos ao contexto político brasileiro contemporâneo, que, desde a ascensão de Jair Bolsonaro (PL) como principal líder do campo da direita no país, passou a conviver com debates envolvendo aspectos morais, como o que se nomeia "defesa da família" e "combate à ideologia de gênero", além de discursos contra o direito de minorias políticas. Dessa forma, a influência cultural de Bernardo Küster se insere em um contexto específico e bastante importante do cenário político, estando atrelado a ele, e servindo como uma forma de engajar uma parcela conservadora da sociedade na dinâmica militante que busca conquistar mais influência no cenário social.

5.4.2.2 Igreja e Política

A correlação que Bernardo Küster faz da vida eclesial com a política e com os principais embates do cenário social é estudada na categoria "Igreja e Política". Trata-se de temáticas muito presentes no trabalho do influenciador, que analisa, critica e questiona a ação de bispos, faz denúncias contra a atuação da CNBB, insufla os seguidores a questionarem as lideranças religiosas, e busca combater o que ele chama de uma infiltração da esquerda na Igreja.

Queiroz (2021) sustenta que as temáticas vinculadas à Igreja Católica estão estruturadas a partir da premissa da fidelidade à Doutrina e à promoção da ortodoxia, cumprindo uma idealização de um passado glorioso da instituição. Para tanto, há uma formulação narrativa que implica a existência de grupos infiltrados, os quais estariam a serviço da desconstrução de valores conservadores. Esses coletivos estão ligados à Teologia da Libertação, na visão de Bernardo Küster. O influenciador elege os teólogos e apoiadores do movimento como inimigos da Igreja e responsáveis por aparelhar as estruturas eclesiais a serviço da esquerda, especialmente do Partido dos Trabalhadores (PT).

Küster se coloca como um líder leigo, responsável por insuflar outros fiéis a combaterem o que ele considera o "mal na Igreja", os "infiltrados" e, em muitos casos, chamados de "comunistas". Os alvos preferenciais são expoentes da Teologia da Libertação, como Leonardo Boff e Frei Betto, mas o *youtuber* tem predileção também por expor bispos e a Conferência Nacional dos Bispos do Brasil (CNBB).[24] A instituição é constantemente atacada pelo influenciador, sobretudo quando a mesma publica alguma manifestação referente ao cenário social. O canal busca descredibilizar a CNBB, imputando a ela o estigma de um sindicato de bispos com tendências políticas de esquerda. A desconstrução passa pelo convite aos fiéis para que questionem os próprios bispos e, em muitos casos, boicotem ações realizadas pela Conferência, como a Campanha da Fraternidade.

24 A Conferência Nacional dos Bispos do Brasil (CNBB) é uma instituição permanente que congrega os bispos católicos do Brasil. Tem como objetivo a aproximação e a comunhão dos bispos, o planejamento de ações pastorais comuns, o relacionamento com os poderes públicos, e o fortalecimento da Igreja Universal em comunhão com a Santa Sé. Ela foi fundada em 1952 e, desde então, passou a ter um importante papel para a sociedade brasileira. Realiza, desde a década de 1960, a Campanha da Fraternidade: ação promovida durante a quaresma que propõe um profundo debate social e teológico a partir de temáticas relevantes para a sociedade.

Em 13 de fevereiro de 2020, em carta dirigida ao Papa Francisco, o influenciador faz um dos vídeos mais peculiares de seu portfólio, pois os interlocutores diretos não são os seguidores do canal, mas o próprio Pontífice. Na estratégia performática adotada, Bernardo exime-se de atacar o Papa por este ter se encontrado com o presidente Lula, e adota um tom de aparente submissão à autoridade petrina, mas com o ideal de servir-lhe informações que exponham quem é o político na visão do próprio influenciador.

O tom estrategicamente mais ameno não se repete em outros vídeos que estão inseridos na categoria "Igreja e Política". Em 14 de agosto de 2020, quando a CNBB lamentou a então marca de 100 mil mortos por COVID-19 no Brasil, Küster fez uma declaração bastante dura de crítica à Conferência. Notório apoiador do ex-presidente Jair Bolsonaro (PL), o influenciador buscou associar a carta de lamento e as críticas ao Governo Federal como uma postura eminentemente pertencente à disputa política. O tom torna-se ainda mais duro no vídeo de 23 de abril de 2021, que critica a "Carta Aberta à Humanidade",[25] quando o influenciador ataca alguns bispos que assinaram o manifesto em conjunto com outras lideranças da sociedade civil.

No vídeo de 28 de julho de 2020, o tema é outro manifesto feito por bispos brasileiros. Desta vez, contudo, Bernardo versa sobre uma carta vazada com duras críticas ao Governo. O influenciador mostra ter acesso a fontes que repassam informações para que ele divulgue e repercuta em seus canais, deixando claro que disputas por visões políticas se fazem presentes na estrutura eclesial e que ele é um aliado de bispos e padres comprometidos com a mesma causa. O tom de denúncia é outra marca das mensagens e contém, ainda, um aviso de que ele continuará atuando para expor tais clérigos. No vídeo de 27 de janeiro de 2020, Küster também critica a CNBB. Desta vez, refere-se à Comissão Brasileira de Justiça e Paz. O influenciador aponta o órgão da entidade como parte de ações que visam fortalecer o PT, e critica,

---

25 CARTA CAPITAL. "Intelectuais escrevem 'carta aberta à humanidade' contra Bolsonaro". *Carta Capital*, 07 mar. 2021. Disponível em: https://www.cartacapital.com.br/cartaexpressa/intelectuais-fazem-carta-aberta-a-humanidade-contra-bolsonaro/.

dentre outros fatos, o convite a Chico Alencar (PSOL)[26] para participar de tal órgão.

Bernardo Küster se insere no nicho de influência do que pode ser chamado de "intelectuais da nova direita". Chaloub e Perlatto (2015) indicam que há dois grupos principais representantes dessa linha de atuação: (a) a direita teórica, que busca construir argumentos com lastro histórico, afastando-se de uma análise imediatista, e promovendo uma perspectiva conjuntural extensa que aponte erros da esquerda e ideais próprios de seu pensamento; (b) a direita militante, que está relacionada a polemistas públicos que concentram seus discursos em fenômenos imediatos e circunstanciais.

Embora os autores não citem Bernardo Küster entre esses intelectuais, é possível compreendê-lo como um intelectual da direita militante, pois sua atuação é movida por eventos factuais, ainda que ele busque sustentar suas visões a partir de estudos e promoção acadêmica de obras que embasam suas falas. Também é relevante citar que o influenciador tem como uma das principais referências de sua militância o autoproclamado filósofo Olavo de Carvalho. O ideólogo notabilizou-se por defender uma visão conservadora, promover cursos de filosofia e espalhar suas ideias a partir de vídeos na internet e livros que ajudaram a moldar o pensamento da nova direita.

Rocha e Solano (2021) argumentam que a nova direita brasileira começou a se organizar em fóruns de debate na internet especialmente após as eleições de 2006. O recrudescimento do pensamento conservador vem ganhando força no Brasil não só a partir da atuação de ideólogos, mas também com o crescimento de movimentos políticos emblemáticos, como as Jornadas de Junho de 2013 e o processo de *impeachment* sofrido por Dilma Rousseff (PT) em 2016. A consolidação dessa perspectiva encontra, em 2018, a eleição de Jair Bolsonaro (PL) como um ponto importante de inflexão, pois corresponde à

26 Político ligado à Teologia da Libertação. Foi militante da Juventude Estudantil Católica (JEC). Foi membro do PT e, desde 2005, pertence ao Partido Socialismo e Liberdade (PSOL), pelo qual exerceu cinco mandatos de deputado federal pelo estado do Rio de Janeiro, incluindo seu mandato atual. Também exerceu dois mandatos como vereador pela capital fluminense.

chegada de um político de extrema direita ao cargo mais importante do país. O movimento se insere, também, num contexto global de fortalecimento de lideranças populistas de direita, como é o caso de Donald Trump nos Estados Unidos e Viktor Orbán na Hungria.

Compreender o papel de Bernardo Küster no contexto de ascensão da extrema direita é fundamental para abordar o que ele empreende no que chamamos aqui de "Igreja e Política". Em nome de valores conservadores e de uma visão social específica sobre o que deve ser a atuação da instituição, o influenciador busca mobilizar fiéis a constranger bispos na perspectiva de condenar práticas e falas que não estejam alinhadas com a cartilha de uma ação institucional moldada em valores de direita.

Para Miguel (2019), a configuração da direita no Brasil, a partir de 2015 e 2016, passa a conter pontos de unidade: a existência do inimigo comum, sobretudo o PT, e o pragmatismo. O autor aponta três grupos principais que a compõem: os libertários; os fundamentalistas religiosos; e os que reciclaram o antigo discurso do anticomunismo. O fundamentalismo religioso passa, sobretudo, pela força da presença evangélica no cenário político institucional. A partir da década de 1990, pastores e lideranças passaram a atuar na conquista de cargos representativos. Atualmente, é relevante considerar o peso político da bancada evangélica no Congresso Nacional. Entretanto, essa atuação também é percebida em grupos católicos alinhados aos mesmos valores, especialmente no que tange aos aspectos morais, como é o caso da linha de pensamento defendida por Bernardo Küster.

5.4.2.3 Eclesiologia e teologia conservadoras

Para fidelizar o público católico, o influenciador Bernardo Küster dedica parte de sua produção audiovisual à abordagem da eclesiologia e teologia a partir de uma ótica conservadora. Aqui estão inseridos os comentários sobre processos internos da Igreja, como a realização de Sínodos, produção de documentos, e publicação de Encíclicas, Exortações e outros textos especiais. A partir do *corpus* deste trabalho, três vídeos foram considerados nesta categoria. Dois desses vídeos abordaram a Exortação Pós-Sinodal

"Querida Amazônia": em 16 de janeiro de 2020, o *youtuber* considerou as expectativas para o texto, e em 12 de fevereiro do mesmo ano, após a publicação, ele comentou suas impressões sobre o resultado.

O tema integra uma das principais pautas abordadas por Küster, já que ele próprio foi ao Vaticano para cobrir e produzir conteúdos sobre o Sínodo para a Amazônia.[27] O tom da cobertura foi de vigilância e denúncia, já que havia uma perspectiva bastante crítica a algumas propostas aventadas durante a realização da reunião, sobretudo em relação a possíveis mudanças pastorais para atender a região pan-amazônica, como a perspectiva para ordenação de mulheres ao serviço do diaconado ou a permissão para que padres pudessem se casar. Por isso, o influenciador se coloca como uma voz que tenta se inserir no debate eclesial, buscando impedir qualquer tipo de avanço considerado contrário aos valores da fé cristã e percebido sob um léxico que o classifica como demoníaco.

Em 18 de março de 2021, o influenciador comentou o texto-base da Campanha da Fraternidade daquele ano. O tom político da ação é um dos principais alvos de influenciadores católicos conservadores brasileiros. Eles acusam a ação de deturpar o sentido da Quaresma para instrumentalizar o período litúrgico em pautas nomeadas por eles como "esquerdistas". A escolha de alguns nomes para contribuir com a narrativa de antagonismos – teor estruturante da ação da influência de Bernardo – revela um tom conspiracionista. Com relação à Campanha da Fraternidade, a principal figura atacada foi a da pastora Romi Bencke, então presidenta do Conselho Nacional de Igrejas Cristãs (CONIC). O protagonismo da reverenda foi utilizado de modo a descredibilizar a realização da ação ecumênica. Fica evidente o descrédito a ela por ser uma mulher, algo que o tradicionalismo repudia.

A tradição eclesial católica é constituída por uma visão bastante estigmatizante sobre o papel da mulher, tendo reforçado aspectos relativos a um

27 O Sínodo dos Bispos para a Região Pan-Amazônica reuniu-se no Vaticano de 6 a 27 de outubro de 2019. O Papa Francisco anunciou em 15 de outubro de 2017 que atuaria para pensar perspectivas de evangelização para a região, com destaque para a defesa dos povos originários e do meio ambiente.

lugar social determinado a partir de uma tarefa na reprodução: "No que diz respeito à mulher, isto significa que a sua realização está no cumprimento do seu papel de mãe e de esposa. A sua identidade física determina a sua identidade psicológica. Ambas são fruto da vontade criadora de Deus. Portanto, constituem a essência da mulher. Logo, são imutáveis" (TOLDY, 1997, p. 243). Tal perspectiva, impregnada e reforçada por alas mais tradicionais, faz com que o papel de protagonismo pastoral de mulheres seja rejeitado, bem como qualquer possibilidade de sua ampliação.

A rejeição ao papel feminino também fica evidente na celebração que Küster faz do resultado do Sínodo para a Amazônia, já que algumas das possibilidades de mudanças na dinâmica pastoral foram fortemente criticadas por ele. Uma das principais era a perspectiva do diaconato feminino. O influenciador pouco cita figuras femininas, mantendo um canal construído por convidados e parceiros homens, além de uma visão teológica que não admite vozes femininas em qualquer espaço de protagonismo. Na constituição dessa visão eclesial, o influenciador utiliza a terminologia "Teologia Ecofeminista da Libertação", unindo a visão da Teologia Ecofeminista[28] (GEBARA, 1997) com a Teologia da Libertação em uma abordagem comum.

Para Bernardo, as expressões teológicas progressistas correspondem a um mal interno de infiltrados que tentam destruir a tradição católica. A articulação, portanto, corresponde a uma militância forjada em uma roupagem e discursos de uma cruzada digital para combater inimigos da fé. Também reivindica uma Igreja profundamente sustentada pela hierarquia masculina, a associação com o simbolismo europeizado de vivência litúrgica, e a associação com a política de direita.

28 Para Gebara (1997), a Teologia Ecofeminista se constitui como uma nova proposição epistemológica que busca questionar o patriarcado também em suas manifestações eclesiais. O olhar teológico passa, então, por condenar a divisão dual entre masculino/razão e feminino/emoção-intuição. Propõe, ainda, considerar uma dimensão inclusiva e diversa, que valorize as variadas experiências religiosas.

5.5 Interação

Visto como um líder por seus seguidores, Bernardo interage de modo a estabelecer uma relação de confiabilidade e influência na vida deles, sobretudo os católicos, chamados a serem militantes da fé e a defenderem os valores conservadores. Sua atuação tem gerado desconforto em setores da Igreja, sobretudo pela forma agressiva com a qual ele se refere à CNBB.

Embora não seja objeto específico desta pesquisa, os comentários feitos nos vídeos de Küster indicam um forte engajamento do público com as pautas elencadas pelo influenciador. É comum que o mesmo incite os seguidores a enviarem mensagens e a cobrarem os bispos sobre temas que ele considera relevantes. Em alguns momentos, o *youtuber* celebra a mobilização digital para criticar determinados posicionamentos da Conferência Episcopal. Sob sua ótica, os católicos passaram a desvelar camadas que os impediam de entender a verdade.

A principal forma de interação no YouTube se dá por meio dos comentários. As principais reações são de elogios a Bernardo e, ainda que a maioria seja de católicos, é possível identificar uma série de protestantes de várias vertentes interagindo com os conteúdos, além de padres católicos que valorizam o trabalho do influenciador. O público reitera a ideia de um embate e confronto, especialmente contra a CNBB, eleita como símbolo de um mal que influencia a Igreja e que ameaça seus principais valores morais e espirituais.

5.6 Documentário *Eles Estão no Meio de Nós*

Em 2022, Bernardo Küster afastou-se das temáticas religiosas e produziu pouco conteúdo em vídeo para o seu canal a respeito do assunto. Ainda que ele tenha continuado abordando aspectos sobre o catolicismo em outras plataformas, sua atuação foi nitidamente reconfigurada para um trabalho voltado à militância estritamente política. Os assuntos mais discutidos pelo influenciador foram baseados no acirrado processo eleitoral para a presidência da República, quando declarou apoio ao incumbente Jair Bolsonaro (PL) em contraposição ao vencedor do pleito, Luiz Inácio Lula da Silva (PT).[29]

Em 24 de outubro, a seis dias da realização do segundo turno das eleições presidenciais, Küster lançou o documentário *Eles Estão no Meio de Nós*, feito em parceria com a cineasta Viviane Cristina Princival.[30] O filme já havia sido anunciado anos antes pelo influenciador, que realizou um financiamento coletivo para angariar recursos para a produção. Várias vezes, Bernardo referiu-se ao documentário como um sucesso de arrecadação. A obra, no entanto, deixou de ser abordada nos vídeos do influenciador, sobretudo ao longo de 2021 e 2022. Há, inclusive, um perfil no Instagram para divulgar a obra. A última postagem foi feita em novembro de 2021. No material publicado, o influenciador se coloca como vítima de perseguição, como é o caso da publicação a seguir:

29 Lula (PT) derrotou Bolsonaro (PL) no segundo turno em 30 de outubro de 2022, ao angariar 50,9% dos votos válidos contra 49,1% do adversário. O resultado foi o mais apertado da história brasileira desde a redemocratização e gerou um clima de animosidade, marcado por violência política e ameaças à democracia.

30 Viviane Princival é graduada em Pedagogia: Docência e Gestão Educacional (2010), pela UNICENTRO. É pós-graduada em Arte-Educação (2012). É diretora/realizadora de cinema documental, apresentando-se como envolvida em produções fílmicas no Brasil, Estados Unidos, México, Itália, Portugal e Espanha.

Figura 1 – publicação no perfil de divulgação do filme *Eles Estão no Meio de Nós*, no Instagram.[31]

De certa forma, o lançamento de *Eles Estão no Meio de Nós* se deu de forma surpreendente, pois a divulgação da data começou apenas dias antes da exibição. Contudo, a revelação do documentário se deu em um contexto bastante demarcado do cenário político nacional. No pleito de 2022, o debate religioso ganhou importante proeminência, já que o então presidente Jair Bolsonaro (PL) fortaleceu seu alinhamento com grupos evangélicos de todo o país e demonstrou solidez eleitoral entre esse público. Para tanto, o discurso do político pautou temáticas voltadas ao conservadorismo moral, como a pretensa defesa da família – sem, contudo, especificar sob quais parâmetros o poder público pode impactar ou não a vida de famílias –, a agenda de oposição à legalização do aborto, e as críticas duras contra qualquer debate sobre diversidade e igualdade de gênero, convertidas no significante aglutinador e descontextualizado de "ideologia de gênero".

31 Disponível em: https://www.instagram.com/p/CDL4JNdpPSy/.

Se Jair Bolsonaro (PL) conseguiu amplo apoio entre os cristãos evangélicos, o que foi corroborado pelas pesquisas de intenção de voto feitas na época, o mesmo não ocorrera entre o público católico, que demonstrou uma distribuição mais global e alinhada ao contexto socioeconômico e regional do país. O lançamento do documentário de Küster busca se inserir na necessidade de reforçar também entre os católicos os discursos já amplamente divulgados entre os cristãos evangélicos. Tais discursos contaram com um apoio forte entre lideranças que também possuem expressiva presença e impacto digital, como é o caso dos pastores Silas Malafaia e André Valadão, por exemplo.

O contexto de lançamento da obra também indica que houve uma estratégia bem construída e alinhada que catapultasse uma outra frente de atuação do influenciador. Ao final do filme, Küster anuncia o curso "O Bom Combate", voltado à formação de católicos com base no incentivo aos mesmos para combater o que ele chama de abusos da Teologia da Libertação. A plataforma opera com base na venda do curso e é anunciada como algo já amplamente estruturado, inclusive com módulos de aula já gravados. No projeto em questão, o *youtuber* anuncia a parceria do também influenciador Tiba, conhecido no meio católico por sua atuação com a esposa no canal *Déia e Tiba*.[32]

Eles Estão no Meio de Nós, portanto, é lançado como mais um instrumento político da direita brasileira, sobretudo na busca por influenciar o voto católico, mas também como uma introdução e propaganda a um curso voltado à formação de militantes religiosos contra práticas teológicas, litúrgicas e pastorais consideradas nocivas à vida da Igreja. O filme, disponibilizado no canal de Bernardo Küster, alcançou, até dezembro de 2022, a marca de mais de 1,5 milhão de visualizações.

32 Tiba Camargos e Déia Camargos se apresentam como um casal missionário. Ambos possuem atuação conjunta no YouTube, mas também realizam diversas atividades pelo Brasil, incluindo pregações e formações voltadas a temáticas sobre a família cristã. Foram membros da Canção Nova por 17 anos, mas ainda mantêm laços com a comunidade e as redes de comunicação da mesma. A linha conservadora deles evoca a defesa de aspectos morais do catolicismo e temas sociais da direita, como o apoio ao *homeschooling* – prática que dizem adotar com os próprios filhos.

Na seção a seguir, o texto apresenta um resumo dos principais pontos abordados pelo documentário, a fim de compreender melhor como ele se insere na análise da influência exercida por Bernardo Küster no meio digital.

5.7 Apontamentos analíticos sobre o documentário

Por se tratar de uma análise fílmica que, embora acompanhe a perspectiva de estudo dos vídeos de YouTube feitos e exibidos por Bernardo Küster, possui especificidades que não podem ser ignoradas, optamos por recorrer a elementos metodológicos que embasem um olhar mais apurado para o produto documentário.

Penafria (2009) *apud* Mombelli e Tomaim (2014) propõe três aspectos que devem ser considerados no estudo sobre documentários: (a) os componentes visuais e sonoros – posicionamentos de câmeras, linguagem visual, trilhas sonoras e a relação entre esses elementos; (b) o sentido narrativo, que versa sobre quem conta a história e qual a posição do mesmo em relação a ela; (c) o sentido ideológico, que busca compreender quais as mensagens e ideologias presentes na obra em relação às temáticas levantadas.

Para Mombelli e Tomaim (2014), a análise fílmica é, antes de tudo, baseada na interpretação e, portanto, requer proposições de categorias que dialoguem com cada especificidade analítica. Não deve se perder, contudo, o rigor no tratamento do material e a observância do destrinchamento de seus elementos, a fim de favorecer a extração de inferências necessárias para uma compreensão ampla sobre a obra. Para tanto, antes de proceder uma observância dos três aspectos principais do documentário, como sugerido por Penafria (2009), optamos por explicitar descritivamente quais são os blocos temáticos (intertítulos) escolhidos por Küster para estruturar o roteiro da obra.

Esses blocos compõem as partes do que Nichols (2005) categoriza como o documentário expositivo, voltado à defesa de uma ideia, tese ou ponto de vista através de estratégias de credibilização da voz do narrador.

> O documentário expositivo facilita a generalização e a argumentação abrangente. As imagens sustentam as afirmações básicas

> de um argumento geral em vez de construir uma ideia nítida das particularidades de um determinado canto do mundo. Esse modo também propicia uma economia da análise, já que as argumentações podem ser feitas, de maneira sucinta e precisa, em palavras. O documentário expositivo é o modo ideal para transmitir informações ou mobilizar apoio dentro de uma estrutura preexistente ao filme (NICHOLS, 2005, p. 144).

Bernardo Küster estrutura o documentário a partir de seções que funcionam como capítulos. A estratégia narrativa é similar àquela adotada nos vídeos do canal do mesmo, uma vez que os intertítulos são produzidos com uso de expressões fortes e constroem uma argumentação sempre acusatória, conspiracionista e com tom de desvelamento de grandes mistérios. Para compreendermos melhor as principais partes do documentário, o quadro a seguir faz um breve resumo de cada seção do filme.

Quadro 2: Blocos temáticos do documentário *Eles Estão no Meio de Nós*

Intertítulo	Temáticas abordadas
Sanha de Progresso	Introdução às bases teóricas da Teologia da Libertação: o progressismo seria o primeiro impulso ideológico, sobretudo a partir das influências de autores franceses inspirados pelos ideais revolucionários.
Cultura e Infiltração	Crítica às influências teóricas do pensamento crítico na Igreja Católica, como a Escola de Frankfurt e autores marxistas. Apontamento de infiltração de agentes comunistas da KGB soviética na instituição.
Intelectuais Silenciosos	Apresentação do Instituto Internacional de Pesquisas Paulinas como mais um precursor das bases teóricas para o surgimento da Teologia da Libertação, que ocorreria na década de 1970.
Bispos, Uni-vos	Críticas ao fundador da CNBB, Dom Hélder Câmara. Apontamentos históricos sobre o Concílio Vaticano II, considerado crucial para uma espécie de "contaminação" da Igreja Católica com ideais maléficos que desencadeariam uma espécie de declínio do tradicionalismo e a infiltração de líderes e pensamentos apontados até como satânicos.

Movimentos	Explanação de como a Ação Católica gerou movimentos considerados pelo filme como desvirtuados. Citação a grupos e órgãos da Igreja considerados maléficos e heréticos, como as Comunidades Eclesiais de Base (CEB).
A Síntese	Definição da visão geral sobre o que é a Teologia da Libertação na visão do documentário: uma ação coordenada e estruturada politicamente para infiltrar na Igreja um pensamento revolucionário que destrua a própria em seus dogmas e preceitos.
"Pelos frutos, os conhecereis" (Mt 7,16)	Indica elementos que apontam um enfraquecimento da Teologia da Libertação a partir do crescimento do pentecostalismo.
Nem que Voltemos a Ser 12 Novamente	Convocação ao combate contra a Teologia da Libertação e conclamação para recuperar o tradicionalismo.

Bernardo Küster assume o papel de narrador-personagem na medida em que é a principal voz do documentário: ele narra os poucos *offs* do produto e é o principal entrevistado. Embora seja incomum que o narrador principal e produtor do documentário também seja seu principal entrevistado, fica evidente que o influenciador constrói todo o percurso narrativo ao mesmo tempo que se coloca como fonte principal. Viviane Princival, a principal parceira de Bernardo na parte técnica do projeto, aparece apenas nas tomadas feitas no Ginásio Moringão, em Londrina/PR. Ela assume o papel de entrevistadora para que o *youtuber* explique como se deu o seu próprio despertar contra a Teologia da Libertação, que teria acontecido ao perceber o que ele considera como abusos litúrgicos durante o 14º Intereclesial das CEBs, realizado na cidade paranaense em 2018.

Na maioria das cenas em que aparece, Bernardo está sentado enquanto fala sobre as temáticas para um entrevistador não identificado. Em outros momentos, ele próprio é o entrevistador das fontes ouvidas pelo documentário – aparecendo, especialmente, nas tomadas feitas com o autoproclamado filósofo e líder de direita Olavo de Carvalho.

5.7.1 Os componentes visuais e sonoros

A construção estética de um documentário narrativo não é tão complexa quanto em montagens de veia poética. Importa, neste tipo de produção, um aspecto mais próximo à linguagem jornalística e que busque credibilizar a narrativa contada. O documentário de Bernardo Küster é estruturado com base na imagem de entrevistados e em poucas imagens ilustrativas. Há, no final, uma cena filmada numa Igreja em ruínas, constituindo-se como um elemento isolado de dramatização aberta que ajuda a compor a mensagem conclusiva.

É enganoso pensar, no entanto, que as entrevistas não foram feitas a partir de uma linguagem estética bastante estruturada e coerente com a proposta do filme. Há opção por cenários sombrios com iluminação artificial e concentrada no rosto dos entrevistados. A maioria dos cenários é composta por salas e bibliotecas. O vestuário das fontes também é voltado a cores mais escuras e frias, como o azul-marinho e o preto. O tratamento imagético ajuda a enaltecer o intimismo recluso das entrevistas. A estética aproxima-se da usada em vídeos de outras lideranças católicas de direita, como é o caso do Padre Paulo Ricardo, também estudado nesta pesquisa.

Os nomes ligados à Teologia da Libertação são apresentados com fotografias e caracteres sobrepostos a fundos vermelhos. A cor, associada à representação de aspectos diabólicos e infernais, costuma ser empregada para retratar o mal. Também é a cor mais comumente associada às ideologias socialistas e comunistas, compreendidas de modo profundamente negativo pelo conservadorismo de direita. É também a cor do Partido dos Trabalhadores (PT), legenda que teve influência e participação da esquerda católica na sua criação. Há, portanto, clara associação simbólica negativa aos teólogos da libertação citados pela obra. As fotografias em preto e branco com caracteres que simulam máquinas de escrever também ajudam a criar e mimetizar a exposição de nomes em suspeição ou de criminosos, como é comum em reportagens e documentários de crimes. A estética serve ao propósito condenatório claro e explícito.

A cena final, que compõe o aspecto visual da parte conclusiva do filme, reúne um grupo de algumas famílias que participam de uma missa numa igreja em ruínas. A assembleia usa roupas sóbrias, sendo que as mulheres usam saia e algumas o véu branco sobre a cabeça. Também há a presença de crianças. A imagem construída da família tradicional com elementos de um comportamento conservador alude ao propósito defendido pelo influenciador: a busca por uma Igreja tradicional e pré-conciliar. Junto dessas imagens, o toque instrumental sacro ajuda a criar um clima para a narração que alterna *offs* e Bernardo em vídeo conclamando os católicos a lutarem por esses valores. As ruínas simbolizam, portanto, uma Igreja destruída pela Teologia da Libertação, e os participantes da missa são os poucos católicos convictos dispostos a reerguê-la. Esta é a cena final para fechar o documentário e apresentar o curso produzido com este propósito.

5.7.2 O sentido narrativo

Bernardo Küster assume o protagonismo da própria obra colocando-se como uma espécie de arauto do combate ao mal na Igreja. Ele próprio reclama uma espécie de iluminação divina que teria ocorrido quando ele observou o que considera como abusos e erros ocorridos no 14º Intereclesial das CEBs, como já mencionado. Foi este o evento que o projetou no meio digital e o fez angariar um importante público entre os católicos conservadores.

As entrevistas feitas pelo documentário privilegiam a escuta de homens brancos. As únicas mulheres ouvidas pela obra são Déia Camargos, que aparece junto ao marido Tiba Camargos, e a escritora Silvana Carrasco. Entre os principais entrevistados, estão o autoproclamado filósofo Olavo de Carvalho; o ex-ministro da educação Ricardo Vélez Rodríguez; o autoproclamado Príncipe Imperial do Brasil, Dom Bertrand de Orléans e Bragança; o cardeal mexicano Juan Sandoval; o arcebispo-emérito da Paraíba, Dom Aldo Di Cillo Pagotto; e o bispo-emérito de Marajó, Dom José Luís Azcona Hermoso. Há, ainda, a presença de jornalistas e pesquisadores, além de um entrevistado que fala sem revelar a própria identidade.

Bernardo reúne, assim, um grupo amplo de fontes que ajudam a sustentar uma narrativa voltada à condenação da Teologia da Libertação, mas vai além: busca combater qualquer experiência eclesial progressista ou de caráter originalmente latino-americano. Isso fica evidente no modo como a obra silencia sobre o atual Pontífice da Igreja, o Papa Francisco. O mesmo só aparece na obra em foto antiga, quando está junto dos teólogos Leonardo Boff e Karl Rahner. O segundo é apontado como mentor de Boff e de outros próceres da Teologia da Libertação, como o padre Gustavo Gutiérrez. A imagem, apresentada sutilmente, oferece a interpretação da corrente representada por Küster que vê em Francisco um apoiador do progressismo e da própria Teologia da Libertação.

A pretensão de Küster em liderar uma cruzada que combata o progressismo na Igreja fica mais evidente no trecho a seguir:

> Eu acho que a gente tem que restaurar quatro coisas importantes dentro da Igreja. Primeira delas é restaurar a liturgia, que foi destruída. Primeira coisa é essa. Boa missa, bem celebrada. Faça o que está em vermelho, leia o que está em preto no missal. É simples: não há o que se complicar, não há o que se inventar. Dois: restaurar a boa música da Igreja. Nós temos as melhores músicas, as melhores composições. Por que não manter isso, por que não aprender, por que não partir daí e não tentar só copiar coisas modernas e sem sentido que não elevam a alma? Restaurar a beleza dentro disso, a beleza da arquitetura, a beleza das belas imagens, a beleza dos ícones, a beleza dos quadros, a beleza dentro das igrejas. Restaurar a beleza disso, porque Deus é a razão de toda beleza.[33]

A narrativa do documentário é claramente denuncista e tem a intencionalidade de fomentar um movimento que seja amplificado pela adesão de mais católicos. Isso fica evidenciado na venda do curso que forma cristãos capazes de denunciar o que Bernardo chama de abusos e ataques à Igreja.

5.7.3 O sentido ideológico

A data de lançamento do documentário *Eles Estão no Meio de Nós*, ocorrida durante o processo eleitoral de 2022 no Brasil, encontrou clima propício para mobilizar a direita católica em meio a um cenário bastante conturbado

---

33 KÜSTER, Bernardo. "ESTREIA | Eles Estão no Meio de Nós". YouTube, 24 out. 2022. Publicado pelo canal *Bernardo P. Küster*. Disponível em: https://www.youtube.com/watch?v=RahB38Rgd6w.

da cena política. Não se pode observar o filme sem compreender o contexto que o envolve. Bernardo Küster, assim como já descrito na análise dos vídeos de seu canal, vinha adotando uma postura majoritariamente voltada aos temas políticos e de apoio ao ex-presidente Jair Bolsonaro (PL).

Há uma compreensão do papel religioso como sendo de preservação dos valores conservadores a partir de uma resistência aos grupos considerados agressivos à fé e aos próprios dogmas. Isso fica evidente em uma fala de Olavo de Carvalho, que, embora católico convicto, chega a elogiar o papel das igrejas evangélicas no Brasil, numa clara percepção de que a defesa de determinados valores está para além de uma disputa intraeclesial, manifestando-se de forma importante na arena social.

> Você veja: eu tenho as minhas objeções contra a religião evangélica protestante. Mil objeções teológicas. Pode não ser objeções muito burras, mas eu tenho. Mas uma coisa eu tenho que reconhecer: eles salvaram o cristianismo no Brasil, porque a Igreja Católica entregou tudo. Então os evangélicos é que pegam lá o que sobrou e salvam um pouquinho. Então esse mérito nós temos que reconhecer que eles têm. Se não existisse o Evangelismo no Brasil, não teria mais cristianismo (OLAVO DE CARVALHO, 2022).[34]

O mesmo faz Bernardo Küster ao referir-se à Renovação Carismática Católica (RCC), que, nascida do pentecostalismo, cumpre um papel importante na visão do influenciador. Ele diz que vê problemas na RCC, mas que também reconhece que o movimento trouxe o transcendente de volta e que, assim, tem papel central no combate à Teologia da Libertação. O público-alvo do *youtuber* é constituído por muitos adeptos da RCC que têm na Comunidade Canção Nova um de seus principais pilares e espaços de vivência espiritual.

A demarcação ideológica do documentário também elege figuras que devem ser combatidas, como Dom Hélder Câmara, Leonardo Boff e a própria CNBB, apontada como braço do PT e da esquerda brasileira. Toda a construção narrativa do documentário busca estruturar essa visão e utiliza estratégias de linguagem que mobilizem o público no engajamento em

34 *Idem.*

ações que integrem uma pretensa reconstrução da Igreja – fato corroborado pela instrumentalização do filme na divulgação de um curso mobilizador para católicos conservadores.

Com a influência digital, Bernardo transfere seu capital social construído a partir da atuação como *youtuber* para a mobilização de uma militância da extrema direita. E ele faz isso a partir de um lugar que tem se tornado cada vez mais estratégico nas disputas políticas: o universo religioso. A mobilização de pautas morais e a associação de lideranças religiosas aos grupos políticos conferem ao discurso da religião uma relevância de grande impacto no cenário eleitoral e nas disputas parlamentares, por exemplo. No Brasil, elas são mais evidentes no meio evangélico, mas a ação de influenciadores da mesma vertente de Küster ajuda a reivindicar também o papel da Igreja Católica ou de grande parte dela.

5.8 Elementos e pistas para compreender o fenômeno da influência digital e as especificidades do campo conservador

Compreender o fenômeno da influência digital no meio católico passa por entender ambiências contemporâneas primárias, como é o caso da midiatização, em que campos sociais passam a ser influenciados sob a lógica institucional da mídia. Não é, portanto, um fenômeno estritamente técnico, mas é, antes de tudo, um fenômeno social de implicações dinâmicas nas estruturas de poder e nos modos de relação imbricados nesses processos.

Se as mídias massivas já haviam sido muito importantes para o catolicismo, especialmente a televisão, há algo de novo e de absolutamente multifacetado que desafia a própria lógica organizativa da instituição. A transformação provocada pelo televangelismo parece ter sido bem compreendida e assimilada por ela. Além do uso de muitas concessões, as transmissões de celebrações e pregações passou a ser comum e de acesso relativamente simples, embora restrito, dada a própria natureza da televisão.

Contudo, a relação do catolicismo com os meios massivos passava por um acompanhamento mais preciso e próximo, na medida em que as transmissões de liturgias e de outras atividades conseguiam ter uma interlocução maior com os líderes em caso de algum ruído ou problema, ainda que existam muitas emissoras e programas com alto grau de independência. No ambiente digital, de modo diferente, o papel da instituição é ainda mais periférico e, em muitos casos, totalmente nulo. A natureza fragmentada das redes, a explosão da participação na produção dos conteúdos, e a lógica algorítmica aplicada às plataformas fizeram dos ambientes digitais cenários propícios ao surgimento de novos e múltiplos líderes para além da instituição.

Os influenciadores digitais da fé, embora associados a diversos grupos, parceiros, mentores e financiadores, possuem uma atuação fortemente personalista, na medida em que o alcance e o impacto dos mesmos requerem um forte carisma e uma aproximação intimista junto ao público. Eles estão, portanto, produzindo conteúdos com alto grau de paralelismo àquilo que se entende como o magistério da Igreja, ainda que muitos possam ressoar ensinamentos, documentos e orientações ou mesmo erigir um discurso bastante favorável à instituição. Porém, por ora, o olhar não recai sobre o conteúdo, mas sobre a forma. Ela é, em primeiro lugar, bastante independente e livre.

Bernardo Küster é um exemplo dessa influência que pretende impactar o catolicismo, mas que se promove a partir de uma construção comunicativa de veia independente. Não se ignora, contudo, que o mesmo tenha apoio entre padres e bispos. Entretanto, esses apoios se dão de maneira mais pessoal do que institucional e poucos deles são de fato explicitados. O influenciador desafia, inclusive, estruturas institucionais, como é o caso da CNBB. Ao fazê-lo, conclama fiéis a também promoverem críticas e até ataques. Ele assume, portanto, um papel que impacta a vida eclesial sem dela fazer parte de modo estrutural e nem mesmo pastoral, já que o mesmo é recém-convertido e não atuou de forma sistemática em nenhum órgão da Igreja.

Sua influência possui, ainda, outra característica fundamental: a questão política. Ela se dá na esteira do recrudescimento de movimentos extremistas em todo o mundo. Busca promover linhas políticas que ameaçam regimes democráticos e que reivindicam simbologias e saudosismos de um léxico de guerra e combate. É comum, por exemplo, a citação apaixonada das Cruzadas.

A influência religiosa política pode se dar a partir de uma série de nuances e perspectivas, é verdade. Contudo, as influências de grande impacto e penetração entre o público são aquelas mais demarcadamente ostensivas e, até mesmo, radicais. Para facilitar a compreensão da natureza desse modelo, elencamos algumas das características principais que podem se repetir na ação de outros influenciadores da fé: (a) personalismo: há a busca por um padrão imagético que se repete, além de elementos performáticos que contribuam para a criação da personalidade, como o humor, a excentricidade ou a vestidura de uma personagem; (b) tom convocatório: uso de expressões de chamamento, constante mobilização do público e verbos no imperativo, tais como "lute", "faça" e "levante-se"; (c) léxico de guerra: há a construção de um perene cenário de disputa, reforçado por expressões que remetem à guerra, como "luta", "batalha", "cruzada", "bomba", dentre outras; (d) alusão constante ao inimigo: a presença dos inimigos a serem combatidos ajuda a criar conteúdos de denúncia, ataques e conspiração, sempre apelando ao medo e à rejeição; (e) comunicação direta e simplificada: o tom pedagógico simplifica o conteúdo a partir do maniqueísmo e de uma linguagem acessível e simples, ainda que recorra a elementos acadêmicos ou citações mais complexas.

Bernardo se insere, portanto, num fenômeno que está em ascensão no mundo e o faz a partir da presença forte no meio católico. Sua ação paralela confronta os principais caminhos adotados pela Igreja no Brasil e impacta lideranças em todos os setores a partir de uma ótica de vertente conservadora e alinhada à extrema direita mundial.

Referências bibliográficas

BARDIN, L. *Análise de conteúdo*. Lisboa: Edições 70, 1988.

CHALOUB, J. G. S.; PERLATO, F. "Intelectuais da 'nova direita' brasileira: ideias, retórica e prática política". Anais do 39º Encontro Anual da ANPOCS, Caxambu, 2015.

COMPÊNDIO da Doutrina Social da Igreja. São Paulo: Paulinas, 2005.

FINCHELSTEIN, F. *Do fascismo ao populismo na história*. Trad. Jaime Araújo. São Paulo: Almedina, 2019.

GEBARA, Ivone. *Teologia Ecofeminista*. São Paulo: Olho d'Água, 1997.

HUNTER, J. D. *Culture Wars: The Struggle To Define America*. Nova Iorque: Basic Books, 1991.

KÜSTER, Bernardo. "ESTREIA | Eles Estão no Meio de Nós". YouTube, 24 out. 2022. Publicado pelo canal *Bernardo P. Küster*. Disponível em: https://www.youtube.com/watch?v=RahB38Rgd6w.

MIGUEL, L. F. *O colapso da democracia no Brasil: da constituição ao golpe de 2016*. 1. ed. São Paulo: Fundação Rosa Luxemburgo/Expressão Popular, 2019 (Coleção Convergências).

MOMBELLI, N. F.; TOMAIM, C. D. S. "Análise fílmica de documentários: apontamentos metodológicos". *Lumina*, 8 (2): 1-17, dez. 2014. Disponível em: https://periodicos.ufjf.br/index.php/lumina/article/view/21098.

NICHOLS, Bill. *Introdução ao documentário*. Campinas: Papirus, 2005.

NICOLAU, J. *O Brasil dobrou à direita: uma radiografia da eleição de Bolsonaro em 2018*. 1. ed. Rio de Janeiro: Zahar, 2020.

PENAFRIA, Manuela. "Análise de Filmes – conceitos e metodologia(s)" (VI Congresso SOPCOM). Lisboa: SOPCOM, 2009. Disponível em: https://www.bocc.ubi.pt/pag/bocc-penafria-analise.pdf

PINTO, C. R. J. "A trajetória discursiva das manifestações de rua no Brasil (2013-2015)". *In*: ROCHA, C.; SOLANO, E. *As direitas nas redes e nas ruas: a crise política no Brasil*. 1. ed. São Paulo: Expressão Popular, 2019, p. 15-44.

PY, Fábio. "Padre Paulo Ricardo: trajetória política digital recente do agente ultracatólico do cristofascismo brasileiro". *Tempo e Argumento*, v. 13, n. 34, set./dez. 2021, n.p.

QUEIROZ, J. V. P. "Os bastiões da verdade: um estudo de caso sobre o discurso conservador católico na internet". Tese (Mestrado em Sociologia) – Universidade Federal de Pernambuco, Recife, 2021.

ROCHA, C. "'Imposto é roubo!' A formação de um contrapúblico ultraliberal e os protestos pró-*impeachment* de Dilma Rousseff". *In*: ROCHA, C.;

SOLANO, E. *As direitas nas redes e nas ruas: a crise política no Brasil*. 1. ed. São Paulo: Expressão Popular, 2019, p. 123-174.

SANTOS, F. R. C. "O que se entende por Retórica da Guerra Cultural". *Domínios da Linguagem*, 15 (1): 180-227, jan./mar. 2021.

SESBOÜÉ, Bernard. "História e Teologia da Infalibilidade da Igreja". *Perspectiva Teológica*, 46 (128): 71-88, jan./abr. 2014.

TOLDY, Teresa Martinho. "As mulheres na Igreja católica. Luzes e sombras ao longo da história". *Theologica*, 32 (2): 219-245, 1997.

6. Arautos e párocos digitais: desafios da influência presbiteral na internet

Aline Amaro da Silva

6.1 Introdução

Uma pesquisa sobre influenciadores digitais católicos no Brasil não estaria completa sem ter como objeto de estudo o Padre Paulo Ricardo de Azevedo Júnior. Um dos precursores da influência digital de inspiração católica no cenário nacional, ele produz conteúdo na internet, sobretudo em formato de vídeo, há mais de 16 anos. Seus discursos de caráter informativo, formativo e opinativo visam ensinar os seguidores sobre as verdades da fé católica. No entanto, ele causa sérias discussões dentro do catolicismo brasileiro pelas características de seu conteúdo e pela forma de comunicá-lo. Venerado por uns e odiado por outros, sua influência é nítida, não tanto pela quantidade de seguidores, embora tenha chegado na casa dos milhões, mas pelo impacto que suas palavras têm no modo como as pessoas rejeitam ou abraçam sua mensagem.

Na busca por compreender uma parcela do fenômeno dos padres influenciadores no Brasil, optamos pela análise da influência do Padre Paulo Ricardo como exemplo dos nichos de influenciadores digitais católicos que se posicionam como arautos da verdade e párocos digitais. A partir do estudo da trajetória comunicacional do Padre Paulo Ricardo, constatamos a formação de uma escola de comportamento presbiteral – tanto padrão estético-moral quanto de performance nas redes sociais.

A pesquisa utilizou o método de estudo de caso[1] através de levantamento bibliográfico e de dados coletados na web, além de entrevistas em profundidade, especialmente para a composição da biografia do influenciador em questão e para uma visão panorâmica de sua performance midiática. Para destrinchar e interpretar os materiais selecionados, optamos pela análise de conteúdo. O primeiro passo deste estudo é descrever quem é Paulo Ricardo de Azevedo Júnior, suas origens e influências, para assim entender a construção de sua personalidade midiática.

6.2 Biografia: a construção do ícone presbiteral

Paulo Ricardo de Azevedo Júnior, popularmente conhecido como Padre Paulo Ricardo, nasceu na cidade de Recife, em 1967. Filho de Paulo Ricardo de Azevedo e de Rejane de Azevedo, irmão de Cátia e Ana Cristina Azevedo, irmã mais velha já falecida de câncer. Ele vem de uma família tradicionalista e latifundiária que fazia parte da elite de Recife, e morava na Praia da Boa Viagem de frente para o mar, depois tendo que se mudar para um casarão na região periférica de Cuiabá no ano de 1979.

Entrevistado "A", que não quis se identificar, conhece Padre Paulo Ricardo desde 1982. Ele o descreveu como "uma pessoa de inteligência brilhante, memória fotográfica, capacidade política e habilidade com línguas" (informação verbal).[2] Na adolescência, Paulo Ricardo fez intercâmbio nos Estados Unidos entre 1983 e 1984, em Michigan, região chamada de "cinturão da Bíblia" (*Bible Belt*) devido à grande influência que o conservadorismo cristão tem na sociedade local, especialmente o protestantismo. Lá, ele concluiu seu Ensino Médio na *Fruitport High School* e teve contato com o conservadorismo católico

1 A técnica de pesquisa de Estudo de Caso é sugerida quando se estuda temas novos ou fenômenos contemporâneos que possuem ainda poucos referenciais bibliográficos e que precisam ser mapeados em determinada realidade. Além disso, são indicados para estudos cujas questões norteadoras a serem respondidas são "como?" e "por quê?" (YIN, 2015, p. 2).

2 Entrevista em profundidade com Entrevistado "A", concedida à pesquisa "Influenciadores Digitais Católicos" em 25 de março de 2022 via Google Meet.

estadunidense e com o movimento da Renovação Carismática Católica através dos irmãos Dennis e Matt Linn.[3] Esta foi uma experiência decisiva no seu discernimento vocacional. O Entrevistado "A" conta que, após sua estadia nos Estados Unidos, Paulo Ricardo retornou ao Brasil empenhado em "corrigir os desvios do clero, [...] expulsar os errados, corrigir os exageros da Teologia da Libertação" (informação verbal).[4]

Embora tenha estabelecido com Paulo Ricardo uma relação de amizade, "A" explicou que sempre houve discussões e divergências de opiniões entre eles e com outros colegas. Na época em que frequentaram juntos o seminário, a partir de 1984-1985, "A" recorda que Paulo Ricardo tinha o costume de rezar todos os períodos de oração da Liturgia das Horas, saía da aula e se dirigia direto à capela. "Comprava muita briga com os colegas por causa disso. Não bastava que ele rezasse, queria que os outros fizessem como ele" (informação verbal).[5] Além disso, criticava a qualidade das traduções do Ofício Divino para o português, preferindo usar a versão em latim. Em 1987, Paulo Ricardo licenciou-se em Filosofia nas Faculdades Unidas Católicas de Mato Grosso, com sede em Campo Grande.

Padre José Cobo Fernández, missionário oriundo de Granada, Espanha, era o reitor do seminário naquele período. A Universidade de Granada tinha um convênio com um curso de Teologia de Campo Grande. Através disso, Padre Cobo trazia alguns especialistas de lá para ministrar cursos em regime intensivo. Pela conexão que Paulo Ricardo fazia com figuras que ele considerava importantes, já era perceptível sua veia política. Na época, o diretor espiritual do seminário era o Padre Izidoro Bruxel, sacerdote gaúcho, que também ensinava grego para quem se voluntariasse.

Com sua habilidade diplomática, Paulo Ricardo conseguiu receber aulas particulares de hebraico dos teólogos espanhóis Padre Miguel Peinado Muñoz, SJ., e Padre José Vilchez, SJ., além de estudar por conta própria. Assim,

3 Cf. site oficial do *Linn Ministries*: https://www.linnministries.org/new-page.

4 Entrevista em profundidade com Entrevistado "A", concedida à pesquisa "Influenciadores Digitais Católicos" em 25 de março de 2022 via Google Meet.

5 *Idem*.

ele se tornou poliglota, fluente nos idiomas português, inglês, italiano e alemão, além de ter conhecimento em francês, espanhol, latim, hebraico e grego.

Impressionados com sua capacidade intelectual para línguas, estes professores visitantes começaram um movimento para que a Arquidiocese de Cuiabá enviasse os estudantes que se destacavam para estudar na Europa. Assim, Paulo Ricardo falou com o arcebispo de Cuiabá, que naquele tempo era Dom Bonifácio Piccinini, e o convenceu a enviar ele mesmo e um colega para estudar em Roma. Foram cinco anos em Roma: "Para mim foram cinco anos de biblioteca, para o Paulo Ricardo [foram] de contatos políticos, sim, muito forte mesmo, [...] a ponto de ele frequentar a embaixada brasileira e ficar amigo pessoal do filho do embaixador" (informação verbal).[6]

Paulo Ricardo sempre foi uma pessoa bem financiada, contou "A". Uma de suas primeiras ações ao chegar em Roma, em 1988, logo depois de encomendar uma batina numa das lojas especializadas mais caras do clero católico, foi comprar um computador que na Itália se chamava "*videoscrittura*". Naquele período, ele realizou muitos trabalhos de tradução para a Congregação da Doutrina da Fé, tanto traduzindo documentos escritos quanto fazendo traduções simultâneas em eventos. Paulo Ricardo alcançou uma certa relação com o Papa João Paulo II, não tão próxima, mas ajudava-o em algumas ações, especialmente ligadas a Dom Eugênio Sales, cardeal do Rio de Janeiro na época (informação verbal).[7]

Paulo Ricardo graduou-se em Teologia na Pontifícia Universidade Gregoriana, em 1991 (CHRISTO NIHIL PRAEPONERE, 2021). Ele, juntamente de seu colega de Cuiabá, recebeu os primeiros ministérios de leitorado e acolitado em Roma. Vieram ao Brasil para serem ordenados diáconos pelo Arcebispo de Cuiabá. Depois regressaram a Roma e foram ordenados presbíteros por João Paulo II, junto de outros 60 vocacionados que estudavam na capital italiana, em 14 de junho de 1992, domingo em que celebrava a solenidade da Santíssima Trindade.

---

6 *Idem.*

7 *Idem.*

Padre Paulo Ricardo continuou seus estudos na Gregoriana, cursando o mestrado em Direito Canônico sob a orientação de Francisco Javier Urrutia. Defendeu sua dissertação de mestrado em 1993, cujo título era "*De ignorantiae imputabilitate: genesis doctrinalis decimae Libri Extra regulae*" ("Sobre a imputabilidade da ignorância: a gênese doutrinária do décimo livro Regras extra"). A pesquisa jurídica canônica refletia sobre o tema da ignorância e sua relação com o pecado. Conectado com uma das obras espirituais de misericórdia, que é ensinar os ignorantes, o assunto escolhido em sua dissertação já sinaliza seu desejo e projeto futuro de formar as pessoas na fé católica. Fez parte do Conselho Internacional de Catequese da Santa Sé e foi professor nas faculdades de Filosofia da Santa Sé.

Padre Paulo Ricardo é membro do clero da Arquidiocese de Cuiabá. Durante o tempo de estudos na Itália, ele e seu colega de Roma tiveram uma boa convivência, cada um com seus afazeres. Entretanto, ao voltarem para Cuiabá e começarem a participar como membros do clero, eles foram se desalinhando, pois "era o Paulo Ricardo de um lado e o resto do mundo do outro lado". O Entrevistado "A" relatou que Paulo Ricardo sempre teve uma tendência forte para polemizar e contestar, considerando os outros errados e ele certo, e persistindo na ideia de que deveria existir um padrão no clero, mais sério e sólido.

Por essa razão, seu colega, ainda no exercício sacerdotal, preferiu residir em Campo Grande. "Ele criava uma situação muito desconfortável para mim, porque eu não me sentia na situação de salvar a Igreja. Então, aquela história de ser mais santo que todo mundo para mim era muito agressiva" (informação verbal).[8] Ele recorda que, nas reuniões do clero, evitava as conversas para não entrar em conflitos. Já Padre Paulo Ricardo costumava se envolver em discussões polêmicas.

Padre Paulo Ricardo lecionou nas faculdades de Filosofia e Psicologia na Universidade Católica Dom Bosco (1994-1995) em Campo Grande/MS, no *Studium* Eclesiástico Dom Aquino Corrêa (SEDAC, 1999-2012) em Cuiabá, e no Instituto Teológico do Oeste (1994-2000). Desde 2011,

---

8 *Idem.*

leciona Teologia no Instituto Bento XVI, na Diocese de Lorena/SP. Além disso, Padre Paulo Ricardo, por 15 anos, foi reitor do Seminário Cristo Rei da Arquidiocese de Cuiabá. Ele também se manteve como vigário da Paróquia Cristo Rei em Várzea Grande/MT, região cuiabana de grande importância social e pastoral, próxima ao seminário.

Uma pessoa que prefere não ser identificada, e que por isso será referida como Entrevistado "B", contou que conheceu o Padre Paulo Ricardo aos nove anos de idade. A avó do Entrevistado "B" o levou ao Rincão do Meu Senhor, sede da Canção Nova em Cuiabá. Padre Paulo Ricardo era um dos sacerdotes que atendiam a comunidade. O Entrevistado "B" recordou que a presença dele já trazia um ar de suspense. Mais tarde, ao buscar orientação religiosa na juventude, o Entrevistado "B" teve seu primeiro contato pessoal com o Padre Paulo Ricardo.

> [...] ele tem uma característica que eu não sei se ele faz isso com todo mundo, mas ele troca contato, pede para você voltar, é muito inteligente, muito acolhedor, muito carinhoso, muito afetuoso. Dentro da experiência da confissão, eu posso dizer que foi determinante aí na minha opção de fé (informação verbal).[9]

No seminário, o Entrevistado "B" teve contato com ele novamente. Embora não fosse mais reitor do seminário, Padre Paulo Ricardo ainda era professor do SEDAC, onde os seminaristas estudavam.

> Ele, de certa forma, era aquele ícone. Quando Paulo entrava, subia a escadaria, o ar mudava. Ele era idolatrado com aquela batina [...]. E tudo que fosse relacionado à beleza no campo da Igreja, no campo intelectual, era muito ligado a ele ou parecido com ele (informação verbal).[10]

Em contraposição, existia outros ícones de linha teológica diferente, como o teólogo espanhol Padre Cobo. Entrevistado "B" relatou que o SEDAC vivia num dualismo, apesar de que o Padre Paulo Ricardo agregava a

9 Entrevista em profundidade com Entrevistado "B", concedida à pesquisa "Influenciadores Digitais Católicos" via WhatsApp em 25 de março de 2022.

10 *Idem*.

maior parte das pessoas, até que o afastaram da instituição. Houve comoção em relação à proibição. Entrevistado "B" lembrou que uma aluna estendeu um pano preto na arcada da faculdade em sinal de luto e seminaristas revoltados saíram do seminário ou mudaram de diocese.

Na visão do Entrevistado "B", o impedimento do Padre Paulo Ricardo de ensinar no SEDAC teve um efeito oposto ao esperado. Os cursos online criados por ele para continuar seu ensino alcançaram milhares de assinantes. Assim, ele passou a influenciar não só as novas gerações presbiterais cuiabanas, mas também vocações de todo o Brasil. Ao permanecer vigário da Paróquia Cristo Rei, próxima ao seminário, muitos seminaristas mantiveram o contato e continuaram fazendo direção espiritual com Padre Paulo Ricardo.

Entrevistado "B" contou que fazia direção espiritual, ao mesmo tempo, com Padre Paulo Ricardo e com Padre Cobo, para tentar compreender as visões distintas sobre um determinado assunto e encontrar o melhor discernimento para seus dilemas. Naquela época, era difícil escolher um lado e ele achava desnecessária a "guerra fria" (informação verbal)[11] que percebia dentro do clero cuiabano.

Entrevistado "B" esteve uma vez na casa de Paulo Ricardo. Na sua opinião, Padre Paulo Ricardo é uma pessoa simples e austera: no calor de Cuiabá, andava em um Fiat Uno sem ar-condicionado, e tinha umas cinco batinas que usava diariamente, confeccionadas com tecido italiano, mas que não inspiravam luxo. No quarto dele, sem ar-condicionado, havia uma cama de solteiro, uma mesa de estudo e alguns livros. Essa simplicidade chamava a atenção do Entrevistado "B" e de outros seminaristas. Em paradoxo com a imagem sacerdotal humilde e despojada que transmitia, o Entrevistado "B" notou em Paulo Ricardo uma obsessão por poder. Ele acredita que Padre Paulo Ricardo assumiu em seu discurso certas ideologias mais radicais e que estão em alta hoje na ala conservadora da Igreja e sociedade, sobretudo, como instrumento para ganhar influência e poder.

Tal percepção sobre a intencionalidade política do Padre Paulo Ricardo é compartilhada também pelo Entrevistado "A": "A cabeça do Paulo Ricardo

---

11 *Idem*.

é sempre assim: tomar o poder para conseguir mexer nas estruturas" (informação verbal). Por isso, desde sua juventude o sacerdote tinha o costume de se aproximar de pessoas com altos cargos eclesiais e políticos. "[...] sempre eu sentia nele esse objetivo de conhecer pessoas, de fazer alianças políticas, de conseguir mudar a orientação disso, a orientação daquilo" (informação verbal).[12]

Outra característica que o Entrevistado "B" recordou é que o Padre Paulo Ricardo era debochado com seminaristas que tinham o "estereótipo da libertação", ou seja, agia de maneira desdenhosa com aqueles que não se encaixavam no padrão que ele estabeleceu. "Sarcástico e inteligente, ele utiliza essa duplicidade emocional para envolver" (informação verbal).[13] Entrevistado "B" contou que tudo no Padre Paulo Ricardo era envolvente: a forma que celebrava a missa, a pregação, a fala, o olhar, um jeito provinciano característico em Cuiabá. Na visão do Entrevistado "B", Paulo Ricardo não é influenciado por outras pessoas, é ele quem influencia os demais.

Com personalidade forte e alta capacidade de persuasão, Padre Paulo Ricardo causou e ainda causa divisões no clero cuiabano. Segundo Queiroz (2021, p. 56), houve em 2012 um pedido para o seu afastamento do ministério sacerdotal, através de uma carta[14] assinada por dezenas de padres e bispos. Na carta, eles criticaram os discursos difamatórios e ofensivos do Padre Paulo Ricardo contra seus coirmãos de sacerdócio e solicitaram a proibição do exercício de qualquer função presbiteral e de ensino. Estas e outras acusações no âmbito eclesial levaram a Arquidiocese de Cuiabá a abrir investigações e tomar a decisão de retirá-lo dos cargos de reitor do seminário e de professor do SEDAC.

---

12 Entrevista em profundidade com Entrevistado "A", concedida à pesquisa "Influenciadores Digitais Católicos" em 25 de março de 2022 via Google Meet.

13 Entrevista em profundidade com Entrevistado "B", concedida à pesquisa "Influenciadores Digitais Católicos" via WhatsApp em 25 de março de 2022.

14 CARTA ABERTA DE PADRES E RELIGIOSOS DO MATO GROSSO. *IHU*, 10 mar. 2012. Disponível em: https://www.ihu.unisinos.br/categorias/172-noticias-2012/507325-padresereligiososdomatogrossopublicammanifesto.

6.2.1 Trajetória comunicativa

Padre Paulo Ricardo iniciou sua performance midiática na televisão com programas e pregações transmitidas pela TV Canção Nova, como o programa *Oitavo Dia*, produzido em 2007. Conhecido por sua eloquência, há mais de duas décadas ele participa de eventos e programas de rádio, TV e Web TV Canção Nova, tendo vídeos com mais de um milhão de visualizações.

Padre Paulo Ricardo criou seu projeto de produção de conteúdo para o público católico na internet a partir de 2006, desenvolvendo vídeos formativos sobre espiritualidade, teologia e devoções. Quando iniciou o projeto na internet, o Entrevistado "B" lembrou que alguns seminaristas o ajudavam a alimentar o site. Atualmente, as plataformas digitais do Padre Paulo Ricardo são produzidas por uma equipe de profissionais de assessoria, comunicação e marketing.

Em um post do Instagram do dia 29 de novembro de 2021, a equipe de Paulo Ricardo descreveu como surgiu a ideia de seu apostolado nas redes:

> Tudo começou como resposta a um apelo do Papa Bento XVI para que os sacerdotes se engajassem em um verdadeiro apostolado de evangelização na internet.
>
> A exortação tocou profundamente o Padre Paulo Ricardo. Em novembro de 2006, foi inaugurada a primeira versão do site. Na página inicial constava, em destaque, a passagem: "Eis que vos envio como ovelhas no meio de lobos" (Mt 10, 16).
>
> Nesses primórdios, nosso conteúdo consistia em um podcast, atualizado sem muita regularidade, um único curso — a versão antiga da "Terapia das Doenças Espirituais" —, alguns artigos esparsos e uma seção especial, "Amigos de Ratzinger", destinada a difundir o pensamento teológico do Papa Bento XVI.
>
> Mesmo em pouca quantidade e com qualidade ainda amadora, esses materiais trouxeram um ânimo renovado à fé de muitas pessoas que, de forma orgânica, compartilharam os arquivos. Com o tempo, nosso site foi se aperfeiçoando, nossa equipe crescendo e o número de nossos visitantes aumentando de modo significativo.

> Diante das dificuldades para a vida de fé que a modernidade nos impõe, como formador, Padre Paulo Ricardo sempre esteve convencido de que tanto os sacerdotes quanto leigos precisam passar por um processo de conversão. Para tornar isso possível, é necessário transmitir com fidelidade a doutrina católica de dois mil anos.
>
> É justamente esta a missão do nosso site. A cada dia, ensinamos nossos alunos a ter uma vida de oração, propiciando a formação de uma cultura verdadeiramente católica: aquela que forjará os santos de que nosso mundo precisa, em conformidade com a vida de Nosso Senhor Jesus Cristo! (PADRE PAULO RICARDO, 2021).[15]

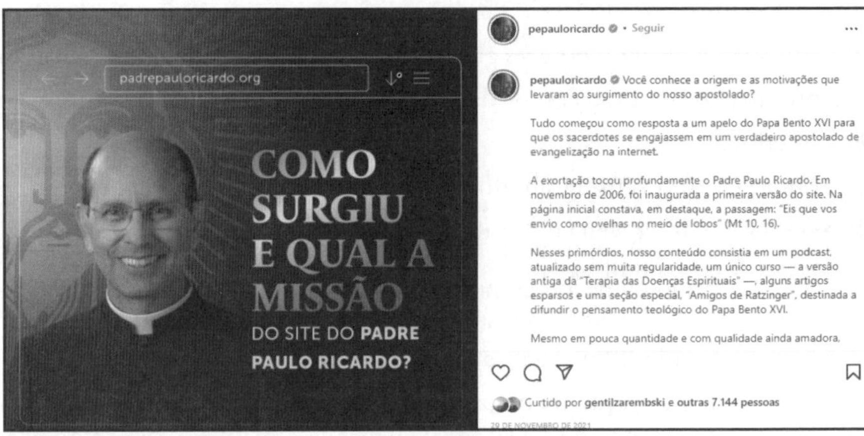

Figura 1 – Post no Instagram sobre a missão do site do Padre Paulo Ricardo.

A história da equipe e do "apostolado da internet" do Padre Paulo Ricardo é descrita de forma mais detalhada no próprio site.[16] Uma característica do perfil influenciador do Padre Paulo Ricardo é que ele começou a construir sua notoriedade e autoridade através do processo de celebrização da mídia

15 Disponível em: https://www.instagram.com/p/CW3-slMs8Bp/?igshid=MzRlODBiNWFlZA%3D%3D.

16 CHRISTO NIHIL PRAEPONERE. "Nossa Missão" (14 ago. 2021). Disponível em: https://padrepauloricardo.org/nossa-missao.

de massa e de ações no cenário político-eclesial, para depois migrar e se tornar uma personalidade digital. Dentre as classificações de influenciadores, ele se encaixa na categoria "influenciador de autoridade" (CAMARGO *et al.*, 2017, p. 105), pois é visto por seus seguidores como um *expert* em catolicismo, a figura estereotipada do "verdadeiro padre", com posicionamento e "cultura verdadeiramente católica".

Ocasionalmente, ele ainda aparece na mídia tradicional por meio de reprises e entrevistas, mas seu ponto forte é as plataformas digitais. Com uma equipe de dezenas de profissionais de comunicação, ele utiliza uma estratégia de marketing digital multiplataformas que busca convergir *leads* para o site, a fim de vender assinaturas de seus cursos.

6.2.1.1 Conteúdo

O conteúdo das redes do Padre Paulo Ricardo é majoritariamente impessoal. Sua comunicação tem caráter formativo, doutrinal, catequético e devocional. O seu infoproduto basilar está organizado em cursos pagos para formação teológica e espiritual, em formato de vídeo, tais como "Terapia das Doenças Espirituais", "Revolução e Marxismo Cultural", "Engenharia da Santidade", "Lutero e o Mundo Moderno", "O Segredo de Teresinha", "Demonologia", "Direção Espiritual" etc. Os conteúdos gratuitos, que a equipe denominou "programas", estão organizados no site e no YouTube em *playlists* como: "A Resposta Católica", "Conversas de Família", "Homilia Diária" e "Homilia Dominical".

Com conteúdo controverso e às vezes equivocado, Padre Paulo Ricardo já divulgou informações erradas em suas plataformas, como foi o caso ocorrido em 4 de janeiro de 2019. Nesta ocasião, ele afirmou num vídeo que as crianças na Suécia eram obrigadas a frequentar a escola com uniformes laranjas como parte de um projeto educacional de ideologia de gênero com a intenção de promover uma sexualidade neutra. No mesmo programa da TV Canção Nova, disse ainda que o país norte-europeu exilava as famílias que não obedecessem a essas normas escolares, enviando-as para ilhas do Atlântico Norte.

A Embaixada da Suécia, sediada em Brasília, se pronunciou a respeito, desmentindo tais afirmações, e esclareceu que não há obrigatoriedade do uniforme escolar no país, que os suecos prezam pela igualdade de direitos a toda e qualquer pessoa, e que o governo não intervém em decisões familiares e não é proprietário de ilhas no Atlântico Norte (GUERINI, 2019). Caso isolado de desinformação ou não, isso demonstra uma falta de cuidado com o conteúdo que comunica aos seus seguidores, o que causa desconfiança sobre a legitimidade e intencionalidade de seu discurso, já que ele é amparado por uma vasta equipe de profissionais de comunicação.

6.2.1.2 Plataformas

Com a estratégia multiplataformas, o conteúdo é distribuído na internet através do site oficial,[17] do canal do YouTube,[18] da página no Facebook,[19] e dos perfis no Instagram,[20] Twitter/X,[21] Spotify[22] e SoundCloud[23] que levam seu nome. Em 2022, o site do Padre Paulo Ricardo completou 16 anos.

O sacerdote também investiu na mídia impressa, tendo nove livros publicados. São eles: *A resposta católica* (AZEVEDO JÚNIOR, 2013); *Os mártires de hoje* (2013); *Cristologia e Soteriologia* (2011); *Teologia Fundamental I: Introdução à Teologia* (2010); *Teologia Fundamental II* (2010); *Trindade* (2010); *Vaticano II: ruptura ou continuidade?* (2009); *Um Olhar que Cura* (2008); *Uma Flor do Clero Cuiabano*: *biografia do Padre Armindo Maria de Oliveira, SDB (1882-1918)* (1999). A maioria das obras do Padre

---

17 Disponível em: https://padrepauloricardo.org/.

18 Disponível em: https://www.youtube.com/@padrepauloricardo.

19 Disponível em: https://www.facebook.com/padrepaulo.

20 Disponível em: https://www.instagram.com/pepauloricardo/.

21 Disponível em: https://twitter.com/padre_paulo.

22 Disponível em: https://open.spotify.com/show/4EcrNNMbSKc2P40TqqIRUM?-si=4EMheYU8RmCiUwGbBVPKlg&utm_source=whatsapp&nd=1.

23 Disponível em: https://soundcloud.com/padrepauloricardo.

Paulo Ricardo foram publicadas pela editora Ecclesiae. Esta editora pertence à empresa CEDET, que, segundo reportagem do site *The Intercept Brasil*, é vinculada a discípulos de Olavo de Carvalho e tem como principal objetivo promover a ascensão da extrema direita no Brasil, publicando obras de suas principais vozes e influenciadores (SAYURI, 2021).

6.2.2 Influência pública e política

Padre Paulo Ricardo desenvolveu uma ampla atuação pública na Igreja e sociedade, participando de eventos católicos da Arquidiocese de Cuiabá, nacionais e internacionais, como a Jornada Mundial da Juventude no Rio de Janeiro, em 2013. Além disso, já realizou conferências no cenário político brasileiro, como as suas falas no Senado, na Câmara dos Deputados e na Câmara Municipal de São Paulo.

Entrevistado "A" recordou que, entre 2006 e 2007, Padre Paulo Ricardo começou a falar sobre Olavo de Carvalho.[24] Em conversa privada, Paulo Ricardo o descreveu como um importante filósofo brasileiro que morava na Virgínia/EUA, discorria sobre Aristóteles e tinha uma ótima visão política, com a qual ele comungava. Na medida em que progredia o fechamento político de Paulo Ricardo, foi se consolidando o afastamento entre os dois amigos, ainda que tenham mantido uma relação de afeto e respeito recíproco (informação verbal).[25]

Como apoiador das ideias de Olavo de Carvalho e da performance política de Jair Bolsonaro, seus discursos são recheados de conteúdos da direita conservadora, como o tema do armamento (PY, 2021). Nessa perspectiva, ele palestrou na Câmara dos Deputados, a convite de Marco Feliciano, sobre temas como aborto, marxismo cultural, ideologia de gênero e Escola sem Partido (AZEVEDO JÚNIOR, 2013). Além destas temáticas, Paulo Ricardo

---

24 Olavo Luiz Pimentel de Carvalho foi colunista, escritor e influenciador digital polêmico, falecido em 24 de janeiro de 2022.

25 Entrevista em profundidade com Entrevistado "A", concedida à pesquisa "Influenciadores Digitais Católicos" em 25 de março de 2022 via Google Meet.

abordou em sua comunicação multimídia a ameaça comunista no Brasil, combatendo abertamente a Teologia da Libertação na Igreja Católica (AZEVEDO JÚNIOR, 2012).

A pesquisa de mestrado de Leonardo Gaspary Salles salienta que, a partir de 2012, discursos anticomunistas e teorias conspiratórias, que eram comunicadas aparentemente por uma "minoria anônima raivosa" e solitária, passaram a ser amplamente difundidos nas mídias digitais e tradicionais, mostrando grande influência na formação da mentalidade da nova direita, ou melhor, da "velha direita com *Wi-Fi*" (SALLES, 2017, p. 28-29).

Atualmente, a influência política do Padre Paulo Ricardo chama a atenção do STF, que passou a monitorar seu canal no Telegram em 23 de março de 2022, por ordem do ministro Alexandre de Moraes. O canal do Padre Paulo Ricardo é o 43º da lista de 100 canais mais visualizados no Telegram no Brasil (ACIDIGITAL, 2022).

6.2.3 Formação do perfil teológico e eclesial

Padre Paulo Ricardo representa a vertente do catolicismo conservador, marcado por uma teologia precedente ao Concílio Vaticano II e de posicionamento contrário à Teologia da Libertação e ao estilo missionário popular. É ícone, formador e influenciador de uma parcela da nova geração de padres, de caráter clericalista.

> [...] os "padres novos", alinhados à perspectiva "institucional/carismática", que toma distância da renovação do Vaticano II e da tradição eclesial libertadora. Este segmento do clero alimenta uma tendência mais vinculada à observância da disciplina, preocupada com a doutrina da Igreja, assim como a dar respostas às necessidades imediatas das pessoas. Está mais voltado para questões eclesiais, à retomada da centralidade da Igreja no mundo, e valoriza o papel e o poder dos presbíteros, enfim, os rituais e símbolos eclesiásticos (BRIGHENTI, 2021, p. 39).

Paulo Ricardo buscou construir esse perfil idealizado de presbítero desde o início de seu caminho vocacional. Um de seus colegas no Pontifício Colégio

Pio Brasileiro de Roma, Padre Cássio Murilo Dias da Silva,[26] lembrou que, sempre que havia visitas de bispos, Paulo Ricardo fazia questão de se relacionar e formar vínculos, especialmente com Dom Eugênio Sales: "[...] sempre falava do Dom Eugênio, que era um dos principais da ala conservadora contra a Teologia da Libertação" (informação verbal).[27] Assim, duas das amizades mais importantes para Paulo Ricardo neste tempo de estudos foram o cardeal do Rio de Janeiro, Dom Eugênio de Araújo Sales, e o cardeal Dom Lucas Moreira Neves, arcebispo de Salvador e primaz do Brasil na época.

Na "cidade eterna", ele também se conectou com presbíteros e comunidades que idealizavam uma igreja hierárquica superior ao estilo da nobreza medieval, com "uma imagem elevada de sacerdote que reza em latim, imposta a voz, canta gregoriano, e que deve corrigir o clero inferior que faz qualquer coisa, que tem cheiro de povo" (informação verbal).[28]

Embora tenha estudado na renomada Universidade Gregoriana, Paulo Ricardo não considera o ensino jesuíta totalmente fiel à ortodoxia da Igreja por ter como característica a abertura ao diálogo científico. Em documentário lançado pela produtora *Lumine*, ele questionou a formação recebida:

> Eu via que o instrumental que tinham me dado na Pontifícia Universidade Gregoriana de Roma não era suficiente para eu ser padre [...]. Se eu fui formado numa das melhores universidades do orbe católico e essa universidade não é capaz de fazer de mim um padre, então quer dizer que a universidade não serve para isso (AZEVEDO JÚNIOR, 2022, 10min48s-11min20s).[29]

---

26 Padre Cássio Murilo Dias da Silva é biblista e exegeta, com mestrado e doutorado pelo Pontifício Instituto Bíblico de Roma, Itália.

27 Entrevista em profundidade com Cássio Murilo Dias da Silva, concedida à pesquisa "Influenciadores Digitais Católicos" em 21 de março de 2022 via Google Meet.

28 Entrevista em profundidade com Josemar Maciel, concedida à pesquisa "Influenciadores Digitais Católicos" em 25 de março de 2022 via Google Meet.

29 "A Vida Interior: A Grande Vocação | Um documentário Lumine". Produtor: Matheus Bazzo. Porto Alegre: Lumine, YouTube, 21 set. 2022. Publicado pelo canal *Padre Paulo Ricardo*. Disponível em: https://www.youtube.com/watch?v=n5QaE1kuijw.

A partir deste ponto de vista, ele se orientava pela crença e concepção de um "supercatolicismo" ensinado no Pontifício Ateneu da Santa Cruz, e buscava referências na *Opus Dei* e nos Legionários de Cristo (informação verbal).[30] Com a crença de que as faculdades de Teologia esqueceram a Tradição da Igreja, Padre Paulo resolveu estudar os Santos Padres e Tomás de Aquino por conta própria e partilhar sua interpretação com quem se interessasse através de cursos e formações.

No clero de Cuiabá, existia uma polarização e tensão históricas anteriores ao Padre Paulo Ricardo. No entanto, ele intensificou a divisão entre os presbíteros. Entrevistado "A" contou que o clima era tão pesado dentro do clero que preferiu deixar o ministério sacerdotal no ano de 1999. Ele relatou que sua saída do sacerdócio teve parcial influência do Padre Paulo Ricardo, devido à sua atitude invasiva. Entrevistado "A" disse que sempre que algum amigo de Paulo Ricardo entrava em crise, ele se envolvia com toda a rede social da pessoa, tentando ajudá-la, mas, do jeito dele, acabava por pressionar demais, ameaçando com o inferno, entre outros discursos exaltados. Tal atitude contribuiu para vários vocacionados saírem do seminário ou mudarem de diocese. "Quando eu vi que ele tinha conversado com meus pais, com meus irmãos, e minha família é católica muito tradicional, eu falei: não dá certo isso. Ele cria uma pressão insuportável, muito incisivo o tempo todo" (informação verbal).[31]

Entrevistado "A" recordou que um marco de ruptura do Padre Paulo Ricardo com o clero cuiabano foi uma das primeiras participações dele no evento da RCC "Vinde e Vede", em 2012, no qual ele insuflou os fiéis a denunciarem os padres e bispos que não fossem tão piedosos, gerando grande comoção. Segue um trecho da palestra proferida por Padre Paulo neste evento:

> Vejam: Nossa Senhora está dizendo que a Igreja tá sofrendo um calvário. E por quê? Porque entrou dentro da Igreja o espírito do mundo. E entrou como? Entrou por causa de padre! Por causa de padre que não é padre! Por causa de padre que não

30 Entrevista em profundidade com Entrevistado "A", concedida à pesquisa "Influenciadores Digitais Católicos" em 25 de março de 2022 via Google Meet.

31 *Idem*.

> honra a batina porque, aliás, nem usa a batina! (aplausos) 'a fé se apagou em muitas delas.' [...] Tem padre que deixou de ter fé. É isso que Nossa Senhora tá dizendo (informação verbal).[32]

Nota-se que Paulo Ricardo não criou a divisão na Arquidiocese de Cuiabá entre conservadores e progressistas, mas ele capitalizou dificuldades já existentes. A carta dos 27 padres da Arquidiocese de Cuiabá reivindicando seu afastamento do ministério sacerdotal, na visão do Entrevistado "A", foi consequência de sua postura arrogante e autocrática: "Tem que ser o que ele quer, tem que ser o que ele pensa" (informação verbal).[33] A carta não trouxe resultado significativo, até surtiu efeito contrário, causando um movimento de pessoas em defesa do Padre Paulo Ricardo nas redes sociais, com xingamentos aos seus opositores.

No âmbito de influência eclesial, Entrevistado "A" destacou o envolvimento de Paulo Ricardo com o movimento da Renovação Carismática Católica (RCC). Quando se conheceram, ambos participavam da RCC recém-chegada em Cuiabá. Entrevistado "A" foi cativado pela oração, e Paulo Ricardo pelo potencial político do movimento e por seu aspecto comunicacional – isto é, pela oportunidade de levar o Evangelho a milhares de pessoas através dos meios de comunicação. "Todo esse envolvimento midiático do Padre Paulo Ricardo, com internet, redes sociais, tem a ver com um nome: Padre Jonas Abib"[34] (informação verbal).[35]

Como participante ativo do movimento da Renovação Carismática Católica, Entrevistado "A" identificou três ondas da RCC no Brasil. A primeira seria a mais ecumênica, com ênfase na oração ao Espírito Santo, ligada aos presbiterianos e a alguns jesuítas. A segunda onda seria marcada pela figura

32 CARTA ABERTA DE PADRES E RELIGIOSOS DO MATO GROSSO, *op. cit.*

33 Entrevista em profundidade com Entrevistado "A", concedida à pesquisa "Influenciadores Digitais Católicos" em 25 de março de 2022 via Google Meet.

34 Padre Jonas Abib foi presbítero salesiano fundador da Comunidade e Rede de Comunicação Canção Nova, um dos precursores da RCC no Brasil.

35 Entrevista em profundidade com Entrevistado "A", concedida à pesquisa "Influenciadores Digitais Católicos" em 25 de março de 2022 via Google Meet.

do Padre Jonas Abib e pela criação de comunidades sustentadas por doações. A terceira onda teria sido aberta pelo Padre Paulo Ricardo e se caracterizaria pelo conservadorismo e clericalismo.

A antropóloga e socióloga da religião Brenda Carranza também distingue três fases da RCC no catolicismo brasileiro. A primeira fase é caracterizada pela propagação da espiritualidade do movimento que gerou comunidades e grupos de oração em todo o território nacional, os quais, "a partir da classe média, irrigam silenciosamente o tecido social do catolicismo de massa em tempos de crise da Teologia da Libertação" (CARRANZA, 2008, p. 103).

No segundo momento, o movimento passou por uma sistematização do carisma e as manifestações livres deram lugar a práticas organizadas e roteirizadas, como homilias, pregações e ritos litúrgicos. Neste cenário, houve uma valorização dos ministérios ordenados, do aspecto institucional e doutrinário da fé e do Espírito Santo como fonte de empoderamento espiritual. Carranza ressaltou que o processo de clericalização e institucionalização do movimento causou diminuição de suas manifestações públicas, perda de seu caráter ecumênico originário, e aumento do discurso proselitista e doutrinário.

> As duas primeiras fases correspondem à fase de fundação. A terceira, ao catolicismo midiático, que representa o retorno ao catolicismo das multidões (registrado em meados do século passado), desta vez concentrado na sociedade do espetáculo que ajuda a visualizar a Igreja (CARRANZA, 2008, p. 104).

Carranza observou que a Renovação Carismática foi acolhida na Igreja Católica desde Paulo VI, sobretudo pelo potencial de atrair as pessoas novamente à instituição. O movimento encontrou afinidade no estilo eclesial e comunicativo de João Paulo II, que incentivava o uso das mídias para evangelizar, florescendo ainda mais.

Entrevistado "B" acredita que o grande sucesso do Padre Paulo Ricardo se baseia, em certa medida, no fracasso de uma Teologia da Libertação que não se abriu aos novos contextos e culturas contemporâneas e que aos poucos foi perdendo espaço. Em Cuiabá, ele relata que as CEBs e pastorais juvenis foram desaparecendo, pois não se adaptaram nem traduziram sua mensagem às novas linguagens e realidades. Então, na percepção do Entrevistado "B", Paulo Ricardo foi conquistando espaço nessas brechas.

Padre Érico Hammes,[36] que conheceu Paulo Ricardo durante seus estudos em Roma, assinalou um problema eclesiológico no seu ensino, incompatível com o catolicismo atual:

> Embora se remeta e faça referência ao Vaticano II, sua leitura do Vaticano II é seletiva, pegando só o conservador presente. Mas nega os avanços que estão ali presentes, as verdadeiras contribuições do Vaticano II. Pois o Vaticano II é um *aggiornamento*, foi feito para atualizar e não apenas manter (informação verbal).[37]

Além do reducionismo do Vaticano II, Hammes apontou que a dificuldade não está no seu conhecimento teológico ou linha conservadora, mas sim em sua personalidade fechada, com uma crescente intolerância a outras formas de pensar e ser Igreja. Embora não seja o influenciador católico com maior número de seguidores nas redes sociais, Padre Paulo Ricardo de Azevedo Júnior é um dos comunicadores com maior nível de influência na extensa vertente do catolicismo conservador e carismático brasileiro. Bispos, professores e formadores dos presbíteros expressam profunda preocupação sobre o poder de influência de Paulo Ricardo, especialmente nas vocações sacerdotais das últimas duas décadas.

6.3 Características do conteúdo multiplataformas

Após descrever a trajetória de vida do Padre Paulo Ricardo, sob o aspecto eclesial, comunicativo e político, para assim entendermos quem ele é e como construiu sua imagem pública e influência, esta seção enfoca a análise de sua comunicação digital. Antes de entrarmos no estudo dos vídeos selecionados, apresentamos uma visão geral da comunicação multiplataformas

---

36 Érico João Hammes é sacerdote da Diocese de Santa Cruz do Sul, teólogo sistemático e professor sênior da PUC-PR. Pesquisa especialmente a Cristologia da Paz.

37 Entrevista em profundidade com Érico João Hammes, concedida à pesquisa "Influenciadores Digitais Católicos" em 13 de março de 2022 via WhatsApp.

do Padre Paulo Ricardo, sinalizando elementos que constituem sua *brand persona*:[38] performance; estilo; linguagem; tom de voz; cores; temas abordados; e periodicidade. Para isso, observou-se, em 2021 e 2022, publicações em suas principais redes sociais: YouTube, Instagram e Facebook.

6.3.1 Performance

O vídeo é a principal linguagem e forma de persuasão comunicativa do Padre Paulo Ricardo. Através do conteúdo audiovisual, ele se tornou conhecido primeiramente no meio televisivo e posteriormente nas plataformas da internet.

Em suas redes sociais, o tom de voz impessoal na legenda das postagens torna evidente que não é ele quem comunica, com a linguagem em terceira pessoa demonstrando que é uma equipe quem produz o conteúdo. As publicações nas mídias sociais têm caráter comercial para venda de cursos, superando o padrão estratégico de marketing de conteúdo que geralmente segue a regra 80/20, isto é, 80% conteúdo, 20% chamada para ação. Mesmo em conteúdos variados, a legenda sempre chama para ação, especialmente para inscrição nos cursos. Além do tráfego orgânico, adota-se uma estratégia de tráfego pago na divulgação de cursos e promoções para alavancar as vendas.

A periodicidade das postagens varia de acordo com a plataforma. No Instagram, são em média três postagens por dia, com mínimo de duas publicações e máximo de quatro conteúdos publicados no mesmo dia. A página no Facebook tem uma média de dez postagens diárias, sendo 80% de conteúdo de interesse do público e 20% de propaganda ou chamada para ação. Com menos frequência, a proporção diária de conteúdo e de propaganda é de 90% e 10%, respectivamente. Já no YouTube, o mínimo de publicações é de dois vídeos por dia: a "Homilia Diária", que é um podcast apenas com uma imagem de capa que varia conforme o assunto, mas que

---

38 *Brand persona* consiste na construção de uma personalidade de marca que representa os valores da pessoa ou instituição atribuída, composta pela escolha de tom de voz, estilo e expressões linguísticas, a fim de melhor se relacionar com seu público.

segue o mesmo padrão estético e tipográfico; e o "Terço Ao Vivo", às 18 horas, que inicia com uma saudação gravada do Padre Paulo Ricardo e segue com a oração do terço em áudio com imagens bíblicas estáticas, claramente gravada e passada no horário determinado como se fosse a transmissão de um acontecimento em tempo real. Outros conteúdos formativos em vídeos gravados ou aulas ao vivo são lançados ao longo da semana.

Na caracterização de sua *brand persona* nos vídeos, a equipe busca transmitir uma aura de professor em Paulo Ricardo, desenvolvendo o imaginário de um estudioso cercado por livros e de sacerdote tradicional que usa batina. O chá que ele toma durante as videoaulas quebra um pouco do ar sério, austero e sombrio que carrega, trazendo proximidade e serenidade. Assim, o público sente como se estivesse na sala de uma casa paroquial antiga e de arquitetura europeia, tomando um chá e escutando os ensinamentos do Padre Paulo Ricardo.

6.3.2 Estética

A estética característica do design do site, das capas, imagens dos perfis e artes das postagens nas plataformas digitais é chamativa, dramática e com toque sensacionalista. A predominância de fundo escuro preto ou azul, com detalhes em amarelo dourado, simboliza tradição, nobreza, conservadorismo, austeridade e riqueza. A equipe profissional de Paulo Ricardo coloca detalhes em verde para promoções e em vermelho para chamadas mais sensacionalistas. Vários elementos em cor vermelha, como imagens de sangue e coração, tanto para temas como o mal e os demônios, quanto para temas teológicos como a Paixão de Cristo e datas litúrgicas, combinados com o fundo escuro, criam um clima sombrio em ambos os casos. Outros detalhes simbólicos tanto nos cenários quanto nas artes gráficas remetem ao período medieval, aos palácios e igrejas europeias. Os elementos estéticos empregados merecem um estudo mais detalhado e aprofundado. A breve observação aqui exposta apenas contribui para a construção de um panorama comunicativo geral.

6.3.3 Temas

Padre Paulo Ricardo aborda diversos temas dentro da tradição e espiritualidade católica, que ele define como verdades da fé, método baseado na teologia moral manualística. Seu discurso é carregado de conservadorismo católico (QUEIROZ, 2021), tornando-se ícone e representante da visão, imagem, valores, causas e argumentos do catolicismo conservador brasileiro. O conteúdo de maior sucesso em suas plataformas, que constitui a maior porcentagem de sua produção, volta-se ao ensino de orações, devoções, profecias e aparições, especialmente marianas: rosário; relatos das aparições de Nossa Senhora; os segredos de Fátima; e profecias de aparições no Brasil e em outros lugares do mundo.

Embora não seja o tema de maior receptividade entre seus seguidores, Padre Paulo Ricardo busca enfatizar no seu discurso a relação entre fé e política, fazendo ligações entre acontecimentos da história política nacional e mundial com eventos eclesiais e espirituais. Por isso, constata-se que a temática política é um dos temas mais relevantes do conteúdo de Paulo Ricardo e que aparece, implícita ou explicitamente, em praticamente todos os vídeos dele.

Existem vídeos em que Padre Paulo Ricardo traz ideias ligando monarquia, família imperial portuguesa e vocação divina do Brasil (AZEVEDO JÚNIOR, 2021).[39] Outras produções relacionam o conservadorismo cristão com posicionamentos políticos de direita. Embora Paulo Ricardo negue o desejo de instaurar uma ditadura católica de direita, essas elocubrações dão a entender que ele, além do posicionamento político de direita conservadora, sonha com a volta de uma monarquia católica e instiga seus seguidores a simpatizarem com o sistema monárquico e a se mobilizarem para que mudanças políticas ocorram nessa linha (AZEVEDO JÚNIOR, 2021).[40]

---

39 AZEVEDO JÚNIOR, Paulo Ricardo de. "Estas coisas provam a vocação divina do Brasil!". YouTube, 23 ago. 2021. Publicado pelo canal *Padre Paulo Ricardo*. Disponível em: https://www.youtube.com/watch?v=kX04qpBX5Vg.

40 *Idem*, "Quando teremos um rei católico no Brasil?". YouTube, 22 jun. 2022. Publicado pelo canal *Padre Paulo Ricardo*. Disponível em: https://www.youtube.com/watch?v=iSWg3a0KE6g.

Existem vídeos de Paulo Ricardo espalhados em diversos outros canais, seja criados por seguidores ou até mesmo de veículos de comunicação, em que ele se encontra no papel de apresentador do programa, palestrante ou entrevistado, como encontramos nos canais da Canção Nova e de rádios locais. Alguns destes vídeos não oficiais tiveram grande impacto em momentos cruciais da política brasileira. É o caso de um vídeo que viralizou na web, em que Padre Paulo Ricardo se pronuncia sobre o atentado contra Bolsonaro em uma comunidade.[41]

Outros temas que chamaram a atenção de pesquisadores (QUEIROZ, 2021; PY, 2021; SILVEIRA, 2022) são: as pregações contra o aborto e contra o desarmamento, inclusive fazendo comparações entre ambos em alguns vídeos; a luta contra o "marxismo cultural", o feminismo e a "ideologia de gênero"; o descaso com a situação da pandemia; e o descrédito das políticas de prevenção da COVID-19, tratadas como histeria coletiva. Enfim, assuntos que fazem parte do pacote argumentativo da "guerra cultural" e suas disputas morais.

Além de citações do Código de Direito Canônico e do Catecismo da Igreja Católica, as principais argumentações para os posicionamentos do Padre Paulo Ricardo são baseadas em: revelações privadas,[42] tais como interpretações de mensagens proferidas em aparições de Nossa Senhora; opiniões de padres exorcistas, muitas vezes sem citar o nome do sacerdote ou a fonte da qual retirou o relato; interpretações pessoais sobre, por exemplo, a vocação divina do Brasil, como uma espécie de nacionalismo religioso que idealiza o Brasil como uma terra prometida, escolhida e "abençoada por Deus", Terra de Santa Cruz; e exaltações à família real portuguesa por ter dado a identidade católica ao Brasil.

---

41 O trecho do vídeo está disponível em: "Padre Paulo Ricardo se pronuncia sobre atentado contra Bolsonaro e vídeo viraliza na web". YouTube, 11 set. 2018. Publicado pelo canal *Folha Política*. Disponível em: https://www.youtube.com/watch?v=q-vNe82soUEE&ab_channel=FolhaPol%C3%ADtica

42 Embora possam enriquecer a vivência da piedade popular, as chamadas "revelações privadas ou particulares" não pertencem ao depósito da fé (CIC, n. 67). Isto quer dizer que o fiel é livre para acreditar nelas ou não. Já a Palavra de Deus escrita ou transmitida na Tradição é considerada revelação pública e ensinamento oficial da Igreja Católica.

Tais conteúdos, alguns interpretativos e opinativos, são apresentados aos seus seguidores como argumentos teológicos e fontes da verdade e da tradição católica. Além de não serem fontes primárias do depósito da fé, certas interpretações conduzem seus interlocutores a um fechamento do horizonte de diálogo e mesmo da relação com pessoas que pensam diferente, fomentando o isolamento em bolhas sociais. Após um breve olhar pela comunicação digital do Padre Paulo Ricardo, passa-se para a análise do conteúdo de uma pequena amostra de seus vídeos.

6.4 Análise de conteúdo

6.4.1 Construção do *corpus*: critérios de escolha dos vídeos

Segundo pesquisa do *Reuters Institute* (2022), os brasileiros se informam mais pelo YouTube do que pelo WhatsApp.[43] A escolha pela plataforma do YouTube como objeto de análise se justifica por ser o canal de maior engajamento e número de visualizações dos vídeos do Padre Paulo Ricardo.

O seu canal no YouTube foi observado entre os anos de 2021 e 2022. Os critérios de seleção dos 12 vídeos que fazem parte do *corpus* de análise foram o número de visualizações, o engajamento e a relevância de conteúdo para os objetivos da pesquisa, sendo dois do ano de 2022 e dez da *playlist* dos vídeos de maior sucesso. Não seguimos o período cronológico, visto que, na plataforma do YouTube, um vídeo antigo pode estar nos destaques e aparecer no *feed* como sugestão da mesma forma que um vídeo mais recente. Utilizou-se ainda o critério de relevância dos vídeos pelos eixos da pesquisa – comunicacional, sociopolítico e teológico-eclesial –, bem como a observação dos temas mais recorrentes. Assim, apresenta-se na tabela abaixo as seguintes informações dos vídeos escolhidos para compor o *corpus* de análise: Temática; Título do Vídeo; Descrição; Duração; e URL.

---

43 NEWMAN, Nic; FLETCHER, Richard *et al.* "Reuters Institute Digital News Report 2022". Oxford, UK: Reuters Institute; University of Oxford, 2022. Disponível em: https://reutersinstitute.politics.ox.ac.uk/sites/default/files/2022-06/Digital_News-Report_2022.pdf.

Tema Recorrente	Título do Vídeo	Descrição	Duração	URL
Beatos e Santos	Carlo Acutis e a mensagem de Fátima	Conta um pouco da história de vida e fé do Beato Carlo Acutis.	56:12	https://www.youtube.com/watch?v=HngMJCQOY_c
	Padre Pio e Lutero	A aula reflete a respeito do papel providencial do Padre Pio no resgate da fé e da doutrina sobre o sacerdócio.	52:43	https://www.youtube.com/watch?v=o0ue9MBDjGM
Devoções e Aparições Marianas	O alerta de Maria para o Brasil	Nesta edição do programa "Parresía", Padre Paulo Ricardo recorda o que Nossa Senhora das Graças teria dito em sua aparição no Sítio da Guarda, em Pesqueira, Pernambuco. Histórias de aparições de Nossa Senhora no Brasil. Questões políticas.	09:31	https://www.youtube.com/watch?v=Rv2SiX1O3ZM
	Aprenda a rezar o Terço	Na conclusão do mês de outubro, dedicado ao Rosário de Nossa Senhora, Padre Paulo Ricardo ensina a rezar a oração do Terço.	1:04:46	https://www.youtube.com/watch?v=fSIr2iftPUo
Formação Humana / Espiritual	Doenças Espirituais: o que são e como combatê-las?	Gravação da aula ao vivo sobre as doenças espirituais e o caminho para combatê-las.	52:57	https://www.youtube.com/watch?v=aWYGUPDse-g&t=1336s
	Lua de Sangue: Padre Paulo Ricardo fala sobre o Apocalipse!	Nesta aula, Padre Paulo Ricardo mostra como um fenômeno astronômico pode servir de lembrete para as lutas que devemos travar diariamente. Preparação para o combate espiritual e para viver perseguições.	56:24	https://www.youtube.com/watch?v=Ldskl2PFIRA
	É por isso que sua vida não muda!	Padre Paulo Ricardo quer ensinar nesta aula como progredir na vida.	50:51	https://www.youtube.com/watch?v=meHbg7zNXOc
	É por isso que sua oração não funciona...	Nesta aula, Padre Paulo Ricardo quer ensinar a rezar, levando em conta não um método ou uma espiritualidade específica, mas a simples natureza humana com que fomos criados por Deus.	55:34	https://www.youtube.com/watch?v=fbj7svowhQc&t=370s

Fé e Política	63 - "O mínimo que você precisa saber para não ser um idiota"	Apresenta o livro e pensamento de Olavo de Carvalho.	57:23	https://www.youtube.com/watch?v=FCgZjtUxDvM
	"A Rússia espalhará os seus erros pelo mundo": aula sobre Fátima e o Comunismo	O vídeo recorda mais um aniversário da primeira aparição de Nossa Senhora em Fátima, Portugal. Interpreta a profecia de Maria, que teria dito: "A Rússia espalhará os seus erros pelo mundo, promovendo guerras e perseguições à Igreja". Relaciona Rússia e comunismo.	1:00:07	https://www.youtube.com/watch?v=GaJcVEz_4EE&t=842s
	01 - Marxismo Cultural e Revolução Cultural: Visão Histórica	Este é um dos vídeos de uma série de palestras que busca compilar de forma sistemática o tema do "Marxismo Cultural", o qual se encontra difuso em diversos vídeos e palestras no site oficial do Padre Paulo Ricardo. O intuito é apresentar a Revolução Cultural dentro da Igreja Católica, assim como as raízes da Teologia da Libertação e de sua atuação dentro dela.	59:30	https://www.youtube.com/watch?v=FJi7CugwzVw
Anjos	Como me relacionar com o meu anjo da guarda?	O vídeo ensina como nos relacionarmos com os anjos da guarda no dia a dia.	08:19	https://www.youtube.com/watch?v=-qLzpi094HfA

Optou-se por não se informar na tabela o número de visualizações e comentários devido à constante mudança desses dados, embora tenham influenciado na escolha dos vídeos. Definido o *corpus* de pesquisa, passamos para a descrição de cada vídeo selecionado.

6.4.2 Descrição dos vídeos analisados

6.4.2.1 Vídeo de 04/01/2012 – Marxismo Cultural e Revolução Cultural: Visão Histórica

Este é o primeiro vídeo da série de conferências sobre o que Padre Paulo Ricardo chama de "Revolução Cultural dentro da Igreja".[44] A proposta, apresentada por ele no vídeo, é fazer um estudo sistemático das raízes da Teologia da Libertação e da sua atuação dentro da Igreja Católica. "Olhar para a Revolução dentro da Igreja é olhar de que forma o pensamento revolucionário está influenciando a nossa forma de pensar a teologia, pensar Deus, pensar a Igreja, pensar o sacerdócio" (01min25s-01min40s).

Ele inicia seu raciocínio com argumentos filosóficos. Segundo Paulo Ricardo, a queda do muro de Berlim pareceu a vitória do capitalismo e dos valores tradicionais do ocidente sobre o comunismo, como uma vitória conjunta de dois homens: o presidente do Estados Unidos na época, Ronald Reagan, e o Papa João Paulo II. Paulo Ricardo alega que a derrota do comunismo foi uma estratégia comunista: "Os próprios comunistas já previam que seria necessário promover uma aparente morte do comunismo para que o espírito e o ideal comunista se alastrassem no ocidente" (08min06s-08min27s). Ele diz que os comunistas haviam percebido há décadas que não era pela via militar que alcançariam seus objetivos, mas sim pela via cultural.

Ele explica que Marx colocou em prática o pensamento de Hegel: "Existe criatividade no mal, existe vitalidade no mal. Você dê asas à maldade e vai acontecer algo de bom" (15min45s-15min58s). Ele chama Hegel de "Satanás" e considera Marx simplesmente como seu secretário, passando da teoria hegeliana para a práxis marxista: "Trazer abaixo a ordem irá produzir uma ordem superior. Este é o princípio que vocês não devem se esquecer, porque ele

---

44 AZEVEDO JÚNIOR, Paulo Ricardo de. "01 - Marxismo Cultural e Revolução Cultural: Visão Histórica". YouTube, 04 jan. 2012. Publicado pelo canal *Padre Paulo Ricardo*. Disponível em: https://www.youtube.com/watch?v=FJi7CugwzVw. Este vídeo apresentou 612 mil visualizações até o dia 25 de março de 2023.

governa a vida de muitos sacerdotes e, permita-me dizer, até mesmo bispos" (16min28s-16min53s).

Paulo Ricardo define que sua missão é "colocar notas de rodapé naquilo que todo mundo faz automaticamente sem saber de onde vem" (17min02s--17min12s). De forma direta e com toques de ironia, ele deixa clara a sua intenção de influência:

> Estou aqui [...] porque eu tenho uma opinião. Eu estou muito convencido de que esta opinião é o caminho correto. Eu admiravelmente estou sempre de acordo comigo [risos]. Gostaria de ensinar vocês e gostaria que você estivesse de acordo comigo. Mas eu não vou lavar a sua cabeça, entende isso. Você será livre. Evidente que eu quero mudar sua cabeça. Então, cuidado. Eu vim aqui para mudar sua cabeça. Eu vim aqui para convencer você. Mas, ao mesmo tempo, eu gostaria que você entendesse que você sempre será colocado diante de dois caminhos que você deverá escolher. Você é livre (19min35s-20min37s).

Ele contesta a incoerência de alguns tolerarem uma "missa de zumbi" e condenarem o rito litúrgico de Pio V. "Julgue uma pessoa olhando para o que ela combate" (20min40s-20min50s). Explica que a máxima de Marx – "A religião é o ópio do povo" – mostrava que Marx já havia entendido a importância da cultura para a transformação do pensamento das pessoas. E conta que, mais tarde, quem elaborou essa ideia teoricamente foram os filósofos Georg Lukács e Antonio Gramsci. Paulo Ricardo afirma que, para os marxistas culturais, a ética judaico-cristã, a filosofia grega e o direito romano são um veneno que aliena as pessoas e impede a revolução dos trabalhadores. Por isso, Gramsci defendia a implosão dessas colunas discretamente e gradualmente.[45]

Paulo Ricardo relata também como se iniciou o regime soviético na Rússia, diz que havia um clima de terror especialmente na época de Stalin, e afirma que existe algo de satânico nesse tipo de pensamento: "Odeie e virá

---

45 Ao todo, são quatro vídeos que compõem a série. No segundo, ele conecta capitalismo, cristianismo e civilização ocidental, e continua falando dos três pilares desta última: Jerusalém, Roma e Atenas (isto é, a ética judaico-cristã, o direito romano e a filosofia grega).

o bem, mate e virá a vida, crie o caos e virá a ordem" (44min48s-45min08s). Ele denuncia a lógica contraditória marxista: "Uma coisa é o que o marxismo cultural alardeia, outra coisa é o que ele realmente faz" (49min43s-49min50s).

Padre Paulo Ricardo acusa o marxismo de ter como meta acabar com a família, pois ela significa a perpetuação da propriedade privada para os herdeiros. Ele alega que a defesa comunista pelos direitos de pessoas LGBTQIA+ é uma jogada para destruir a instituição familiar. E aponta para a incoerência desse posicionamento, afirmando que não houve outro regime que tenha matado tantas destas pessoas como o comunista.

Ele conclui dizendo que o movimento do marxismo cultural parte da intenção de Marx de implantar uma sociedade nova, um paraíso terrestre pelos meios culturais. Alerta para que seus seguidores tomem cuidado quando escutarem a respeito de *inculturação*, que seria na verdade uma *aculturação*.

Diante de tal discurso, identificamos que o objetivo desta série de vídeos é denunciar a Teologia da Libertação, ligando essa corrente teológica com o marxismo e o comunismo, que são ideologias incompatíveis com o cristianismo. Consequentemente, Padre Paulo Ricardo planta a desconfiança nos trabalhos teológicos e pastorais realizados na América Latina e no Brasil a favor do desenvolvimento humano, evangelização inculturada e luta contra a desigualdade social, como se todos tivessem caráter marxista e conspiratório.

No segundo vídeo da série, ele insinua que as ideias são armas do demônio, então os católicos não deveriam se abrir a novas ideias. Logo, não devem estar abertos ao diálogo, à escuta, mas sim devem defender a Verdade até mesmo da própria Igreja se for preciso. Assim, Padre Paulo Ricardo estimula o combate a qualquer ideia diferente das que ele mesmo anuncia.

Nesta série de conferências de 2012, época em que seu canal tinha apenas dois anos de existência, ele mostra que tem conhecimento sobre a comunicação em rede, além de estratégias e paciência para fazer sua "reforma da Igreja". Expressa ainda que deseja fazer a Igreja do Brasil "retornar às suas fontes", no sentido de querer retomar uma eclesiologia pré-conciliar. Como viver o caminho sinodal e dialógico, proposto pela Igreja na atualidade, nesta mentalidade eclesiológica?

6.4.2.2 Vídeo de 07/11/2012 – Doenças Espirituais: o que são e como combatê-las

Esta videoaula trata de forma geral do que Padre Paulo Ricardo chama de "doenças espirituais", comparando problemas espirituais a enfermidades.[46] Ele se baseia na literatura espiritual dos padres do deserto, que diziam que havia oito demônios ou espíritos que tentavam o ser humano em ações específicas, gerando uma tendência a certo pecado. Para Paulo Ricardo, o pecado é uma invenção angélica, é criação de um anjo, Satanás. Ele fala também da luta espiritual contra o demônio. "A vida espiritual nossa é um combate, é uma luta e nós perdemos essa tradição. [...] Nós estamos nesse mundo numa luta, [...] a nossa luta não é contra carne, contra o sangue, mas é contra os espíritos espalhados pelos ares" (05min15s-05min35s).

Ele alerta as pessoas a não ficarem paranoicas e temerosas, vendo demônios em tudo. Paulo Ricardo explica que Deus não permitiria tentações maiores do que a sua graça que nos sustenta. Ele ensina também que o pecado não é trabalho do corpo, mas da alma. É a alma que peca pelo pensamento, e o corpo pode até corroborar. Ele conta que existem três realidades: o demônio; as tendências vindas do pecado original; e a realidade dos seus próprios pecados. Existem também quatro fazes da ação do demônio que nos leva ao pecado: a sugestão no pensamento; nosso diálogo com a tentação; o consentimento (o ato em si); e o vício moral (o hábito de cometer determinado pecado). Estes pensamentos maus, doenças espirituais ou paixões desordenadas são chamadas de pecados capitais porque geram um pecado: "[...] pecado capital é uma tendência, [...] provém do pecado e conduz ao pecado" (23min49s-24min10s).

Depois ele começa a ler Jo (2,15-16) no grego original e a explicar seu significado. Em seguida, fala das três grandes libidos: *libido amandi* é a libido

46 AZEVEDO JÚNIOR, Paulo Ricardo de. "Doenças Espirituais: o que são e como combatê-las?". YouTube, 07 nov. 2012. Publicado pelo canal *Padre Paulo Ricardo*. Disponível em: https://www.youtube.com/watch?v=aWYGUPDse-g&t=1546s. Este vídeo apresentou 951 mil visualizações até o dia 25 de março de 2023.

erótica; *libido possidendi* é a libido da avareza; e *libido dominandi* é a libido do orgulho. Paulo Ricardo ensina que, para combater essas três tendências, deve-se buscar a vivência dos três conselhos evangélicos: castidade, pobreza e obediência. Após o intervalo, ele foca em explicar estes conselhos.

Retomando o tema das enfermidades espirituais, ele afirma que existe um caráter idolátrico nas doenças espirituais, isto é, que existe algo ou alguém que está no lugar de Deus.

> Quando você tem um problema de castidade, você está colocando pessoas no lugar de Deus, e concretamente também está colocando o prazer no lugar de Deus. Depois, quando você tem problema de avareza, você está colocando coisas no lugar de Deus, ou seja, o ter no lugar de Deus. E, finalmente, quando você tem um problema de soberba ou de vaidade, você está colocando a você mesmo no lugar de Deus, ou seja, o poder no lugar de Deus (36min17s-36min58s).

Isso se resume nas três concupiscências: ter, prazer e poder. Depois, ele passa a responder às perguntas dos espectadores da transmissão ao vivo.

No final, Paulo Ricardo chama para ação os seus alunos, para que estes convidem outras pessoas a assistirem à próxima aula, a fim de que conheçam o site, apresentando-o como um importante apostolado. Ele pede ainda aos seus seguidores que orem pelo seu aniversário, que se aproximava – naquele ano de 2012, ele completou “45 anos de sem-vergonhice” (50min45s). Neste vídeo, o Padre Paulo Ricardo abordou temas clássicos da teologia espiritual, como: pecado; anjos e demônios; conselhos evangélicos; e a espiritualidade dos padres do deserto. A videoaula teve um cunho mais catequético espiritual, ressaltando especialmente o lado negativo do *eros*. Além disso, enfatizou o combate espiritual e a luta diária contra o demônio, tema recorrente em seus vídeos.

6.4.2.3 Vídeo de 12/09/2013 – O mínimo que você precisa saber para não ser um idiota

Neste vídeo, Paulo Ricardo apresenta, comenta e elogia o livro *O mínimo que você precisa saber para não ser um idiota*, que tinha sido recém-lançado na época por Olavo de Carvalho.[47]

> Eu faço questão de apresentar esse livro aqui para o público do meu site, porque eu gostaria realmente que o público que está acostumado a acessar o site *padrepauloricardo.org* realmente conhecesse e se tornasse, digamos assim, seguidores assíduos daquilo que é o pensamento do filósofo Olavo de Carvalho (02min30s-02min58s).

Ele faz propaganda da obra, dizendo que a mesma traz informações verdadeiras, e apresenta Olavo de Carvalho como autêntico filósofo e professor.

> Trata-se de um homem que tem um pensamento filosófico próprio, um homem que reflete e filosofa e que nos faz refletir. [...] esta é a grande qualidade de ser este homem que busca a verdade. E busca a verdade eu diria até de forma cruel, ou seja, com aquela sinceridade selvagem de quem não tem medo daquilo que irá encontrar no fim da sua investigação (03min08s-03min40s).

Paulo Ricardo declara que sua vida intelectual se divide em antes e depois de ter conhecido a obra de Olavo de Carvalho – pois, através da leitura de seus escritos, a partir de 2002, ele começou a descobrir o "mundo real". Padre Paulo Ricardo conta que o livro é uma compilação de artigos de Olavo de Carvalho que estão disponíveis gratuitamente na internet. Esse trabalho de curadoria foi feito por outro olavista, Felipe Moura Brasil, que também é elogiado por Paulo Ricardo. Ele também indica a leitura da recensão ao livro, feita por Reinaldo Azevedo e publicada na revista *Veja* e no blog pessoal do jornalista.

---

47 *Idem*, "O mínimo que você precisa saber para não ser um idiota". YouTube, 12 set. 2013. Publicado pelo canal *Padre Paulo Ricardo*. Disponível em: https://www.youtube.com/watch?v=FCgZjtUxDvM&t=179s. Este vídeo apresentou 1.011.739 visualizações até o dia 25 de março de 2023.

"Os artigos do professor Olavo são de uma lucidez extraordinária, e ele coloca, com antecipação de 10, 15, 20 anos, aquilo que hoje talvez nós já estejamos enxergando" (22min16s-22min37s). Paulo Ricardo chama Olavo de Carvalho de "profeta" por ele ter mostrado previamente que rumo a sociedade tomaria e por ele denunciar sem medo a realidade: "Esta vontade séria, virtuosa, de expor a verdade doa a quem doer, com uma honestidade que só pode fazer bem à alma, só pode fazer bem às pessoas" (24min02s-24min22s).

Depois da apresentação geral da obra, Paulo Ricardo foca a reflexão no tema "Os histéricos no poder", que está no livro de Olavo de Carvalho (2013, p. 96). Paulo Ricardo acusa as pessoas de esquerda de não saberem debater de forma séria e honesta porque estariam "doentes de histeria". Para explicar tal afirmação, ele cita a obra de Carvalho: "O histérico não sente o que percebe, mas o que imagina" (2013, p. 98). Paulo Ricardo chama tais pessoas de "histéricas" e "bitoladas" pois:

> As pessoas vão se alimentando mutuamente com aquela linguagem que parece ser realidade. O histérico começa a ter a impressão de que aquilo é o mundo real, porque todo mundo está dizendo a mesma coisa. [...] E aí acontece esse fenômeno de as pessoas não terem a capacidade de um verdadeiro diálogo, de uma verdadeira busca da verdade (29min20s-29min38s).

Neste vídeo transmitido ao vivo, Paulo Ricardo comenta que estão chegando contestações sobre o motivo de ele estar divulgando um livro de Olavo de Carvalho. Ele rebate dizendo que tais pessoas não têm contato com o mundo real e nem pensam por si mesmas, que apenas estão reproduzindo o pensamento de seu grupo, sendo contrárias a Olavo porque não são capazes de entendê-lo. Paulo Ricardo defende Olavo de Carvalho do seu próprio público e faz uma crítica ao ensino de muitas escolas católicas:

> Eu entregaria os meus sobrinhos para serem educados pelo professor Olavo de Carvalho, com os palavrões que fossem. E não os entregaria a muitos colégios religiosos católicos deste país, aliás, a maioria deles. [...] Por quê? Eles aprenderiam a verdade com o professor Olavo. [...] nesses colégios religiosos católicos, eles aprenderiam simplesmente uma mentalidade revolucionária que os tiraria da realidade e da fé católica (32min56s-33min44s).

Pelo fato de os comentários do vídeo estarem desativados, supõe-se que havia muitas críticas a Olavo de Carvalho e ao próprio Padre Paulo Ricardo. Isso explicaria as fortes declarações dele em defesa do amigo, com uma fidelidade ferrenha, atacando até mesmo seus seguidores tradicionalistas que não são olavistas:

> As pessoas não entendem o que é um filósofo. Eu não estou aqui indicando para que vocês procurem o professor Olavo de Carvalho, para que ele ensine a vocês o Catecismo da Igreja Católica. Não, eu estou indicando o professor Olavo para que ele ensine vocês a pensar (35min30s-36min04s).

Paulo Ricardo conta que foi aluno de Olavo de Carvalho, descrevendo-o como uma pessoa de envergadura moral extraordinária. Argumenta que ele não está canonizando Olavo de Carvalho: "Eu estou simplesmente dizendo que, se você quiser aprender a pensar e se você quiser saber o que está acontecendo na realidade do mundo, aprenda com ele" (40min29s-40min42s). Paulo Ricardo continua o vídeo hostilizando parte de seu próprio público, como se fossem pessoas incapazes de pensar somente porque não concordam com Olavo de Carvalho. "Eu estou falando e você não é capaz de me ouvir. Você só é capaz de ouvir os seus cacoetes mentais. Essa é a grande dificuldade que eu tenho encontrado nos últimos tempos na internet" (41min20s-41min38s). Ele vai até o final do vídeo ofendendo os seus seguidores críticos a Olavo, chamando-os de "bitolados", "infantis", "fracos" e "preconceituosos", e expressando sua devoção a Olavo: "Não cesso de agradecer a Deus por ter encontrado este homem na minha vida. Rezo por ele todos os dias e agradeço a Deus todos os dias pelo magistério, no sentido de professor, não magistério eclesial, do Olavo de Carvalho" (45min20s-45min48s).

Na perspectiva da cultura dos influenciadores, todo esse vídeo se caracterizaria como uma grande publicidade que obteve resultados significativos: mais de um milhão de visualizações. Assim, percebemos que Padre Paulo Ricardo segue à risca as estratégias de um influenciador digital, não apenas promovendo seus cursos, mas também publicizando outros produtos e pessoas. Possivelmente ele não recebeu dinheiro para tal propaganda. No entanto, faz uma notável permuta de visualização de público. Ou seja, Paulo Ricardo divulga Olavo de Carvalho para seu público e, em contrapartida, é divulgado para os seguidores de Olavo. Um ponto de destaque para a análise geral de sua influência é o tema da verdade, que aparece neste vídeo sobre Olavo de Carvalho e em muitos outros de seu repertório. A busca pela verdade é uma categoria central no conteúdo de Paulo Ricardo e uma das principais chaves hermenêuticas de seu pensamento.

6.4.2.4 Vídeo de 11/11/2013 – O Alerta de Maria para o Brasil

Este é o vídeo que obteve o maior número de visualizações do canal até o momento.[48] Ele relaciona o devocionismo popular mariano com a conjuntura política brasileira. Segundo Padre Paulo Ricardo, nós estaríamos vivendo "[...] um Brasil cada vez mais tomado pelo ideal do comunismo, do marxismo, porque foi exatamente aquilo que Nossa Senhora previu" (38s).

Ele conta a história de uma aparição de Nossa Senhora no agreste brasileiro para duas meninas – uma delas se tornou consagrada, a Irmã Adélia. Relata ainda diversos detalhes das manifestações, como o sinal de uma fonte de água que poderia curar quem cresse. O principal ponto que Padre Paulo Ricardo destacou da história é que Nossa Senhora teria dito às videntes que a razão de sua aparição naquele local era avisar que haverá três castigos para o Brasil. Ela teria alertado que o comunismo tomará conta do Brasil, exceto no interior, e que haverá uma guerra civil, quase como a Guerra Civil espanhola, em que muitos padres e bispos morrerão. Para que isso não ocorra, é preciso que os fiéis façam oração e penitência. Relata ainda que Nossa Senhora espera devoção a ela, intitulada de Nossa Senhora das Graças, e ao Sagrado Coração de Jesus.

> Está em nossas mãos, claro. Nós temos toda a movimentação política, o conhecimento, engajamento social, tudo isso é necessário para evitar que o nosso país penetre cada vez mais

48 *Idem*, "O Alerta de Maria para o Brasil". YouTube, 11 nov. 2013. Publicado pelo canal *Padre Paulo Ricardo*. Disponível em: https://www.youtube.com/watch?v=Rv2SiX1O3ZM. Este vídeo apresentou 6.155.038 visualizações até o dia 25 de março de 2023.

> nessa mentalidade comunista. No entanto, nós sabemos que só isso não basta. Nós precisamos acreditar na graça de Deus, na intercessão da Virgem Maria. É isso que ela nos pede, ou, de forma muito simples, que nós tenhamos devoção a ela e ao Sagrado Coração de Jesus. Façamos oração e penitência. Quanta coisa poderia ser evitada se nós ouvirmos um apelo de nossa Mãe. Vamos ouvir (08min34s-09min17s).

Na profecia apocalíptica que narra, Padre Paulo Ricardo demonstra maior preocupação pelo clero. A história reforça a postura de um catolicismo austero e devocional, que os fiéis devem manter, e a ojeriza quanto a tudo que cheirar a comunismo como o pior que pode acontecer. Além de abordar o tema do combate espiritual através de oração e penitência, como em outros vídeos, ele incita seus seguidores a se engajarem na política, a fim de evitar essa tomada de poder comunista.

6.4.2.5 Vídeo de 26/01/2015 – Como me relacionar com o meu anjo da guarda?

Como o título desse vídeo já diz, Paulo Ricardo explica e sugere ações para seus espectadores se relacionarem com seus anjos da guarda.[49] A primeira ação seria saudar e falar com o anjo da guarda já ao se levantar de manhã, fazendo uma oração e invocando sua proteção para o dia, assim como também à noite ao deitar-se. Ele sugere ainda que se cultive uma relação com os anjos da guarda de outras pessoas, para assim ajudar no relacionamento com elas e reverenciar estes seres que veem Deus face a face.

De acordo com Padre Paulo Ricardo, não somente as pessoas têm anjos da guarda, como também as paróquias, instituições, dioceses e países. Ele também conta que os anjos podem ouvir os nossos pensamentos, mas os demônios não. E conclui com a sugestão de que devemos imitar o anjo da guarda e sermos anjos da guarda para outras pessoas. "Fazer de tudo para

---

49 *Idem*, "Como me relacionar com o meu anjo da guarda?". YouTube, 26 jan. 2015. Publicado pelo canal *Padre Paulo Ricardo*. Disponível em: https://www.youtube.com/watch?v=qLzpi094HfA. Este vídeo apresentou 1.232.668 visualizações até o dia 25 de março de 2023.

que elas cheguem no céu, e assim estaremos imitando os nossos anjos e sendo verdadeiros guardiões dos nossos irmãos e irmãs, para que um dia juntos possamos, no céu, ver a face de Deus" (07min54s-08min13s).

Este vídeo tem caráter mais formativo e catequético a respeito dos anjos da guarda, de acordo com tradições devocionais católicas e experiências particulares. Está no *corpus* de pesquisa devido ao grande número de visualizações que tem e pelo tema dos anjos ser recorrente em seus vídeos e cursos, assim como nos de outros influenciadores de nicho devocional/espiritual. O sucesso de visualizações demonstra que existe um público brasileiro com grande interesse em angelologia, não apenas católicos. Portanto, presume-se que Padre Paulo Ricardo trabalhe a temática dos anjos pela alta demanda de um nicho de público que o segue, gerando visibilidade, fazendo com que o algoritmo distribua mais o seu conteúdo, e, assim, atraindo seus seguidores para outros temas mais nevrálgicos. Além disso, a relação com os anjos parece ser uma crença e experiência que Paulo Ricardo almeja testemunhar. Portanto, ele utiliza a estratégia do marketing de conteúdo ao tocar na devoção popular aos anjos, conduzindo seu público a chegar aos conteúdos que ele intenciona.

6.4.2.6 Vídeo de 07/11/2016 – Aprenda a rezar o Terço

Neste vídeo, Padre Paulo Ricardo reflete sobre uma das principais temáticas que ele aborda em seus cursos: a oração (especificamente, a oração mariana do rosário).[50] Ele inicia seu argumento sobre a importância do Rosário contando que diversos papas insistiram em aconselhar o hábito de rezá-lo. Paulo Ricardo explica que o rosário é como um pulso, um impulso espiritual para a santificação. Em seguida, explica que a Ave Maria é uma oração oriunda de trechos do Evangelho, como a saudação do Anjo à Maria (Lc 1,28) e a saudação de Isabel à Maria (Lc 1,42). Padre Paulo Ricardo vai

50 *Idem*, "Aprenda a rezar o Terço". YouTube, 07 nov. 2016. Publicado pelo canal *Padre Paulo Ricardo*. Disponível em: https://www.youtube.com/watch?v=fSIr2iftPUo. Este vídeo apresentou 1.466.347 visualizações até o dia 25 de março de 2023.

utilizando a literatura dos santos a respeito do Rosário para explicar como essa oração foi sendo elaborada e aprimorada ao longo dos séculos pela contribuição de várias pessoas até chegar na oração que temos hoje.

Ele considera o Rosário uma escola de meditação dos principais mistérios da vida de Cristo. Inclusive João Paulo II acrescentou os mistérios luminosos como sugestão na meditação do Rosário. Paulo Ricardo explica que a Ave Maria serve como música de fundo para se contemplar o mistério, auxiliando a pessoa a se recolher em oração. Ele dá exemplos de como o Rosário pode ajudar a concentração na meditação e ser um momento de oração autêntica.

Na segunda parte do vídeo, Padre Paulo Ricardo foca na prática da oração do Rosário. Fala de como esta meditação foi importante para o combate das heresias dos cátaros, pois reflete sobre todo o Novo Testamento, especialmente os mistérios da encarnação e redenção. Explica ainda detalhes dessa oração tradicional, como as cláusulas do Rosário que ajudam a lembrar o mistério sobre o qual se está meditando. E ele recorda de seu tempo de padre jovem, quando, numa paróquia alemã em que ele estava trabalhando, viu o povo rezar o Rosário com as cláusulas, como uma tradição oracional do catolicismo alemão, e achou interessante.

Padre Paulo Ricardo define o Rosário como uma leitura orante do Evangelho. Depois dessas dicas e comentários, ele convida os espectadores a meditarem juntos um mistério do Rosário. Assim, Paulo Ricardo puxa a oração da dezena do terço e sua equipe de produção completa a oração.[51] Depois dela, ele pega uma caneca e toma um chá, o que dá um ar natural e próximo, como se o público estivesse sentado na sala de sua casa. Finaliza com mais algumas sugestões e responde perguntas do público.

Este vídeo é um dos mais visualizados do canal. Portanto, é o tipo de conteúdo que atrai o seu público, majoritariamente católico, fazendo com que o sigam. Padre Paulo Ricardo utiliza sua experiência e conhecimento sobre oração, base da caminhada cristã, como um instrumento de influência. Nota-se

---

51 É interessante tal participação porque sua equipe nunca aparece nem interage: geralmente, os vídeos mostram apenas Padre Paulo Ricardo, dando a impressão de ele estar sozinho naquela sala. Entretanto, neste vídeo soam vozes de outras pessoas que também estão no local.

que, para seus seguidores, ele é um ícone como formador teológico e espiritual ideal, ensinando elementos da tradição e devoção popular. Com isso, ele constrói credibilidade e autoridade na sua comunidade de fãs.

6.4.2.7 Vídeo de 23/05/2018 – "A Rússia espalhará os seus erros pelo mundo": aula sobre Fátima e o Comunismo

No dia de Nossa Senhora de Fátima, 13 de maio, Padre Paulo Ricardo faz uma aula ao vivo de uma hora, na qual ele interpreta uma das mensagens da Virgem de Fátima como um alerta para o perigo do comunismo.[52] Ele explica que a mensagem de Fátima dizia que estaríamos diante de tempos catastróficos (profetizando a Primeira e Segunda Guerras Mundiais) caso o povo não se convertesse. "Nessa mensagem, ela deixou bem claro que, se essas coisas não mudassem, se não houvesse penitência, oração, se não houvesse a consagração da Rússia e assim por diante, a Rússia espalharia pelo mundo os seus erros" (02min31s-02min51s).

Ele aborda o tema com serenidade, sem pressa, com tom de voz calmo e semblante tranquilo na maior parte do vídeo. Também recorda a aparição mariana na Diocese de Pesqueira, a qual também teria previsto uma ditadura comunista no Brasil.

> Nossa Senhora é consistente, né. Meninas do sertão de Pernambuco, que não tinham uma mínima noção do que fosse essa realidade do comunismo, respondiam ali, transmitiam as respostas de Nossa Senhora ao padre, que falava em latim e alemão com Nossa Senhora, e que foi recordando aquelas verdades de Fátima, mas agora aplicadas ao Brasil, dizendo que o comunismo poderia entrar no nosso país (04min34s-05min17s).

Padre Paulo Ricardo explica o porquê de Nossa Senhora ser "anticomunista". Ele afirma a incompatibilidade do marxismo, comunismo e socialismo

---

52 AZEVEDO JÚNIOR, Paulo Ricardo de. "'A Rússia espalhará os seus erros pelo mundo': aula sobre Fátima e o Comunismo". YouTube, 23 mai. 2018. Publicado pelo canal *Padre Paulo Ricardo*. Disponível em: https://www.youtube.com/watch?v=GaJc-VEz_4EE. Este vídeo apresentou 999.481 visualizações até o dia 25 de março de 2023.

com o cristianismo. Argumenta que onde esses regimes tomaram o poder houve corrupção, mentiras, atrocidades, violência e fome. E ele ratifica que esses regimes ideológicos chegam ao poder pela propaganda de que farão justiça e extinguirão a pobreza, mas fazem o bem só para si mesmos. "Me diga onde está o país onde o comunismo foi implantado real e verdadeiramente e não houve ditadura, crimes, mortandades e corrupção" (10min04s-10min18s).

Ele cita a Encíclica *Quadragésimo Anno*, pontuando que Pio XI afirma que "católico" e "socialista" são termos contraditórios. Paulo Ricardo conta que "estava se delineando em 1931 um socialismo que viria pela educação, que seria amigo de nossas crianças para aliciá-las e formar o homem socialista" (14min58s-15min23s). Paulo Ricardo acredita que a cultura comunista ensinada e difundida nas instituições de ensino é mais perigosa do que uma ditadura e conflito armado. Ele critica o ensino brasileiro que, público ou privado, incorporou e dissemina o marxismo cultural. Argumentando em defesa da ação caritativa da Igreja e contra o marxismo, critica o Programa Bolsa Família, iniciado no Governo Lula:

> A Igreja Católica, que tem milhares de hospitais, orfanatos, asilos de velhos, casas de beneficência de acolhimento, e fazendas de recuperação no mundo inteiro. Milhões de pessoas são beneficiadas pela caridade da Santa Igreja, movidas pelo amor de nosso senhor Jesus Cristo. Mas é claro, você é esperto. Desculpa, esqueci que você é crítico marxista. Você é esperto, você vê que a gente faz tudo isso para manter o sistema. Porque aí, se a gente faz o bem para os pobres, a gente os impede de se revoltarem. [...] *Mas aí, quando você faz isso, comprando a nação inteira com bolsa família, aí pode, agora é bom.* [...] O comunismo não resiste à sua própria crítica (21min51s-23min12s; grifo nosso).

Essa crítica é relevante em seu contexto, pois 2018 foi ano de eleição presidencial e maio já era período de pré-campanha. Outra observação importante é que esta videoaula voltou a ganhar visibilidade em 2022 por duas razões políticas: a guerra da Rússia contra a Ucrânia e as novas eleições presidenciais no Brasil. Segundo Paulo Ricardo, o catolicismo acredita que existe uma verdade; já o marxismo, não, há apenas interesses.

> [...] vocês querem pegar os nossos filhos na escola para ensinar que verdade não existe. E não existe método mais interessante para fazer isso do que, por exemplo, mexer com a identidade deles, fazer com que nossos filhos fiquem cada vez mais confusos e não enxerguem mais nem mesmo quem eles são [...] Meu corpo me diz que eu sou homem, mas eu não posso mais acreditar naquilo que eu tô vendo (24min48s-25min21s).

Paulo Ricardo condena o socialismo educacional e a ideologia de gênero. Como já apontado antes, ele indica uma incoerência no engajamento comunista com a questão de gênero. Enquanto não houver uma condenação dos crimes cometidos contra homossexuais em ditaduras comunistas, Padre Paulo Ricardo não acreditará na defesa comunista de pessoas LGBTQIA+: "[...] enquanto você não fizer isto, o que você está fazendo é simplesmente pervertendo, mudando na cabeça de nossas crianças a convicção de que a verdade existe, para ensinar que a verdade é simplesmente um jogo de interesses" (26min43s-27min).

Nesta parte do vídeo, Paulo Ricardo exalta mais a voz, em tom de indignação. Ele ridiculariza o pensamento crítico e ofende os acadêmicos brasileiros: "Agora, você estupidamente acha que no Brasil vai ser diferente. E os caras se acham universitários. Vai nos diretórios acadêmicos da universidade. Os caras se acham críticos. 'Olha, eu sou inteligente.' Macaquinho treinado você é, cara" (28min21s-28min38s). Paulo Ricardo diz que os comunistas ficam com raiva dele por ele esclarecer isso e que o acusam de manipulação.

> [...] esses seguidores do Padre Paulo Ricardo são fanáticos, ele faz a cabeça. Eu não faço a cabeça de ninguém, gente. Sabe o que é que eu faço? Eu faço a pessoa experimentar a verdade. Aí eles experimentam a verdade, caem as escamas dos olhos. Pronto, tá livre. Não vai me seguir, vai seguir a verdade (29min08s-29min28s).

Paulo Ricardo diz que não busca seguidores, mas sim alunos para ensiná-los a "verdade". Fala também sobre Antonio Gramsci. Diz que os comunistas não têm inteligência. Continua alertando para o perigo do comunismo que quer aliciar as crianças, o risco da escola integral: "[...] os pais ficam aliviados, [...] graças a Deus escola integral, [...] eu tô entregando meus filhos para a escola, eles vão ser alguém no futuro. Claro, vão ser tudo comunista e maconheiro" (35min50s-36min07s). Ele afirma ainda que há teólogos marxistas que questionam e negam os dogmas, e pergunta o que eles estão ganhando com isso.

Depois de um breve intervalo, ele passa a responder dúvidas de pessoas que estão acompanhando a transmissão ao vivo. A primeira questão foi: "Até onde um grupo católico formado por leigos pode chegar no campo político sem que se instrumentalize a Igreja, como faz a Teologia da Libertação?".

Ele responde que a Igreja não tem candidatos e que as pessoas devem se organizar como cidadãos sem usar o nome dela. Na sua opinião, os cristãos têm a tarefa de conscientizar as pessoas e de fazer com que elas se engajem politicamente.

Segunda questão do público: "Como devemos nos portar diante de nossos pastores que claramente e assumidamente são marxistas?". Paulo Ricardo responde que há uma receita para isso, que é necessário investir na formação para que as pessoas conheçam a verdade. "Eu sou um pouco contrário a essas curas homeopáticas, [...] ou seja, usar a luta de classes para tirar o comunismo da Igreja. Porque, quando você começa a fazer luta de classe dentro da própria Igreja, você divide a Igreja" (44min10s-44min32s).

Terceira questão: "De que modo posso ajudar uma pessoa a enxergar a verdade?". Padre Paulo Ricardo sintetiza a resposta: "Fazendo a experiência do ser" (46min52s-47min04s).

Quarta questão: "Como evitar que o conservadorismo se torne uma Teologia da Libertação de direita? Tenho receio de que novos conservadores reproduzam os erros da esquerda ainda que com boas intenções". Paulo Ricardo nega a intenção de motivar uma ditadura católica de direita. O que ele quer é "fortalecer as nossas instituições para que elas garantam nossas liberdades democráticas. [...] Portanto, que haja debate sincero de busca da verdade e do bem comum" (47min58s-48min16s). Paulo Ricardo diz que o sistema político brasileiro propicia a ascensão de figuras radicais e ditatoriais, seja de direita ou de esquerda. "Quanto mais lento, calmo e metódico for esse extremista, mais ele terá sucesso". Ele faz a comparação com a rã colocada numa panela de água fria, que vai aquecendo e cozinhando lentamente sem a rã perceber, e que assim seriam os brasileiros que vão sendo convencidos lentamente de uma ideologia.

Quinta questão: "Existe já outra linha de ataque dos socialistas comunistas sem ser no campo da educação?". Padre Paulo Ricardo responde que existem diferentes abordagens, mas que no fundo tudo isso é o que ele chama de marxismo cultural. "O marxismo não é bem uma filosofia. Ele é uma doença filosófica, ou seja, é um vírus que impede a pessoa de buscar a verdade, onde o que ela busca é somente a questão dos interesses" (51min54s-52min10s).

Sexto tópico: "[...] muitos sacerdotes católicos defendem posturas e atitudes socialistas sobre argumentos de que Cristo tinha preferência pelos pobres" (54min47s-55min). Paulo Ricardo responde ao comentário dizendo que acredita na boa intenção da preferência pelos pobres, mas que, quando tal preferência significa na verdade a luta de classes, pode cair na implantação de uma ditadura socialista. Para mostrar que a pobreza é um caminho de santidade tradicional na Igreja, ele traz o exemplo de São João Maria Vianney, que no dia a dia usava uma batina velha e surrada, mas que para celebrar a missa usava paramentos finos confeccionados em Paris. Com isso, ele quer apontar a incoerência de que hoje existem sacerdotes que usam "trapos" para subir no altar e saem da igreja com carros de luxo.

Para concluir, ele retoma a mensagem principal de Fátima. Fala que não cabe a ele ou aos demais fiéis debater sobre a consagração da Rússia. O que Maria pede a cada um é que se faça penitência, oração e conversão.

Este vídeo é um dos mais importantes do *corpus* da análise, pois toca em temas centrais trabalhados nos vídeos e cursos de Paulo Ricardo: devoções a aparições marianas; engajamento político; combate ao comunismo, socialismo e marxismo cultural; e combate à Teologia da Libertação e à ideologia de gênero. Nele, Paulo Ricardo expressa que sua intenção não é dividir a Igreja, mas sim conscientizar e levar à verdade, trazendo mais uma vez a questão da verdade em seu discurso. As perguntas apresentadas pelos espectadores da transmissão demonstram um perfil bem constituído de público: católicos conservadores que veem a Teologia da Libertação, a ideologia de gênero, a esquerda política e o marxismo como uma ameaça à fé católica e ao Brasil.

6.4.2.8 Vídeo de 01/08/2018 – Lua de Sangue: Padre Paulo Ricardo fala sobre o Apocalipse!

Padre Paulo Ricardo inicia respondendo ao questionamento de muitos alunos sobre o tema escolhido para esta videoaula, pois existem várias interpretações erradas sobre o Apocalipse.[53] Ele tranquiliza os seguidores, dizendo que não fará uma abordagem sensacionalista, que será um caminho seguro de reflexão.

Seu primeiro ponto é: o Apocalipse é um livro das Sagradas Escrituras e toda Sagrada Escritura é boa. Padre Paulo Ricardo diz que os exegetas atuais exageram na interpretação do Apocalipse de duas maneiras. Primeiro, eles o interpretam como uma arqueologia, uma linguagem alegórica, algo acontecido no passado. Compara-os com os intérpretes da mensagem de Fátima, que também acreditam que as profecias já aconteceram. Paulo Ricardo acredita que a mensagem diz respeito a acontecimentos ainda futuros. A segunda maneira é ver o Apocalipse como um futuro que se pode prever com datas e personagens.

> [...] o Apocalipse, ele é uma revelação divina que quer nos dar o sentido de toda a história cristã, e que, portanto, fala do futuro, prevê coisas realmente verdadeiras [...] que irão acontecer, mas não com aquela abundância de detalhes que a nossa curiosidade gostaria (07min40s-08min09s).

Padre Paulo Ricardo explica a razão pela qual há pessoas que não entendem o Apocalipse. São João conta neste livro sete visões diferentes que relatam a história da humanidade.

> A lógica geral do Apocalipse é o seguinte. Não é contar sete vezes a mesma coisa do mesmo jeito não. A primeira visão não entra na conta. É contar seis vezes o sentido da história da humanidade, acrescentando detalhes e informações que não tinha na narrativa anterior (15min40s-16min10s).

---

53 *Idem*, "Lua de Sangue: Padre Paulo Ricardo fala sobre o Apocalipse!". YouTube, 01 ago. 2018. Publicado pelo canal *Padre Paulo Ricardo*. Disponível em: https://www.youtube.com/watch?v=Ldskl2PFIRA&t=360s. Este vídeo apresentou 879.940 visualizações até o dia 25 de março de 2023.

Padre Paulo Ricardo escolheu tratar desta simbologia do Apocalipse pelo fato de que havia ocorrido por volta daqueles dias o maior eclipse lunar do século XXI, que faz a lua ficar com aparência avermelhada – por isso, chamado de "Lua de Sangue". A notícia deste fenômeno astronômico fez Padre Paulo recordar da passagem de Apocalipse 6,12 – a qual descreve que a lua se tornaria vermelha como sangue. Após meditar sobre isso, ele resolveu partilhar suas reflexões por meio desse vídeo.

Paulo Ricardo explica que a importância de se refletir sobre o Apocalipse não é tentar saber quando as provações e o Juízo irão acontecer: "Não sei se vai acontecer no nosso tempo. Pode ser daqui a cem anos, pode ser daqui a mil anos [...]. Mas o que interessa não é quando vai acontecer, mas o que vai acontecer e a gente tirar a lição [...]" (28min05s-28min27s).

Ele interpreta a lua de sangue como uma representação dos sofrimentos que a Igreja terá até a vinda de Cristo. Padre Paulo afirma que muitos destes sofrimentos já estão acontecendo, como a perseguição e o martírio dos cristãos em várias partes do mundo, mas que vão piorar ainda mais. Ele explica que o martírio não precisa ser literal, uma grande morte violenta publicada em jornal. "Às vezes, o martírio é uma situação que você está vivendo na sua casa" (35min45s-35min52s).

Paulo Ricardo tenta explicar algumas das simbologias presentes na narrativa do Apocalipse, como o significado dos 144 mil justos que serão salvos. Em sua interpretação, esse número representa os justos do Antigo Testamento. Na linguagem metafórica, eles "lavaram suas vestes e as alvejaram no sangue do cordeiro" – o sangue do cordeiro é símbolo da caridade ardente. Como ele seleciona elementos soltos para poder explicar, seu discurso não está didaticamente organizado, o que torna confuso seu entendimento. Depois de várias elocubrações abstratas, Paulo Ricardo retoma o objetivo desta reflexão: "[...] estou fazendo esse programa por uma única razão e uma única esperança: que, ao invés de ficar pegando o Apocalipse para saber as cenas dos próximos capítulos, [...] você pegue o Apocalipse e veja a sua história e o que você precisa fazer" (44min50s-45min23s).

Aqui, ele chama seus seguidores para ação:

> Se os mundanos estão organizados num grande movimento fazendo o terremoto, e se muitas pessoas que nós achamos que eram astros luminosos estão caindo por terra, como figos verdes, existe uma multidão que ninguém pode contar: são os que vêm da grande tribulação e que alvejaram suas vestes no sangue do cordeiro (45min42s-46min23s).

Nesse momento, Padre Paulo Ricardo se emociona e continua sua fala, sorrindo com os olhos umedecidos, dirigindo-se aos seus espectadores: "É a sua vocação [...] se unir ao Cristo na cruz". Segue novamente com o semblante sereno, afirmando que temos uma missão. Ele compara a Babilônia ao império mundano que se opõe ao cristianismo e prevê que irá cair de repente, assim como a queda do Império Romano. "Enquanto o Império Romano ia apodrecendo, os cristãos iam evangelizando por baixo. Quando o negócio caiu, os cristãos estavam lá" (48min40s-48min56s).

Para Paulo Ricardo, a razão de ser da Bíblia inteira é essa união esponsal da alma com Deus. "Quando a humanidade está unida com Jesus, ou isso é o céu ou isso é a sétima morada" (49min25s-49min37s). Ele sugere que a transmissão no dia anterior foi ação do demônio para impedi-lo de dizer estas coisas para as pessoas. Entretanto, depois se retrata esclarecendo que não está afirmando isso, mas sim apenas refletindo sobre os sinais e o que ele quer nos ensinar com essas pequenas tribulações. Afirma que no fim dos tempos todos viverão a "Grande Tribulação" e muitos perderão a fé. Por fim, traz palavras de ânimo e de esperança e dá uma bênção.

Neste vídeo, Paulo Ricardo tenta dar uma aula sobre o Apocalipse, utilizando linguagem abstrata e interpretações bem próprias. Isso tornou o conteúdo de difícil compreensão. Um aspecto recorrente é sua visão dicotômica: os mundanos e os santos; luta entre o bem e o mal. Ele coloca o Apocalipse como uma prefiguração do futuro, prevendo grandes tribulações. Transmite, assim, medo e preocupação para seu público, ainda que no final tente tranquilizá-lo.

6.4.2.9 Vídeo de 13/05/2019 – Carlo Acutis e a mensagem de Fátima

Na transmissão ao vivo no dia de Nossa Senhora de Fátima, Padre Paulo Ricardo aborda a mensagem dela através da história de vida do devoto e jovem beato Carlo Acutis.[54] Ele conta que Carlo Acutis nasceu em Londres no dia 3 de maio de 1991. Ele foi criado em Milão numa família com boas condições financeiras, mas com pouca prática de fé católica. Nesse ambiente não tão religioso, Carlo foi crescendo. "Mas a providência divina mandou uma babá [...] polonesa chamada Beata, [...] que começou a ensinar Carlo as coisas de Deus. E cedo, com 3 ou 4 anos de idade, ele começou a demonstrar um interesse enorme pelas coisas de Deus" (08min13s-08min42s).

Padre Paulo Ricardo descreve a progressiva caminhada de fé de Carlo, destacando pessoas e acontecimentos importantes. Carlo recebeu a Primeira Comunhão aos sete anos de idade. O funcionário indiano que levava Carlo na missa quando a família não podia, vendo o amor de Carlo pela Eucaristia, se converte ao catolicismo e pede para ser batizado. Padre Paulo Ricardo descreve a espiritualidade de Carlo como cristocêntrica e mariana, pois ele participava da missa e rezava o terço todos os dias, além de realizar adoração eucarística e confissão frequentemente. Fala que Carlo via a internet como instrumento de evangelização, e que, por isso, ele produziu um vídeo sobre a Eucaristia e ajudou a montar sites de paróquias.

Aos 12 anos, Carlo começou a trabalhar numa mostra dos milagres eucarísticos, e levou quatro anos coletando materiais, fazendo os pais viajarem para vários lugares para ele tirar fotos e pesquisar sobre os milagres. Carlo conhecia e buscava viver a mensagem de Fátima. "Há 90 anos de distância das aparições de Fátima, ele viveu plenamente a mensagem dela. E nesse dia, 13 de maio, com grande alegria nos recordamos da mensagem de Nossa Senhora e desse fruto muito concreto que foi o Carlo" (44min21s-44min40s).

---

54 *Idem*, "Carlo Acutis e a mensagem de Fátima". YouTube, 13 mai. 2019. Publicado pelo canal *Padre Paulo Ricardo*. Disponível em: https://www.youtube.com/watch?v=HngMJCQOY_c&t=1521s. Este vídeo apresentou 842.614 visualizações até o dia 25 de março de 2023.

Ele termina com uma frase do jovem beato: "Tristeza é um olhar voltado para si mesmo. Felicidade é um olhar voltado para o céu" (52min48s-52min58s). Padre Paulo Ricardo traz a vida do jovem Carlo Acutis como exemplo de santidade para a juventude, e coloca o amor à Maria e a Jesus Eucarístico como motor propulsor da vida virtuosa do adolescente italiano. Para tanto, utiliza a técnica da narrativa, mostrando a mensagem de Fátima concretizada na vida de Carlo Acutis – uma conexão bem-feita, uma história que chama a atenção e emociona. Padre Paulo Ricardo enfatiza a pergunta do menino à sua mãe, antes de falecer, se ele se tornaria sacerdote. Ele afirma: "Carlo é sacerdote no céu, não tenho dúvida. [...] Não é sacerdote ministerial, mas é sacerdote porque sacerdote é aquele que oferece" (40min35s-40min48s). A história de santos e beatos é tema recorrente nos vídeos de Paulo Ricardo.

6.4.2.10 Vídeo de 23/09/2019 – Padre Pio e Lutero

Este vídeo foi transmitido no dia de Veneração de São Pio de Pietrelcina.[55] Padre Paulo Ricardo entende Padre Pio como uma resposta antecipada à crise de identidade sacerdotal que a Igreja vive nos tempos atuais. Para ele, o conceito de sacerdócio está se direcionando para a visão de Lutero. A diferença seria que Lutero fez sua revolução destruindo o sacerdócio e a missa de uma maneira bruta, arrebentando tudo. Na visão de Paulo Ricardo, hoje nós estaríamos escorregando lentamente para uma mentalidade luterana sobre a vida espiritual católica e sobre o sacerdócio.

Padre Paulo Ricardo reflete sobre a configuração de Padre Pio a Cristo, que oferecia o seu sofrimento pela salvação das almas. Esse oferecimento é uma atitude de fé que a doutrina luterana não aceita. Outro ponto que ele diferencia é que Lutero abominava o sacerdócio e a Santa Missa. Por outro lado, ao contrário, Padre Pio é justamente um exemplo de como viver o sacerdócio católico e a Santa Missa.

---

55 *Idem*, "Padre Pio e Lutero". YouTube, 23 set. 2019. Publicado pelo canal *Padre Paulo Ricardo*. Disponível em: https://www.youtube.com/watch?v=o0ue9MBDjGM&t=1062s. Este vídeo apresentou 2.315.716 visualizações até o dia 25 de março de 2023.

Paulo Ricardo apresenta a doutrina de Lutero e afirma que este foi protestante e rebelde desde o início. Além disso, alega que ele não era um bom frade, que apenas queria denunciar as depravações do clero de sua época.

Fazendo referência à influência tridentina de seu ensino, Paulo Ricardo conta que Padre Pio se dedicava exclusivamente à celebração da missa e ao atendimento da confissão – aquilo que o Concílio de Trento diz que é o núcleo do sacerdócio. Relata que a celebração da missa era uma experiência dolorosa para Padre Pio, pois este sentia e se unia misticamente ao sacrifício do Calvário. Por isso, na opinião de Paulo Ricardo, Padre Pio é um farol para relembrar o que estamos celebrando na missa.

Ele conta uma história da conversão de um alemão ao se confessar com o Padre Pio. Depois, começa a explicar como as pessoas devem se confessar. "Pecado não é o que você sente que é pecado. O pecado é aquilo que Deus revelou que é pecado" (41min56s-42min). Ensina que o arrependimento não é só sentimento, "é um ato de vontade onde eu detesto aquilo que eu fiz porque Deus está me dizendo que aquilo é pecado" (42min20s-42min28s). Deve-se ter o propósito de nunca mais pecar.

No final, ele retoma a mensagem do vídeo de que a missa e o sacerdócio foram negados por Lutero e vividos intensamente por Padre Pio, alertando que, "miseravelmente, as doutrinas de Lutero estão entrando não com a violência de Lutero, mas com a sutileza de adaptações onde, no fundo no fundo, a gente termina não querendo mais o sacerdote católico" (51min-51min20s).

Por fim, ele pede intercessão de Padre Pio pela nossa fé, que nos últimos tempos está sendo abalada por ventos de inovações e de adaptações que, no fundo, farão com que os fiéis percam o que a Igreja tem de mais precioso: o sacerdócio e a Eucaristia. Exaltando o exemplo de Padre Pio e citando o Concílio de Trento, Padre Paulo Ricardo incita a desconfiança em qualquer inovação e atualização na Igreja, comparando-as com o movimento protestante de Lutero.

6.4.2.11 Vídeo de 21/03/2022 – É por isso que sua oração não funciona

Este vídeo faz parte do projeto de direção espiritual proposto pelo Padre Paulo Ricardo, em que ele se coloca como diretor espiritual de seus alunos.[56] Ele faz propaganda do novo curso que servirá como um tutorial para aprender a rezar. E explica que o objetivo deste curso e de todo o conteúdo produzido em suas plataformas é oferecer os ensinamentos e a experiência de santos e da tradição de dois mil anos da Igreja Católica.

> Se você pensar bem, essa sempre foi a missão do nosso apostolado. Desde 2006 que o site *padrepauloricardo.org* procura transmitir isso. Esse tesouro inesgotável da fé católica, aí na sua tela que você vê o meu rosto, mas do lado de cá das câmeras tem uma equipe enorme trabalhando dia e noite para levar a você a riqueza da palavra de Deus que é a doutrina da Igreja. São 15 anos que nós estamos na internet. Nós estamos produzindo conteúdos que, com a graça de Deus, têm transformado a vida de muita gente (03min50s-04min23s).

Paulo Ricardo continua, promovendo a assinatura de seus cursos, e explica a razão desse trabalho:

> [...] nós somos como aquele homem da parábola, né, que descobriu um tesouro. E a gente precisa partilhar esse tesouro com você, ou seja, o tesouro do Evangelho de Cristo. No nosso site, *padrepauloricardo.org*, estamos convencidos de que Jesus Cristo é o único sentido possível para a vida do homem sobre a Terra, e de que todo o nosso trabalho desenvolvido na internet tem em vista essa pessoa (05min47s-06min13s).

Após a publicidade, ele inicia o conteúdo propriamente dito. Segundo Paulo Ricardo, a oração do pagão é para mudar Deus, para ganhar uma recompensa ou para fazer uma troca. Por outro lado, a oração cristã não quer

---

56 *Idem*, "É por isso que sua oração não funciona". YouTube, 21 mar. 2022. Publicado pelo canal *Padre Paulo Ricardo*. Disponível em: https://www.youtube.com/watch?v=fbj7svowhQc&t=555s. Este vídeo apresentou 475.098 visualizações até o dia 25 de março de 2023.

mudar Deus, porque Deus já é infinitamente bom. O cristão reza para mudar a si mesmo. "É necessário que a pessoa, quando vai rezar, realmente se aproxime de Deus no ato de fé" (14min24s-14min36s). Padre Paulo Ricardo sugere que a melhor forma de rezar é a meditação, apesar de a maioria das orações católicas serem orações vocais. Fazendo uma analogia com a potência dos motores dos carros, ele compara a oração vocal ao motor 1.0 e a meditação ao 2.0.

Para Paulo Ricardo, o primeiro passo é se colocar na presença de Deus e pedir perdão sobre as suas misérias. Ele faz um "parêntese" nas etapas para explicar a inteligência – mais especificamente, o que é o ato de fé como ato de inteligência. Após explanar o que seria a inteligência de acordo com a disciplina filosófica da teoria do conhecimento, Paulo Ricardo começa a descrever um processo de meditação, verbalizando o processo interno para exemplificar como se faz uma meditação bem-feita. Então, o próximo passo é "mastigar" a palavra meditada, imaginar o cenário, o significado. A meditação "ilumina a inteligência como ato de fé. Ela convida a vontade para um ato de caridade e de amor, e, por isso, a vida muda. [...] faz a pessoa se sentir chamada, convocada a ser diferente" (46min10s-46min23s).

Na conclusão, ele volta a fazer propaganda do curso para se aprender a rezar uma oração 2.0. Por fim, passa uma vinheta gravada com ele mesmo anunciando um desconto na inscrição do site e uma parceria com a editora "Minha Biblioteca Católica" para que os novos assinantes recebam um livro gratuitamente.

Este vídeo tem tanto um viés informativo quanto promocional, abordando um dos temas de maior procura por seus seguidores: a oração e seus resultados na vida do orante. Não é por acaso que é um dos vídeos de seu canal com maior visualização em 2022 – de fato, as pessoas procuram a eficácia da oração nas suas vidas. Muitos fiéis querem resultados imediatos logo após rezarem. Se isso não ocorre, acreditam que não oraram corretamente. Mas o tipo de discurso contido nesse vídeo desvia os fiéis do principal motivo da oração: o cultivo da relação de intimidade com Deus.

6.4.2.12 Vídeo de 17/05/2022 – É por isso que sua vida não muda

Padre Paulo Ricardo anuncia que o apostolado do site *padrepauloricardo.org* está comemorando 16 anos de aniversário.[57] Ele afirma que muitas pessoas mudaram de vida, se converteram e estão prosperando no caminho da santidade graças a este trabalho na internet. Fala da generosidade de Deus, e que não é mérito dele essa transformação, mas sugere que, se ele fosse santo, muitas mais graças e conversões aconteceriam.

Em continuidade com o módulo anterior, "Aprenda a rezar", a videoaula aborda o tema da oração, mais especificamente, uma dúvida de muitos de seus seguidores: "Se rezo, por que minha vida não muda de verdade?". Paulo Ricardo começa a responder dizendo que, se a vida do fiel não sai do lugar, é porque ele não tem caridade efetiva. Aponta que, se você *quer* caridade efetiva, você *precisa* de caridade afetiva. Em seguida, explica os apetites sensível e racional.

Um ponto que chama a atenção no discurso do Padre Paulo Ricardo é que ele fala indiretamente da pandemia e da campanha de prevenção à COVID-19, insinuando que as medidas preventivas foram uma forma de manipulação do apetite sensível – no caso, seria o medo de morrer – para se dominar a população. "A gente viu nesses tempos agora, né, como em tempos de doença muitas vezes [...] o medo de ficar doente é manipulado e utilizado pelas pessoas para dominar as massas. Por quê? Porque vê que as pessoas estão se comportando como animais" (10min18s-10min43s).

Paulo Ricardo continua a explicação de que a vida das pessoas não muda se elas não buscarem a verdade, e chama esses indivíduos que "se deixam manipular" de "animais".

> Eles conseguem fazer, manipular as massas, animais, pela base do "foge da dor e busca o prazer". Mas, se você conseguir que

57 *Idem*, "É por isso que sua vida não muda". YouTube, 17 mai. 2022. Publicado pelo canal *Padre Paulo Ricardo*. Disponível em: https://www.youtube.com/watch?v=meHbg7zNXOc&t=289s. Este vídeo apresentou 268.846 visualizações até o dia 25 de março de 2023.

> uma porção da população – aquilo que a gente chama de, na linguagem esquerdista inclusive, "massa crítica" –, se você consegue uma massa crítica, veja, na verdade não vai ter chicote para todo mundo, para você conseguir manter uma população prisioneira de uma ideologia, de uma bobagem (15min26s-16min02s).

Padre Paulo Ricardo reafirma, assim como em outros vídeos, que ele não tem seguidores. Alega que nem sua equipe de produção de conteúdo o segue cegamente, que não se trata de discípulos dele, mas sim de discípulos da verdade. Ele se coloca apenas como instrumento dela. "Padre Paulo passa, a verdade fica" (17min31s-17min36s).

Ele diz também que "o que santifica é o amor. E o amor efetivo só acontece se houver o amor afetivo" (24min12s-24min20s). Ele afirma que isso só é possível através de uma verdadeira experiência de oração, fazendo propaganda do módulo do curso "Aprenda a rezar". "A luz natural da razão move um amor natural. A luz sobrenatural da fé move um amor sobrenatural, que é chamado de caridade. E é por isso que os santos conseguem fazer as coisas que fazem" (17min17s-17min34s). Ele dá exemplos de santos que viveram o amor sobrenatural para mostrar que este não é fantasia, que é possível vivê-lo – especialmente pela vivência da Eucaristia que é o sacramento do amor. A Eucaristia é descrita por Paulo Ricardo como uma refeição espiritual que transforma o amante na realidade amada.

Ele retoma a questão norteadora da aula: "Por que sua vida não muda?". Em seguida, ele dá conselhos para se comungar bem. No fim, Padre Paulo Ricardo fala novamente sobre o aniversário de 16 anos de seu site e conta a história de como começou este apostolado respondendo a um apelo do Papa Emérito Bento XVI, no Ano Santo Sacerdotal, para os sacerdotes exercerem um apostolado sério na internet:

> Então a gente que já tinha o site registrado [...] *padrepauloricardo.org*. O site foi registrado 16 anos atrás, no dia 20 de maio. [...] Aí aconteceu que, 12 anos atrás – quatro anos depois que o site já existia como um pequeno blog –, nós então resolvemos por esse apelo do Papa Bento XVI, tornar a coisa mesmo mais efetiva e eficaz. E isso só está sendo possível com a ajuda de

> vocês, né, com aqueles alunos que são assinantes, que fazem parte da nossa família, que lutam juntos para manter a nossa equipe, para manter esse serviço com o nível profissional com o qual vocês recebem, né? Então, quero agradecer por você confiar em nós, acreditar em nós e sustentar o nossa apostolado, e, claro, por receber os nossos cursos, pelos quais você está realmente contribuindo [...] (48min38s-49min55s).

Ele conclui com um agradecimento e uma bênção. Embora abordasse suavemente um conteúdo formativo sobre a oração e a caridade, Padre Paulo Ricardo, em certas partes, expressou um tom ofensivo e agressivo, com acusações veladas e nocivas que auxiliam no processo de desinformação sobre os cuidados necessários para se lidar com a situação de pandemia que assolava o Brasil e o mundo. Assim, em meio a um discurso piedoso e espiritualmente proveitoso, Paulo Ricardo disseminou sua opinião e posicionamento pessoal sobre política e visão eclesial.

6.4.3 Categorias de análise

A partir do estudo do *corpus* de pesquisa, foram delimitadas três categorias de análise. As seguintes categorias escolhidas – guerra cultural, combate espiritual e busca da verdade – são elementos-chave para compreender tanto a mensagem quanto o impacto pessoal, eclesial e social da influência do Padre Paulo Ricardo.

6.4.3.1 Guerra cultural

Assim como aparece na produção de Bernardo Küster, guerra cultural é uma temática crucial para se refletir sobre a influência do Padre Paulo Ricardo de Azevedo Júnior. A expressão "guerra cultural" aparece pela primeira vez na obra *Culture Wars: The Struggle To Define America*, de James Hunter (HUNTER, 1991). De acordo com Cristina Teixeira de Melo (2021, p. 6), tal conceito está vinculado a conflitos morais como debates em relação ao aborto, ao papel familiar e social da mulher, questões sobre sexualidade e gênero, entre outras temáticas polêmicas.

Existem duas características da guerra cultural. A primeira se refere à forma em que este conflito se desenvolve, a partir de uma grande transformação moral sobre o direito de grupos minoritários da sociedade, seguida da reação quase instantânea de grupos conservadores resistentes a tal mudança. O segundo elemento apontado por Hunter vincula este conceito ao contexto histórico, político e cultural estadunidense, especialmente ao processo de secularização ocidental (MELO, 2021, p. 7). Pensando no fenômeno dos influenciadores digitais católicos no Brasil (como o Padre Paulo Ricardo), que utilizam essa expressão com frequência, o conceito de "guerra cultural" já se expandiu, foi exportado e não se restringe mais aos Estados Unidos, globalizando-se e se enraizando no discurso conservador brasileiro.

Visões distintas e até contraditórias sempre existiram. Entretanto, a inclusão de "guerra cultural" no vocabulário da convenção republicana de 1992 marca a relevância política dos conflitos morais. Assim, as crenças e visões pessoais tratadas antes no âmbito privado passam a ser discutidas na esfera pública, sobrepondo-se a pautas políticas mais importantes, como a distribuição do orçamento público e as medidas de aprimoramento da condição de vida da população. "Desse modo, a história das guerras culturais é a história da reação às mudanças morais que se enraizaram na legislação e nas instituições encarregadas de formar e informar: escolas, universidades e os meios de comunicação" (MELO, 2021, p. 10).

Da mesma forma, o discurso religioso que aborda a "guerra cultural" geralmente enfatiza discursos moralistas normativos e polarizantes, que dividem o Povo de Deus com questões polêmicas e complexas, dilemas que não podem ser resolvidos com fórmulas prontas e afirmações fechadas, mas que devem ser tratados com profundidade, vislumbrando a realidade como um poliedro, isto é, visto de todos os ângulos possíveis. Abordagens unilaterais acabam por perder o foco da vivência cristã essencial, que é a caridade.

A utilização da palavra "guerra" ao invés de "debate", por exemplo, além de já trazer um tom agressivo, não se refere a um opositor exterior, mas sim a um inimigo presente no interior do grupo. Se os conteúdos que discorrem sobre guerras culturais são causas da polarização política atual, também impactam na divisão eclesial da Igreja Católica. A cultura digital contribuiu para o embaçamento das fronteiras entre público e privado, além da lógica algorítmica impulsionar discursos polarizantes com potencial alto de engajamento público (MELO, 2021, p. 11).

Outra característica da guerra cultural é a utilização de linguagem binária. Para haver guerra é preciso ter dois lados que se confrontam. Ainda que haja mais posições e sujeitos envolvidos, a reflexão é simplificada e empobrecida, reduzindo-se ao sistema dual, no qual as outras múltiplas vozes devem escolher com quem se aliar. Tais posicionamentos mais fechados e radicais se relacionam também com o fenômeno das *fake news* e são baseados mais em preconceitos do que em eventos fatídicos. Quem fomenta as guerras culturais, repetindo incansavelmente os temas morais polêmicos e separando binariamente os lados, intensifica a polarização da sociedade e da Igreja, gerando pânico moral e enfraquecendo a unidade eclesial.

6.4.3.2 Guerra Santa Católica: o combate espiritual e as cruzadas digitais

Uma das principais razões de as pessoas seguirem Padre Paulo Ricardo nas mídias digitais é a oferta de formação espiritual. São inúmeras aulas, homilias e materiais sobre esta temática. Extremamente ligada à categoria da "guerra cultural" está o tema do "combate espiritual".

Assim como a categoria anterior, a temática da luta espiritual é caracterizada pelo dualismo do bem e do mal, graça e pecado, anjos e demônios. Para Paulo Ricardo, só há dois lados, dois caminhos, duas opções, e as pessoas devem escolher: ou estão a favor ou contra seus princípios. "Eu vim aqui para convencer você. Mas ao mesmo tempo eu gostaria que você entendesse que você sempre será colocado diante de dois caminhos que você deverá escolher" (AZEVEDO JÚNIOR, 2012; 19min35s-20min37s). Quando um indivíduo decide por um lado, deve acolher tudo o que faz parte daquele grupo: ideologias, opiniões e visões eclesiais, teológicas e de mundo. Ele vincula a ideia de aliados e inimigos numa guerra com a vivência da fé cristã no cotidiano.

A teologia do combate espiritual está presente em diversas vertentes cristãs, sobretudo no (neo)pentecostalismo evangélico e católico. Facilmente encontramos uma vasta produção de conteúdo a este respeito, desde publicações impressas até canais do YouTube especializados no assunto, como o próprio canal do Padre Paulo Ricardo. A retomada desta linha teológica não é um fenômeno apenas brasileiro, mas está ocorrendo mundialmente. No passado, esta teologia da batalha contra o demônio teve consequências graves na sociedade ocidental, ocasionando violência, discriminação e perseguição contra grupos minoritários.

O discurso de combate espiritual também é utilizado atualmente como estratégia política, instrumentalizando a espiritualidade para fins de convencimento popular (MARIZ, 1999, p. 33-36). "Derrotados nas batalhas da modernidade social-cultural, esses católicos claudicantes continuam em terreno digital a sua velha, amarga e desesperada cruzada contra o mundo moderno" (SILVEIRA, 2023, p. 38).

Muito além da luta "contra as forças espirituais do mal", está o confronto com outras religiões e o combate interno entre os cristãos. Este tipo de discurso acalorado, facilmente encontrado nas redes e em perfis de influenciadores católicos, faz parte do fenômeno da "Guerra Santa Católica". As cruzadas contemporâneas não são mais travadas em territórios físicos com combate corporal, mas sim acontecem nas fronteiras digitais, uma nova caçada aos impuros, hereges e pagãos. Enquanto a "guerra cultural" traz consigo o pânico moral, a "guerra santa" tem como efeito o terrorismo espiritual.

O pesquisador Emerson Silveira compreende a guerra digital católica de caráter reacionário "como uma construção reativo-digital. Ou seja, nem pura repetição de um passado histórico e suas pesadas heranças, nem pura invenção contemporânea e sua relação fluida com as estruturas socioeconômicas" (SILVEIRA, 2023, p. 36). Segundo Silveira, a cruzada digital é fruto de ideologias que, assim como na guerra cultural, levantam bandeiras, como a defesa da família e da liberdade e o combate ao comunismo. Tal cruzada aglutina essas bandeiras em um único elo de sentido, "enquanto a interpretação se reduz a uma marca para vender, ao algoritmo embalado pelo semiocapitalismo para se propagar e, a pós-verdade, para animar bolhas" (SILVEIRA, 2023, p. 36).

Este estado de vigilância e medo gera uma atmosfera bélica, estimulando atitudes de hostilidade religiosa no ambiente digital, em que não apenas se persegue pagãos e hereges, como também cristãos e católicos hostilizam uns aos outros. Tal atitude recorda-nos de um alerta de Jesus, relatado no Evangelho: "Um reino dividido destrói a si mesmo" (Mt 12,25; Mc 3,24).

O conceito "Reino de Deus" tensiona uma relação entre fé e política desde os primórdios até hoje, especialmente a partir de diferentes interpretações históricas e eclesiais (BUSSMANN, 1993, p. 765). Se evangelizar significa preparar o caminho para o estabelecimento definitivo do Reino de Deus entre os seres humanos (um reino de paz, justiça e amor), então discursos de ódio e atitudes hostis entre os próprios membros do Povo de Deus arruínam tal projeto.

6.4.3.3 Verdade: busca e posse

A categoria "verdade" e a qualificação de algo como verdadeiro estão presentes na maior parte do acervo de conteúdos de Paulo Ricardo, das legendas aos vídeos. Dessa forma, é fundamental refletir o que isso significa na teologia cristã e na consequente influência exercida por este padre midiático.

A busca pela verdade surge do anseio por um direcionamento seguro para todas as dimensões da vida humana. Por isso, "verdade" é um conceito filosófico e teológico que congrega ação e conhecimento, prática e pensamento, abarcando relações de confiança e fidelidade.

A questão da verdade, na filosofia, refere-se à necessária concordância entre ser e saber. Em linhas filosóficas, não há como garantir uma verdade absoluta, pois hoje se reconhece a finitude e historicidade da razão e da linguagem, que são elementos estruturantes de qualquer conhecimento humano (BAUMGARTNER, 1993, p. 967-969). A interpretação da verdade é sempre histórica. Isso significa que a compreensão de uma verdade pode se modificar de acordo com as transformações histórico-sociais. Sendo assim, a afirmação do Padre Paulo Ricardo – de que os seus seguidores não o seguem, mas sim seguem a verdade, a qual ele possui (AZEVEDO JÚNIOR, 2018; 29min08s-29min28s) – não pode ser considerada uma verdade absoluta.

"A suposta verdade inexpugnável, da qual são porta-vozes, leva-os a noções sectárias: ideias e práticas diferentes ou divergentes devem ser estripadas, extirpadas" (SILVEIRA, 2023, p. 52). O discurso de Paulo Ricardo é uma interpretação pessoal de um conhecimento, visão que é compartilhada por muitos de seus seguidores, formando um grupo de interesse e pertencimento.

No Novo Testamento, a palavra grega *alétheia*, que é traduzida pelo termo "verdade", indica algo ou alguém que vai sendo desvelado pelo discurso. O tema da verdade é abordado nas cartas paulinas e nos escritos joaninos. Já no Antigo Testamento, *alétheia* está vinculada às ideias de fidelidade, firmeza e confiabilidade (MEYER, 1993, p. 973). Desde o início do cristianismo, os cristãos são preparados para viver o Evangelho e dar razão de sua esperança àqueles que a solicitarem (I Pd 3,15). No entanto, a fé na boa notícia do Reino não substitui a vivência cristã por elocubração intelectual.

Uma questão delicada, complexa e fundamental quando se pensa em teologia católica é a respeito da verdade da fé. Pilatos já perguntava: "O que é verdade?" (Jo 18,38); "Onde encontrá-la?"; "Quem a reconhece?"; "Quem a proclama?"; "Em qual discurso acreditar?". É preciso diferenciar o que é verdade de fé de opiniões pessoais. A teologia cristã reflete racionalmente os dados revelados na tradição histórica e linguística. Embora se tenham como verdades de fé, elas continuam expostas a críticas, a novas interpretações e interpelações da realidade. Assim, a verdade de fé não pode ser reduzida a um evento espiritual sem contexto e raiz histórica, tampouco pode ser limitada a um meio de reflexão crítica social (MEYER, 1993, p. 975-976).

Mesmo os dogmas estão sujeitos a novas interpretações para traduzir seu sentido original à linguagem e realidade contemporâneas. Aquela afirmação do Padre Paulo Ricardo, de que seus seguidores não o seguem, mas sim seguem a verdade, soa então pretenciosa e pode ser perigosa. Um discurso que se apropria da verdade já contém em si uma distorção desta, e, inserida num processo de influência, pode acarretar uma manipulação dos seguidores. Pois, "em virtude da incompreensibilidade fundamental de Deus, a Igreja busca a verdade; ela não a possui" (BÖTTIGHEIMER, 2012, p. 502).

Os cismas e as divisões que acompanham as disputas eclesiais de ontem e de hoje, geograficamente e, na atualidade, digitalmente, se devem ao distanciamento da essência, da fonte e do critério da verdade de fé: a Palavra de Deus Encarnada. A Igreja reconhece que existe uma hierarquia das verdades de fé, isto é, algumas verdades professadas são fundamentais e outras são menos relevantes. Tal percepção abre caminhos para o diálogo ecumênico e a unidade das igrejas cristãs. Portanto, a "convicção cristã da plenitude da verdade em Jesus Cristo não pode ser compreendida como posse definitiva da verdade" (BÖTTIGHEIMER, 2012, p. 503).

O Concílio Vaticano II resgatou o sentido bíblico de verdade, enfatizando a afirmação cristológica de Jesus Cristo como caminho, verdade e vida (Jo 14,6), profissão de fé que vai sendo compreendida e desvelada na partilha e pregação do Evangelho (AG 8; DV 24). Para quem almeja ser um influenciador digital católico que de fato evangeliza, é necessário ter prudência e responsabilidade quanto a como abordar as verdades da fé. Como Francisco aponta: "As enormes e rápidas mudanças culturais exigem que prestemos constante atenção ao tentarmos exprimir as verdades de sempre numa linguagem que permita reconhecer a sua permanente novidade" (EG 41).

Após refletir sobre as categorias de análise, vamos brevemente traçar um panorama sobre o aspecto interacional da influência do Padre Paulo Ricardo.

6.5 Interação

Embora existam inúmeros comentários em seus vídeos e posts, Padre Paulo Ricardo não interage com seus seguidores nas redes sociais, exceto em formações sobre espiritualidade ao vivo pelo seu canal no YouTube, quando ele responde alguns comentários e perguntas. A mediação entre a celebridade e seus fãs acontece através de sua equipe, que claramente produz, publica e compartilha seu conteúdo nas mídias digitais. Pelos relatos das entrevistas em profundidade, Padre Paulo Ricardo é mais acessível em encontros presenciais do que através de suas redes sociais.

Uma observação intrigante é que diversos de seus vídeos no YouTube estão bloqueados para comentários, especialmente os mais polêmicos, deixando apenas mensagens de apoio e concordância. Dos vídeos selecionados para a análise, quatro deles têm seus comentários desativados: "O alerta de Maria para o Brasil"; "Doenças Espirituais: o que são e como combatê-las?";

"O mínimo que você precisa saber para não ser um idiota"; e "Marxismo Cultural e Revolução Cultural: Visão Histórica". Isso significa que não há um esforço por construir uma relação com seus seguidores, até mesmo limitando a reação deles, transformando-os em meros receptores de conteúdo.

Apesar dessa impessoalidade, nota-se uma grande adesão e um espírito de pertencimento criados nos receptores da comunicação persuasiva do Padre Paulo Ricardo. Facilmente são encontrados, nos comentários ativos, testemunhos de como as aulas dele mudaram a vida de fé de seguidores e de como estes regressaram à participação da Igreja Católica. Diante de tal impacto, é inegável seu poder de influência sobre quem consome seu conteúdo.

A autoridade do Padre Paulo Ricardo perante seus seguidores é construída através de estratégias de marketing de conteúdo que alimentam demandas de formação católica básica, despertando necessidades que seus potenciais adeptos não percebiam, como conhecer práticas devocionais ou doutrinas para "combater o comunismo dentro da Igreja". O processo de consumo de conteúdo continua até que estas pessoas se tornem clientes de seus cursos e fiéis receptores de ideias políticas e eclesiais, inseridas no meio de formações sobre espiritualidade. Diante desta jornada de seu público, o objeto pesquisado merecia um estudo de recepção para que se compreenda mais profundamente como tal influência acontece.

6.6 Conclusão

As múltiplas formas como as lideranças e os membros da Igreja se comunicam moldam o jeito de ser eclesial de um determinado período histórico (AMARO DA SILVA, 2021b, p. 4). Dessas novas linguagens e dinâmicas de interação, surge um novo modelo de construção de identidade e autoridade eclesial, o qual contrapesa e concorre com a estrutura magisterial tradicionalmente instituída.

A rede – entendida como um ecossistema comunicativo, não somente de socialização humana, mas também de educação e vivência da fé – é um lugar teológico, onde é possível se situar a fim de ler os fenômenos contemporâneos à luz da fé, e assim perceber como estes acontecimentos questionam e interpelam os ensinamentos e práticas cristãs (AMARO DA SILVA, 2021a, p. 81). Portanto, o fenômeno dos influenciadores digitais católicos no Brasil, do qual o Padre Paulo Ricardo é um ícone, traz desafios para a comunicação e ensino oficial da fé cristã em meio à cultura digital, que lança os seus próprios profetas.

Influência é relevância. Não consiste em obter o maior número possível de seguidores, mas sim em pautar conversas e gerar engajamento e impacto real na vida das pessoas e da sociedade em que se insere. Diante disso, constata-se que o novo rosto do clero é marcado por uma forte influência da figura e ensino do Padre Paulo Ricardo: não só padres novos e seminaristas, mas também uma grande ala de caráter conservador, devocional e carismático da Igreja Católica. Como foi comentado na biografia, quando o impediram de dar aulas na Faculdade de Cuiabá, ele migrou para a internet e passou a ser um formador teológico-espiritual de todos aqueles que se interessam pelos seus temas, abordagens e discursos no Brasil inteiro. Através das redes sociais, alargou o território paroquial e o alcance de sua influência, lançando tendência e sendo referência àqueles que buscam se instituir arautos da verdade e párocos digitais.

Essa capacidade persuasiva do Padre Paulo Ricardo preocupa formadores, professores, padres e bispos. Isso não por uma falha formativa de Paulo Ricardo, considerando toda a bagagem de conhecimento que ele recebeu de professores e universidades de renome, como a biografia também apontou. O receio está na abordagem deste conteúdo, no enfoque empregado, na sua interpretação pessoal sobre a tradição da Igreja, o que em certos momentos pode provocar uma distorção na compreensão dos ensinamentos da fé, promovendo o fechamento à escuta e ao diálogo intercultural, inter-religioso, ecumênico e até mesmo entre os católicos.

O sistema de comunicação digital do Padre Paulo Ricardo tem uma evidente intencionalidade de influência: ele influencia, quer influenciar, e se reconhece influenciado por figuras como Olavo de Carvalho. As categorias de análise – guerra cultural, combate espiritual e verdade – são chaves interpretativas fundamentais para delinear o pano de fundo por trás de sua produção de conteúdo. Utilizando estratégias multiplataformas, Paulo Ricardo propõe o seu ponto de vista como sendo "o único e verdadeiro catolicismo". Quem discorda de sua opinião é desacreditado, tratado como inimigo da Igreja e da nação.

Tanto a abordagem da guerra cultural quanto a da guerra santa levam a um estado de medo, hostilidade, demonização de tudo e de todos, polarização e conflito. O dualismo é marca registrada deste tipo de discurso. Vemos esse radicalismo nos extremos. Os lados opostos se acusam mutuamente de intolerância e falta de abertura a um verdadeiro debate de ideias. Essa polarização traz o risco de um novo cisma dentro da Igreja Católica, e não apenas no Brasil: tal fenômeno tem abrangência mundial.

Embora trate de temas salutares para a vida cotidiana de fé, embasados em uma teologia tradicional, a polêmica ao redor do ensino de Paulo Ricardo diz respeito às mensagens presentes de forma direta ou nas entrelinhas de seu discurso – mensagens que podem fazer os seus receptores confundirem o que é a opinião pessoal deste sacerdote e o que é depósito da fé, ensinamento oficial da Igreja. Podemos indicar, como exemplo disso, comentários de caráter político em que ele exalta a monarquia e a família real portuguesa. Outro exemplo de juízo pessoal é a propaganda que ele faz de Olavo de Carvalho como "promotor da verdade". E, ainda, em sua linha teológica eurocêntrica, ele ataca explicitamente teólogos latino-americanos, bem como condena a Teologia da Libertação.

Pensando na "Igreja em saída" e no caminho sinodal que o Papa Francisco indica, a comunicação do Padre Paulo Ricardo não se encaixa nessa proposta, pois ele salienta um modelo de Igreja pré-conciliar, clericalista e autorreferencial que precisa ser defendida de seus inimigos do mundo. Padre Paulo Ricardo raramente cita nomes quando critica padres e bispos. No entanto, de forma indireta, ele fomenta a desconfiança aos membros da própria estrutura hierárquica eclesial que ele mesmo acredita defender.

Padre Paulo Ricardo levou a cabo o convite de Bento XVI aos sacerdotes fazerem-se presentes na rede digital. Assim, em quase duas décadas de apostolado da internet, ele desenvolveu uma autoridade eclesial digital instituída não pela Igreja, mas sim por seus seguidores. Através de seus cursos, formou grupos de pertencimento caracterizados por um pensamento conservador reacionário e vinculados a posicionamentos políticos de direita. Com todo esse aparato de persuasão, ele criou até mesmo um padrão comportamental para presbíteros, religiosos e leigos. Diante de tal cenário, nós constatamos que a boa intenção de influenciar para evangelizar muitas vezes não é garantia de sucesso. Para comunicar Jesus Cristo realmente, é necessário um cuidado maior e critérios na elaboração e no discernimento dos conteúdos, evitando polêmicas e priorizando a unidade da Igreja, o espírito conciliar e o diálogo sinodal.

Referências bibliográficas

ACIDIGITAL. “Padre Paulo Ricardo vai ser monitorado no Telegram a mando do STF”. *ACI Digital*, 23 mar. 2022. Disponível em: https://www.acidigital.com/noticias/padre-paulo-ricardo-vai-ser-monitorado-no-telegram-a-mando-do-stf-37656.

AMARO DA SILVA, Aline. “Amigas e amigos no Amigo: uma cristologia comunicativa da amizade em tempos digitais e de pandemia”. Tese (Doutorado em Teologia) – Pontifícia Universidade Católica do Rio Grande do Sul, Porto Alegre, 2021a. Disponível em: http://tede2.pucrs.br/tede2/handle/tede/9743.

______. “Eclesiologias digitais em construção: os modos de ser Igreja em tempos digitais e pandêmicos”. *Teocomunicação*, 51 (1): 1-13, jan./dez. 2021b.

A VIDA INTERIOR: A Grande Vocação | Um documentário Lumine. Produtor: Matheus Bazzo. Porto Alegre: Lumine, YouTube, 21 set. 2022. Publicado pelo canal *Padre Paulo Ricardo*. Disponível em: https://www.youtube.com/watch?v=n5QaE1kuijw.

AZEVEDO JÚNIOR, Paulo Ricardo de. *A resposta católica*. Campinas: Ecclesiae, 2013.

______. *Os mártires de hoje*. Campinas: Ecclesiae, 2013.

______. *Cristologia e Soteriologia*. Campinas: Ecclesiae, 2011.

______. *Teologia Fundamental I: Introdução à Teologia*. Campinas: Ecclesiae, 2010.

AZEVEDO JÚNIOR, Paulo Ricardo de. *Teologia Fundamental II*. Campinas: Ecclesiae, 2010.

______. *Trindade*. Campinas: Ecclesiae, 2010.

______. *Vaticano II: ruptura ou continuidade?* Campinas: Ecclesiae, 2009.

______. *Um Olhar que Cura*. São Paulo: Editora Canção Nova, 2008.

______. *Uma Flor do Clero Cuiabano: biografia do Padre Armindo Maria de Oliveira, SDB (1882-1918)*. São Paulo: Paulus, 1999.

______. "01 - Marxismo Cultural e Revolução Cultural: Visão Histórica". YouTube, 04 jan. 2012. Publicado pelo canal *Padre Paulo Ricardo*. Disponível em: https://www.youtube.com/watch?v=FJi7CugwzVw.

______. "Doenças Espirituais: o que são e como combatê-las?". YouTube, 07 nov. 2012. Publicado pelo canal *Padre Paulo Ricardo*. Disponível em: https://www.youtube.com/watch?v=aWYGUPDse-g&t=1546s.

______. "63 - 'O mínimo que você precisa saber para não ser um idiota'". YouTube, 12 set. 2013. Publicado pelo canal *Padre Paulo Ricardo*. Disponível em: https://www.youtube.com/watch?v=FCgZjtUxDvM&t=179s.

______. "O alerta de Maria para o Brasil". YouTube, 11 nov. 2013. Publicado pelo canal *Padre Paulo Ricardo*. Disponível em: https://www.youtube.com/watch?v=Rv2SiX1O3ZM.

______. "Como me relacionar com o meu anjo da guarda?". YouTube, 26 jan. 2015. Publicado pelo canal *Padre Paulo Ricardo*. Disponível em: https://www.youtube.com/watch?v=qLzpi094HfA.

______. "Aprenda a rezar o Terço". YouTube, 07 nov. 2016. Publicado pelo canal *Padre Paulo Ricardo*. Disponível em: https://www.youtube.com/watch?v=fSIr2iftPUo.

______. "'A Rússia espalhará os seus erros pelo mundo': aula sobre Fátima e o Comunismo". YouTube, 23 mai. 2018. Publicado pelo canal *Padre Paulo Ricardo*. Disponível em: https://www.youtube.com/watch?v=GaJcVEz_4EE.

______. "Lua de Sangue: Padre Paulo Ricardo fala sobre o Apocalipse!". YouTube, 01 ago. 2018. Publicado pelo canal *Padre Paulo Ricardo*. Disponível em: https://www.youtube.com/watch?v=Ldskl2PFIRA&t=360s.

AZEVEDO JÚNIOR, Paulo Ricardo de. "Carlo Acutis e a mensagem de Fátima". YouTube, 13 mai. 2019. Publicado pelo canal *Padre Paulo Ricardo*. Disponível em: https://www.youtube.com/watch?v=HngMJCQOY_c&t=1521s.

______. "Padre Pio e Lutero". YouTube, 23 set. 2019. Publicado pelo canal *Padre Paulo Ricardo*. Disponível em: https://www.youtube.com/watch?v=o0ue9MBDjGM&t=1062s.

______. "É por isso que sua oração não funciona". YouTube, 21 mar. 2022. Publicado pelo canal *Padre Paulo Ricardo*. Disponível em: https://www.youtube.com/watch?v=fbj7svowhQc&t=555s.

______. "É por isso que sua vida não muda...". YouTube, 17 mai. 2022. Publicado pelo canal *Padre Paulo Ricardo*. Disponível em: https://www.youtube.com/watch?v=meHbg7zNXOc&t=289s.

BAUMGARTNER, Hans Michaem. "Verdade/Certeza". *In*: EICHER, Peter. *Dicionário de Conceitos Fundamentais em Teologia*. São Paulo: Paulus, 1993, p. 967-972.

BÖTTIGHEIMER, Christoph. "Verdade da Fé". *In*: BEINERT, Wolfgang. *Novo Léxico da Teologia Dogmática Católica*. Petrópolis: Vozes, 2012, p. 502-503.

BRIGHENTI, Agenor. *O novo rosto do clero: Perfil dos padres novos no Brasil*. Petrópolis: Vozes, 2021.

BUSSMANN, Magdalene. "Reino de Deus". *In*: EICHER, Peter. *Dicionário de Conceitos Fundamentais em Teologia*. São Paulo: Paulus, 1993, p. 765.

CAMARGO, Isadora *et al.* "Cultura participativa e convergente: o cenário que favorece o nascimento dos influenciadores digitais". *Communicare*, 17: 102-118, 2017.

CANÇÃO NOVA PLAY. "O Papel Espiritual da Mãe - Pe. Paulo Ricardo (17/01/09)". YouTube, 12 mai. 2017. Publicado pelo canal *Canção Nova Play*. Disponível em: https://www.youtube.com/watch?v=93FOJW0uuYE.

CARRANZA, B. "40 años de RCC: un balance societario". *Ciencias Sociales y Religión*, 10 (10): 85-116, 2008. Disponível em: https://periodicos.sbu.unicamp.br/ojs/index.php/csr/article/view/8669532.

CARTA ABERTA DE PADRES E RELIGIOSOS DO MATO GROSSO. *IHU*, 10 mar. 2012. Disponível em: https://www.ihu.unisinos.br/categorias/172-noticias-2012/507325-padresereligiososdomatogrossopublicammanifesto.

CARVALHO, Olavo de. *O mínimo que você precisa saber para não ser um idiota*. Rio de Janeiro: Record, 2013.

CHRISTO NIHIL PRAEPONERE. "Nossa Missão" (14 ago. 2021). Disponível em: https://padrepauloricardo.org/nossa-missao.

______. "Padre Paulo Ricardo" (14 ago. 2021). Disponível em: https://padrepauloricardo.org/padre.

______. "A um passo do aborto" (09 jul. 2013). Disponível em: https://padrepauloricardo.org/episodios/a-um-passo-do-aborto?page=2.

GUERINI, Cristina. "Embaixada da Suécia desmente fakenews de 'padre bélico'". *IHU*, 15 jan. 2019. Disponível em: http://www.ihu.unisinos.br/78-noticias/586060-embaixada-da-suecia-desmente-fakenews-de-padre-belico-de-mt-ligado-a-bolsonaro.

HUNTER, James. *Culture Wars*: *The Struggle To Define America*. Nova Iorque: Basic Books, 1991.

MARIZ, Cecília Loreto. "A teologia da batalha espiritual: uma revisão da bibliografia". *BIB - Revista Brasileira de Informação Bibliográfica em Ciências Sociais*, 47: 33-48, 1999. Disponível em: https://bibanpocs.emnuvens.com.br/revista/article/view/213.

MELO, Cristina Teixeira Vieira de; VAZ, Paulo. "Guerras Culturais: conceito e trajetória". *Revista Eco-Pós*, 24 (2): 6-40, 2021. Disponível em: https://revistaecopos.eco.ufrj.br/eco_pos/article/view/27791.

MEYER, Ivo. "Verdade em perspectiva bíblico-teológica". *In*: EICHER, Peter. *Dicionário de Conceitos Fundamentais em Teologia*. São Paulo: Paulus, 1993, p. 972-976.

NEWMAN, Nic; FLETCHER, Richard *et al.* "Reuters Institute Digital News Report 2022". Oxford, UK: Reuters Institute; University of Oxford, 2022. Disponível em: https://reutersinstitute.politics.ox.ac.uk/sites/default/files/2022-06/Digital_News-Report_2022.pdf.

PY, Fábio. "Padre Paulo Ricardo: cavaleiro de batina do apocalipse pandêmico". *Ninja*, 01 fev. 2021. Disponível em: https://midianinja.org/fabiopy/padre-paulo-ricardo-cavaleiro-de-batina-do-apocalipse-pandemico/.

PY, Fábio. "Padre Paulo Ricardo: trajetória política digital recente do agente ultracatólico do cristofascismo brasileiro". *Tempo e Argumento*, v. 13, n. 34, set./dez. 2021, n.p.

QUEIROZ, João Vitor Pereira de. "Os bastiões da verdade: um estudo de caso sobre o discurso conservador católico na internet". Tese (Mestrado em Sociologia) – Universidade Federal de Pernambuco, Recife, 2021.

SALLES, Leonardo Gaspary. "Nova direita ou velha direita com wi-fi?: uma interpretação das articulações da 'direita' na internet brasileira". Tese (Mestrado em Sociologia Política) – Universidade Federal de Santa Catarina, Florianópolis, 2017.

SAYURI, Juliana. "Livros, Canivetes e Anjos: A lucrativa máquina de vendas que financia Olavo de Carvalho e outras dezenas de figuras da extrema direita". *The Intercept Brasil*, 28 ago. 2021. Disponível em: https://www.intercept.com.br/2021/08/28/cedet-vendas-sites-olavo-de-carvalho-extrema-direita/.

SILVEIRA, Emerson José Sena. "Batinas reacionárias e a cruzada digital: Quando um catolicismo claudicante chega ao tempo presente". *PLURA – Revista de Estudos de Religião*, 13 (2): 34-63, 2023. Disponível em: https://revistaplura.emnuvens.com.br/plura/article/view/2184.

______. "Padres conservadores em armas: o discurso público da guerra cultural entre católicos". *Reflexão*, 43 (2): 289-309, mai. 2019.

YIN, Robert K. *Estudo de Caso: Planejamento e Métodos*. 5. ed. Porto Alegre: Bookman, 2015.

7. Conclusões

Chegando ao fim deste livro, sabemos que conseguimos, no máximo, tocar a "orla do manto" (MARTINI, 1992) do complexo fenômeno teológico-comunicacional da influência digital católica. Se os caminhos ainda em aberto são amplos, os horizontes que impulsionaram a realização desta pesquisa não são distintos.

Em escopo central, o trabalho nasceu da busca de compreensão não somente dos influenciadores digitais católicos, mas, em escopo mais abrangente, também das questões que relacionam a comunicação digital e o contexto eclesial brasileiro contemporâneo. De fato, assim como toda a sociedade, tal contexto se viu atropelado pela velocidade da comunicação midiática. Uma Igreja analógica, mesmo considerando o avanço dos meios de comunicação de massa via rádio e internet, se viu confrontada com a abrangência e a velocidade das mídias digitais.

A partir dessa percepção, podemos identificar uma primeira conclusão de fundo: não basta apenas desejar criar normas institucionais ou tentar "formatar" o fenômeno dos influenciadores digitais católicos ou mesmo "formar bons influenciadores digitais". Seriam tentativas potencialmente infrutíferas diante do componente orgânico que favorece o crescimento de determinadas personalidades nesse meio. Antes, é necessário buscar vencer as resistências pelo *conhecimento profundo* do funcionamento dos mecanismos que envolvem esse sistema comunicativo. Nesse sentido, podemos dizer que os influenciadores digitais católicos se lançaram nessa empreitada e foram, de certa forma, em maior ou menor grau, qualificando-se para fazer isso.

Esta primeira conclusão leva a uma segunda, de igual importância: a qualificação daqueles e daquelas que atuam nas mídias digitais muitas vezes se revela (muito) aquém da proposta primeira de evangelização, cujo "núcleo fundamental [...] é *a beleza do amor salvífico de Deus manifestado em Jesus Cristo morto e ressuscitado*" (EG 36). Como já apontado na apresentação deste livro, um limite claro entre um *influenciador digital católico* e um *evangelizador digital* é, muitas vezes, a cooptação do primeiro pelos mecanismos propagandísticos e mercadológicos das mídias digitais, deixando em segundo plano o propósito da evangelização, que "tem o seu fundamento último na iniciativa livre e gratuita de Deus" (EG 111), que é o que inspira e impulsiona um evangelizador propriamente dito.

Uma terceira conclusão que decorre dessa perspectiva busca ser, paradoxalmente, aberta e também, principalmente, propositiva. Isso se dá em razão de dois elementos essenciais de análise. O primeiro faz referência à abrangência do fenômeno. De fato, esta pesquisa se limitou à análise de apenas cinco casos específicos e singulares – Bernardo Küster, Padre Fábio de Melo, Padre Júlio Lancellotti, Padre Patrick Fernandes e Padre Paulo Ricardo –, os quais, a partir de suas características particulares, compõem um universo muito mais amplo da comunicação religiosa nas redes digitais.

O segundo elemento faz referência à necessidade futura de estudo e compreensão dos públicos que sustentam e mobilizam esses processos comunicacionais. Um comunicador se constitui influenciador na medida em que se articula a uma rede de seguidores, que legitimam os mecanismos da comunicação digital: redes de contato, capitais, algoritmos, monetização etc. Essa análise de público será realizada em uma próxima etapa da pesquisa.

Finalmente, cumprindo o que é próprio de uma pesquisa acadêmica que busca compreender um fenômeno, concluímos com o desejo de continuidade a partir da infinidade de questões e perspectivas que se abrem para seu aprofundamento. Para tanto, estruturamos nossas conclusões advindas do conjunto da pesquisa a partir dos três eixos que guiaram este estudo: *comunicacional*, *sociopolítico* e *teológico-eclesial*. Somamos a estas conclusões, como proposições finais, algumas *perspectivas pastorais* em relação ao fenômeno da influência digital católica, como convite ao aprofundamento reflexivo e praxiológico por parte de lideranças eclesiais e agentes de pastoral, em sua diversidade.

7.1. Eixo comunicacional-cultural

Por meio da perspectiva comunicacional-cultural, focada na análise das práticas e estratégias comunicativas dos objetos empíricos, foi possível compreender melhor a relevância e a permeabilidade do fenômeno dos influenciadores digitais católicos não apenas sob o aspecto midiático, mas também em sua relação com as questões vinculadas aos processos de evangelização digital e com a própria imagem institucional da Igreja.

Como ponto de partida, a identificação de um alto número de influenciadores digitais católicos (no Brasil e no mundo) e de um grande volume de seguidores que alguns deles possuem demonstra que há públicos amplos e diversificados com interesse em exercitar, de alguma forma, a própria fé também nos ambientes digitais.

Os influenciadores atuam em plataformas digitais variadas. Cada uma delas possui especificidades que moldam os discursos ali contidos e os impactos possíveis a partir da estruturação que eles passam a operar no cenário comunicacional. Não é exagero lembrar, ainda, que o funcionamento algorítmico impacta os conteúdos agendados por quem se propõe a ter relevância e visibilidade nas redes. A necessidade de audiência e engajamento cria cenários em que os influenciadores passam a construir seus roteiros a partir dos temas de maior capacidade de propagação.

Os assuntos que mais garantem engajamento são os mais conflitivos, de humor, de psicologismos, de ordenamento moral, de valoração estética, de bastidores e de identificação ideológica. O funcionamento da rede a partir de "bolhas" acaba por fortalecer um clima pouco dialógico e até de radicalização de grupos cada vez mais fortalecidos em seus pensamentos e práticas. Segundo Santaella (2019), tais bolhas se constituem enquanto câmaras de ecos que privilegiam conteúdos com os quais os usuários tenham afinidade e concordância, acabando por dificultar o acesso a produções que tenham olhares dissonantes.

A pluralidade de perfis e as variações de abordagens das lideranças religiosas parecem obedecer à lógica das mídias digitais, que privilegia os nichos de público e o formato de consumo individualizado. Nesse sentido, as pessoas tendem a procurar os conteúdos religiosos da mesma forma que consomem qualquer outro tipo de assunto ou serviço: de acordo com seus interesses, repertórios e perspectivas – ou seja, de forma individualista. Ao mesmo tempo que essa dinâmica midiática pode ser interessante quando pensada no universo digital, pois amplia o potencial de alcance da palavra de Deus, também pode contribuir para o enfraquecimento da imagem da Igreja, já que permite um acúmulo de diferentes discursos e estilos que muitas vezes não se complementam e que podem até se contradizer. Como todas as lideranças digitais católicas representam de alguma maneira a Igreja, a imagem da instituição pode ficar fragmentada, abalada ou incoerente com seu propósito.

Contudo, apesar dos riscos, o fenômeno da influência digital já aparece como uma tendência irreversível também no campo católico, visto a exaltação de algumas figuras públicas e a aceitação da sociedade em relação a estratégias de influência que nitidamente contrariam as boas práticas da Igreja.

Uma delas é o enaltecimento do valor de autoridade, que é afirmado tanto através da performance dos influenciadores quanto dos conteúdos que eles postam nas redes. Mesmo com posicionamentos bastante distintos, é possível notar que há um esforço em se reiterar o título de Padre, o qual parece legitimar – com relevo – o aspecto da autoridade, considerado fundamental para a consolidação de uma figura pública como influenciador digital. No caso dos padres influenciadores, a autoridade apresenta-se como um valor duplicado, que reforça o lugar de influência e ainda extrapola a proposta de uma influência apenas eclesial. Os padres Fábio de Melo e Patrick Fernandes, por exemplo, usam o título de sacerdote até para conduzir as piadas que fazem em seus perfis, enquanto Padre Paulo Ricardo usa seu púlpito de clérigo para exercer ações políticas (inclusive partidárias) através de suas aulas online, que têm jovens seminaristas como público principal.

A valorização do lugar de autoridade se relaciona diretamente com a autorreferencialidade, que é outro aspecto comum apreendido entre as estratégias comunicacionais dos influenciadores digitais católicos. A análise de performance demonstra que a linguagem, assim como os conteúdos postados pelos influenciadores, possui um traço autorreferencial marcante, que naturalmente põe em xeque a figura clerical. Ao invés de intensificarem o sentido de comunidade e de benevolência com o outro, as práticas de muitos influenciadores católicos apresentam um tom egocêntrico e uma pauta permanentemente centrada neles mesmos, que promove um consequente distanciamento do sentido do Evangelho.

Apesar de a autorreferência ser um aspecto recorrentemente observado nas práticas profissionais de influência digital, o fato de os influenciadores católicos fazerem uso dessa mesma estratégia discursiva, além de marcar mais uma incompatibilidade com o propósito de evangelização, joga luz em uma nova problemática em torno do valor da autoridade, uma vez que a performance desempenhada leva a crer que eles não estão subordinados a uma instituição ou a uma ordem maior. É como se eles fossem a própria autoridade na missão do sacerdócio digital. Assim, é possível notar que, enquanto fenômeno, os influenciadores digitais católicos atravessam de forma duplicada a imagem da Igreja: primeiro, fragmentam a unidade institucional dela por difundirem várias representações que muitas vezes se contrapõem; segundo, embaçam as noções acerca das funções sociais da instituição ao se colocarem à frente da Igreja por meio de uma performance conduzida pelo culto de si.

A performance autorreferenciada ainda revela uma outra faceta no caso dos influenciadores digitais católicos, ligada ao aspecto da autenticidade. Ao que tudo indica, a prática da influência digital carrega em si a necessidade de apresentar figuras e conteúdos autênticos o suficiente para serem assumidos como uma referência (ou, novamente, como autoridade) em determinada área. No âmbito da Igreja Católica, a performance digital centrada em si mesma cria um paradoxo entre um movimento de formação de discípulos (jovens padres que passam a buscar a fama como um lugar de reconhecimento profissional) e uma exigência de ser original e diferente que, mais uma vez, acaba afastando o intuito de evangelizar das práticas profissionais de influência digital.

O "valor celebridade" (HEARN e SCHOENHOFF, 2016) é outro aspecto identificado nas estratégias dos influenciadores digitais católicos que questiona diretamente o propósito e as práticas de um sacerdote religioso. Ao criarem formas para monetizar o perfil através da própria imagem, esses influenciadores acabam se afirmando mercadologicamente por seguirem praticamente as mesmas regras algorítmicas que são impostas para marcas comerciais. Consequentemente, o discurso acaba sendo comprometido pelos interesses do capital, assim como as pautas eclesiais passam a ser apresentadas com superficialidade (isso quando são apresentadas), no intuito de não perder alcance e visibilidade entre públicos.

Neste ponto, é importante fazermos uma diferenciação relacionada à atuação do Padre Júlio Lancellotti, que, até meados do desenvolvimento desta pesquisa, era compreendido como um exemplo do que chamamos de *influenciador minoritário*. Ao longo da análise foi possível perceber que, embora o comportamento do padre nas mídias digitais se concretize, de fato, em influência no exercício da vida social, suas práticas digitais não estão alinhadas com as dinâmicas compreendidas como práticas profissionais de influência digital. Ele atua mais como uma celebridade, no sentido de ser um representante famoso da Igreja Católica que, por méritos, conquistou entre públicos diversos o status de fama. No entanto, o comportamento de seu perfil digital não é conduzido pelo "valor celebridade", assim como parece não haver muita estratégia objetivando interação com a audiência, tampouco crescimento em alcance e engajamento (métricas comuns, firmadas para as práticas profissionais de influência digital).

7.2. Eixo sociopolítico

A perspectiva sociopolítica da ação dos influenciadores digitais católicos estudados nesta pesquisa encontra ecos em questões sociais relevantes, como a radicalização de alguns movimentos de extrema direita, a conturbada disputa política no Brasil pela ideologização moral das arenas de debate, e o crescimento de ativismos digitais a favor de causas sociais de grande apelo. Tais questões se dão de formas múltiplas, complexas e, sobretudo, bastante diversas.

Há, pelo menos, três modos amplos de atuação política verificados entre os influenciadores digitais católicos analisados. O primeiro deles é o (1) *conservador de direita*. Bobbio (1995) sustenta que a definição de esquerda e direita, embora diversa e até complexa, pode ser entendida a partir da visão geral e basilar sobre a gênese da igualdade e da desigualdade. A direita tende a perceber as desigualdades como naturais e passa a aceitar e a defender aquilo que é próprio da tradição, do habitual. O conservadorismo, portanto, é um resultado comum ao pensamento da direita, que busca manter padrões sociais e tende a rejeitar o progressismo em suas diferentes esferas.

Padre Paulo Ricardo e Bernardo Küster estão inseridos em uma influência sociopolítica conservadora de direita na medida em que se autodeclaram como tais, além de toda a rede de parceiros, referências e bases que sustentam as mensagens que eles constroem. Outro ponto fundamental para a percepção desses influenciadores como representantes da direita é o combate aberto que fazem contra a esquerda. A própria dinâmica da presença digital de tais influenciadores está embasada numa narrativa de confronto e antagonismo que tem, no espectro político, um fator central e estruturante.

O conservadorismo e a visão da desigualdade como algo natural e que, portanto, não requer esforços revolucionários para transformá-la estão impressos também na perspectiva teológica que ambos assumem. Para Paulo Ricardo e Küster, a salvação da alma, a preocupação com o mundo espiritual e a observância dos mandamentos divinos e dos ritos sagrados vêm antes de qualquer preocupação social e com o "próximo", do ponto de vista do Evangelho (cf. Lc 10,25-37). Daí advém a crítica principal à Teologia da Libertação e ao seu envolvimento com causas, movimentos sociais e a pregação da transformação da realidade. Para tais influenciadores, a prática dos teólogos da libertação afasta os fiéis e a Igreja do caminho principal de santificação, sendo vista até como diabólica.

Na esteira desse posicionamento, estão pautas bastante alinhadas ao que a direita brasileira tem defendido nos últimos anos, como a defesa do armamento (PY, 2021) e o antagonismo às questões feministas e às novas expressões da sexualidade humana. Bernardo Küster, ainda, exerce forte influência entre os apoiadores do ex-presidente Jair Bolsonaro (PL) e mantém amizade com os filhos do político. Padre Paulo Ricardo, embora pouco explícito em apoios aos nomes da direita política, costuma atuar em debates no Congresso Nacional, tendo contato com figuras notórias de direita, como o deputado federal Pastor Marco Feliciano (PL).

Segundo Santos e Tanscheit (2019), a direita brasileira vem sofrendo um movimento de radicalização. Os autores apontam três fatores que explicam esse fenômeno: (a) uma visão radicalmente neoliberal e antiestatal na economia; (b) a adoção de pautas conservadoras no campo moral, com a propagação de valores socioculturais em questões referentes à orientação sexual, religião e família; (c) uma hostilidade ao sistema político e à própria democracia. Essa "nova direita" ganhou proeminência em relação à direita moderada, que desempenhava um papel liberal na economia, sobretudo nas privatizações de empresas públicas e desregulamentações financeiras. A direita moderada acabou dando lugar a um movimento intensivo que teve, sobretudo junto aos influenciadores digitais, um fortalecimento paulatino que acabou por eleger seu representante maior em 2018: o ex-presidente Jair Bolsonaro (PL).

Outro modo de influência com elementos políticos identificado foi o (2) *ativismo progressista*. Nesta modalidade, o influenciador digital orienta sua atuação para potencializar causas sociais específicas que funcionam como pautas de luta. Elas angariam público, geram engajamento e mobilizam as pessoas, por meio do ativismo digital, a fim de exercer pressão sobre governos e outros atores sociais, e de promover a conscientização da população em geral. Esta perspectiva é nomeada como progressista por se diferenciar das perspectivas conservadoras e por se opor a elas. Ela se dá, antes, a partir da premissa de que a desigualdade, em todos os seus âmbitos, não é um dado natural.

Padre Júlio Lancellotti orienta sua atuação nessa perspectiva. Sua principal pauta é a defesa dos direitos humanos, especialmente da população de rua. Embora ele atue em São Paulo, o presbítero recebe imagens e denúncias de todo o Brasil e faz questão de divulgá-las. Um dos casos mais emblemáticos é a crítica que ele faz aos estabelecimentos e governos que adotam arquitetura hostil em determinadas localidades. As fotos são enviadas pelos seguidores e o padre usa seu engajamento e visibilidade para lhes dar destaque. Eventualmente, outras pautas do campo progressista se alinham à sua defesa da população de rua, como a luta contra a transfobia, por exemplo.

No escopo desta pesquisa, o ativismo progressista dialoga com uma perspectiva eclesial de mobilização popular e está próximo das grandes linhas do magistério do Papa Francisco. Padre Júlio estrutura sua ação a partir da comunhão com o Pontífice, especialmente em relação aos temas mais caros ao líder católico: defesa de direitos como terra, teto e trabalho; opção pelos pobres e marginalizados; questionamento das estruturas sociais; e conclamação de uma Igreja mais acolhedora e missionária. É um entusiasta da Teologia da Libertação e sua imagem está atrelada ao despojamento, à simplicidade e à rigidez de comportamento.

Como terceira característica, apontamos a categoria (3) *isenção programada*, em que os influenciadores buscam distanciamento estratégico de temas políticos explícitos. Não se ignora a natureza da atuação política de pessoas com visibilidade midiática e nem seus alinhamentos e atravessamentos discursivos. Contudo, há neste caso uma clara programação do conteúdo para evitar polêmicas e posicionamentos abertos, o que dialoga com a natureza comercial publicitária dos influenciadores que se comportam a partir dessa dinâmica.

Padre Fábio de Melo e Padre Patrick estruturam suas redes a partir de uma isenção aparente, ainda que ambos tenham manifestado preferências políticas em outros momentos de suas trajetórias. O foco publicitário e o ordenamento das publicações em uma linha próxima à influência digital ampla e de propulsão quantitativa, aliada aos processos de celebrização, fazem dos perfis desses presbíteros espaços áridos em temas sociais latentes. Eles não repercutem, sequer, os posicionamentos e discussões da Igreja Católica. É isenção programada porque não se dá de forma natural, mas sim cumpre um propósito intencional de distanciamento e modulação da imagem, de modo a evitar distensões prejudiciais ao escalonamento do crescimento digital.

A forma de verbalização de movimentos políticos é dinâmica e está estritamente ligada aos conflitos e disputas sociais contemporâneos. O conservadorismo de direita tem, em ramos do catolicismo, apoiadores notórios com capacidade de engajar, organizar e formar seu público. A influência de Bernardo Küster e Padre Paulo Ricardo está, dessa forma, atrelada ao crescimento da direita no Brasil. Os grupos conservadores têm se organizado nos últimos anos especialmente no meio digital e em várias partes do mundo a partir de pautas emblemáticas, sobretudo na promoção de um pânico moral voltado, de modo particular, às temáticas sexuais. O engajamento digital está a serviço de um projeto de Igreja mais conservador, mas também está a serviço de uma sociedade que perceba as desigualdades como naturais e fruto de escolhas individuais. O coletivismo é visto de forma pejorativa, a não ser quando conclamado para organizar ações de combate aos adversários.

Por outro lado, a influência digital também permite ações de propulsão ativista. Padre Júlio Lancellotti fala para além da Igreja e a sua luta atrai público variado. Os aspectos políticos de sua luta, embora se encaixem na perspectiva de esquerda, estão mais assentados em uma bandeira de luta do que em paralelismos partidários. O presbítero já criticou políticos de esquerda, como o ex-prefeito de São Paulo, Fernando Haddad (PT), que governou a capital paulista entre 2013 e 2016. Nos últimos anos, contudo, a oposição ao ex-presidente Jair Bolsonaro (PL) e aos grupos de direita fez com que o padre estivesse mais próximo de políticos e personalidades da esquerda brasileira.

A isenção programada de alguns influenciadores católicos os distancia do discurso oficial da Igreja, que incentiva a participação política. Contudo, a autorreferencialidade e a busca por números expressivos nos indicadores das plataformas fazem com que o distanciamento em relação a temas polêmicos seja uma estratégia. Uma vez que a perspectiva não é criar um movimento, defender uma pauta ou se inserir em alguma disputa social, a neutralização discursiva atende aos objetivos mercadológicos e de visibilidade. Como já indicado na "Apresentação" deste livro, o resultado é um processo de alienação do público e de fortalecimento do *status quo*, além de uma percepção individualista da dinâmica social e da própria vivência cristã, paradoxalmente.

7.3. Eixo teológico-eclesial

Nossa análise ocorre a partir da compreensão teológica do termo "evangelizar", dos processos decorrentes dessa ação e dos objetivos advindos dela, em correlação à análise dos conteúdos dos discursos analisados de cada objeto de estudo.

A palavra "evangelizar" (ευαγγελίζομαι – *evangelízomai*) significa "boa nova" e refere-se, em sua origem, ao ato de divulgar a mensagem de Cristo e o conhecimento de sua pessoa por diversos caminhos. Se o Concílio Vaticano II ressalta que a responsabilidade do anúncio do Evangelho e da pessoa de Jesus cabe a todo batizado (AG 2), posteriormente o Papa São Paulo VI destacará que essa ação é central para a Igreja: "Evangelizar constitui, de fato, a graça e a vocação própria da Igreja, sua mais profunda identidade. Ela existe para evangelizar" (*Evangelii nuntiandi*, n. 14).

Contudo, somente dizer algo sobre Jesus e sobre a Igreja não comporta todo o processo de evangelização. Em sentido estrito do anúncio, espera-se a transformação da realidade pessoal e contextual. Esse efeito posterior é condensado, na fala de Jesus, na expressão "Reino de Deus". Expressado por parábolas e gestos, o Reino de Deus é historicamente instaurado na pessoa de Jesus e em sua prática, e aponta para sua reconfiguração a partir da concretização de novas formas de relações fraternas, realizadas no "já" da história por aqueles e aquelas que entram na dinâmica do viver de Jesus. Nesse sentido, evangelizar não envolve unicamente "dizer algo sobre", mas também um processo que leve os demais, pela compreensão e pela liberdade de transformação pessoal, a uma nova práxis, que expresse a concretização do Reino de Deus na história.

Um segundo elemento central a ser percebido faz referência à intencionalidade da utilização das mídias digitais para se comunicar a partir da premissa da vinculação à Igreja Católica e/ou ao elemento religioso de forma geral. Dizer algo em nome da Igreja requer como premissa básica um alinhamento com os elementos basilares de seu discurso, a saber: *Escritura*, *Tradição* e *Magistério*.

Para além de suas características próprias, em escopo mais amplo, essa tríade deve ser interpretada em conjunto com a comunidade eclesial, a partir do reconhecimento das transformações da sociedade e de suas demandas (atualizadas ao tempo presente), realizando a articulação entre doutrina e pastoralidade.[1] Nesse sentido, o anúncio do Evangelho e o que se fala em nome ou utilizando o nome da Igreja devem ser necessariamente expressados em linha com o conjunto eclesial do tempo presente no qual são expressados – ou seja, atualmente, em linha com o magistério do Papa Francisco.

Isso não quer dizer que não possa haver diversidade de pensamento. Ao contrário, é da diversidade que se busca a convergência, e é desta que nasce o avanço do pensamento. Contudo, para além das mais diversas narrativas, existe no cristianismo, desde o princípio, uma exigência regular da fé que se vincula ao acontecimento *querigmático* e à explicitação doutrinal ou dogmática da fé que constitui sua transmissão (THEOBALD, 2011). É tendo como base essas duas premissas teóricas que apresentamos esta conclusão referente ao eixo teológico.

Do conjunto dos cinco objetos de estudos, depreende-se a primeira constatação: em sentido estrito dos elementos teológicos do anúncio, podemos identificar chaves de leitura positivas e negativas para cada objeto de estudo. Os elementos propriamente ditos do Evangelho são registrados no discurso do Padre Júlio Lancellotti pela categoria do *testemunho*, seja por sua atuação junto aos diferentes grupos de marginalizados, notadamente a população em situação de rua, mediante acolhimento e cuidados, seja pelo discurso formal, do qual decorrem efetivamente lutas para a transformação concreta das realidades pelas vias civis e legais.

A expressão do Evangelho oferecida pelo Padre Júlio Lancellotti indica que o Evangelho é para ser, antes, concretizado na história (encarnado) pela prática cristã à luz da centralidade dos pobres e da proximidade com as demandas concretas da complexa realidade social de uma metrópole. Nesse sentido, podemos dizer que a práxis e o discurso dele denotam um *sentido* do Evangelho e que se alinham com a práxis e o discurso do Papa Francisco, que, desde o início de seu magistério, deseja "uma Igreja pobre com e para os pobres" (EG 198). Contudo, o impacto de suas ações aparentemente é mais eficaz em nível institucional civil (aprovação da Lei Júlio Lancellotti, por exemplo) do que em nível eclesial, no desenvolvimento por parte das

1 Papa João XXIII, *Gaudet Mater Eclesia*, n. 789.

pessoas que o seguem a partir da consolidação das pastorais sociais, vinculadas à sua causa.

Em sentido oposto, o Padre Paulo Ricardo parte de uma categoria *teórico-apologética*, que se coloca em justaposição à realidade. Ainda que apresente elementos formativos vinculados à devoção e à fé populares (questões sobre como rezar o Rosário, partes da missa etc.), seu discurso é fortemente marcado por uma pretensão *formativa* e *moralista*, construído a partir de sua leitura pessoal e particular acerca da verdade, vinculada a uma vivência teórica do Evangelho, como visto na análise. Permeado por *fórmulas*, relidas a partir de seu referencial pessoal, ele se apropria de uma autoridade de ensino conquistada sobretudo pela falta de conhecimento daqueles e daquelas que o acompanham. Daí a aceitação de seu discurso, mesmo contendo pontos referenciais claramente contrários à mensagem do Evangelho e à orientação eclesial hodierna. Ora de forma subliminar, ora de forma mais clara mediante imagens (fotos, vídeos), seu discurso teórico mescla ainda posicionamentos políticos e ideológicos que se alinham com uma eclesiologia anterior à do Concílio Ecumênico Vaticano II. A teoria desconexa da realidade nela contida fomenta, sustenta e impacta a formação de opinião e de identidade cristã em diversos níveis eclesiais, afrontando declaradamente o magistério da Igreja, que valida e assume como referência o Concílio Vaticano II e seu "princípio de pastoralidade" – ou seja, a apresentação da doutrina "de acordo com o que é exigido pelos nossos tempos" (*Gaudet Mater Eclesia*, n. 792).

Em sentido transversal à atuação do Padre Paulo Ricardo, o discurso do leigo Bernardo Küster indica diferentes perspectivas inter-relacionadas para cada etapa de análise. No período inicial de análise, seu discurso denota uma perspectiva *apologético-moralista*, a qual implica na formatação da vivência cristã advinda de sua conversão tardia ao catolicismo. Ademais, aproxima-se de uma linha tridentina teórica, baseada em *fórmulas de fé* sem conexão com a realidade, e que, a partir de seu ponto de vista, está centrada fortemente na exigência moral permeada por elementos ideológicos e políticos que ganharam força nas etapas seguintes de análise.

No segundo período de análise, ele acrescenta em seu discurso a *crítica desmedida e infundada à estrutura e à hierarquia eclesiais*. Estas, segundo seu ponto de vista, não se alinham com seus valores, que são os "verdadeiros" valores evangélicos, notadamente no tocante à teologia latino-americana. A partir de um claro desconhecimento teológico, histórico e social da Igreja latino-americana e de suas instâncias de governo eclesial (CELAM e Conferências Episcopais), bem como de conhecimento conceitual das linhas econômicas e sociais, ele se centra no ataque e na demonização da Teologia Latino-Americana da Libertação.

Finalmente, no terceiro período de análise, e tendo como lastro os períodos anteriores, Küster se centra em um *discurso político* que vincula a crítica à política eclesial com a crítica à política civil. Ele ataca principalmente membros da hierarquia católica que considera como seus opositores e enaltece seus aliados. Nesse sentido, guardado os devidos grupos de atuação e níveis de conhecimento envolvidos no discurso, Küster se aproxima do Padre Paulo Ricardo por meio de uma *apologética particular* que, em muitos sentidos, é contrária aos valores do Evangelho. E isso mediante a formação de opinião de uma "bolha eclesial" que, por desconhecer em profundidade seus argumentos, constitui-se refratária às orientações comuns do magistério hodierno da Igreja, sendo, por isso, *antieclesial.*

Em sentido oposto aos três primeiros casos, situam-se os padres Fábio de Melo e Patrick Fernandes. Ambos se afastam daquilo que podemos chamar de estritamente teológico, apologético ou prático. Eles se encaminham para um discurso marcado pela *neutralidade* e *leviandade da mensagem* ou para uma *proposição light do Evangelho*, com uma perspectiva *psicologista-humorística* em seus conteúdos.

Utilizando elementos indicativos da pessoa de Jesus, o discurso do Padre Fábio de Melo se constitui em falas orientativas *mais psicologistas do que teológicas*. Estas falas ganham importância para seus seguidores à medida que se revestem de temas gerais que fazem referência às questões humanas vivenciadas na contemporaneidade – questões abordadas por uma proposição de sentido e de solução individualistas. Ora, não se questiona que o sentido da mensagem evangélica faça referência às questões humanas. Ao centrar e reforçar a individualização da solução delas, contudo, a mensagem do presbítero elimina por completo o elemento comunitário, o vínculo eclesial e a práxis cristã, o que transforma os contextos e as realidades, afastando-se portanto da contribuição teológico-eclesial. Tal como propostas, as suas mensagens podem ser um passo inicial para despertar em seus seguidores um primeiro sentido de compreensão de si mesmos – uma compreensão que poderia ser associada a qualquer outra perspectiva religiosa que tenha valores coincidentes com os valores cristãos. Outro ponto relevante a se destacar é que esses temas, no conjunto analisado, apresentam-se infinitamente em menor quantidade. Assim, eles são quase acessórios aos conteúdos autorreferenciais, vinculados diretamente à sua vida pessoal e profissional como cantor/humorista/celebridade.

Aproximando-se do *modus operandi* do Padre Fábio de Melo, mas com um teor artístico formal e de conteúdo de menor qualidade, linguagem e profundidade, Padre Patrick apresenta, no conjunto de seu discurso, quase um afastamento integral da teologia ou de qualquer sentido ou fórmula que se vincule à mensagem do Evangelho. Sua perspectiva é eminentemente *humorística*. Opondo sua atuação eclesial (as atividades que competem ao exercício do sacerdócio) como mais formal e séria a um "cristianismo light" e a uma "renovação" do discurso da Igreja, ele se embrenha unicamente na via do humor, por vezes desmedido e irônico em relação à moral católica, para responder interrogações humanas. Estas são centradas em questões de relacionamento de casais, ou são sobre si mesmo na perspectiva pessoal e eventualmente sobre sua vida eclesial. Se não há elementos para dizer que, de forma estrita, seu discurso contribui para o desenvolvimento da reflexão teológica ou da práxis eclesial, talvez seja possível inferir que sua imagem jovem e divertida, mantendo-se como tal, provoque um interesse ou uma curiosidade em relação à Igreja por parte de seus seguidores.

7.4. Perspectivas pastorais

A partir dos achados da presente pesquisa, observamos que é possível ser um influenciador digital católico *sem ser um evangelizador digital*. Constata-se que é possível utilizar adequadamente os recursos digitais disponíveis para a comunicação e a divulgação de conteúdo baseado na doutrina católica, alcançando milhares ou até milhões de pessoas e formando uma comunidade ampla de seguidores. Entretanto, tal influência não leva necessariamente a pessoa a um verdadeiro encontro com Jesus Cristo e a um processo de evangelização pessoal e eclesial autêntico, capaz de conversão.

A partir dos casos analisados, evidencia-se que há muitos influenciadores padres, o que não significa que eles sejam *padres influenciadores* à luz do Evangelho. Muitas das práticas desses presbíteros estão baseadas em vieses narcísicos, usando a vida eclesial como elemento peculiar de autopromoção e de ativação da curiosidade do público, e acionando o humor como instrumento de engajamento e de simplificação dos conteúdos religiosos. Em muitos casos, prevalece uma visão bastante livre da institucionalidade eclesial, a partir de proposições generalizadas ligadas à fé. Em outros casos, predomina uma visão inquisitorial, legalista e dogmática da vida religiosa, em que o influenciador se promove mediante o ataque e o conflito com a instituição. E a própria lógica das redes favorece o engajamento e a escalada de tais conteúdos. São movimentos importantes de serem observados e que apontam para uma vivência religiosa de cunho autorreferencial profundo, por um lado, e de fluidez religiosa, por outro. Como membros da hierarquia, o papel dos superiores diretos de tais presbíteros no episcopado adquire grande relevância, no sentido de orientar a atuação de tais influenciadores digitais católicos em comunhão com a Igreja em seus diversos níveis e no que diz respeito às diferentes sensibilidades e vivências sociorreligiosas, a fim de prevenir e corrigir eventuais desvios.

Se o "meio é a mensagem" – e aqui se fala de meios profundamente sustentados numa lógica mercadológica de potencialização dos gostos e interesses individuais dos usuários –, estamos falando de um ambiente digital que é, de modo geral, bastante adverso ao anúncio evangélico em sua gênese. A influência digital, de modo geral, configura-se como uma profissão. Suas práticas envolvem aspectos, sobretudo, mercadológicos e econômicos. Para obter visibilidade ampla e engajamento, os influenciadores devem obedecer às estratégias algorítmicas das próprias plataformas. Estas, em sua estruturação, privilegiam elementos personalistas, de conflitividade, de valor sensacionalista e de dissonância do diálogo, uma vez que operam para criar bolhas de opinião entre pessoas de pensamento similar.

Um influenciador digital católico profissional, que busque atuar dentro das lógicas digitais, possivelmente terá grandes dificuldades para estruturar suas ações a partir dos valores evangélicos da escuta e da caridade, pelo menos em seu aspecto mais profundo e integral. É possível vivenciar os valores evangélicos nas redes, e a presença digital é possível para todas e todos, mas a especificidade da atuação dos influenciadores digitais católicos revela-se em conflito, muitas vezes, com várias das premissas orgânicas da evangelização e da pastoralidade. O influenciador digital católico acaba frequentemente por escolher caminhos complexos e nem sempre coerentes com o que a unidade eclesial tem propagado. É sintomático que pouco se fala, a partir dos conteúdos criados por grandes influenciadores, das grandes questões eclesiais contemporâneas (a sinodalidade, o apelo por uma Igreja aberta ao diálogo e ao missionário etc.) ou dos debates que sustentam as prioridades de evangelização da Igreja no Brasil, como a abordagem da realidade urbana em sua pluralidade de expressões e desafios.

Concomitante a isso, a Igreja Católica segue institucionalmente analógica em suas práticas comunicativas. A comunicação da Igreja como instituição no Brasil ainda é pautada pela oficialidade de notas ao público e à imprensa. E, mesmo que se veja um crescimento exponencial das práticas comunicacionais nos ambientes pastorais, sobretudo pelo trabalho orgânico e capilarizado da Pastoral da Comunicação, a Igreja está formalmente enrijecida em práticas que pouco dialogam com a realidade diversa e midiatizada da contemporaneidade brasileira.

Se as plataformas favorecem a aproximação dos iguais, há um princípio evangélico basilar que é posto em xeque nesse processo: a construção fraterna do diálogo, especialmente com quem pensa e vive de modo diferente. Isso acaba por fomentar o engajamento de visões teológicas dogmáticas e de forte apelo moral e regulatório, mesmo nos conteúdos humorísticos.

Em tais casos, verifica-se um esvaziamento da centralidade evangélica, por meio de conteúdos simplificados e de maior potencial de reprodutibilidade e compartilhamento.

Portanto, quem anseia por contribuir com um caminho de evangelização integral precisa orientar-se pelos critérios do Evangelho, lidos à luz das bases das Sagradas Escrituras, da Tradição, do Magistério e de suas diretrizes para a práxis evangelizadora das Igrejas locais. Para elucidá-los, fundamentamos alguns princípios da evangelização nas mídias digitais sob o prisma da Exortação Apostólica *Evangelii Gaudium*, na qual o Papa Francisco expõe sua proposta eclesiológica e pastoral para a Igreja Católica no terceiro milênio. Levando em conta dois aspectos da missão comunicacional da Igreja – o *anúncio do Evangelho* e o *diálogo com a cultura e sociedade* –, nós lemos o fenômeno dos influenciadores digitais, suas "luzes" e "sombras", pensando-o pastoralmente.

Os pilares que destacamos como fundamentais para uma presença evangelizadora nas redes sociais digitais, em vista de um projeto de desenvolvimento integral do ser humano, são: primazia do Evangelho; primazia da caridade; primazia da graça; primazia da sinodalidade; e primazia da unidade.

7.4.1 Buscar a fonte da Verdade: primazia do Evangelho

A palavra "evangelizar" já carrega em seu significado a primazia do anúncio do Evangelho, a necessidade de agirmos guiados pela Palavra Viva que salva. Por meio das narrações de histórias de pessoas e especialmente das práticas e ensinamentos de Jesus, o Evangelho fornece os princípios básicos para uma vida cristã e uma evangelização autêntica em qualquer ambiente.

Através de parábolas, o Evangelho transmite pérolas do saber cristão, como a conhecida parábola do joio e do trigo. Com ela, podemos aprender que, na evangelização, deve-se saber esperar, gerar processos que desenvolvam o ser humano integral, e dar tempo para que germinem as sementes do Evangelho e para que amadureça o trigo, para assim poder distingui-lo do joio. É isso que o Papa Francisco quer expressar quando afirma que o tempo é superior ao espaço. Ele não se refere ao tempo real, imediato, característico da comunicação digital. Francisco entende o tempo como horizonte de possível plenitude e o momento como limite presente vivido num espaço determinado. "Dar prioridade ao tempo é ocupar-se mais com iniciar processos do que com possuir espaços. O tempo ordena os espaços, ilumina-os e transforma-os em elos duma cadeia em constante crescimento, sem marcha atrás" (EG 223). Dar preferência ao tempo mais do que ao espaço é uma sabedoria oriunda dos relatos evangélicos.

De acordo com o Papa, esse critério é muito apropriado também para a evangelização, que exige ter presente o horizonte, adotar os processos possíveis e a "estrada longa", como chama Francisco. "O próprio Senhor, na sua vida mortal, deu a entender várias vezes aos seus discípulos que havia coisas que eles ainda não podiam compreender e era necessário esperar o Espírito Santo (cf. Jo 16,12-13)" (EG 225). O Papa indica que a parábola do trigo e do joio descreve um aspecto importante da evangelização, que consiste em mostrar como o inimigo pode ocupar o espaço do Reino e causar dano com o joio, mas é vencido pela bondade do trigo que se manifesta ao longo do tempo.

O modelo pastoral que o Papa Francisco propõe é poliédrico, refletindo "a confluência de todas as partes que nele mantêm a sua originalidade. [...] Ali entram os pobres com a sua cultura, os seus projetos e as suas próprias potencialidades" (EG 236). Tal modelo também se inspira na sabedoria evangélica que abarca e comunica qualquer realidade humana. Segundo o Pontífice, o Evangelho possui um critério de totalidade próprio: não cessa de ser "Boa Nova" enquanto não for anunciado para todos, para todas as dimensões do ser humano, e enquanto não unir todas as pessoas ao redor da mesa do Reino. Como define Francisco, "o todo é superior à parte" (EG 237).

Um dos aspectos do primado evangélico é a promoção da paz. Esse princípio é importante quando pensamos nas guerras culturais e religiosas presenciadas nas redes sociais digitais, ou seja, nessas novas cruzadas travadas nos ambientes online, quando nos deparamos com influenciadores que semeiam a discórdia, enfatizam polêmicas e discursam contra a paz e a reconciliação.

Como reitera Francisco, a Igreja proclama o "Evangelho da paz" (Ef 6,15) e está aberta à colaboração com todas as autoridades, sejam elas civis ou religiosas, nacionais ou internacionais, para cuidar desse bem universal. Ao anunciar Jesus Cristo, que é a paz em pessoa (cf. Ef 2,14), a evangelização incentiva as cristãs e os cristãos a serem instrumento de pacificação e testemunhas credíveis de uma vida pacificada e reconciliada. “É hora de saber como projetar, numa cultura que privilegie o diálogo como forma de encontro, a busca por consenso e por acordos, mas sem a separar da preocupação com uma sociedade justa, capaz de memória e sem exclusões” (EG 239). De acordo com o Papa, o sujeito histórico desse processo é o povo e sua cultura, e não uma classe, um grupo, uma elite. Não se trata de um projeto de poucos para poucos, nem da propriedade exclusiva de uma minoria esclarecida: trata-se de um comum acordo para a convivência social e cultural.

Assim, as evangelizadoras e os evangelizadores guiados pelo espírito do Evangelho têm a missão de ser pacificadores, construtores de um processo de evangelização integral que transforme não apenas o coração das pessoas, mas também a sociedade em que se vive. “Propostas parciais e desagregadoras alcançam só pequenos grupos e não têm força de ampla penetração, porque mutilam o Evangelho” (EG 262). Os agentes de pastoral não devem se preocupar apenas com evangelizar nos ambientes digitais a partir desses critérios evangélicos, mas também com evitar seguir perfis de influenciadores de inspiração católica que não se baseiam neles.

Portanto, um evangelizador digital é chamado a beber da fonte do Evangelho que desvela a pessoa de Jesus Cristo, para que o agir em rede seja coerente com a experiência do amor divino, testemunhando-o e colaborando com a construção do Reino de Deus.

7.4.2 “Amai-vos uns aos outros”: primazia da caridade

A caridade é a essência de Deus e do ser cristão. Apesar disso, constantemente temos de ser relembrados dessa máxima da fé em Jesus Cristo. É notório o esquecimento da vivência da caridade e do respeito mútuo em muitos conteúdos produzidos e divulgados por católicos nas redes. Isso contradiz o Evangelho, que inspira a amar até mesmo os inimigos, a rezar e a fazer o bem aos perseguidores (Mt 5,44). O próprio Jesus já nos indicou o diferencial de um verdadeiro cristão: "Nisto todos reconhecerão que sois meus discípulos: se vos amardes uns aos outros" (Jo 13,35).

Por isso, o primeiro anúncio evangelizador coloca a boa notícia do amor salvífico de Cristo em primeiro lugar. "O querigma possui um conteúdo inevitavelmente social: no próprio coração do Evangelho, aparece a vida comunitária e o compromisso com os outros. O conteúdo do primeiro anúncio tem uma repercussão moral imediata, cujo centro é a caridade" (EG 177).

Os evangelizadores, *online* e *offline*, devem testemunhar o mesmo amor com o qual Jesus nos amou. É o maior dos mandamentos, o mais simples, porém o mais difícil de se cumprir. Discursos de ódio e intolerância são expressões do oposto do fundamento da fé cristã: do amor a Deus e ao próximo (Mt 22,37-39; 1 Jo 4,20). Então, é melhor o evangelizador renunciar às próprias ideias e ideais do que faltar com a caridade fraterna.

O primado do amor se dirige especialmente aos mais excluídos e desfavorecidos da sociedade, àqueles que aparentemente não podem nos retribuir. "Somos chamados a descobrir Cristo neles: não só a emprestar-lhes a nossa voz nas suas causas, mas também a ser seus amigos, a escutá-los, a compreendê-los e a acolher a misteriosa sabedoria que Deus nos quer comunicar através deles" (EG 198).

Não basta levantar a bandeira da causa dos pobres e ser um influenciador "politicamente correto", pois a evangelização digital precisa, de alguma maneira, ecoar a voz dessas pessoas, fazer com que sejam vistas e compreendidas por outros grupos sociais, furando a "bolha" que as separa dos demais. Por isso, a Igreja faz uma opção preferencial pelos pobres, compreendida como modo particular de viver a primazia da caridade na práxis cristã, baseada em sua Tradição de dois mil anos.

Portanto, um evangelizador digital é chamado a não apenas falar e ensinar sobre o amor, mas principalmente a vivê-lo e a pô-lo em prática em seu sentido caritativo integral, sem dissociar-se da realidade concreta da história, das angústias e dos desafios da humanidade e do compromisso coletivo com o bem comum.

A primazia da caridade na ação evangelizadora nos conduz diretamente a outro princípio fundamental: a evangelização digital deve confiar não na própria capacidade do evangelizador ou da evangelizadora, mas sim na graça que age e faz.

7.4.3 Humildade: primazia da graça

O Papa Francisco nos conduz a uma escola da humildade, isto é, nos faz renunciar a nos sentirmos donos da verdade, pois ela já foi revelada em Jesus Cristo. Ele nos convida a termos fé e confiança na graça de Deus, nas sementes do Verbo espalhadas em terra boa e que darão fruto, a seu tempo. "Devemos discordar desses profetas de desgraças, que anunciam acontecimentos sempre infaustos, como se estivesse iminente o fim do mundo" (EG 84). Tais discursos são vistos com frequência em perfis de influenciadores cristãos. Segundo Francisco, este tipo de conteúdo origina-se da "tentação de separar prematuramente o trigo do joio, resultado de uma desconfiança ansiosa e egocêntrica" (EG 85).

A primazia da graça nos ajuda a acreditar que, mesmo em espaços desérticos como podemos encontrar no mundo digital, o evangelizador e a evangelizadora podem ser "pessoas-cântaro para dar de beber aos outros. Às vezes o cântaro transforma-se numa pesada cruz, mas foi precisamente na Cruz que o Senhor, trespassado, se entregou a nós como fonte de água viva" (EG 86). Como cristãs e cristãos, seguimos alguém que morreu pregado em uma Cruz, subvertendo qualquer glória mundana. "Não houve 'curtidas' e praticamente nenhum 'seguidor' no momento da maior manifestação da glória de Deus! Todas as medidas humanas de 'sucesso' são relativizadas pela lógica do Evangelho" (DICASTÉRIO, 2023, n. 79).

Por outro lado, o valor da mensagem comunicada por um influenciador cristão independe das qualidades do próprio mensageiro, pois é o próprio Senhor quem toma a iniciativa, quem sempre nos precede no amor (cf. EG 24). "Seguindo a lógica do Evangelho, tudo o que devemos fazer é suscitar uma pergunta para despertar a procura. O resto é a obra misteriosa de Deus" (DICASTÉRIO, 2023, n. 80). Como já dizia São Paulo VI na *Evangelii nuntiandi*, "as técnicas da evangelização são boas, obviamente; mas mesmo as mais aperfeiçoadas não poderiam substituir a ação discreta do Espírito Santo. Mesmo a preparação mais refinada do evangelizador nada faz sem Ele" (n. 75).

A confiança na graça de Deus faz as relações florirem, apesar das fraquezas dos evangelizadores. Assim, a primazia da graça supera a tendência ao fechamento e à suspeita dos outros e abre a mente e o coração para a dimensão social do Evangelho.

Portanto, um evangelizador digital é chamado a renunciar à autorreferencialidade e ao egocentrismo, sem exaltar a própria imagem e personalidade, mas deixando-se conduzir pelo movimento do Espírito que impulsiona a Igreja a sair em missão, permitindo que a pessoa de Jesus Cristo se torne a protagonista do anúncio.

7.4.4 Caminhar juntos: primazia da sinodalidade

A sinodalidade é uma dimensão constitutiva da Igreja (AQUINO JÚNIOR, 2022) que precisa ser levada em consideração em cada uma de suas ações e decisões. Este modo de ser essencial do Povo de Deus, peregrino na história (AD 2), é resgatado e enfatizado pelo Papa Francisco. A Igreja sinodal é uma resposta ao desafio do clericalismo, pois coloca em primeiro lugar a escuta e a participação ativa dos membros do Povo de Deus, preocupando-se em formá-los para a missão evangelizadora. Baseada na eclesiologia do Concílio Vaticano II, a sinodalidade tem como característica o respeito à dignidade e à consciência de cada batizada e batizado, especialmente dos mais pobres da sociedade; além da confiança nas instâncias eclesiais e no Espírito que anima e renova continuamente a caminhada cristã (MIRANDA, 2018, p. 51).

Para concretizar o urgente processo sinodal, é preciso uma metanoia na mentalidade eclesial, a fim de tornar ainda mais evidente que "a ação salvífica de Deus se dirige a toda comunidade dos fiéis, que é primeira, que crê, espera e ama, que torna Cristo presente na sociedade, que batiza, perdoa e celebra a Eucaristia" (MIRANDA, 2018, p. 18). Sendo assim, a evangelização digital deve ser fortalecida e impulsionada por uma espiritualidade sinodal e missionária. Caso contrário, a interação e o conteúdo oferecidos na rede podem trazer algum alívio e saciar uma necessidade momentânea, mas não conduzir ao encontro com o rosto de Deus encarnado na fraternidade humana, que leva a um comprometimento com o mundo ao nosso redor.

O Papa Francisco alerta para três males comuns também entre os influenciadores digitais da fé que têm a intenção de serem evangelizadores: "É possível notar em muitos agentes evangelizadores – não obstante rezem – uma acentuação do individualismo, uma crise de identidade e um declínio do fervor. São três males que se alimentam entre si" (EG 78).

A primazia da sinodalidade nos faz vencer a tendência a uma espiritualidade individualista e a um relativismo prático, que se caracteriza por "agir como se Deus não existisse, decidir como se os pobres não existissem, sonhar como se os outros não existissem, trabalhar como se aqueles que não receberam o anúncio não existissem" (EG 80). Muitos agentes de pastoral e presbíteros que, com boas intenções, se tornaram influenciadores digitais podem, com o passar do tempo, cair na tentação de colocar sua confiança em aquisições financeiras, de poder e glória humanas, perdendo o sentido missionário e sinodal de sua comunicação.

Pelo contrário, "*cada cristão é um microinfluenciador*. Cada cristão deveria estar ciente de sua influência potencial, seja qual for o número de seguidores que tiver. [...] Cada seguidor de Cristo tem o potencial de estabelecer um vínculo, não consigo mesmo, mas com o Reino de Deus, até para o menor círculo dos seus relacionamentos" (DICASTÉRIO, 2023, n. 74; grifo nosso). Entretanto, quanto maior for o número de seguidores por parte de um influenciador cristão, tanto maior deve ser sua consciência de que não se age no próprio nome. "A responsabilidade de servir a própria comunidade, especialmente para quem desempenha funções de liderança pública, não pode ser secundária em relação à promoção das opiniões pessoais nos púlpitos públicos da mídia digital" (DICASTÉRIO, 2023, n. 74; grifo nosso).

Os desafios que enfrentamos como sociedade e como Igreja são globais e abrangentes, e, por isso, exigem um esforço global e abrangente de colaboração. "Assim, é urgente aprender a agir em conjunto, como comunidade, não como indivíduos. Não tanto como 'influenciadores individuais', mas como 'tecelões de comunhão': unindo nossos talentos e competências, compartilhando conhecimentos e contribuições" (DICASTÉRIO, 2023, n.

76). Não é à toa que o próprio Jesus enviou seus discípulos "dois a dois" (cf. Mc 6,7), a fim de caminharem juntos e revelarem o rosto sinodal da comunidade cristã e a possibilidade da fraternidade universal.

Portanto, um evangelizador digital é chamado a escutar, dialogar e caminhar junto dos demais irmãos e irmãs de fé, construindo juntos espaços de iniciativa e de visibilidade para todos e todas, para superar o individualismo e o clericalismo, e mostrar a força da comunidade.

7.4.5 Ser um com todos e todas: primazia da unidade eclesial

O último critério de discernimento evangelizador que aqui propomos, mas não menos importante, é o primado da unidade da Igreja. Quando pensamos na cultura dos influenciadores e em seu impacto na vida eclesial, a unidade é o maior desafio desse ambiente polissêmico. Apesar das vozes dissonantes que ressoam nas redes sociais e levam a uma desafinação eclesial, o Evangelho nos desafia sempre a assumir o "risco do encontro com o rosto do outro, com a sua presença física que interpela, com os seus sofrimentos e suas reivindicações, com a sua alegria contagiosa permanecendo lado a lado" (EG 88). A fé no Deus que se fez carne é inseparável do dom e da entrega de si mesmo, da pertença à comunidade, do serviço e da reconciliação com os outros. "Na sua encarnação, o Filho de Deus convidou-nos à revolução da ternura" (EG 88).

Nos tempos atuais, percebe-se uma crescente sede pelo sagrado e pela espiritualidade, e, por consequência, muitas ofertas religiosas. No entanto, algumas propostas, mesmo de inspiração cristã, são alienantes, desencarnadas e estéreis individual e socialmente. O desafio da evangelização, diante desse mercado religioso digital, é apresentar uma vivência eclesial "que os cure, liberte, encha de vida e de paz, ao mesmo tempo que os chame à comunhão solidária e à fecundidade missionária" (EG 89).

Vemos em diversos perfis cristãos nas redes uma espiritualidade do bem-estar e uma teologia da prosperidade sem vínculos comunitários, nem corresponsabilidade social, reduzidas a uma proposta de interioridade imanentista (cf. EG 90). O Papa Francisco chama tais hábitos e entendimentos distorcidos da sabedoria cristã de "mundanismo espiritual". Para estes cristãos, o que conta é o bem imediato do indivíduo. Outra faceta do mundanismo espiritual é aquilo que o Papa chama de "neopelagianismo autorreferencial e prometeico" (EG 94) – ou seja, a atitude daquelas pessoas que, no fundo, só confiam em suas próprias forças e se sentem superioras aos outros, pelo fato de cumprirem determinadas normas e preceitos da Igreja, ou por serem fiéis a um certo estilo católico (litúrgico ou doutrinal) próprio do passado. Essa suposta segurança doutrinal ou disciplinar pode dar lugar a um "elitismo narcisista e autoritário", afirma Francisco, no qual, em vez de evangelizar, cristãs e cristãos apenas julgam e classificam os demais. "Não é possível imaginar que, destas formas desvirtuadas do cristianismo, possa brotar um autêntico dinamismo evangelizador" (EG 94).

Esses desvios de uma compreensão adequada dos ensinamentos cristãos têm origem na ânsia por posse e domínio eclesiais, sem uma real preocupação com a encarnação do Evangelho na vida do Povo de Deus. Tal conduta não preza pela unidade na Igreja, nem traz consigo "o selo de Cristo encarnado, crucificado e ressuscitado, e encerra-se em grupos de elite, não sai realmente à procura dos que andam perdidos nem das imensas multidões sedentas de Cristo" (EG 95). O mundanismo espiritual que o Papa denuncia é promotor de conflitos entre os próprios cristãos, de guerras culturais e de uma nova versão das cruzadas no meio digital, como demonstrado e exemplificado em nosso estudo.

Nos ambientes digitais, não é suficiente se dizer "cristão" ou "católico". "Nas redes sociais, é possível encontrar muitos perfis ou contas que proclamam um conteúdo religioso, mas que não participam em dinâmicas relacionais de modo fiel. Interações hostis, bem como palavras violentas e ofensivas, especialmente no contexto da partilha de um conteúdo cristão, gritam da tela e representam uma contradição do próprio Evangelho" (DICASTÉRIO, 2023, n. 50). O problema dessa comunicação polêmica e divisiva é ainda mais preocupante "quando provém da liderança da Igreja: bispos, pastores e líderes leigos eminentes. Eles não só causam divisão na comunidade, mas também dão autorização e legitimidade a fim de que inclusive outros promovam um tipo semelhante de comunicação" (DICASTÉRIO, 2023, n. 75).

Francisco, por sua vez, ensina que as desavenças que ocorrem nas relações interpessoais, na Igreja e na sociedade não devem ser ignoradas, nem dissimuladas, mas, para que a unidade prevaleça, é preciso aceitar a própria existência dessas divergências. Perante o conflito, explica o Papa, alguns se limitam a olhá-lo e passam adiante, lavando-se as mãos. Outros entram de tal maneira no conflito que ficam prisioneiros dele, projetando em pessoas e instituições suas próprias confusões e insatisfações, tornando a unidade impossível. Mas há uma terceira forma, a mais adequada, de enfrentar o conflito, segundo Francisco: é aceitar "suportar o conflito, resolvê-lo e transformá-lo no elo de ligação de um novo processo. 'Felizes os pacificadores'! (Mt 5,9)" (EG 227).

Assim, são requeridas outras atitudes e outra mentalidade dos evangelizadores digitais que desejam influenciar positivamente as pessoas que encontram nas redes sociais. Precisamente nesta época em que cristãs e cristãos vivem como minoria, como um "pequenino rebanho" (Lc 12,32), a Igreja é chamada a viver como comunidade que seja sal da terra e luz do mundo (Mt 5,13-16), chamada a testemunhar, de forma sempre nova, uma pertença evangelizadora. "Não deixemos que nos roubem a comunidade!" (EG 92).

Portanto, mesmo que as plataformas orientem determinadas condutas baseadas em um mecanismo de nichos, que naturalmente despreza e desconsidera aspectos não programáveis por certos algoritmos, um evangelizador digital é chamado a praticar a acolhida e a viver irmanado com todas e todos, sem excluir, nem silenciar, nem invisibilizar ninguém, contribuindo para a comunhão eclesial e a paz social.

* * *

Ao fim desta obra, sem qualquer pretensão de esgotamento do tema, esta pesquisa sobre os influenciadores digitais católicos se propôs a ser um ponto de partida reflexivo sobre esse fenômeno tão relevante na Igreja e na sociedade brasileiras. O estudo se preocupou em contribuir para a promoção de uma cultura do encontro, do diálogo e da paz, para o fortalecimento da comunhão eclesial e para uma presença pastoral e evangelizadora que humanize os ambientes digitais. Nossa esperança, ativa e afetiva, é que possamos ver e ajudar a colher esses frutos comunicacionais.

Cabe ressaltar que, tendo em vista o desafiador panorama contemporâneo, esta pesquisa contribui com elementos de originalidade e relevância no âmbito dos estudos que estão sendo realizados a este respeito e também no âmbito da própria prática eclesial-pastoral. Originalidade, por não haver muitos estudos sobre influenciadores digitais católicos com tal amplitude e com uma abordagem interdisciplinar entre Comunicação e Teologia no Brasil, nem mesmo no cenário internacional. Relevância, por ser urgente a necessidade de encontrar luzes para a formação, desde as bases, de um Povo de Deus mais ciente dos fundamentos da fé cristã, capacitado a ter consciência crítica, bom senso e profundo discernimento em suas (comunic)ações.

Os efeitos desencadeados pelos influenciadores digitais católicos em relação à imagem da Igreja como uma unidade institucional são plurais e desafiadores. A dimensão *OnLIFE* que caracteriza a atual experiência cotidiana nos impede de pensar em qualquer tipo de retrocesso midiático ou, ainda, em uma eventual forma de manejo que evite a proliferação de influenciadores digitais da fé. Afinal, os públicos que compõem as plataformas digitais se tornam, na verdade, os principais responsáveis pela entrega do *status* de fama e influência a alguém. Isso quer dizer que, na dinâmica interacional contemporânea, não cabe às instituições tentarem restringir ou decidir o que possa ser chamado de "boas práticas" de *influência* no campo digital, uma vez que essas práticas dependem de uma negociação permanente com seus públicos – muito embora a *evangelização* digital, sim, tenha princípios claros, que buscamos sintetizar e sistematizar a partir das primazias aqui indicadas, baseadas nos Evangelhos e no magistério da Igreja.

Essa interdependência entre influenciadores e públicos, embora seja um aspecto complexificador, também é importante, porque revela valores, padrões, angústias e expectativas da sociedade, mesmo que de forma subjetiva. Ao elegerem os próprios interlocutores da Igreja Católica com quem querem dialogar, os públicos evidenciam aspectos de distanciamento e aproximação em relação aos objetivos e perspectivas da instituição religiosa.

Nesse sentido, para entendermos com mais profundidade a dinâmica de interação entre os públicos, os influenciadores digitais católicos e a própria Igreja, é imprescindível analisarmos as razões e motivações que levam as pessoas a seguirem determinados perfis que performam as práticas de influência digital, conduzidas pelo argumento da fé católica. Como horizonte futuro de pesquisa, seria interessante e inédito alinhar as descobertas relacionadas às estratégias dos influenciadores digitais católicos a um estudo de recepção focado nos públicos de tais influenciadores.

De modo geral, uma influência digital mais eclesialmente orgânica e em consonância com o Evangelho tende a ser mais circunscrita e menos global, porque pouco dialoga com os critérios mercadológicos dos algoritmos. Apesar disso, a Igreja pode e deve contar com os microinfluenciadores, entendendo que estes promovem um apostolado digital que também se assemelha à missão da Igreja primitiva. Os meios digitais são similares às cartas dos apóstolos em sua gênese: estão na contracorrente do grande poder comunicacional dos impérios atuais. E, portanto, também conservam a missão primeira do cristianismo no anúncio do Reino.

Em suma, é possível promover a formação de lideranças católicas para a atuação nas redes digitais, mas desde que a intencionalidade não passe pelo desejo de fama, visibilidade e engajamento, segundo as lógicas midiático-digitais. Uma presença significativa e qualificada em rede por parte de cristãs e cristãos move-se a partir do desejo de "tornar o Reino de Deus presente no mundo" (EG 176), mediante a sabedoria do trabalho coletivo, a solidariedade e a confiança na possibilidade multiplicadora e de impacto da Palavra e do Reino de Deus, que se manifesta como uma semente de mostarda e fermento na massa (Lc 13,18-21).

Referências bibliográficas[2]

ABIDIN, Crystal. "Influenciadores digitais, celebridades da internet e 'blogueirinhas'" (entrevista concedida a Issaaf Karhawi). *Intercom: Revista Brasileira de Ciências da Comunicação*, 44 (1): 289-301, 2021. Disponível em: https://doi.org/10.1590/1809-58442021114.

2 Esta bibliografia também compreende fontes citadas nos capítulos "Introdução" e "Influência digital: um pouco de teoria", no começo deste livro.

ABREU, Helen Teixeira Sousa de. "O Evangelho do Reino nas mídias digitais: uma análise do 'Dunamis movement' e seus influenciadores". Tese (Mestrado em Ciências da Religião) – Pontifícia Universidade Católica de Campinas, Campinas, 2023. Disponível em: http://repositorio.sis.puc-campinas.edu.br/handle/123456789/16915.

ANTUNES, A. e AZEVEDO, M. "'Tão famosos que você provavelmente nunca ouviu falar': uma reflexão sobre a 'nova' categoria de sujeitos influenciadores do consumo". *Revista Famecos*, 6 (3): 3-18, 2019.

BALLOUSSIER, A. V. "Youtuber mira CNBB 'esquerdizada' e rejeita fama de 'MBL dos católicos'". *Folha de S.Paulo*, 21 mai. 2018. Disponível em: https://bit.ly/3yrko3p.

BOBBIO, Norberto. *Direita e esquerda: razões e significados de uma distinção política*. São Paulo: Unesp, 1995.

BRAGA, José Luiz. *A sociedade enfrenta sua mídia: dispositivos sociais de crítica midiática*. São Paulo: Paulus, 2006.

BRETONES, Ricardo; SILVA, Tarcisio T. "Um olhar sobre os influenciadores digitais cristãos: confluências entre evangelho, comunidades terapêuticas e mídia". *Diálogos Interdisciplinares*, 11 (1): 61-73, 2022. Disponível em: https://revistas.brazcubas.br/index.php/dialogos/article/view/1012/1005.

CAMPBELL, Heidi (org.). *The Distanced Church: Reflections on Doing Church Online*. [*S. l.*] College Station, Digital Religion Publications, 2020. Disponível em: https://hdl.handle.net/1969.1/187891.

CAVALCANTE, Fabrício W. N. "As multimagens do sacerdote nas redes: da influência religiosa à influência digital" (II Semana Nacional de Teologia, Filosofia e Estudos de Religião e Colóquio Filosófico). Mossoró: FCRN, v. 2, 2020, p. 26-34. Disponível em: https://is.gd/WCVy8e.

DICASTÉRIO para a Comunicação. "Rumo à presença plena: uma reflexão pastoral sobre a participação nas redes sociais". A Santa Sé, 28 mai. 2023. Disponível em: https://www.vatican.va/roman_curia/dpc/documents/20230528_dpc-verso-piena-presenza_pt.html.

DRIESSENS, O. “The celebritization of society and culture: understanding the structural dynamics of celebrity culture”. *International Journal of Cultural Studies*, 16 (6): 641-657, 2013.

FLORIDI, Luciano. “The Onlife Manifesto: Being Human in a Hyperconnected Era”. Londres: Springer International Publishing, 2015. Edição Kindle.

FRANÇA, Vera *et al. Celebridades no século XXI: transformações no estatuto da fama*. Porto Alegre: Sulina, 2014.

FRANÇA, Vera; SIMÕES, Paula; SILVA, Terezinha; SOUZA, Fabíola; SILVEIRA, Samuel (orgs.). *Diário da Quarentena: a pandemia de Covid-19 como acontecimento*. Belo Horizonte: PPGCOM/UFMG, 2020. Disponível em: https://seloppgcom.fafich.ufmg.br/novo/publicacao/diario-da-quarentena/.

GARCÍA, Vicente Romano. “Ecología de la Comunicación”. *Filosofía, política y economía en el Laberinto*, 5: 39-44, 2001. Disponível em: https://dialnet.unirioja.es/descarga/articulo/233077.pdf.

HEARN, A.; SCHOENHOFF, S. “From celebrity to influencer: tracing the diffusion of celebrity value across the data stream”. *In*: MARSHALL, D.; REDMOND, S. (orgs.). *A Companion to Celebrity*. Oxford: John Wiley & Sons, 2016, p. 194-212.

JENKINS, H. *Cultura da Convergência*. São Paulo: Aleph, 2009.

KARHAWI, Issaaf. “Influenciadores digitais: conceitos e práticas em discussão”. *Communicare*, 17: 46-61, jan. 2017. Disponível em: https://is.gd/W238fs.

LEMOS, André. *A tecnologia é um vírus: pandemia e cultura digital*. Porto Alegre: Sulina, 2021.

MARTINI, Carlo Maria. *A orla do manto*. Lisboa: Paulinas, 1992.

MARTINUZZO, José Antonio; LEITE, Janaina Frechiani Lara. “A digitalidade, a vivência pelas telas, a economia da atenção e o mercado do olhar”. *Avanca Cinema Journal*, 3: 921-929, 25 out. 2021.

MEDEIROS, Fernanda de Faria. “Celebridades no Instagram: performance, monetização e relação com os públicos”. Tese (Doutorado em Comunicação Social) – Universidade Federal de Minas Gerais, Belo Horizonte, 2020.

MOREIRA, Leticia; MEDRADO, Andrea. "Celebridade, influenciador digital ou apenas um líder religioso na rede? A Imagem do Papa Francisco construída no Instagram" (XLI Congresso Brasileiro de Ciências da Comunicação). Joinville: Intercom, set. 2018. Disponível em: https://is.gd/qT6vnp.

ORTUNES, Leandro. "Pastores midiáticos: influenciadores digitais ou apenas pastores?" (XLI Congresso Brasileiro de Ciências da Comunicação). Joinville: Intercom, set. 2018. Disponível em: https://is.gd/6fUY8o.

POSTMAN, Neil. "The Humanism of Media Ecology". *Proceedings of the Media Ecology Association*, v. 1, jun. 2000, p. 10-16. Disponível em: https://bit.ly/2MDFIvK.

PRIMO, Alex. "A busca por fama na web: reputação e narcisismo na grande mídia, em blogs e no Twitter" (XXXII Congresso Brasileiro de Ciências da Comunicação). Curitiba: Intercom, set. 2009. Disponível em: http://www.intercom.org.br/papers/nacionais/2009/resumos/r4-1950-1.pdf.

SANTOS, Fabiano; TANSCHEIT, Talita. "Quando velhos atores saem de cena: a ascensão da nova direita política no Brasil". *Colombia Internacional*, 99: 151-186, 2019.

SBARDELOTTO, Moisés. *E o Verbo se fez bit: a comunicação e a experiência religiosas na internet*. Aparecida: Santuário, 2012.

______. *E o Verbo se fez rede: religiosidades em reconstrução no ambiente digital*. São Paulo: Paulinas, 2017.

______. "Virtualização da fé? Reflexões sobre a experiência religiosa em tempos de pandemia". *Annales Faje*, 5 (4): 98-110, 2020.

______. "Práxis religiosa digital em tempos de pandemia: o caso católico". *Revista Tropos: Comunicação, Sociedade e Cultura*, 10 (1): 1-27, jul. 2021. Disponível em: https://is.gd/praxis_religiosa_pandemia.

______. "'Vejam como não se amam!': intolerância intracatólica e antievangelização em rede". *Vida Pastoral*, 62 (340): 24-31, 2021b.

SCOLARI, Carlos. *Ecología de los medios: entornos, evoluciones e interpretaciones*. Barcelona: Gedisa, 2015.

SILVA, A. A. "Eclesiologias digitais em construção: os modos de ser Igreja em tempos digitais e pandêmicos". *Teocomunicação*, 51 (1): 1-13, 2021.

SILVA, Cristiane; TESSAROLO, Felipe. "Influenciadores digitais e as redes sociais enquanto plataformas de mídia" (XXXIX Congresso Brasileiro de Ciências da Comunicação). São Paulo: Intercom, set. 2016. Disponível em: https://is.gd/Dy7JSK.

SOUZA, A. "As novas formas de presença em tempos de pandemia". *In*: PASSOS, J. D. (org.). *A pandemia do coronavírus: onde estivemos? Para onde vamos?* São Paulo: Paulinas, 2020, p. 113-129.

SOUZA, Catiane R. P.; PEREIRA, Laisa da S. "Influenciadores digitais religiosos: *modus vivendi* na sociedade em midiatização" (XV ENECULT – Encontro de Estudos Multidisciplinares em Cultura). Salvador: UFBA, ago. 2019. Disponível em: https://is.gd/aJBwUE.

THEOBALD, C. "La foi a une histoire. La structure narrative de la transmission et sa régulation ecclésiale". *In*: BIEMI, E.; FOSSION, A. *La catéchese narrative: actes du congrès de l'équipe européene de catéchese*. Bruxelas: Lumen Vitae, 2011, p. 27-45.

ULRICH, C.; OLIVEIRA, V. *Pandemia de Covid-19: experiências, espiritualidades e esperanças*. São Paulo: Ed. Recriar, 2020.

WESCHENFELDER, Aline; FAUSTO NETO, Antônio; HEBERLÊ, Antônio; ARAÚJO, Inesita Soares de; CORRÊA, Laura Guimarães; RUSSI, Pedro (orgs.). *Pandemia e produção de sentidos: relatos, diálogos e discursos*. Campina Grande: EDUEPB, 2021. Disponível em: https://is.gd/pandemia_ciseco.

YIN, Robert K. *Estudo de Caso: Planejamento e Métodos*. 2. ed. Porto Alegre: Bookman, 2001.

ZANON, Darlei. *Comunicar o Evangelho: panorama histórico do magistério da Igreja sobre a comunicação*. São Paulo: Paulus, 2021.

Esta obra foi composta em sistema CTcP
Capa: Supremo 250 g – Miolo: Pólen Natural 70 g
Impressão e acabamento
Gráfica Santuário